鹿 鸣 至 远　　叙 言 未 尽

〔英〕琳达·德·莱尔 —— 著
(Leanda de Lisle)

黄欣 —— 译

SISTERS
THE SISTERS WHO WOULD BE QUEEN
*MARY, KATHERINE,
AND LADY JANE GREY:
A TUDOR TRAGEDY*

本该成为
女王的姐妹

都铎王朝的一段悲剧

社会科学文献出版社
SOCIAL SCIENCES ACADEMIC PRESS (CHINA)

献给心爱的彼得、鲁伯特、克里斯蒂安和多米尼克

正如伊丽莎白时期所展现的，那些以女王身份执政的人，

多半心术不正、不敬虔、迷信、大搞偶像崇拜，

且与所有龌龊勾当相关联。

——托马斯·贝肯（Thomas Becon），1554 年

家族谱

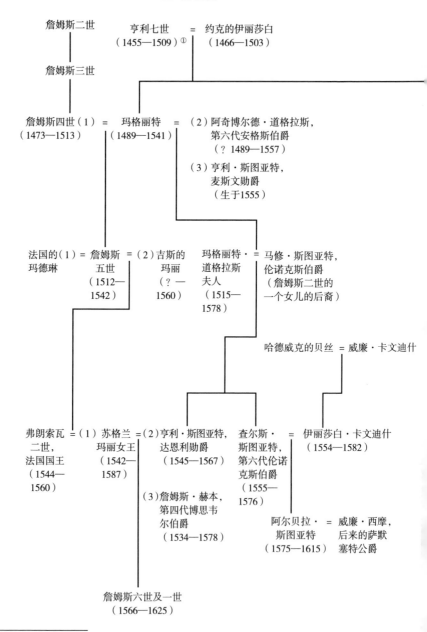

① 有些资料显示，亨利七世生于1457年。本书作者认为，亨利七世生于1455年。——编者注

亨利七世的后代

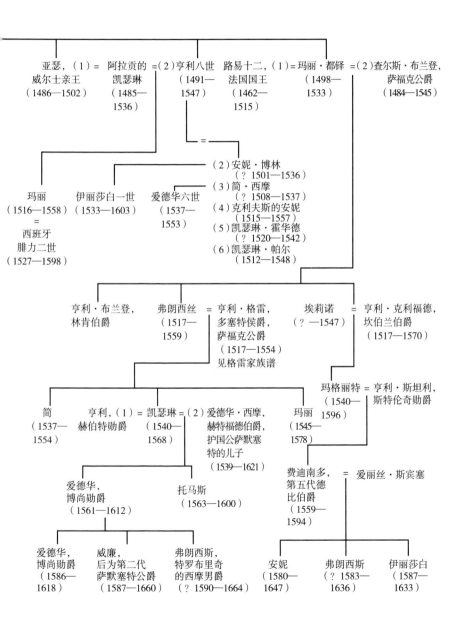

亚瑟，(1) = 阿拉贡的 = (2) 亨利八世　路易十二，(1) = 玛丽·都铎　= (2) 查尔斯·布兰登，
威尔士亲王　凯瑟琳　(1491—　法国国王　(1498—　萨福克公爵
(1486—1502)　(1485—　1547)　(1462—　1533)　(1484—1545)
　　1536)　　　1515)

=

　(2) 安妮·博林
　(？1501—1536)
玛丽　伊丽莎白一世　爱德华六世　(3) 简·西摩
(1516—1558)　(1533—1603)　(1537—　(？1508—1537)
=　　　　1553)　(4) 克利夫斯的安妮
西班牙　　　　　(1515—1557)
腓力二世　　　　　(5) 凯瑟琳·霍华德
(1527—1598)　　　　(？1520—1542)
　　　　　　(6) 凯瑟琳·帕尔
　　　　　　(1512—1548)

亨利·布兰登，　弗朗西丝　= 亨利·格雷，　埃莉诺　= 亨利·克利福德，
林肯伯爵　(1517—　多塞特侯爵，　(？—1547)　坎伯兰伯爵
　　1559)　萨福克公爵　　　(1517—1570)
　　　　(1517—1554)
　　　　见格雷家族谱

　　　　　　玛格丽特 = 亨利·斯坦利，
　　　　　　(1540—　斯特伦奇勋爵
简　亨利，(1) = 凯瑟琳 = (2) 爱德华·西摩，　玛丽　1596)
(1537—　赫伯特勋爵　(1540—　赫特福德伯爵，　(1545—
1554)　　　1568)　护国公萨默塞　1578)
　　　　特的儿子
　　　　(1539—1621)
　　　　　　费迪南多，　= 爱丽丝·斯宾塞
爱德华，　托马斯　第五代德
博尚勋爵　(1563—1600)　比伯爵
(1561—1612)　　　(1559—
　　　　　1594)

爱德华，　威廉，　弗朗西斯，　安妮　弗朗西斯　伊丽莎白
博尚勋爵　后为第二代　特罗布里奇　(1580—　(？1583—　(1587—
(1586—　萨默塞特公爵　的西摩男爵　1647)　1636)　1633)
1618)　(1587—1660)　(？1590—1664)

格雷家族谱

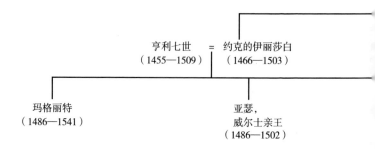

亨利七世 = 约克的伊丽莎白
（1455—1509） （1466—1503）

玛格丽特
（1486—1541）

亚瑟，
威尔士亲王
（1486—1502）

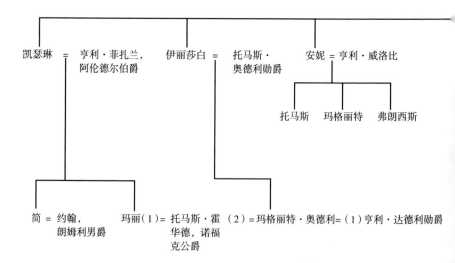

凯瑟琳 = 亨利·菲扎兰，
阿伦德尔伯爵

伊丽莎白 = 托马斯·
奥德利勋爵

安妮 = 亨利·威洛比

托马斯　玛格丽特　弗朗西斯

简 = 约翰，
朗姆利男爵

玛丽（1）= 托马斯·霍 （2）= 玛格丽特·奥德利=（1）亨利·达德利勋爵
华德，诺福
克公爵

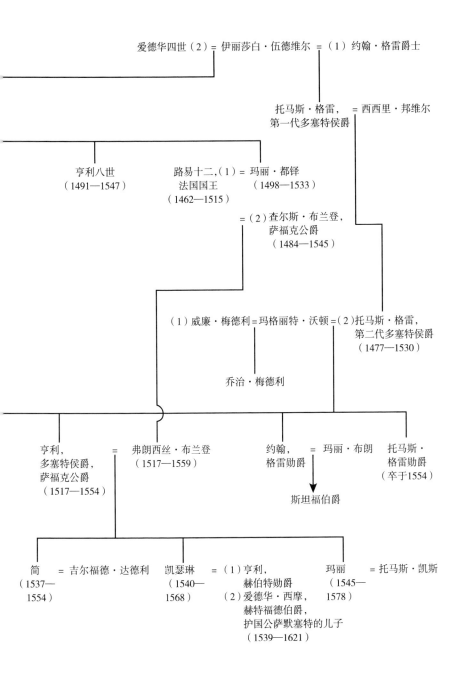

达德利家族谱

显示亨廷顿伯爵亨利对英格兰王位的继承权

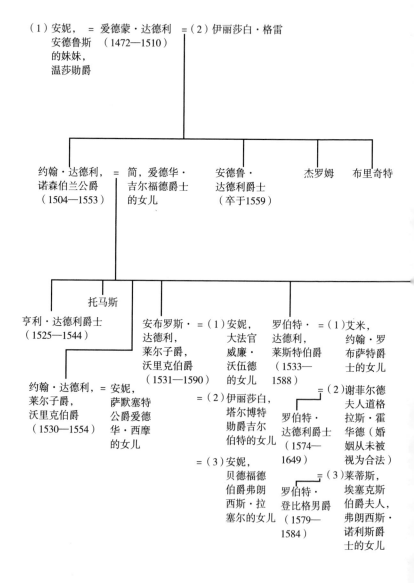

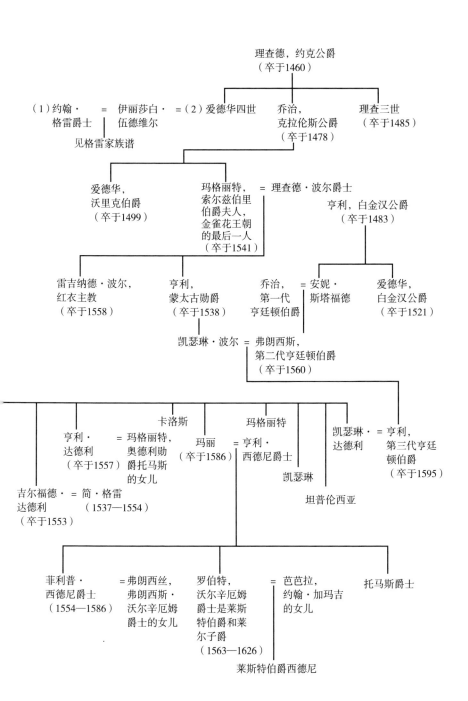

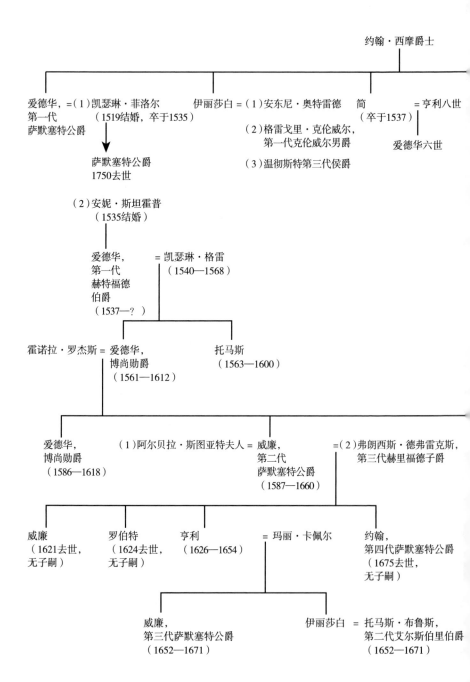

西摩家族谱

托马斯·西摩，＝凯瑟琳·帕尔 亨利 约翰 多萝西 安东尼 玛格利
第一代休德利
男爵（1508—
1548）

弗朗西斯·西摩，
特罗布里奇男爵
（？ 1590—1664）

阿尔杰农·西摩，
第七代萨默塞特公爵
（1684—1750，去世
时没有男性继承人）

目　录

引　言

　　混沌初开，上帝作为主导者，给黑暗的世界带来了和平与秩序。无论是精神还是物质，所有事物都因其价值及与上帝的亲疏程度而被赋予相应的地位。岩石仅仅是存在的客体，它之上是植物，因为植物享有生命的特权。植物也有一定的等级：树木高过苔藓，橡树则是最高贵的树。然而最高贵的树木的等级也在动物的等级之下，因为动物既有生命，也有食欲。而在动物之上是人类，上帝赐予人类不朽的灵魂。当然，出身不同的人，地位也不尽相同。正是沿着这样一条伟大的生命链，都铎王朝得以统一整个王国。而在体制之端，上帝之下，屹立着亨利八世——他自信满满地占据着这一高位。1524 年的一个春日，就在他准备参加马上长矛比武时，他仍是威尼斯大使口中的"基督教世界里最英俊的国君"。时年 32 岁的亨利八世正值壮年，身材高大、肌肉强健、容光焕发，统治英国已 15 年。比武前不久，他刚令人做了一套新盔甲，期待在比武时试穿。

　　亨利八世被认为是他这一代人中最优秀的长矛骑士，所以现场观众对这场马上较量有很高的期待。站在马下服侍他的是他的表亲托马斯·格雷（Thomas Grey）①，他是第二代多塞特（Dorset）侯

---

①　因本书中人名、地名繁多，故有通译的地名不在后括注原文。另，原书中常交替使用名、姓或者头衔称呼同一个人，又有许多人同名，中文译本为避免混乱，会统一对一个人的称呼。——编者注

爵。托马斯·格雷佩戴着镶有钻石和红宝石的都铎玫瑰勋章，证明他也是一名出色的竞技健将。位于竞技场另一边的是亨利八世此次的对手——他的妹夫萨福克（Suffolk）公爵查尔斯·布兰登（Charles Brandon）。与托马斯·格雷相比，查尔斯·布兰登的名气有过之而无不及。他的父亲在 1485 年的博斯沃思战役（the Battle of Bosworth Field）中攥着亨利七世的旗帜阵亡，这场战斗是都铎王朝的开国之战。查尔斯·布兰登在宫廷里长大，娶了亨利八世美貌的妹妹玛丽（Mary），玛丽是法王路易十二的遗孀。萨福克公爵也是国王最亲密的朋友，两人甚至长得极像，他们还常在宫廷里举办的大型比武活动中穿着一模一样的盔甲。

当亨利八世到达自己冲刺的起点时，下人告诉萨福克公爵，国王已经就位。然而，萨福克公爵的新头盔出了问题，他大喊着："我看不见他，天啊，头盔挡住了我的视线！"马蹄声盖住了萨福克公爵的喊叫声，托马斯·格雷什么也没听见，理所当然地将长矛递到了国王手中。亨利八世其实在做最后的准备，他头盔的面罩还未来得及放下。然而在另一边，萨福克公爵的仆人远远看见国王手持长矛，误以为国王马上要冲刺，于是给萨福克公爵发出了错误的信号："大人，国王要冲过来了！"因为头盔出了问题，萨福克公爵听从信号，策马向前。国王也立即做出反应，手持长矛，如开弓之箭飞奔而出，身后尘土飞扬。人群中有人眼尖，发现国王的面罩没放下来，于是撕心裂肺地喊道："停住！不要！"但"萨福克公爵这边既看不见，也听不清，还是一路飞奔而来；至于国王是否记得自己有没有戴好面罩，没多少人能讲清楚"。紧随马蹄声的是金属的撞击声和爆裂声。萨福克公爵刺中了国王的额头，长矛的前端支离破碎，碎片插满了亨利八世的头盔。当马停下来时，国王仍在马鞍上，人群中的一些人看起来准备攻击萨福克公爵，而其他人则指责多塞特侯爵过早地将长矛递给国王。虽然受到很大震动，但亨利八世依然大声地坚决表示所有人都没有错，并手持长矛在赛道上又跑了 6 趟，以证明自己没有受伤，但观众最深的恐惧仍挥之不去。

博斯沃思战役前，王储之间展开了对王位的激烈争夺，所以英国曾长期处于暴力骚乱之中。最终胜出的亨利七世将王位传给他成年的儿子亨利八世，亨利八世是无可争议的继承人，从而确保了英格兰的太平。但如果这个子嗣，也就是现在的国王突然遇害或意外死亡，王国会发生什么？人们会发自内心地害怕国家重陷混乱之中，因为国王一旦不在，战争可能接踵而至。人们相信，当光明天使路西法背叛上帝时，混乱就被带入宇宙；当堕落天使在伊甸园诱惑夏娃时，混乱又被罪恶地带入人间。自那以后，路西法一直紧紧盯着，不放过任何一个制造无政府状态的机会，并企图最终将人间与天堂都卷入难以想象的恐怖与邪恶之中。在世界末日善恶大决战的阴影下，国王死后会发生什么？这是一个至关重要的问题，对它的回答也令人不安。亨利八世的唯一合法继承人是一个无忧无虑的小女孩——他 8 岁的女儿玛丽公主。根据英国法律，女性可以继承王位。玛丽公主的母亲——阿拉贡的凯瑟琳（Catherine of Aragon）也相信自己的女儿有朝一日会继承王位。但在这之前，英国还没有出现过凭自己的能力进行统治的女王储，而且人们尚不清楚女性统治能维持多久。

传统上人们认为女性是较弱的群体，更重要的是，人们还对女性进行价值评判，认为她们道德脆弱——这一观念根深蒂固，它支撑着现代社会对女性和权力的态度。男性往往与理性和有头脑联系在一起，而女性则被认为是没有头脑、情绪化、不理性和优柔寡断的，因此她们在生命链中的排名低于男性的。尽管一个男仆可能由于其女主人的社会地位而服从她，但在财产继承方面，姐妹排在兄弟后面，妻子在婚姻中也得服从她的丈夫。有一天，女人竟会以一国之君的身份端坐在权力的顶峰，这一幕在亨利八世看来不可理喻，也难以置信。

亨利八世担心，就算那些野心勃勃的好战贵族不推翻没有武装的玛丽公主，玛丽公主的丈夫也会成为实际的统治者，甚至可能以一纸婚约就让英格兰被其他帝国吞并。亨利八世妻子所在的哈布斯堡家族的亲戚就是通过这种手段扩大了疆域，也因此声名狼藉。而且不管怎么说，亨利八世只能给王朝留下一个女孩当继承人，别人会怎么评价他？

38 岁那年，亨利八世被迫接受了一个事实：阿拉贡的凯瑟琳的年纪太大，已经不太可能怀孕，那年他也不再去她的房间。但考虑到国家和王朝的命运，亨利八世仍决心让一名男性来继承他的王位。他对这一目标的追求将给他带来比任何一位中世纪前辈都大的权力。然而，他这样做也会无意中毁掉王室权威赖以存在的神话。亨利八世与罗马教廷断绝关系，宣称自己在宗教和世俗事务上拥有王室权威，将自己置于法律之上，并利用议会夺取提名继承人的权力。但他与罗马教廷的决裂将王位置于宗教斗争的暴风眼，在将议会带入决定继承权的神圣过程中，他也引入了同意机制。随着新教信仰为反对女性掌权的旧偏见注入新活力，两代都铎王朝的公主和 3 位有可能成为女王的女性将在即将到来的风暴中挣扎。这 3 位女性包括 1524 年参与国王比武活动的两位勋爵的孙女——简·格雷（Jane Grey）、凯瑟琳·格雷（Katherine Grey）和玛丽·格雷（Mary Grey）。

王朝政治、宗教宣扬和性别偏见已经将三姐妹的故事掩埋在传说中并使她们默默无闻。长女简·格雷被神化，甚至被塑造为无助且天真的偶像，她的一生任由周围人的野心蹂躏。她生活中的人物和事件都被扭曲以符合这一形象。然而，简·格雷远不是人们所描述的受害者，朝臣和宗教派别夺取继承权的努力并未随她的死亡而结束。简·格雷的妹妹们必须谨慎行事才能生存。凯瑟琳·格雷是被人们遗忘的王位竞争者，伊丽莎白一世其实最怕她。玛丽·格雷是三姐妹中最小的，按照亨利八世的遗嘱，她也是王位继承人。反过来说，格雷三姐妹都将在社会剧变中发挥自己的作用，在面对社会与王室对男性继承人的期待时，她们也要做出牺牲。最后是由凯瑟琳·格雷的孙子——一个失败的英格兰王朝继承人——来见证这个循环的终结。站在被打开的亨利八世的陵墓前，他将见证国王控制未来的决心在何处终结，也将见证阻止女性得到绝对王权的努力是如何加速埋葬英国的专制主义。

第一部分

教育简·格雷

——王后生了吗？

告诉我，是个男孩。

——是的，陛下，

是个可爱的男孩，愿上天永远赐福于王后。

哦，是个女孩，但之后肯定会有男孩。

——威廉·莎士比亚的作品《亨利八世》，

第五幕第一场（书中引用威廉·莎士比亚

的作品《亨利八世》的译文皆出自〔英〕

威廉·莎士比亚《莎士比亚全集》，朱生豪译，

人民文学出版社，2014。——编者注）

第一章

开篇

　　多塞特侯爵夫人弗朗西丝①为孩子的出生做了精心准备。这一时刻令人焦虑，但遵循卧床的传统能帮她缓解对分娩危险的恐惧感。产房的窗户被封住，钥匙孔也被堵住，王室分娩的规定是只有一扇窗户可以不被封住，因此产房将几乎仅凭蜡烛照明。产房要尽可能温暖与昏暗。她或买或借了昂贵的地毯和帷幔、一张大床、精美的床单和一套奢华的床罩。她的朋友——已故的苏塞克斯伯爵夫人为她分娩留下了一张镶着金边的貂皮。作为国王的外甥女，弗朗西丝可不会少要一点物品。

　　这位19岁的准妈妈是玛丽的女儿，玛丽是国王亨利八世的妹妹，也是萨福克公爵夫人。这位准妈妈是亨利七世的外孙女，被称为弗朗西丝夫人，这表明了她的地位。弗朗西丝的父母是公认的相貌堂堂之人，因而她也长相迷人。她的陵墓位于威斯敏斯特大教堂，其中有一尊纤细优雅的雕像，她的面容在金色的王冠下显得端庄又大气。[1]不过，弗朗西丝是一个传统的都铎时代女性——无论是对父亲为自己挑选丈夫，还是对之后自己丈夫所做的决定，她都一样顺从。　3

---

① 多塞特侯爵夫人婚前称弗朗西丝·布兰登（Frances Brandon），婚后称弗朗西丝·格雷，下称弗朗西丝。——编者注

多塞特侯爵亨利·格雷［Henry Grey，有人说是"哈里·格雷"（Harry Grey）］[2] 据说年轻健壮、学识渊博、机智幽默，只比他的妻子大6个月，[3] 但这对夫妇已经结婚将近4年了。他们在1533年3月24日签订婚约，当时弗朗西丝只有15岁，多塞特侯爵16岁。[4] 对于普通人来说，女性结婚至少要满20周岁，男性则要更年长些。然而，他们并不是普通人，而是来自世袭的精英阶层，是残酷无情的政治文化中的一部分。贵族子女对他们的家族来说是一种财产，弗朗西丝和多塞特侯爵的婚姻也体现了这一点。多塞特侯爵来自一个古老的王室分支，这个王室分支包括费雷尔（Ferrers）男爵、格罗比的格雷（Grey of Groby）爵士、阿斯特利（Astley）、邦维尔（Boneville）和哈林顿（Harrington）。他跟王室也有关系，他的祖父——第一代多塞特侯爵，是伊丽莎白·伍德维尔（Elizabeth Woodville）的儿子，因此也是亨利八世的王室祖母（约克的伊丽莎白）的同母异父的兄弟，这标志着多塞特侯爵在地位和财富上与弗朗西丝不相上下，但萨福克公爵想要他做女婿还有政治原因。

对弗朗西丝的父母来说，安排她结婚前的那段时间很艰难。众所周知，萨福克公爵夫人玛丽不喜欢她哥哥当时的心爱之人安妮·博林（Anne Boleyn）。据说，女人对等级问题的争论比对其他任何事情的争论都更激烈，弗朗西丝的公主母亲对被请求优先考虑像安妮·博林这样的平民极为不满。多年来，萨福克公爵和公爵夫人竭力破坏国王和他情妇的感情，但最终还是没成功。阿拉贡的凯瑟琳未能生下儿子，而国王确信安妮·博林能为他生一个儿子，于是在1533年1月娶了她，5月她被封为王后。萨福克公爵一家享受国王恩惠的日子似乎要结束，但弗朗西丝与哈里·格雷的婚姻为他们注入了一线生机，提供了一个进入博林家族阵营的途径。哈里·格雷的父亲托马斯·格雷见证了国王努力废除他与阿拉贡的凯瑟琳的婚

4

姻。在 1501 年庆祝阿拉贡的凯瑟琳和国王已故兄弟亚瑟订婚的马上比武中，托马斯·格雷赢得了镶着钻石和红宝石的都铎玫瑰勋章。1529 年，也就是托马斯·格雷去世的前一年，他提供了证据证明这个婚约已经完成。这有助于支持亨利八世的论点，即阿拉贡的凯瑟琳已经合法地嫁给了他的兄弟亚瑟，因此亨利八世与阿拉贡的凯瑟琳的婚姻就是乱伦。[5]安妮·博林对这家人心存感激，多塞特侯爵在她的加冕典礼上被封为巴斯爵士。

哈里·格雷和弗朗西丝是在 1533 年 7 月 28 日至 1534 年 2 月 4 日的某个时间成婚的。然而在哈里·格雷看来，他们的结合也给他的家族带来了政治上和物质上的优势。[6]他的祖父——第一代侯爵，是亨利七世的大舅子，迎娶一位有王室血统的小姐会让他的地位更加显赫。而事实上，他就在 1532 年拒绝了阿伦德尔（Arundel）伯爵的女儿，这也许标志着他早期的雄心壮志。他和弗朗西丝的任何一个孩子都会与王室的至高权力和宗教奥秘建立血缘关系。这是一笔价值不可估量的财产，尽管他的家族会付出惨痛的代价。

安妮·博林成为王后的第 4 年，即 1537 年的 5 月，弗朗西丝的孩子即将出生。[7]多塞特侯爵哈里·格雷在伦敦，弗朗西丝肯定会和他待在位于河岸街（Strand）的多塞特庄园，[8]那是贵族在新王宫白厅宫附近建造的众多大型庄园之一。庄园的后门有一条用砖石砌成的街道；前门是庄园最宏伟的地方，有一个一直延伸到泰晤士河畔的花园，里面的水闸是开着的。在伦敦，乘船旅行比在狭窄的街道里穿梭容易得多，外国人也经常对这条河的美赞叹不已。天鹅在大型驳船间游动，三角旗从伦敦塔漂亮的镀金圆屋顶上飘过。但那年春天，河面上也有许多可怕的景象。伦敦塔桥上挂满了当时北方叛乱的领导人的头颅。这些叛乱者是求恩巡礼者，为祖先的信仰和玛丽公主继承其父亲王位的权利而战。尽管亨利八世十分担忧女性

5　统治不合体统，但他的大多数普通臣民对此几乎没有异议。当时的人认为女性在性别上处于劣势地位，这一点毋庸置疑，但是英国人以对圣母玛利亚的忠心闻名于欧洲。在他们看来，接受人世间的女王并不是什么很出格的事。正如玛丽公主的权利受到损害一样，他们的宗教信仰和传统也受到冲击。

　　当教皇拒绝废止亨利八世与阿拉贡的凯瑟琳的婚姻时，亨利八世与罗马教廷决裂，并于1533年4月7日通过了一项议会法案，废除了教皇对英格兰宗教事务的干预权。事后看来，这是英国历史上的一个决定性时刻，但当时大多数人认为这些事件不过是政治游戏中的变动，普通人并不关心国王与教皇之间的管辖权问题。传统信仰中最先受到攻击的事情通常是有争议的，早在亨利八世进行宗教改革之前，天主教内部就有关于宗教改革的争论，尤其受到所谓的人文主义者的启发，这些人文主义者沉迷于重新发现的希腊和罗马的古老文本。近几十年来，西方学者第一次同时学习希腊语和拉丁语，这使他们能阅读并重新翻译比中世纪的拉丁译本还早的《圣经》版本。因为少数词意义的改变可能会使人产生对几个世纪以来的宗教教学的质疑，所以历史的准确性和真实性受到了新的重视。有人质疑这些传统，比如对遗迹和当地圣人、圣殿的崇拜，这些圣人的出生可能与异教徒的神有关。1535年，两位举足轻重的人文主义者——亨利八世的大法官托马斯·莫尔（Thomas More）和罗契斯特主教约翰·费舍尔（John Fisher），因拒绝接受国王宣称的高于宗教事务的"王权至上"而被送上断头台。直到此时，人们才意识到亨利八世的宗教改革不仅仅是政治争论和一次改革宗教弊端的尝试。然而，即便如此，那时的许多人也没有动摇他们的天主教信仰。这些信奉"亨利主义"的天主教徒中包括支持"王权至上"

6　的主要理论家温彻斯特主教斯蒂芬·加德纳（Stephen Gardiner）。

对主教来说，就如同对国王来说一样，教皇的管辖权、被废弃的神殿、朝圣和修道院并不是天主教固有的。[9]诸如弥撒这样的圣礼仍然不可侵犯，这些天主教徒认为，虽然英国教会是分裂的，但是从它已经脱离罗马教廷这个意义上看，它并不是异端，也没有反对罗马教廷。[10]

那些不同意和反对亨利八世进行宗教改革的人感受到了他的专政，因为伦敦塔和其他公共场所展示的头颅都是无声的见证。144名属于求恩巡礼骚乱的叛乱分子被肢解，其被肢解的部位在首都四处展示，甚至有一个异教徒年轻可爱的妻子被活活烧死。尽管伦敦人可以避免看到展示尸体这种可怕的场面，但他们难以回避国王改革的其他方面。不管在哪里，在伦敦生活中发挥重要作用的宗教建筑正在被拆除或被改造为世俗建筑。就在一个月里，那些拒绝签署"王权至上"宣言的伦敦卡尔特修道院（Charterhouse）里的修道士被押入纽盖特（Newgate）监狱，在那里他们被戴上枷锁，活活饿死。

然而，在多塞特庄园中弗朗西丝为生育特别准备的房间里，外面世界的景象、声音和恐怖场景都被关在门外，她身边只有帮她接生的女人。当第一次强烈的分娩疼痛来临时，弗朗西丝对这种感觉很熟悉，她已经失去了至少一个孩子。和许多都铎王朝的孩子一样，那个男孩在婴儿时期就死了。除了他的名字哈林顿勋爵亨利之外，这个孩子短暂的一生没有其他任何记载。[11]同时期的资料主要关于在安妮·博林生的孩子：她的女儿伊丽莎白出生于1533年9月7日，在她的洗礼仪式上，多塞特侯爵曾用金色的盐为她洗礼。① 而随后的一次流产标志着安妮·博林断送了自己的王后之

---

① 20世纪60年代之前，天主教洗礼都使用盐，神父将少量的盐放在婴儿的嘴唇上以示纯洁并用来驱邪。

7

路，她因莫须有的通奸罪于 1536 年 5 月 19 日被处决。国王的第二次婚姻也被宣告无效，之后的一项议会法案宣布国王的两个女儿伊丽莎白公主和玛丽公主都是私生女，不能继承王位。[12] 在继承顺序中，这提高了国王姐姐们的继承人的重要性，国王姐姐们的继承人的继承顺序的优先级有所提高。国王和王国对这件事都表现得很敏感。求恩巡礼骚乱的叛军担心，亨利八世死后，王位会被传给他姐姐玛格丽特的孩子——苏格兰的詹姆斯五世，一个英格兰人眼中的外国人。与此同时，玛格丽特与其第二任丈夫安格斯（Angus）伯爵所生的女儿玛格丽特·道格拉斯（Margaret Douglas）是英国宫廷的宠儿，但因为未经国王允许就订婚而入狱。她的情人，也就是安妮·博林的叔叔托马斯·霍华德（Thomas Howard），在 1536 年 10 月死于伦敦塔，然而，尽管弗朗西丝的孩子在王室中的地位很重要，但是国王仍然决定让自己家族的人继承王位。因此，弗朗西丝生一个男性继承人要承受的压力和国王的妻子听从命令的压力是不同的。就像所有的贵族一样，多塞特侯爵想要一个儿子。当他们的女儿出生时，他们还很年轻。一个健康的女儿带给他们的安慰超过了对这个孩子不是男孩的失望。

一个仆人立刻把刚出生的孩子抱到附近的房间，把她交给一位保姆。孩子出生时，父亲通常陪在旁边，多塞特侯爵可能是最早的几个去昏暗的婴儿室看望孩子的人之一，保姆在那里喂养他的女儿，并用布裹住她以保持她的四肢伸直，并防止她抓伤脸。她的父母仍然十分关心她的宗教福祉，因此已经尽可能快地安排了洗礼，尽管这意味着弗朗西丝不能出席。新妈妈预计会在床上待一个月，有些人甚至两个星期都没坐起来过。但弗朗西丝还是积极帮忙选择了国王的新王后简·西摩（Jane Seymour）做女儿的教母，给女儿也起名为简。[13]

❖

简·西摩嘴唇紧闭，有沙色的睫毛，她很可怜，似乎只是安妮·博林的替代品。据说她的黑眼睛"能读懂男人内心的秘密"，但和她的前任一样，简·西摩也是个无情的诱惑者。[14] 她与亨利八世订婚的消息是在安妮·博林被处决的第二天宣布的。成为王后之后，简·西摩扮演为王室开枝散叶的重要角色。在这方面，她很快取得了成功。几周之后，她就孕相明显。5月27日，圣保罗教堂响起庆祝王后迅速怀孕的赞歌，证实了这一传言。[15] 简·西摩是否会如国王所愿生一个儿子还不得而知，但是弗朗西丝和多塞特侯爵已经十分确定地选择她做他们新生女儿的教母，尽管他们还不知道，西摩一家从此以后会以各种方式和他们产生紧密的联系。

洗礼完成大约两周后，弗朗西丝第一次下床，穿着她最好的晚礼服去参加一个庆典。王室裁缝建议她穿锦缎或丝缎，配以貂皮装饰的帽子和马甲，这样她在看望女性朋友和亲戚的时候能够兼顾时尚性和保暖性。弗朗西丝有一个妹妹埃莉诺（Eleanor），嫁给了克利福德（Clifford）勋爵，她也是一位年轻的继母。弗朗西丝的母亲在1533年6月的仲夏节去世了，没过多久她的父亲就再婚了，新娘凯瑟琳·威洛比（Katherine Willoughby）只有14岁，是一位女继承人，受他监护。弗朗西丝的父亲当时已经49岁了，就像他的朋友、当时的国王一样，他的肌肉已经开始变成脂肪，即使他曾经是马上枪术比赛的冠军。毫无疑问，当初弗朗西丝希望她父亲能再等一段时间以做出不同的选择，因为新的萨福克公爵夫人从7岁起就和她一起长大，如同她的亲妹妹，但是弗朗西丝接受了她无法改变的事实，并与她儿时的朋友保持亲近。凯瑟琳·威洛比当时怀上了弗朗西丝同父异母的第二个兄弟查尔斯·布兰登。宴会过后，弗朗西丝小心谨慎地从她的房间走到婴儿室和庄园里的其他房间。等她的卧床期结束时，简·格雷差不多一个月大。她们参加了一项感恩和净化的宗教仪式，在仪式的最后弗朗西丝的身上需要被洒上圣水。"请用牛膝草清洁我，我的身体会变得干净，"她祷告说，"求你洗涤我，我会比雪更白。"然后弗朗西丝准备回到亨利八世的宫廷们。[16]在这里，大多数新手妈妈受到了祝福，但亨利八世惩罚了给他生过孩子的王后们。如果说他的第三任妻子简·西摩对未来有什么担心的话，她在卧床期开始前几乎没有表露任何迹象。她最后一次公开露面是 9 月 16 日在汉普顿宫。当天皇家小教堂举行了一场盛大的弥撒游行（这座教堂至今仍然存在，湛蓝的天花板上镶嵌着金色的星星），然后宫廷人员聚集在观赏室（至今也仍然保留着）的广阔空间里，享受着冰凉芳香的葡萄酒。为了迎接王室新成员的诞生，建筑工程几个月前就已经开始了，丁香和肉桂散发的浓烈香味混合着烧砖和新凿木头的气味。当简·西摩身居内宫时，宫廷里的大部人离开了，因为那年夏天暴发了瘟疫，他们被劝回家了。

一直以来都有传言说简·格雷是在王后分娩的 3 周内出生的，出生在格雷家族的主要住所——位于莱斯特郡的布拉德盖特（Bradgate）庄园。然而，多塞特侯爵的母亲，也就是他父亲的遗孀，直到 1538 年 1 月才住进布拉德盖特庄园。弗朗西丝当时并未卧床，而是忙着自娱自乐。1537 年 10 月 11 日，当简·西摩临产的消息传到弗朗西丝耳中时，她正在一位朋友的家中玩得尽兴，而她的丈夫则在他们位于埃塞克斯郡的斯特宾庄园里。[17]多塞特侯爵即刻动身前往伦敦，那里已经组织了一支游行队伍，供牧师、职员、市长和高级市政官员为王后祈祷。他们的祈祷似乎很快就得到了回应。第二天凌晨 2 点，在圣爱德华节前夕，亨利八世渴望已久的儿子爱德华（Edward，后来的爱德华六世）出生了，即将接受洗礼。到了那个关键的早晨9点，多塞特侯爵和一大群人在始建于中世纪的圣保罗教堂门口唱着赞歌。当感谢上帝的赞歌结束时，伦敦塔响起了一连串的炮火声，大桶的酒被摆出来分发给穷人喝。这个国家的长期安全与和平取决于有一个无可争议的继承人，无论民众的宗教信仰是什么，所有人都为王子的诞生而高兴。[18]

在接下来举国欢庆的日子里，弗朗西丝与多塞特侯爵会合，他们费尽心思地办理进宫的许可证明，以便参加爱德华的洗礼。全体贵族和王室成员都希望参加这项活动，在随后的确认仪式上，弗朗西丝的父亲被邀请做孩子的教父。但令参加仪式的人有些郁闷的是，他们被禁止再回到汉普顿宫，因为多塞特侯爵的母亲在克罗伊登有一处房产，那里有几个人可能死于瘟疫，虽然参加仪式的人没去看望她，但疾病还是有可能传播到王宫，他们不敢冒这个风险。[19]

这样的预防措施还是拯救不了王后。几天后，简·西摩经历了一次大出血，可能是因为一部分胎盘还留在子宫里。她的临终圣礼定在她儿子洗礼完成后的两天，她于10月24日去世。弗朗西丝获赠了几件王后的珠宝、香囊和其他小饰物，[20]虽然她和多塞特侯爵错过了王室的洗礼，但他们在11月的国葬中担任了重要角色。多塞特侯爵和他的岳父萨福克公爵以及其他4个朝臣骑马护送装有简·西摩棺木的马车，与送葬队伍一道前往温莎。马车的顶部装有她的雕像，看起来栩栩如生——身着国袍，头发松散，手上戴着镶有宝石的戒指。这座木制的女性雕像满足了她的需要。紧随马车的是国王的大女儿玛丽公主，她骑着一匹盖着黑布的马，充当这次葬礼的主哀悼者。13年前，当她的父亲在马上比武中险些丧命的时候，她是无可争议的继承人，而现在她已经是一位成年女子。21岁的她非常漂亮，肤色粉嫩白皙，身材十分瘦削。她目睹了母亲因

为父亲对儿子的渴求而饱受羞辱，并且同样目睹了议会引入继承权
的神圣过程，否定了她与生俱来的权利。但是，命运变幻莫测。根
据 1536 年的《继承法》（*Act of Succession*），亨利八世有权提名他的
继承人，玛丽公主知道尽管她之前被宣布为私生女，但她仍然有可
能恢复王位继承人的身份。

玛丽公主身后的第一辆马车载着很多宫廷贵妇，其中就包括弗
朗西丝。她穿着一袭黑衣，身旁有穿着半长袍的侍从服侍。[21]送葬
队伍中的吊唁者按照等级、地位依次排列，在队伍的末端，甚至连
仆人都依照他们主人的等级行走。"诸天的星辰，在运行的时候，
都恪守自身的等级和地位，遵循着各自不变的轨道。"威廉·莎士
比亚后来在《特洛伊罗斯与克瑞西达》（*Troilus and Cressida*）中
写道：

> 只要把纪律的琴弦拆去，听吧！会发出多少刺耳的噪
> 声⋯⋯强壮的人要欺凌老弱，不孝的儿子要打死他的父亲。这
> 种混乱的状态，只有在纪律被人扼杀以后才会出现。[22]

第二章

第一堂课

简·格雷最初的一些记忆一定与布拉德盖特庄园的家族宅第有关，这座富丽堂皇的宅第位于米德兰兹地区，尽管她并不出生在那里。[1]这是莱斯特郡第一座不设防的宅第，里面的房屋由玫瑰红砖砌成，砖石上面有深紫色的菱形图案。多塞特侯爵的父亲和祖父当初用这座宅第来替代古莱斯特城堡，古城堡废弃的砖石仍被放置在一旁。都铎王朝的到来预示着和平与秩序，这意味着主人可以让房子里的一切物品都着眼于美观。狭窄的开口穿透厚墙，巨大的竖框窗户让光线透进来，高屋顶的厢房是一个表示欢迎的 U 形庭院的外部支点。

家里的私人房间，包括简·格雷的卧室和她小时候睡过的婴儿床都在西厢。那边有一个小厨房和小教堂，简·格雷长大些后就在这里做祷告。西厢还有仆人大厅、面包房、酿酒室和主厨房。简·格雷的父亲在这里慷慨地款待他人，他住在家里时，这栋宅第挤满了至少 30 个仆人、来访者和自己家族的成员。大多数时候，这家人在大厅里一起吃饭。大厅位于房子中央，是一个 80 英尺①长的房间，人们靠一个大壁炉取暖。大厅的一头有一个高台，是这家人

---

① 1 英尺约等于 0.304 米。——编者注

13　吃饭的地方；另一头是一个画廊，也是演奏音乐的地方。

　　简·格雷7岁（宗教传统里的理性年龄）那年，相对于她的年龄来说，她身材矮小，但是聪明伶俐，易怒的性格与她那微红的头发相得益彰。后来，一位和她同时代的人说她是她父亲最喜爱的女儿。[2]她在各个方面都向世人证明她绝对是她父亲的女儿。这时她也差不多开始接受成年教育了，一年以后（1545年），一名新的家庭教师来监督她学习，给她留下了深刻的印象。约翰·艾尔默（John Aylmer）还是个学生的时候就被人介绍给多塞特侯爵，侯爵一直替他付学费，直到他从剑桥大学毕业。他是一位才华横溢的学者，从几名聪明的年轻人中脱颖而出，被他的赞助人多塞特侯爵选为家庭教师。

　　简·格雷还有两个妹妹，她们都还没有开始接受成年教育。妹妹凯瑟琳·格雷在那年8月满5岁，同月她们的外祖父萨福克公爵查尔斯·布兰登去世。[3]凯瑟琳·格雷感情丰富，一头金发。简·格雷爱读书，凯瑟琳·格雷则更喜欢自己的宠物，她是三姐妹中最漂亮的。在宫廷艺术家拉维尼娅·蒂尔林克（Lavinia Teerlinc）的画作中，凯瑟琳·格雷酷似她美丽的外祖母、国王已故的妹妹——法国王后玛丽·都铎（Mary Tudor）。

　　三姐妹中最小的玛丽·格雷此时还是个婴儿，人们还看不出她以后会发生什么。但是玛丽·格雷永远都不能像一个正常人那样成长。长大后，人们将她描述为宫廷里最矮的人，佝偻着背，十分丑陋，甚至有人猜测她是个侏儒。不管真相如何，玛丽·格雷有两个姐姐身上最优秀的品质——凯瑟琳·格雷的热情和简·格雷的聪明才智，以及她们共同拥有的坚强意志。没有任何记录显示她的父母曾在任何方面对她失望。[4]

　　对这三姐妹来说，布拉德盖特庄园的生活充满诗情画意。这里有几个大花园供她们玩耍，还有一个大公园，是庄园里最好的地方。一个被摧毁了的中世纪村庄在查恩伍德森林的边缘营造了一个堪称完美的荒野假象，其面积有数平方英里①。与令人羡慕的宫廷相比，这是个没有危险的地方。在这里，你会发现"树在说话，流淌的溪水承载着书中的知识，石头蕴藏着布道诗，每一件物品都有益处"。[5]孩子们可以牵着父亲心爱的猎犬散步，或者在母亲和朋友们拉弓猎鹿时陪在一旁。[6]下雨天她们还有其他的室内娱乐活动。

　　这一时期流行玩偶，根据简·格雷后来的藏品清单，三姐妹喜欢这种玩偶——"一个木盒子里装两个小婴儿娃娃，其中一个穿着深红色缎子礼服，另一个穿着白色天鹅绒礼服。[7]不过，她们的父母很小心，没有宠坏她们。人们认为过度放纵孩子会使他们在身体和道德上都变得软弱，可能会造成灾难性的后果。爱孩子的父母很早就向他们灌输了规矩意识，认为良好的举止是必不可少的。三姐妹被教导要站得笔直，尊重长辈；只有在别人跟她们说话时才能开口；收到指令就要迅速做出回应。她们吃饭时必须保持优雅，在餐桌上要遵守正确的优先次序，并对他人的赞美表示感谢。晚上，如果父母在家，她们会跟父母道晚安，跪下来请求祝福。

　　当时的人们认为，顺从的义务是一堂对女孩特别有用的课，因为她们在离开父亲的庇护后应该继续顺从她们的丈夫。但是有关女性能力的想法正在改变。巴尔达萨尔·卡斯蒂廖内（Baldassar Castiglione）在他的畅销书《廷臣论》（*Book of the Courtier*）中指出，女性和男性一样聪明，他建议女性可以通过锤炼意志和理智来学会控制她们"情绪化"的天性。格雷家的一位朋友[8]后来把这本书翻译成英文。也有其他英国人已经开始宣传女性教育的理念。理

───────────

①　1 平方英里约等于 2.5 平方千米。——编者注

查德·海尔德（Richard Hyrde）写了已知的英国第一部为女性接受教育进行辩护的书，并在弗朗西丝 7 岁时献给了她。[9] 她父母中的一方必定是理查德·海尔德的赞助人，在格雷姐妹这代人成长的短暂时期，女性教育一直都很流行。弗朗西丝和多塞特侯爵都决定要给女儿们提供机会，培养出最高层次的实践技能和智力能力。

15

在实践技能中，简单的烹饪和缝纫手艺仍然很重要，甚至当时的人觉得贵族女子也需要知道一些家中厨房可以做出来的昂贵菜肴的做法，还要会做衣服。弗朗西丝就曾缝过衬衫和领子送给国王亨利八世作为新年礼物，她的朋友莱尔夫人（Lady Lisle）制作的榅桲果酱则是她送给亨利八世的最受欢迎的礼物之一。[10] 作为未来的宫廷女官，三姐妹还要定期上舞蹈课和音乐课，对于宫廷中的女孩来说，鲁特琴、小钢琴和大键琴都是流行的乐器。在三姐妹的学术表现中，简·格雷显得尤为出色，她的父亲给了她极大鼓励。

多塞特侯爵曾在国王的私生子、已故的里士满公爵亨利·菲茨罗伊（Herry Fitzroy）的家中接受过良好的教育。他从伊拉斯谟的一个学生那里学会了流利的拉丁语，并从英国最伟大的语言学家约翰·帕尔斯格雷夫（John Palsgrave）那里学会了法语。这些学习经历使多塞特侯爵对学术充满热爱，让他在有生之年享有盛名，他下定决心要把这种热爱传给他的孩子们。他的女儿们一学会读和写，以及弄懂基础的数学运算后，就开始学法语和意大利语。半个多世纪后，多塞特侯爵的小女儿玛丽·格雷仍在她的图书馆里保存着几本约翰·帕尔斯格雷夫的法语语法书和词典，还有《廷臣论》和一本意大利语语法书。[11] 8 岁时，简·格雷开始学拉丁语和希腊语，负责教这两门课的教师约翰·艾尔默具备非常好的资质，后来凯瑟琳·格雷也加入学习。布拉德盖特庄园的一位访客——激进的神学家托马斯·贝肯说约翰·艾尔默"精通拉丁语和希腊语"。

然而，约翰·艾尔默不仅仅是一位教语言的老师，16 世纪教育的重点不仅是学会读、写和理解古老的语言，而且要塑造上帝和国王的良好臣民。学习拉丁语和希腊语是一种加强道德、社会和宗教真理教育的方法，孩子在摇篮中时父母就开始向他们灌输真理，事实也是如此。托马斯·贝肯固执己见，认为只要孩子能说完整的句子，老师就应该教他们这样的短语，比如"向死而生"。[12] 几年后，简·格雷在写给妹妹凯瑟琳·格雷的最后一封信中一直重复这句话，并思考它的含义，即在现世当一个好的基督徒和忠诚的臣民，才能在未来的世界里获得绝对幸福的回报。不幸的是，对成为一个好的基督徒需要具备什么条件，以及通往永生的道路在哪里，仍然存在争论。自从 1537 年简·格雷出生以来，出现了有不同观点的两派人。有一派人如支持"王权至上"的理论家加德纳主教，虽然拥护亨利八世的教派，但在核心信仰上仍然持保守的观点；而另一派人则把国王的改革看作一扇通往更剧烈变革的大门。

"新教徒"（Protestant）这个词在 16 世纪 50 年代中期才开始在英国使用。[13] 对于那些当时被认为是新教徒的人来说，我们可以用"福音派教徒"（Evangelical）来称呼他们。之所以用这样的称呼，是因为他们希望回到福音书中的"福音派"（Evangelium），剥离他们认为没有《圣经》基础的教会传统，以从更基础的层面阅读《圣经》。英国福音派内部没有真正的正统教义，因为每名教徒都坚持不同程度的激进主义信仰。如果与国王的观点不一致，人们会小心翼翼地避免在公开场合表达自己的观点。然而，后来多塞特侯爵的观点更加激进，弗朗西丝也有着和她丈夫一样的信仰。人们正在为一场意识形态斗争做准备，在这场斗争中，格雷姐妹作为即将成为福音派教徒的第一代成员，正在被培养为起重要作用的人。

❖

对简·格雷来说，作为三姐妹中的老大并不意味着总是第一个做事，她的地位在三姐妹中最高。多塞特侯爵在她身上投入了大部分时间和金钱，其他人也对她最为关注。在成长的过程中，她的两个妹妹都不受重视，直到她去世。因此，当9岁的简·格雷第一次登上伟大的国家舞台也就是进入国王的王宫时，她的两个妹妹还在家玩宠物、学习祷告书，等待属于自己的高光时刻。

1546年，简·格雷的母亲担任亨利八世的第六任王后凯瑟琳·帕尔（Catherine Parr）的内室女官。她时不时地把简·格雷带进王宫，想替女儿物色一个女官的职位，为王后服务。王宫是英国政治、文化和社会生活的中心。但对于简·格雷这样一个年轻女孩来说，王宫肯定是个经常令人产生困惑的地方。她永远都不知道人们的微笑背后隐藏着什么，也听不出别人的话里是否有弦外之音，但在那些爱说三道四的廷臣和诡计多端的主教心目中，凯瑟琳·帕尔至少表现为一个具有同情心的女性。凯瑟琳·帕尔心地善良、聪明伶俐、沉着冷静，赢得了人们的信任和尊重。她也是一个非常性感的女人，属于最能吸引亨利八世的那种女人。她穿着华丽的红色丝绸质地的衣服；泡在牛奶中；用玫瑰花水喷香身体；嘴里含着昂贵的肉桂片，齿颊留香。她迷人的外貌把一旁55岁的国王反衬得十分丑陋。简·格雷一定很难想象亨利八世年轻时据说是"男性美的完美典范"，此时的他脸色苍白、身材雍肿，几乎不能走路，因为他的腿曾经在打猎和搏击中受过重伤。他大部分时间在自己的私人住所里忍受发烧的煎熬，但偶尔也会出现在王宫走廊里。他坐在铺着茶色天鹅绒的椅子上，眼里满是痛苦。

亨利八世命不久矣，而彼时爱德华只有9岁。显然，所有为确保都铎王朝的未来而洒下的鲜血显然是白费了。最终，因为不清楚女性统治会带来何种后果，亨利八世还是选择未成年的爱德华做继承人，尽管他非常清楚这种统治的缺点。当爱德华成为国王后，其他人会代表他行使权力。正如简·格雷所见，一场争夺权力的激烈斗争已经开始。虽然她还太年轻，无法理解围绕在她周围的利益圈子正在发生的微妙变化，但她明白，最重要的战线与她的信仰有关。她也知道王后是王宫里最主要的福音派教徒。凯瑟琳·帕尔曾结过两次婚，直到 30 岁出头，她才在宗教中找到了婚姻中欠缺的激情。她积极争取在学校传播新的教学方法。每天下午，福音派牧师都会在王宫向侍女和她们的朋友讲道。随后，女人们会与客人坐在一起讨论她们刚听到的内容。然而，她们能够感受到来自危险的恐惧，因为任何背离国王信仰的思想都有可能被指控为异端邪说。简·格雷很快就目睹了其后果有多严重。

1546 年夏天，枢密院（Privy Council）的一群宗教保守派密谋推翻他们的福音派对手。他们打算通过攻击对手的妻子来达到目的。首当其冲的是一位名叫安妮·艾斯丘（Anne Askew）的 25 岁贵妇。她是一位机智、能言善辩的诗人和福音派教徒，因为违背丈夫的意愿并就宗教问题与他争吵，最后打破了禁忌。她被丈夫扫地出门，后来又因为宣扬耶稣基督并没有出现在弥撒使用的圣饼和圣酒中而被逮捕。1546 年 6 月，她因散布异端邪说被判死刑。然而，在安妮·艾斯丘等待判决执行时，有传言说她在王后的内室里有盟友，其中就包括主要的枢密院福音派议员的妻子。据一位伊丽莎白时代的耶稣会会士说，保守派得知，安妮·艾斯丘甚至被介绍给了王后和国王"最爱的外甥女"——弗朗西丝和她的妹妹埃莉诺。[14]最有可能办到这件事的人是弗朗西丝寡居的继母兼儿时的朋友——年轻的凯瑟琳·萨福克（Katherine Suffolk）。

　　凯瑟琳·萨福克是那个时代最杰出的女性之一，她金发碧眼，正如她希望的那样令人着迷。她的脾气和讽刺挖苦人的本领广为人知。与她同时代的一个人把她的愤怒称作"萨福克夫人热"。[15]

　　然而，在宫廷这个肤浅的世界里，凯瑟琳·萨福克的同龄人觉得她不同寻常的直率和诚实既令人不安又极具吸引力。她把她的想法和盘托出，这些想法通常是有趣的，有时候也令人震惊。尽管她有西班牙血统的母亲曾是阿拉贡的凯瑟琳最喜欢的侍女，但凯瑟琳·萨福克鄙视她成长的宗教环境，并被外国大使认为是"英国最伟大的异教徒"。她对凯瑟琳·帕尔产生了巨大的影响，并与安妮·艾斯丘有密切的关系，这个被判死刑的女人的妹夫——乔治·圣波尔（George St. Poll）曾是凯瑟琳·萨福克的家庭成员之一。

　　安妮·艾斯丘从纽盖特监狱被带到伦敦塔，两名枢密院议员把她绑在架子上反复拷打，试图让她交代在王宫中的同党。在伦敦塔漫长而可怕的历史中，没有哪个女人曾经受到这样的对待。安妮·艾斯丘被特别问到与凯瑟琳·萨福克有什么关系。那段时间对格雷一家来说肯定是一段非常焦虑的时期，因为他们想知道安妮·艾斯丘会交代什么。然而，尽管她被折磨得全身的筋骨都快断了，她也只承认有一些匿名的女性给她寄了钱。[16]这位贵妇被严刑拷问的消息随后传到了公众耳中。公众对于安妮·艾斯丘所受的折磨并没有感到很震惊，但当得知她已经沦为死囚时，他们非常愤怒。为了平息公众的情绪，枢密院议员给了安妮·艾斯丘一个机会，只要她放弃宗教异端的观点就能被赦免，但她还是拒绝了，并于1546年7月16日被带到史密斯菲尔德，在那里被处以火刑。她的伤很严重，只能坐在椅子上，她连同椅子一起被绑在火刑柱上。在安妮·艾斯丘被焚的时候，王后的表弟尼古拉斯·斯罗克莫顿（Nicholas Throckmorton）和他的两个兄弟大声呼喊，表示对她的支持。大多数旁观的普通民众很害怕这种酷刑，但是他们经常看到类似的事情，它们既发生在传统的天主教徒身上，也发生在像她这样激进的福音派教徒（或者说"新教徒"）身上。

格雷姐妹最终都知道了安妮·艾斯丘死亡的细节。这位贵妇与凯瑟琳·萨福克的联系使她的死几乎成了家事。无论怎样，她的作品和生活故事很快就在一个新的福音派殉道仪式中"永生"。她们熟悉安妮·艾斯丘的作品，以及她最后几个月的言行记录，这凸显了她们被灌输的那个教训："向死而生……"[17] 但受安妮·艾斯丘事件影响最深的是简·格雷，她因此成长了许多。简·格雷后来的许多手迹呼应了安妮·艾斯丘激进、好斗的风格。

然而，据 16 世纪中叶的殉道者研究者约翰·福克斯（John Foxe）所说，在王后内室中揭露异端邪说，只是直接攻击王后的前奏。在这个过程中，简·格雷充当了一个次要角色。约翰·福克斯声称，加德纳主教作为宗教保守主义的新知识领袖，不顾一切地想要摆脱凯瑟琳·帕尔，终结她对国王的影响。加德纳主教让亨利八世相信，凯瑟琳·帕尔敦促他进行宗教改革其实是在攻击他在英国教会中的领袖地位。亨利八世上钩了，在与妻子就宗教问题进行激烈的讨论之后，他宣布要废除她的王后之位，就像当初对安妮·博林所做的一样。约翰·福克斯描述了逮捕王后的条款是如何拟定的，但当亨利八世冷静下来后，他授权他的一个医生警告凯瑟琳·帕尔，她越界了。凯瑟琳·帕尔吓坏了，那天晚上，她去见了国王，"只有她的妹妹赫伯特小姐和在前面拿蜡烛的简·格雷小姐伺候着"[18]。在国王的房间里，凯瑟琳·帕尔努力地安抚丈夫，服从他的意志，她说的话与后来莎士比亚的《驯悍记》（*The Taming of the Shrew*）中凯特的演讲内容极为相似。她向亨利八世保证自己只希望成为他的好妻子，亨利八世也接受了她的保证。凯瑟琳·帕尔

20

知道她是安全的——至少我们知道。事实上，约翰·福克斯的话几乎没有什么真实性。

1546 年，有传言说亨利八世已经厌倦了凯瑟琳·帕尔，但与约翰·福克斯的说法相反，亨利八世的醒悟与王后的宗教改革热情无关。据说亨利八世想让年轻迷人的凯瑟琳·萨福克取代王后。而如果这件事发生了，对于宗教保守派而言，凯瑟琳·萨福克将比凯瑟琳·帕尔更难对付。约翰·福克斯在描述 1546 年的事件时，把凯瑟琳·帕尔归入他敬仰的殉道者行列，这种描述也许还能帮助 16 世纪的读者理解安妮·艾斯丘故事中最难理解的部分：她不服从丈夫，喜欢布道说教，与男性上级争吵。殉道者喜欢看到女圣徒表现得温和柔弱，就像好孩子一样，如果她们还能勇敢、坚定就再好不过了。[19]约翰·福克斯描述了一位善变的国王和四分五裂的宫廷，来自宗教的对抗力量是致命的，即使他描述的细节不清楚，但也足够准确。因为我们对接下来的事情有所了解，简·格雷在即将进入新统治时期的形象仍令人难以忘怀——一个年轻女孩手持蜡烛，走进黑暗之中。

第三章

简·格雷的监护权

1547年1月31日①，亨利八世驾崩，享年56岁。接下来的两个多星期，宫廷里上上下下都被黑色包裹。33000码②的黑布和8000码的黑棉盖满所有小教堂的地板和天花板，黑布悬挂于所有皇家宫殿、驳船、马车的上方。但到了2月16日（周三），国王被安葬在温莎的简·西摩陵墓中之后，这些黑布和黑棉随即被取下。富人们掀开了华丽的挂毯，露出五彩斑斓的墙壁，宣告简·格雷同时代的表亲——爱德华六世执政时期到来了。

加冕典礼于周日举行，这位9岁的国王出现在欢呼的人群面前，宫廷人员按照级别高低依次从白厅宫行进到威斯敏斯特大教堂。天主教大使形容爱德华是其"见过的最漂亮的孩子"，他们没什么理由奉承他。爱德华是一个瘦小的男孩，有金黄色的头发和粉红色的脸颊，看上去像个天使。他有他父王腿没摔伤之前的帅气外形。爱德华总是急于取悦身边的大人，身着红色天鹅绒和貂皮制成的厚重长袍，他设法在走路的时候不摇晃。但大人们担心他能否应付一天的严格仪式，所以已经把仪式缩短了几个小时，并安排了休

---

① 有说法称亨利八世于1547年1月28日去世。——编者注
② 1码约等于0.9米。——编者注

23 息时间。他走近教堂讲台上的宝座时还发现上面多了两个垫子，好让他显得更高。他的健康和力量反映了他有活力执掌新政权，最主要的是，爱德华不能显得弱不禁风。

亨利八世任命了 16 位遗嘱执行人，设想他们能在爱德华成年之前担任共同统治者，但相关法令在他去世前就已尘封许久。宣布亨利八世死讯的那天，也就是他去世 3 天后，遗嘱执行人成立了枢密院。枢密院传统上是一个大型行政机构（爱德华统治末期有 40 名成员），核心成员是国王的顾问，当时由 16 位遗嘱执行人担任，他们迅速推选爱德华的舅舅——福音派的爱德华·西摩（Edward Seymour）为"英格兰的护国公"。本着和地位一致的原则，护国公也被封为"萨默塞特公爵"。大使们被邀请参加加冕典礼，见证护国公和盟友们的政治革命和宗教计划。

自 1375 年以来，俗称的《君王书》（*Liber Regalis*）就规定了英格兰国王的加冕礼及随后仪式的安排。但爱德华的加冕礼有几处重大调整。坎特伯雷大主教托马斯·克兰麦（Thomas Cranmer）把爱德华介绍给下面教会中的 3 个机构——上议院、下议院和主教团，这是能看到的第一处明显变化。托马斯·克兰麦没有请求这些机构成员同意加冕，而是要求他们宣誓效忠爱德华。这一点的重要性在他改写的加冕誓词中变得显而易见。神职人员的特权和自由应受法律保护，这一承诺有很长的历史，现在却被取消了。爱德华拒绝接受民众的提议，而是明确表示民众要接受他的法律，事实上，议会的法律是在他的权威下提出的。亨利八世认为自己最大的成就在于宣称"王权至上"高于宗教事务。他的支持者们不仅使他凌驾于教皇的法律之上，而且使他凌驾于英格兰的法律之上。亨利八

24 世是一位高级立法者，他"颁布"法律，并对教会和国家行使"统治权"或"指挥权"。[1]但这一权力现在被掌握在福音派政治家

和教士手中，这些人之前在亨利八世看来只不过是一群"走狗"。
通过少年国王之手，他们拥有绝对的权力，并将其用于特定目的。
托马斯·克兰麦在布道中解释说，爱德华将成为一个新的约西
亚——《圣经》中的犹大国国王，破除偶像崇拜。1547 年是推行
新宗教思想的"零纪年"，英国的天主教传统从臣民内心和教会中
被彻底消除。

仪式结束时，简·格雷的父亲多塞特侯爵和她年轻的舅舅——
11 岁的萨福克公爵亨利走上前去。他们一起帮助爱德华握住权杖和
"带十字架的金球"，并向教堂里的众人宣布爱德华是新一任国王。[2]
他像真人娃娃一样被架起来，与其他任何人相比，他更能表明孩子
在残酷的成人政治世界中所处的中心地位。简·格雷和伊丽莎白公
主很快就会与爱德华一样，被野心勃勃的人利用，沦为他们的工具。

格雷姐妹的未来将由一份文件支配，这份文件就是亨利八世的
遗嘱。议会给予亨利八世遗赠王位的权力，当他在 1546 年 12 月 26
日考虑王位继承人时，准备行使这一权力。这位身患重病的国王躺
在白厅宫宽大的床上，床身镀金，床架上挂着华丽的帷幔。他已经
为修订遗嘱思考了 4 天。圣诞节向新年过渡的这段时间是一个奇怪
的间歇期，一个介于过去与未来的时期，也许正适合发布这样一份
文件。圣诞节和新年的庆祝活动并没有扰乱亨利八世的思绪，议员
和亲信们像苍蝇一样在他身边"嗡嗡作响"，直到 12 月 30 日，他
才批准了最后修订的文件。

遗嘱的主要条款已经在 1544 年的第 3 版《继承法》中得到确
认。爱德华继承了王位，接下来的顺位继承人是亨利八世和凯瑟
琳·帕尔的孩子（如果有的话）。随后的继承人是与爱德华同父异

母的两位私生女姐姐——玛丽公主和伊丽莎白公主。然而，在这一点上，继位的顺序发生了戏剧性变化。正如亨利八世在1544年驳回了将私生子排除在继承权之外的普通继承法一样，他现在也拒绝长子继承制的传统束缚。他最年长的姐姐苏格兰的玛格丽特和整个斯图亚特家族都被排除在继承权之外。如果他的孩子死后没有继承人，王位将由他的妹妹萨福克公爵夫人玛丽·布兰登（Mary Brandon）的后代继承。他大笔一挥，指定格雷家的简·格雷、凯瑟琳·格雷和玛丽·格雷为伊丽莎白公主的继承人。

亨利八世从来没有解释他为什么排斥斯图亚特家族而支持布兰登家族。然而，苏格兰国王世世代代都是英格兰的敌人。亨利八世曾希望通过让爱德华与还在襁褓中的苏格兰的玛丽女王结婚来平息两个民族间几个世纪的战争。苏格兰人断然拒绝了，亨利八世能想到苏格兰的玛丽女王未来会嫁给某位欧洲王子或者苏格兰贵族，但不管怎样，他都不希望英格兰落入外国人之手。正是出于这个目的，他按照枢密院的意愿，在女儿们出嫁后，就把她们的继承权改为临时继承权。然而，奇怪的是，他在遗嘱中并没有坚持对格雷姐妹做出类似的规定。也许他认为，在他这一支血脉断掉时，弗朗西丝肯定会有一个儿子或孙子，这就可以解释为什么亨利八世没有在遗嘱中提到弗朗西丝的名字。然而，他做此决定也有可能是因为不信任弗朗西丝的丈夫。

多塞特侯爵哈里·格雷被同时代的人描述为一位"杰出的、广受爱戴的贵族绅士"，其因学识渊博和对知识分子慷慨相助而备受敬仰。[3]此外，因为妻子是王室成员，多塞特侯爵作为丈夫也享受了荣华富贵。有了至高的社会地位，他不需要努力工作，逐渐变得懒惰，不轻易妥协。尽管他在英法战争中为国王而战，但是相对贵族身份的职责而言，他所做的仅仅满足了最低要求。他宁愿把参战的职责留给他的弟弟们——上议院议员约翰·格雷（John Grey）和托马斯·格雷。他也不适合待在充斥着宫廷政治的混乱之地。17世纪的人们铭记他，因为他"私底下正直朴素"并且痛恨伪装，可这对于宫廷生活来说必不可少。他有着理论家的傲慢，几年后一位皇家使臣形容他"毫无理智"。他最喜欢看书或者和"好朋友"在一起，那些人喜欢整天打猎和打牌。亨利八世并不尊重这类人，而且新的护国公对他而言也没什么用，就像已故的亨利七世一样。[4]

26

萨默塞特公爵是一位成功的军事家，也是一位成功的政治家，亨利八世晚年时非常依赖他。不幸的是，他也逐渐成为思想高尚的福音派教徒。他后来被称为"好公爵"，他也是这样看待自己的。画像中的他身穿白色套装，留着金色胡须，就像天堂里的王子，画像完美地刻画了他的形象。然而，有很多王室成员憎恨萨默塞特公爵的权力和傲慢，哈里·格雷也是其中一员。爱德华国王的小舅舅托马斯·西摩（Thomas Seymour）向哈里·格雷寻求组建政治联盟以反对他的哥哥。托马斯·西摩的仆人——约翰·哈林顿（John Harington）爵士认为托马斯·西摩是一名优秀的士兵和风度翩翩的朝臣，他有好听的嗓音、"强壮的四肢和男子气概"，女人迷恋他，男人羡慕他。事实上，一旦人们屈服于他的魅力，就永远不会忘记他。即使在他去世30年后，他的前任随从仍然记得他，感怀这段友谊，托马斯·西摩最好的特质就是不会瞧不起穷人。[5]然而，与希腊悲剧的主人公一样，托马斯·西摩也有一个致命的缺点——贪婪，并且他的贪婪是最危险的那种，即对权力的贪婪。为了成为护国公，萨默塞特公爵尽了最大努力，争取托马斯·西摩的支持。萨默塞特公爵把托马斯·西摩带进枢密院。托马斯·西摩被封为休德利男爵，并被任命为海军大臣。然而，这位男爵最希望得到的是国王总督的职位，这意味着他能分享护国公的权力。但他的想法还是落空了，没人希望看到这样的权力划分，因此在加冕礼一个月后的3月，萨默塞特公爵亲自担任海军上将。怒不可遏的休德利男爵那时才决定阻止他哥哥进一步行动，同时继续为自己谋求权力。但要做到这一点，他首先要提升自己在王室成员心目中的形象。

自1547年1月起，简·格雷和她的妹妹看到越来越多的新面孔频繁地拜访海边的多塞特庄园。简·格雷认出了宫廷里的一个男子，他是休德利男爵的仆人约翰·哈林顿。哈林顿是地主，十分聪敏，休德利男爵派他来为建立与多塞特侯爵之间的友谊做准备。

与此同时，休德利男爵正在向亨利八世的遗孀求爱。凯瑟琳·帕尔在嫁给亨利八世之前就已经爱上了休德利男爵，亨利八世去世后她可以自由地做出选择。很明显，她觉得休德利男爵令她无法抗拒。在国王死后的几周，这位英俊的海军大臣和国王的遗孀在切尔西庄园里同床共枕了。他们于1547年5月秘密结婚，这时凯瑟琳·帕尔刚开始照顾她的继女伊丽莎白公主不久。接下来的几周，休德利男爵看到他的新婚妻子对伊丽莎白公主影响巨大，他突然想到，下一位王位继承人简·格雷的监护权也将极具价值。爱德华的继承人很有可能都是女性，整个政治体系和英国的稳定都取决于这些王室的女人和女孩，无论是像凯瑟琳·帕尔和玛丽公主这样的成年人，还是像伊丽莎白公主和简·格雷这样的孩子，在休德利男爵看来，他们都可以被利用和操纵。

休德利男爵在宫廷里经常注意简·格雷。她看上去身材矮小，但她的黑色眉毛和"闪闪发光的红棕色"的眼睛表明她很活泼。他开始对简·格雷更有兴趣，仔细观察她在玩耍时以及与新国王交谈时的样子。简·格雷与爱德华的会面总是很正式，但正如简·格雷的表妹简·多默（Jane Dormer）回忆的那样，简·格雷仍然可以与他度过许多快乐的时光，他们"要么读书，要么玩耍，要么跳舞"。所有人都认为爱德华是"一个了不起的、可爱的孩子，性格温和、慷慨大方"。简·多默回忆说，爱德华称呼简·格雷为"我的简"。当她输了牌，他会安慰她说："简，老国王已经走了，我会对你足够好。"[6]

28

休德利男爵看到了类似的场景，他意识到，简·格雷拥有王室血统，有朝一日可能不仅仅是爱德华的玩伴，她也可以成为国王的妻子，这样一来，他也能达到自己的目的。休德利男爵知道（或怀疑）萨默塞特公爵希望看到简·格雷嫁给他8岁的儿子——赫特福德伯爵爱德华·西摩①。[7]休德利男爵希望能说服简·格雷的父亲让他做简·格雷的监护人，这样他就能挫败他哥哥在这方面的野心，并在一定程度上操纵简·格雷的婚姻。会有很多有权势的人想要简·格雷做新娘，这些人在未来的斗争中都是有用的盟友。

休德利男爵知道，多塞特侯爵并没有受到护国公的优待。凯瑟琳·帕尔的弟弟威廉·帕尔（William Parr）温文尔雅，被封为北安普顿侯爵。与其说护国公提拔北安普顿侯爵，不如说他给多塞特侯爵降职，因为在北安普顿侯爵被封前，多塞特侯爵是英国唯一的侯爵。这一观点似乎在3月得到证实，当时北安普顿侯爵已经进入枢密院，而多塞特侯爵却没有。约翰·哈林顿奉命向多塞特侯爵保证，休德利男爵作为国王的小舅舅，完全有能力替代护国公给他提供帮助。[8]多塞特侯爵随后有一次在伦敦的家中逗留，表明自己愿意成为休德利男爵的朋友及盟友。约翰·哈林顿抓住了这次机会，他说，如果多塞特侯爵能让简·格雷住在休德利男爵家里，让休德利男爵做她的监护人，那么这最能表明未来的友谊。然而，多塞特侯爵对此犹豫不决。

---

① 赫特福德伯爵与第一代萨默塞特公爵同名。——编者注

贵族家庭通常会把快到青春期的女儿送到一个关系亲近的家庭生活。出于许多有用的目的，这一传统把两个家族捆绑在一起，父母成了盟友，孩子成了朋友。这种联系经常用于安排未来的婚姻。对于一个出身高贵的女孩来说，婚姻听天由命是不可思议的。但简·格雷才10岁，还很小，没到可以出嫁的时候，她的父母还有其他考量。我们不知道约翰·哈林顿到访的确切时间，但如果是在休德利男爵与凯瑟琳·帕尔的婚姻公开之前，那么约翰·哈林顿就是在要求多塞特侯爵把女儿送到一个未婚男子家里。更有可能的是，如果约翰·哈林顿在他们的婚姻公开之后到访，那么他是在要求多塞特侯爵把女儿送到一个被认为有婚姻丑闻的男子家里。凯瑟琳·帕尔在国王死后这么快就再婚，这一做法毁了她的名声。对女人来说，美德几乎完全与贞操——无可指责的性道德和禁欲——联系在一起。人们坚信，女性的性冲动比男性的更强烈（因为女性是感性而非理性的），因此，有可能导致凯瑟琳·帕尔做出这种行为的原因是肆无忌惮的欲望。与此同时，休德利男爵因其自私的野心被认为是有罪的。如果他的妻子怀孕，人们就不能确定孩子是谁的，这对国家的稳定有潜在的危险。由于亨利八世制定了一项法律，要求任何王室婚姻都必须得到国王的同意，休德利男爵和凯瑟琳·帕尔甚至可能被判犯叛国罪，除非休德利男爵说服爱德华，并让小国王写信申明这桩婚姻是在他的建议下确定的。

约翰·哈林顿预料到多塞特侯爵可能不会支持他的提议，他向多塞特侯爵保证，休德利男爵会确保简·格雷的婚姻有最有利的条件。"和谁一起？"多塞特侯爵问道。"关于简·格雷的婚姻，"哈林顿回答，"我确信休德利男爵会让简·格雷嫁给国王，你也别害怕，他会使这一切成真。"多塞特侯爵被哈林顿的话惊呆了。约翰·哈林顿继续说着，然而，当多塞特侯爵听到休德利男爵在宫廷里观察简·格雷的时候，约翰·哈林顿说简·格雷"和基督教世界里的其他女人一样美丽，如果国王陛下成年后会娶英格兰女子，那么在英国王宫里选择结婚对象的可能性比其他任何地方更大"⁹。多塞特侯爵逐渐开始考虑各种可能性：也许休德利男爵的想法是可行的。亨利八世娶了几位英格兰妻子。他的女儿是一位聪明、受过良好教育的福音派女孩，是爱德华的完美新娘。对格雷一家来说，这段婚姻也比多塞特侯爵的祖父或他自己的婚姻更美满。多塞特侯爵同意尽快和休德利男爵讨论简·格雷的监护权问题。　30

当王室的孩子玩着天真无邪的游戏时，大人开始在政治棋盘上运筹帷幄。约翰·哈林顿拜访后不出一周，多塞特侯爵就到访了海边的西摩庄园，在休德利男爵的花园里和他秘密交谈。建筑工人干活时发出的砰砰声回荡在树篱和草坪间。护国公正在命人清理当地教区的圣玛丽和圣依依教堂（Holy Innocents），为一座巨大的意大利式建筑腾地方。这是英格兰第一座此类建筑，用来纪念萨默塞特公爵作为护国公的上升地位再合适不过了。¹⁰在喧闹声中，休德利男爵反复对多塞特侯爵说，他相信简·格雷会成为国王的好王后。他也提供了力证友谊的实据，他最终会支付 2000 英镑的简·格雷的监护费。多塞特侯爵对此印象深刻，休德利男爵对他的"公正承诺"和交朋友的渴望与他在萨默塞特公爵那里所受的待遇形成了鲜明对比。多塞特侯爵深信与休德利男爵结盟能够使自己走上通往荣耀之路，于是立即派人去请女儿过来。

由于多塞特侯爵的这些行为，人们从此认定他就像为了牟利要卖掉女儿的父亲一样铁石心肠。简·格雷看着自己的包被收拾好，随后和妹妹们吻别，然而，她肯定不想这样。在监护权问题上，金钱交易是常事。阿伦德尔伯爵和萨福克公爵曾经先后"买"下过多塞特侯爵的监护权。这次，休德利男爵准备用两倍于多塞特侯爵监护权的价钱"买"下简·格雷的监护权。而吸引多塞特侯爵的不是金钱，把女儿交给休德利男爵，他会为她打开一扇通往光明未来的大门，这相应地也会给其家族带来荣耀。他认为简·格雷会明白这一点，因为出身高贵的孩子是家族网络的一部分，这个网络延伸到亲戚和其他人，每个人都应该为整个家族的利益发挥自己的作用。然而，简·格雷的母亲弗朗西丝似乎有所怀疑，觉得这个计划不太明智。她的朋友兼继母凯瑟琳·萨福克不认同休德利男爵的做法，并对休德利男爵与凯瑟琳·帕尔仓促结婚感到震惊。凯瑟琳·帕尔是国王遗孀，也是她们的朋友。尽管弗朗西丝后来竭尽全力让简·格雷待在家里，远离休德利男爵，但她认为支持丈夫的决定是自己的责任。多塞特侯爵确定他最喜欢的孩子终有一天会成为王后。

　　一旦做出必要的安排，这个 10 岁的女孩就要与她的监护人一起住在西摩庄园。尽管她的母亲忧心忡忡，但这将是简·格雷一生中最快乐的时光之一。

第四章

凯瑟琳·帕尔做出的榜样

坐船从多塞特庄园到西摩庄园只有一小段距离，但简·格雷的新家为她打开了一扇门，通往更加独立的世界。在最好的情况下，大贵族家庭并不擅长给女孩提供她们父母所希望的那种监督严密的生活。监护人经常在宫廷里或者与朋友在一起，把女孩留给仆人照料，而仆人没有理由像女孩的父母那样注意她们的言行举止。[1] 即使像凯瑟琳·帕尔这样有经验的继母有时也会"玩忽职守"。1547 年夏天的一个晚上，萨默塞特公爵夫人安妮在泰晤士河上看到凯瑟琳·帕尔的受监护人、年轻的伊丽莎白公主独自出现在一艘驳船上，安妮非常震惊。休德利男爵照顾简·格雷没有招来抱怨，但他是一个纵容孩子的监护人，这比他照顾一个 10 岁的女孩更加令人担心。简·格雷是一个自信的孩子，她喜欢这种新奇的自由感，尽管她从来没有完全随心所欲过。

简·格雷不在西摩庄园时，就和她的监护人一起参加凯瑟琳·帕尔的家庭聚会。直到生命的最后一年，她仍然对切尔西皇家庄园有着特别美好的回忆。夏天，庄园的花园就成了樱桃和桃子的果园，大马士革玫瑰的花瓣像天鹅绒般光滑、柔软，空气中弥漫着薰衣草和迷迭香的温暖香味。切尔西庄园里的喧闹声甚至比简·格雷在布拉德盖特庄园时习惯的喧闹声还要大。除了太后（凯瑟

33 琳·帕尔）的内室成员和首席女傧相外，这种家庭聚会还包括 120
多名绅士和贵妇。35 岁的凯瑟琳·帕尔仍然很有魅力。有了一个
英俊的丈夫后，她努力保持美丽，用银镊子拔眉毛，穿着最新潮的
服装。孩子们总是着迷于成人的仪容、仪态，简·格雷对精心设计
的发型和漂亮的衣服也产生了类似的喜好，这后来令她的家庭教师
约翰·艾尔默颇为恼火。她也逐渐和凯瑟琳·帕尔一样热爱音乐。
凯瑟琳·帕尔和她的弟弟北安普顿侯爵威廉·帕尔是宫廷音乐家们
非常重要的赞助人。宫廷音乐家中最著名的当属巴萨诺（Bassano）
五兄弟，他们有 20 世纪前英格兰唯一的一组永久古竖笛。其中一
个兄弟——巴普蒂斯塔（Baptista），教伊丽莎白公主意大利语以及
弹奏鲁特琴。

简·格雷对切尔西庄园的拜访以及太后对西摩庄园的回访，使
简·格雷有机会比以前更好地了解伊丽莎白公主，尽管她已经认识
了公主的一些私人幕僚。伊丽莎白公主的家庭教师凯特·阿斯特利
（Kate Astley）和她的丈夫约翰·阿斯特利（John Astley）是格雷家
的老朋友。约翰·阿斯特利后来写了一篇关于马术的论文，并可能
给伊丽莎白公主和简·格雷上过骑术课。[2]虽然这位 13 岁的公主终
有一天会主宰凯瑟琳·格雷和玛丽·格雷的命运，但未和简·格雷
走得近。伊丽莎白公主是皮肤娇嫩的少女，有着与她父亲一样的红
金色头发及与她母亲相同的著名的黑色眼睛，她已经过了想和简·
格雷一起玩的年纪，而且无论如何，她都非常满足。这使她在某些
方面有傲慢自大的名声。她很焦虑。[3]伊丽莎白公主强烈地感到自己
的处境岌岌可危。

在生命的最初几年里，伊丽莎白公主已经从她父亲的继承人和
她母亲的女儿，变成了一个叛徒和淫妇的私生女。这在 1544 年又
发生了变化，虽然当时她的继承权恢复了，但她在法律上仍然保留

非法身份，还是一个孤儿，依靠他人的善意生活。尽管伊丽莎白公主很喜欢凯瑟琳·帕尔的善良，但她对继母的仓促再婚感到厌恶，正如她对住在圣詹姆斯教堂同父异母的姐姐玛丽公主说的那样，她觉得这对夫妻百口难辩，定会将自己置于危险之中。她们没有理由信任休德利男爵的哥哥萨默塞特公爵。萨默塞特公爵代管伊丽莎白公主的父亲留给她的土地和收入，大部分由他自己控制。伊丽莎白公主一筹莫展，即使不太舒服也不得不充分利用她在切尔西庄园的处境；而简·格雷在伊丽莎白公主凄凉而不确定的世界里也不是一个特别受欢迎的人。根据亨利八世的遗嘱，简·格雷是伊丽莎白公主的继承人，伊丽莎白公主早就知道一位继承人如何越级接替另一位，以及一项议会法案如何取代另一项。伊丽莎白公主很虚荣，她和国王都被认为是非常聪明的人，所以即使简·格雷比他们更善于学习也无济于事。①

　　简·格雷才思敏捷，她学习的一门课程与爱德华学习的课程有很多相似之处。爱德华当时正在读殉道者游斯丁写的希腊历史的摘要，并摘抄西塞罗的《论义务》（De Officiis）和《图斯库兰论辩集》（Tuscan Disputations）中的短语。简·格雷在拉丁语和希腊语方面的进步与她的宗教教育水平不相上下。福音派热衷于推动女性参与神学研究，凯瑟琳·帕尔为简·格雷树立了很好的榜样。多年来，凯瑟琳·帕尔一直把自己的《圣经》知识应用于促进教会改革，她在大部分时间忙于宗教事务。她参与监督伊拉斯谟《新约释义》（Paraphrases of the New Testament）的翻译工作（玛丽公主也参与了翻译工作），这本书当时已经准备出版（并将成为畅销书）。⁴她还完

──────────

① 认识约翰·艾尔默的约翰·福克斯声称简·格雷是一个比爱德华更好的学生，伊丽莎白公主后来的导师罗杰·阿斯卡姆（Roger Ascham）记录了她比伊丽莎白公主优越的地方。两人都没有理由夸大其词。

成了自己的著作《一个罪人的哀歌》（*The Lamentation of a Sinner*），
她在亨利八世在世时开始写这部著作，当时她还不敢出版它，这部
著作描述了她寻求救赎的过程。这本书的语调明显是路德风格的，
亨利八世曾认为路德是异教徒，但简·格雷的继祖母凯瑟琳·萨福
克帮助说服太后，该书的出版时机已经成熟。[5]

　　简·格雷第一次体会到，作为聪明女人中的一员，一起传播新
的振奋人心的宗教思想是什么感觉。[6]与此同时，福音派的宗教改
革正在她身边飞速发展。哈布斯堡家族的查理五世抱怨说，在宫廷
里公开布道的传教士们似乎"在围绕谁能强烈地滥用旧宗教的问
题相互争论"。[7]1547 年 7 月，他们已经证实福音派的信仰即人的救
赎，是无法通过自身努力完成的，如慈善事业；得到救赎的永远只
是少数上帝选出的幸运儿，这是上帝赐予他们的礼物。8 月，念珠
被禁止使用，弥撒也受到了影响，许多人反对祭坛圣礼，有人称之
为"盒子里的杰克"，还有其他一些可耻的名字。[8]教堂的彩色玻璃
窗被砸碎，基督的雕像被推倒。上帝的雕像成了偶像，但国王和贵
族的肖像仍然无处不在。事实上，国王的纹章被画在教堂的墙上。
加德纳主教向枢密院质疑这一情况的逻辑。他还警告说，在爱德华
的少数派统治时期，破坏亨利八世的宗教协议肯定是非法的，但人
们对他的质疑与警告置若罔闻。

　　《圣经》并没有反对纹章符号，而是反对被奉为"上帝"的物
品。在雕像或画像前祈祷可能不是为了崇拜上帝，而是看起来离上
帝很近。至于改变宗教文化的非法性，萨默塞特公爵和他的盟友认
为，爱德华在获得多数人支持前，会学会赞赏他们的行为。爱德华
身边的圣人画像从他的房间被移出去了，与周围的环境一样，他的
思想也经历了一次"大扫除"。他的改革派导师——瘦削的约翰·
切克（John Check）"总是站在他的身旁"，在小教堂里低声对他

说："无论你走到哪里，我都会教你。"爱德华回答家庭教师的问题时很积极，但福音派需要把爱德华塑造成改革的典范，而不仅仅是一个听话的学生。因此，有人声称，在学习知识方面，"他似乎已经是一位（精神上的）国王了"，而不是一个"还不到 10 岁"的男孩。[9]激进的多塞特侯爵希望看到宗教改革取得更大的进展，同时他也考虑了更多的世俗问题。他特别担心休德利男爵无法加强简·格雷与国王之间的友谊。

　　萨默塞特公爵禁止凯瑟琳·帕尔和休德利男爵接触爱德华，这对于这个男孩来说太悲惨了。凯瑟琳·帕尔是爱德华认识的唯一一位母亲，他曾经说过这位母亲"在我心中占据最重要的地位"。然而，在让爱德华写一封允许他们结婚的信时，休德利男爵证明了他们接近国王是多么危险。在君主专制政体中，政治运作的核心是能够塑造国王的思想，并且能够用精心修饰的语言和编辑过的信息填补国王的头脑，这些观点和信息有利于维护一部分人的利益，并谴责其敌人。国王还和以前一样年轻、易受影响。掌握与他接触的机会更重要。休德利男爵远离了爱德华，但他向多塞特侯爵保证，自己仍然是国王最喜欢的舅舅。他说，爱德华曾抱怨过"很多次"，说"萨默塞特公爵让他为人正直"，在他需要钱时却不给他钱。[10]休德利男爵说，他能够通过枢密院的一位马倌约翰·福勒（John Fowler）给爱德华送去 10 英镑、20 英镑甚至 40 英镑的礼物，以博得爱德华的感激。然而，尽管爱德华很喜欢他，但是休德利男爵很清楚，如果要获得自己想要的权力，就必须下新的更高的赌注。

❖

　　凯瑟琳·格雷和玛丽·格雷已经习惯了姐姐让她们在宫廷里待

36

上一段时间的做法。但是，简·格雷去西摩庄园是另一番景象，而且她肯定更深刻地感受到了这一点。日常生活中的平凡记忆不像以前那么多地在姐妹间分享，比如，一个仆人从布拉德盖特庄园带来一匹会跳舞的马供莱斯特市民娱乐。[11]对弗朗西丝来说，这段时间也很艰难。简·格雷还很小，不管送走一个孩子是多么平常，弗朗西丝必须克服自己的本能，为大女儿做自己认为最好的事。即使弗朗西丝去了宫廷，或者和朋友待在一起，她也知道她的孩子们——无论是在布拉德盖特庄园还是在多塞特庄园——都是在一个她可以控制的环境中被照顾。把照顾简·格雷这件事交给休德利男爵这样一位花花公子让弗朗西丝很焦虑，但西摩庄园的情况比她想象的还要糟糕得多。

如果有一件事能比娶国王的遗孀更有效地增加休德利男爵的野心，那就是娶国王的女儿。简·格雷善于打听、眼光犀利，一定注意到了休德利男爵对伊丽莎白公主特别友好。每当太后和她的继女去西摩庄园做客时，休德利男爵总是先起床，穿着睡衣和拖鞋，轻快地穿过走廊来到伊丽莎白公主的房间门口，环顾四周，祝她早安。伊丽莎白公主的家庭教师凯特·阿斯特利警告休德利男爵说，"穿睡衣去少女的卧室是不体面的"，还会在仆人中引起流言蜚语。但休德利男爵反驳说，自己没做错什么。有时她还在床上，休德利男爵会"拉开窗帘，向她道别，假装之后还要来找她"。[12]伊丽莎白公主不敢责备休德利男爵，因为他是护国公的弟弟。当休德利男爵向她求婚时，她只是缩在被子下。

伊丽莎白公主对继父的感情越来越迷茫。她很开心有一个权势显赫的人这么关注她，14岁的孩子不容易区分"捕食者"和"保护者"。可能还有一个因素，就是伊丽莎白公主想报复继母，因为她背叛了父亲，在父亲死后这么快就结婚了。然而，根据这个时期

的记录，伊丽莎白公主只有一次显露过她的感情。令她非常痛苦的
是，她年轻的家庭教师威廉·格林达尔（William Grindal）在 1548
年 1 月底死于瘟疫。休德利男爵和凯瑟琳·帕尔着急选择代替威
廉·格林达尔的老师，但在这里，成年人的复杂世界是不同性别之
间的竞技场，伊丽莎白公主展现出天生的自信，她坚持自己的选
择——一个她可以信任的男人。她选择了 33 岁的罗杰·阿斯卡姆，
让他和约翰·切克一起教爱德华，罗杰·阿斯卡姆也是威廉·格林
达尔在剑桥的导师。

　　简·格雷也喜欢罗杰·阿斯卡姆。他很随和，喜欢美酒和赌博。
他和凯特·阿斯特利一家相处得特别好，他回忆起和他们"自由交
谈的时光，其中总是夹杂着真诚的欢笑"，简·格雷后来为罗杰·阿
斯卡姆向未来的雇主写了一封推荐信。① 然而，在教室之外，休德
利男爵对伊丽莎白公主的轻浮之举导致他的婚姻矛盾重重。休德利
男爵和凯瑟琳·帕尔的关系充满激情，但不稳定。休德利男爵是个
爱吃醋的人，凯瑟琳·帕尔有时害怕丈夫发火。但是，她怀孕了，
有时很焦虑。36 岁才初次怀孕的她算高龄孕妇了，她担心如果自己
死于难产，休德利男爵会把伊丽莎白公主视作可能接替自己的人。
甚至有传言说，休德利男爵在向凯瑟琳·帕尔求婚前就已经表露出
要和伊丽莎白公主结婚的兴趣，凯瑟琳·帕尔可能听说过这些
谣言。[13]

　　休德利男爵对伊丽莎白公主的所作所为招来了凯特·阿斯特利
的诸多抱怨，所以凯瑟琳·帕尔准备陪休德利男爵早起散步，但她
不可能一直和他在一起。1548 年 5 月，最后一根稻草压垮了凯瑟

38

---

① 多塞特家族后来还雇用了罗杰·阿斯卡姆的妻子爱丽丝和布拉德盖特的
　一个远亲。

琳·帕尔，当时她已有 6 个月的身孕。伊丽莎白公主和休德利男爵不见了，凯瑟琳·帕尔找到他们时，伊丽莎白公主就在她丈夫的怀里。[14] 凯瑟琳·帕尔和休德利男爵吵得不可开交。这个拥抱似乎不能表明他们发生过性关系，但凯瑟琳·帕尔后来和错愕的伊丽莎白公主解释说："你这样做会让自己的名声受损。"作为一个臭名昭著的淫妇的女儿，伊丽莎白公主比大多数人更有理由小心呵护自己的名声。为了防止休德利男爵有更多的丑闻或不端行为，凯瑟琳·帕尔建议伊丽莎白公主和凯特·阿斯特利的妹妹琼·丹尼（Joan Denny）待一段时间。五旬节过后的一个星期，伊丽莎白公主很后悔，所以离开了西摩庄园，并为所发生的事感到羞愧和震惊。

39

只有简·格雷一个人陪凯瑟琳·帕尔到休德利男爵的格洛斯特郡庄园过夏天。伊丽莎白公主已经成了孤儿，她痛苦地想到，简·格雷即将代替她引起凯瑟琳·帕尔的注意。如果说她曾经对凯瑟琳·帕尔有什么恶意的话，这种恶意早就消失了，她感到后悔，因为她任由自己伤害了一个热情、慷慨的女人。对简·格雷来说，伊丽莎白公主的离开有可能激发一种权利意识。在伊丽莎白公主被当作私生女放逐的时候，简·格雷取代了她的位置，成为家里的公主和父亲的掌上明珠。休德利男爵仍然不承认他对伊丽莎白公主有过出格的行为。正如他在一首诗中写道的："我怀疑，真的放逐了你。"他是一位"有高贵血统和优雅举止的男主人，生活中一尘不染"，他的行为只不过是"自我锻炼"。[15] 他只盼着当父亲，他喜欢听凯瑟琳·帕尔描述孩子在她子宫里是如何活动的，并对她说希望有一个儿子长大后能为他们报仇，洗刷他们曾经在萨默塞特公爵那里遭受的屈辱。他已经在家里为孩子准备了一间婴儿室。房间里有朱红色的丝质塔夫绸窗帘、一把装有金布软垫的椅子、雕花凳子、华丽的帷幔、地毯和金色的盐。从孩子睡觉的摇篮，到给保姆和仆人准备的羽毛床和高脚杯，一切都预示着婴儿即将出生。[16]

在西摩庄园，简·格雷不得不适应额外的大规模建筑工程带来的噪声。她的监护人为格洛斯特郡的住所花了一大笔钱（尽管和他哥哥当年仅在萨默塞特公爵庄园就花了 1 万英镑没法比）。但这对简·格雷来说是一段快乐的时光，她在凯瑟琳·帕尔的指导下学习，格洛斯特郡庄园里有一个很好的藏书室，她可以在那里读书。凯瑟琳·帕尔的个人藏书多达 22 卷，有些是英文的，有些是法文或意大利文的。然而，其中只有 7 卷是宗教作品，凯瑟琳·帕尔正在失去对神学的热情。休德利男爵甚至对牧师每天两次的祷告感到厌烦。休·拉蒂默（Hugh Latimer）是简·格雷继祖母的灵性导师，他后来抱怨休德利男爵避开他们，"就像鼹鼠在泥土里挖洞一样"。[17]如果简·格雷考虑到这一点，她会担心休德利男爵是在拿命运冒险，她被教导上帝会惩罚这种行为。

8 月，孩子就要出生了，简·格雷的父亲过来探望，她才及时了解了家里的消息。她的妹妹凯瑟琳·格雷刚满 8 岁，现在和新来的牧师托马斯·哈丁（Thomas Harding）一起学习希腊语，他之前是牛津大学的皇家希伯来语教授。凯瑟琳·格雷在学习上没有简·格雷那样有天赋，但她用自身魅力弥补了智力上的不足，每个人都喜欢她。小玛丽·格雷也表现得很不错，简·格雷可以想象到她跑来跑去的样子，在奔跑和玩耍时，她缝在肩上的被称为"童年的丝带"的长披肩在身后飘荡。她身形矮小但意志坚定，不过她还不知道自己不像姐姐们说的那样漂亮。对简·格雷来说，还有一个家族成员的消息，即姐妹们的叔叔约翰·格雷勋爵在与苏格兰的战争中指挥骑兵。萨默塞特公爵希望完成亨利八世未能做成的事情，通过婚姻或武力将两国联合起来。1547 年 9 月，约翰·格雷勋爵在平基战役中受了几乎致命的伤，全家人都很担心他。他军队中的士兵穿着蓝色外套和黄色防护衣于 7 月离开伦敦，当时家里人觉得这些士兵非常出色。最后，他在这场战役中幸免于难。[18]

然而，休德利男爵急着要和简·格雷的父亲讨论其他事情。两个人单独在一起时，多塞特侯爵发现他满脑子都是计划。让休德利男爵高兴的是，他的护国公哥哥已经开始树敌了。有些人觉得福音派的改革正在失去动力。激进的传教士约翰·诺克斯（John Knox）后来抱怨说，萨默塞特公爵和石匠待在一起的时间比和牧师待在一起的时间要多得多。而他修建的意大利式建筑的豪华风格更让人恼火，这反映了他对同僚的傲慢态度。人们对参加苏格兰战争的代价和国家正在遭受的高通胀深感担忧，但萨默塞特公爵对议员们的忧虑不屑一顾，有时甚至还蔑视他们。他残忍地将休德利男爵的妻弟北安普顿侯爵威廉·帕尔驱逐出枢密院，因为他行为出格，和妻子离婚后娶了他的情妇——宫廷美女伊丽莎白·布鲁克（Elizabeth Brooke）。这一行为反过来也说明，萨默塞特公爵担心，有些地区的人对已经引入的宗教改革感到不安。[19]

休德利男爵向多塞特侯爵描绘了一个未来，就如同和北安普顿侯爵描绘的那样：爱德华已经成年，他会废除不受欢迎的护国公，转而支持多塞特侯爵。休德利男爵解释说，危险就是他的哥哥不经过斗争就不会放弃权力。因此，他们有必要为今后的斗争做准备。有人曾建议他"在北方建房"——在他最重要的地盘上，周围是佃户和朋友，他将成为一个有权势的人。[20]多塞特侯爵也得到了关于如何组建一支高效作战军队的详细指示。休德利男爵告诉他，绅士们有钱有势，因而患得患失，不值得信任。他们最好能得到自耕农的忠诚拥护，因为这些自耕农"最能说服大众"。有人建议多塞特侯爵"带一两壶葡萄酒和一块鹿肉馅饼去农户家，这次去一家，下次去另一家，跟他们熟了以后，他们会爱你的"。[21]对多塞特侯爵来说，战争的话题似乎不真实，但也很吸引人。他们的目的不带私心，就是保护国王免受萨默塞特公爵的威胁。但这也符合他个人的利益，多塞特侯爵的荣誉受到了轻视，因为护国公未能更好地认识到他在王室中的地位。回到布拉德盖特庄园时，他不得不考虑是否应该为保卫荣誉而战，以及他对国王的效忠能否抵消他对战争的恐惧。

与此同时，太后的卧床期即将结束，1548 年 8 月 30 日，她开始分娩。凯瑟琳·帕尔经历了一个艰难且不舒服的孕期，但她最终产下了一名健康的女婴。尽管休德利男爵希望生下的是儿子，但他还是沉浸在第一次当父亲的兴奋中。他给女儿取名为玛丽，以爱德华同父异母的姐姐的名字命名，他写信给他女儿众多的哥哥，宣称自己的女儿是最美丽动人的。接下来的几天，一切似乎都很好，简·格雷和她的代养家庭同乐。然而，凯瑟琳·帕尔逐渐变得语无伦次，这是产褥热的致命迹象。在精神错乱的时候，她深受往日恐惧的折磨，害怕丈夫想娶伊丽莎白公主。休德利男爵站在她身边时，她向仆人伊丽莎白·提尔怀特（Elizabeth Tyrwhitt）倾诉，"那些在我身边的人不关心我"。"亲爱的，我不会伤害你的。"休德利男爵安慰她。"是的，我想你不会的，"她低声说，"但是，我的爵爷，你曾多次精明地算计我。"休德利男爵躺在她的床边，试图安抚她。但她很快又提出另一条指责，她不敢和医生长时间地待在一起，害怕休德利男爵会嫉妒。

休德利男爵努力安抚凯瑟琳·帕尔，在她弥留之际，简·格雷和其他女人一起为她读《圣经》。牧师来提供探视病人的服务时，她们也会跟着祈祷。牧师劝诫凯瑟琳·帕尔，请求上帝宽恕她的罪孽，原谅所有冒犯过她的人。凯瑟琳·帕尔在 9 月 5 日去世之前，已经与休德利男爵和好了。她在遗嘱中把所有的东西都留给了丈

42

夫，"希望它们的价值比原本的高出千倍"。[22]妻子的死让休德利男
爵受到巨大打击。他从刚出生的女儿那里感受到幸福之后，跌入了
情感的深渊，并且陷入了绝望的悲痛之中。他后来回忆说："这对
我的打击太大了，我终日恍恍惚惚的。"他忘记了政治，带女儿到
他哥哥护国公家里去疗养，并命令下人拆了自己的房子。简·格雷
将被送回布拉德盖特庄园，但休德利男爵首先要求她在凯瑟琳·帕
尔的葬礼上履行主哀悼者的职责。

43　　　11岁的简·格雷端庄得体地履行了她第一次公开的职责。送葬
队伍从庄园走到休德利教堂，简·格雷跟在太后的棺材后，黑色的
长袍盖住了她笔直、瘦小的身体。一位少女走在长长的送葬队伍前
面，这也许是15岁的伊丽莎白·蒂尔尼（Elizabeth Tilney），她是亨
利八世的第五任妻子凯瑟琳·霍华德（Katherine Howard）最喜欢的
侍女的妹妹，也是陪伴简·格雷走完她人生最后一段艰难旅程的朋
友。[23]小教堂里的葬礼仪式很朴素，只花了一个上午，却有着重大的
历史意义。这是英国历史上第一次新教王室葬礼。《圣经》翻译家
迈尔斯·科弗代尔（Miles Coverdale）用英语主持了这个仪式，并进
行了布道。他强调，葬礼上给穷人的施舍和点燃的蜡烛不是为了使
凯瑟琳·帕尔的灵魂受益，而是为了纪念她。在宗教改革的教诲中，
没有炼狱，然而在天主教的信仰中，罪人在炼狱中付出代价：上帝
的选民直升天堂，其余的人则下地狱。因此，简·格雷没有为凯瑟
琳·帕尔祈祷，尽管她肯定记得心急如焚的监护人和他那失去母亲
的孩子。

　　仪式结束，凯瑟琳·帕尔下葬后，简·格雷回家了。她在回布
拉德盖特庄园的路上经过了很多城镇的记录栏，上面记载着人们招
待王室来访者的费用。当她还是个小女孩的时候，她经常看到父母
去莱斯特郡和其他当地城镇，然后带着市长和市议员夫人送的礼物

回来。礼物有草莓、核桃、梨和自制的酒水，比如加香料的葡萄酒和伊波克拉斯酒。[24]现在她也受到了同样的尊重。简·格雷的母亲并没有等回她一年前告别的那个孩子，而是一个充满疑问、成熟、有很强自尊心的女孩。

44

第五章

处决休德利男爵

在布拉德盖特庄园，简·格雷的妹妹们也很悲伤。她们的母亲弗朗西丝一直很喜欢凯瑟琳·帕尔，一辈子保存着她的画像。1547年11月，她失去了妹妹——坎伯兰伯爵夫人埃莉诺。埃莉诺才20多岁，留下了失魂落魄的丈夫和他们的独生女。[1] 1548年1月3日，一家人在布拉德盖特庄园庆祝圣诞节的时候，多塞特侯爵收到消息说他的妹妹安妮·威洛比（Anne Willoughby）也要死了。威洛比家族的这个分支的成员是凯瑟琳·萨福克的亲戚，住在诺丁汉郡，离布拉德盖特庄园不远，两个家族的关系非常亲密。

凯瑟琳·格雷和玛丽·格雷多少能理解姐姐的悲伤，凯瑟琳·帕尔的葬礼过后，她们准备迎接简·格雷回家。然而，再次见到姐姐的兴奋感和信任彼此的希望很快就消失了，取而代之的是重新适应的尴尬。简·格雷和凯瑟琳·格雷之间3岁的年龄差突然变大。凯瑟琳·格雷和玛丽·格雷都还处在想要取悦父母的年纪，而简·格雷更喜欢提问。11岁时，她表现出了和她父亲在这个年龄时同样的叛逆倾向。多塞特侯爵过去常常让他的拉丁语老师理查德·克罗克（Richard Croke）大发雷霆，因为他听到有关神职人员的粗鲁笑话时大笑，然后在理查得·克罗克抱怨的时候，又煽动其他学生反对他。[2] 简·格雷对她在布拉德盖特庄园受到的限制和要求同样感到恼火。她已经习惯了在西摩庄园时享受的自由，讨厌母亲努力在她面前重申自己的权威。相反，弗朗西丝对于简·格雷的叛逆也很生气和担心。

在都铎王朝的思想中，统治和服从是有序社会的本质特征。弗朗西丝相信，有了纪律，简·格雷年轻时的任性可以转化为意志力，成为向善的力量。然而，没有纪律，她只会追求自私的欲望。弗朗西丝担心，缺乏纪律会危害简·格雷和社会。作为一个贵族家庭的女继承人，甚至可能是未来的女王，简·格雷可能为国家做大事，也可能造成巨大的危害。弗朗西丝很愤怒，休德利男爵没有引导好她的孩子。而令她恐慌的是，简·格雷回家后不到两个星期，休德利男爵就要求把简·格雷送回去。

妻子去世后，休德利男爵经历了麻木和拒绝接受的早期阶段，丧妻之痛慢慢消退。后来，他接受了妻子去世的事实，并理解它的所有含义——王室正在收回她的财产。这对休德利男爵的经济状况和地位造成了沉重打击。这是没有办法的，但让简·格雷回到父母身边是一种"政治自残"行为，他还可以纠正过来。1548 年 9 月 17 日，休德利男爵给简·格雷的父亲写信，请求让简·格雷回去。他预料到弗朗西丝会不高兴，并向多塞特侯爵保证，他将继续留下凯瑟琳·帕尔的侍女——未婚的女傧相"以及与凯瑟琳生前有关的其他女性"。休德利男爵发誓说，每个人都会"像你希望的那样，对简·格雷尽心尽力"。休德利男爵的母亲将会掌管整个家，而且"会把简·格雷当作自己的女儿对待。就我自己而言，我将继续充当简·格雷的半个父亲甚至更多角色"。[3]休德利男爵接着以一种适当严厉的、慈父般的态度写信给简·格雷。她听了他的话，恭敬地向他道谢。"就像你已经成为我慈爱和善的父亲，我将随时准备听从你神圣的告诫和指示。"她回答道。[4]

不过，弗朗西丝对休德利男爵的保证无动于衷，多塞特侯爵意识到，凯瑟琳·帕尔去世后，休德利男爵的地位下降了，他同意妻子的意见，认为大女儿现在待在家里会更好。多塞特侯爵写信给休德利男爵，感谢他一直以来对简·格雷的照顾，然后提醒他简·格雷还很年轻，虽然自己认为他是一个优秀的父亲，但他不可能也成为简·格雷的母亲。凯瑟琳·帕尔死后，休德利男爵肯定能看出"我妻子对简·格雷的照管是最有必要的"。简·格雷即将步入青春期，这是一个"内心向谦逊、清醒和顺从转变"的关键年龄段。[5]多塞特侯爵满怀希望地总结说，他仍然打算接受休德利男爵提出的关于简·格雷的婚姻的建议。

然后，弗朗西丝给休德利男爵写了一封信。作为简·格雷的监护人和凯瑟琳·帕尔的鳏夫，休德利男爵是这个家庭的一员，弗朗西丝在信中称他为"好兄弟"，称简·格雷为他的"侄女"。她也承认，在简·格雷的婚姻问题上，她会像她丈夫希望的那样征求休德利男爵的意见。但她明确表示，在很长一段时间内，她并不期待看到自己的女儿过早结婚。弗朗西丝16岁就结婚了，她不想女儿匆忙地步入婚姻生活。她在信的结尾表示，希望休德利男爵能"理解"，[6]让她留下女儿。没过几天，休德利男爵就动身前往莱斯特郡，决心改变他们的想法。当格雷姐妹和她们的父母在布拉德盖特庄园迎接他时，发现他身边还有一个朋友——威廉·谢灵顿（William Sharington）爵士，他是皇家铸币厂的副司库。

简·格雷经常在西摩庄园见到威廉·谢灵顿，凯瑟琳·格雷和玛丽·格雷可能还记得他在1547年的秋天到访过，当时他陪休德利男爵拜访布拉德盖特庄园。他英俊迷人，有优雅的鹰钩鼻，尽管他的眼下有黑眼圈和过早产生的皱纹。威廉·谢灵顿利用他在铸币厂的职位大肆欺诈。[7]休德利男爵知道他做了什么，威廉·谢灵顿用钱来换取他的守口如瓶，其中包括休德利男爵购买简·格雷的监护权所需的现金。但是，在布拉德盖特庄园，威廉·谢灵顿也有休德利男爵用得上的天赋。威廉·谢灵顿能说会道，1547 年秋天，他帮助说服多塞特侯爵和休德利男爵一起投票反对议会通过的一项法案，该法案确认萨默塞特公爵作为护国公的任命状，多塞特侯爵是唯一投反对票的贵族成员。威廉·谢灵顿的任务是说服弗朗西丝把大女儿送回西摩庄园，而休德利男爵则在做多塞特侯爵的思想工作。

　　休德利男爵知道，他给多塞特侯爵最有效的筹码仍然是承诺他能让国王娶简·格雷为王后。在这方面，他很幸运，简·格雷的主要竞争对手是仍为婴儿的苏格兰玛丽女王，且她已经被送往法国居住，这样她就可以和法国王子弗朗西斯订婚了。休德利男爵向多塞特侯爵保证，"如果他能让国王获得自由"，那么他就可以立即让爱德华娶简·格雷。多塞特侯爵支支吾吾，但正如他后来回忆的那样，休德利男爵是"不会放弃的"，直到他承认休德利男爵可以成功发动这场政变。与此同时，威廉·谢灵顿在动摇弗朗西丝的决心方面做得非常出色，他让她放心，所有的恐惧都是多余的。最后，"经过长时间的争论和坚持"，她同意丈夫的意见，把大女儿交给休德利男爵照顾。[8] 但她很快就会后悔做出这个决定，简·格雷也会后悔。

❖

　　1548 年秋，西摩庄园的生活并不像简·格雷记得的那样，尽管凯瑟琳·帕尔内室的老朋友在安慰她。凯瑟琳·帕尔再也不能一直影响休德利男爵了，他还没有完全接受她已经去世的事实。

　　休德利男爵经常提出推行一项议会法案防止人们诋毁凯瑟琳·

47

帕尔，因为她在亨利八世死后这么快就决定改嫁。但也有传言称他想再婚，有人说休德利男爵看上了玛丽公主，也有人说他希望娶简·格雷。他对这些议论嗤之以鼻，但向他的内弟北安普顿侯爵威廉·帕尔承认，简·格雷有"很多麻烦"。简·格雷将在5月满12岁，根据教会法律，他们能够签订一份有约束力的婚姻契约。休德利男爵相信萨默塞特公爵会特别竭尽全力为他的儿子赫特福德伯爵争取迎娶简·格雷。

北安普顿侯爵问休德利男爵，他真正想娶的是不是伊丽莎白公主。休德利男爵回答道："听说，如果我和伊丽莎白公主结婚，护国公会把我关进伦敦塔。"[9]不过如果伊丽莎白公主愿意，他想不出还有什么理由不娶她。正如他告诉其他朋友的那样，伊丽莎白公主在国内结婚比在国外结婚要好得多。然而，伊丽莎白公主吸取了1547年春天的教训，当时休德利男爵和凯瑟琳·帕尔一起让她难堪。她十分清楚，没有国王和枢密院的许可，她不能结婚，没有许可，她甚至不能见休德利男爵。但她的几个仆人准备帮助休德利男爵，无论对错，她们都相信这是伊丽莎白公主真正想要的。圣诞节前两三周，简·格雷在西摩庄园注意到伊丽莎白公主的财务管家托马斯·帕里（Thomas Parry）。他出现了好几次，单独和休德利男爵一起散步，讨论可能与伊丽莎白公主结婚相关的财务细节，但简·格雷没听见他们在说什么。[10]

被卷入这样一件大事，引起伊丽莎白公主家其他仆人的极大恐慌。公主的家庭教师罗杰·阿斯卡姆对托马斯·帕里的行为感到非常震惊，他请求整个圣诞节假期都返回剑桥过。凯特·阿斯特利的丈夫约翰·阿斯特利也同样关心此事，他与妻子就这些安排激烈争吵，其中一次争吵异常激烈，后来伊丽莎白公主注意到女家庭教师胳膊上有瘀伤（凯特·阿斯特利说这些瘀伤是由医生放血治疗导致的）。与此同时，西摩庄园的气氛也同样紧张。休德利男爵的朋友和仆人拼命劝阻他不要这么做，因为没有王室血统的人与王位继承人结婚是违背一切体面和秩序的。有人警告休德利男爵："你竟敢这么做，那你还不如从未出生，不，那你还不如被痛快地烧死算了。"亨利八世时期，已经有人因企图与王室成员结婚而丧命，这会使伊丽莎白公主面临危险。[11]这些人恳求休德利男爵改善与他哥哥的关系，但休德利男爵只是吹嘘他将如何利用议会获得对新国王的辅佐权，不管护国公如何，他会抓住应得的权力。

　　休德利男爵判断，萨默塞特公爵的政治地位会继续被削弱，因为他一直对同僚很傲慢。在这方面，他是对的。萨默塞特公爵经常无视他人的建议，还曾经掌掴一名枢密院议员，那名议员因受不了这样的屈辱而痛哭流涕。萨默塞特公爵在议会中最忠实的盟友威廉·佩吉特（William Paget）深受触动，在圣诞夜写信给萨默塞特公爵，警告他未来会有灾难。[12]但并不是所有事情都朝着休德利男爵预料的方向发展，在枢密院内部，议员们认为休德利男爵直接威胁到了国家稳定。多塞特侯爵意识到危险迫在眉睫，他和朋友结盟，表明了他一贯逊色的政治判断力。多塞特侯爵向休德利男爵保证，不管发生什么，他都会"保护他不受任何人的伤害，并拯救国王"。圣诞节期间，凯瑟琳·格雷和玛丽·格雷每晚都看到她们的父亲离开多塞特庄园前往西摩庄园。简·格雷看到父亲与在莱斯特郡的邻居亨廷顿伯爵弗朗西斯·黑斯廷斯（Francis Hastings）一起到访西摩庄园。有时休德利男爵会离开他们，突然前往宫廷。后来有人指责休德利男爵计划绑架爱德华和伊丽莎白公主。多塞特侯爵可能希望他这样做，因为他相信休德利男爵计划了两场婚礼——爱德华娶简·格雷，他自己娶伊丽莎白公主。多塞特侯爵的想法对简·格雷来说是不利的，她父亲为了满足自己的野心，准备将她置

49

于危险之中。

然而，证据表明，至少在当时，休德利男爵只是从国王的马倌约翰·福勒那里听到了一些流言蜚语。休德利男爵在酒窖里边喝酒边感叹，他告诉约翰·福勒，他多么希望爱德华已经到了能够摆脱萨默塞特公爵控制的年纪，但是这一天还有很久才能到来。1549年1月6日是主显节的圣餐日和圣诞季的最后一天，议会下令搜查威廉·谢灵顿的房子，并在位于威尔特郡的拉克修道院发现了他在皇家铸币厂造假的罪证。威廉·谢灵顿明白人们对他有所图，为了保住性命，他把自己知道的与休德利男爵野心有关的情况和盘托出，包括休德利男爵希望娶伊丽莎白公主。其他人随后被围捕，年轻的拉特兰（Rutland）伯爵在半夜被传唤到萨默塞特公爵的官邸接受审问，休德利男爵曾试图招他为盟友。这个21岁的年轻人惊恐万分，重复休德利男爵说过的话，即那些爱戴国王的人需要"从发达的城镇中找些自耕农来扩大追随者的队伍。这些自耕农诚信、富有，且具有号召力"。休德利男爵的一个仆人有兄弟在拉特兰伯爵家工作，所以休德利男爵早上之前就知道了拉特兰伯爵的话。尽管如此，他还是希望能硬着头皮挺下去。第二天，他像往常一样去了议会，晚饭时间和多塞特侯爵一起离开，并把拉特兰伯爵的话告诉了多塞特侯爵。他们在亨廷顿伯爵家吃饭，然后和一群朋友回到西摩庄园，其中包括简·格雷最小的叔叔托马斯·格雷勋爵。与休德利男爵和萨默塞特公爵兄弟不同的是，多塞特侯爵和他的兄弟关系密切。

从仆人们紧张的谈话中，简·格雷知道一定出事了。休德利男爵私底下夸口说他被召去枢密院，但他拒绝了。托马斯·格雷勋爵对此无动于衷，指出枢密院可能只是要逮捕他。他建议休德利男爵相信他的哥哥是一个"仁慈的人"，[13]休德利男爵拒绝接受这一点。

与此同时，在隔壁的宫殿里，萨默塞特公爵表现得更愿意接受建议，这对休德利男爵来说更糟。他的敌人坚持对萨默塞特公爵说，只有他弟弟死了，他才会安全。当晚，枢密院的书记员托马斯·史密斯（Thomas Smith）爵士和枢密院议员兼律师约翰·贝克（John Baker）爵士逮捕了休德利男爵。即使留着长长的胡子，穿着厚重的外套，简·格雷也能认出病态的托马斯·史密斯。他是她的家庭教师约翰·艾尔默的朋友。约翰·贝克50多岁，灰白的头发很特别，以当时的标准来看，他已经老了，但人们称他为"屠夫贝克"，因为他被召唤过来，走之前会把很多年轻人送进坟墓。① 休德利男爵平静地接受了被捕的事实，希望一切都会好起来。然而，其他人则不那么乐观。

51

　当枢密院的人找到伊丽莎白公主的财务管家托马斯·帕里时，他跑到自己的房间里，扯下自己的官职链，大喊："我要是没出生就好了！"在伦敦塔里，阿斯特利夫妇供认不讳，讲述了他们所知道的一切，包括休德利计划娶伊丽莎白公主，还去过她的卧室。只有15岁的伊丽莎白公主谈话时仍然沉着冷静。面对她长期以来担心的危险，她不仅在保护自己，还在保护仆人，她有时很健忘，有时对她怀了休德利男爵孩子的谣言很生气，但她始终否认自己曾打算在未经枢密院允许的情况下与任何人结婚。托马斯·帕里的亲戚威廉·塞西尔（William Cecil）可能在给伊丽莎白公主提供重要的建议，这有助于解释她后来对他的信任，但伊丽莎白公主从来没有失去勇气。

　简·格雷被送回多塞特庄园，而她的父亲和其他证人一样，被召去枢密院面谈。尽管他们供出了休德利男爵的计划，但没有实际

---

① 玛丽一世统治时期，约翰·贝克不承认自己曾是福音派教徒，并烧死曾经的教友，因而得名"屠夫贝克"。

证据表明休德利男爵曾打算如声称的那样控制国王或犯下任何叛国罪。因此，议会必须围绕审判的困难找到办法。休德利男爵曾希望利用议会来结束受保护国的独裁统治，但议会反而被用来结束他的生命。有人提出一项法案，谴责他犯有叛国罪。上议院毫无争议地通过了这项法案。下议院有激烈的争论，但在1549年3月拥挤的议院最终通过了《公民权利法》。爱德华不得不宣读别人为他写好的发言稿，同意赐死舅舅，他这样做显然是不情愿的。只有简·格雷知道她所属家族的命运。1549年底，婴儿玛丽·西摩（Many Seymour）因病在凯瑟琳·萨福克的家中去世，休德利男爵在遗嘱中写到让凯瑟琳·萨福克照顾女儿，凯瑟琳·萨福克对照顾孩子的开销和不便感到愤怒。

简·格雷受到的教导是上帝降下不幸，既是对罪恶的惩罚，也是对悔改的警告。从这个意义上说，这是一种祝福，因为它给了罪人改过自新的机会。休德利男爵就是这样看待这些事的，正如他在伦敦塔里写的一首诗中所说的那样：

> ……我骄傲的时候上帝呼唤我，
> 免得我摔下来远离他。
> 他必须纠正他所爱的人，
> 使他们成为他的选民。

然而，休德利男爵的天性并不是被动地接受自己的结局。他打算孤注一掷，从自己的长筒袜中拔出一根钩子，蘸上橙汁，给伊丽莎白公主和她同父异母的姐姐玛丽公主写信。看到这些信的人说："为了达到这个目的，他们密谋反对我家护国公大人。"休德利男爵把信藏在他的天鹅绒鞋底里。[14] 1549年3月20日早晨，当他被带到伦敦塔处死时，那些信还在他身上。[15]

公开处决是经过精心设计的，斩首仪式遵循严格的规定。根据法律规定，囚犯们做最后一次演讲，宣布自己被国家法律判定有罪，并心甘情愿赴死。这是最后的服从行为，认可法律的重要性。然后，他们会把自己的命运当作范例，代表所有得罪上帝和国王的人的命运。如果他们是无辜的，他们知道上帝是出于某些其他原因惩罚他们，而且，在某种程度上，他们辜负了社会，他们毫不怀疑自己该死。演讲结束时，他们请求宽恕，并希望他们的君主能长期幸福地统治王国。[16]

53

只有很少的文献记录了休德利男爵被处决时的反应，但毫无疑问，他的处决并没有按照惯例进行。根据一种说法，当休德利男爵把头靠在垫头木上时，有人无意中听到他要求一个仆人"加快速度做他知道的那件事"。给公主们的信随后被发现，休德利男爵似乎艰难抗争过。一位瑞士目击者写信给朋友说，休德利男爵死得很不情愿。

同样明显的是，枢密院对所发生的一切极为不安，这不足为奇，在该政权下，很多不情愿的民众被强制要求学习福音书。玛丽公主在宗教方面仍然顽固保守，她甚至比加德纳主教更甚，争辩说这种做法是非法的，亨利八世的宗教改革方案不能在爱德华六世还未成年的时候就被推翻。休·拉蒂默是凯瑟琳·萨福克的灵性导师，他曾在四旬斋的一次宫廷布道中阐明了政府对玛丽公主言论的回应，认为爱德华六世过早显示出的虔诚意味着他不是通常意义上的"未成年人"。但休德利男爵的信否定了这一说法，透露出爱德华六世远不是一个精神上的当权者，而是邪恶势力的傀儡，需要保护。休德利男爵还触动了另一根神经：他提醒每个人，在亨利八世的遗嘱里，玛丽公主是爱德华六世的继承人。很明显，1536年的《继承法》可以用来反驳这一说法，该法宣布玛丽公主是私生女。然而，该法也宣布伊丽莎白公主是私生女，因此如果不先排除一个女儿的话，该法几乎不可能用来反对其涉及的另一个女儿。伊丽莎白公主遵守了她弟弟的宗教法令，这就有可能导致福音派内部的分裂。如果她因为未经国王允许就安排婚姻而与休德利男爵一起被处决，那么问题就解决了，但不便的是，她还活着。

　　枢密院需要尽可能有力地谴责休德利男爵的行为。休·拉蒂默被请来布道，结果却证明这是一场严厉批评。他在讲坛上谴责休德利男爵为"我知道或听说过的在英国最不敬畏上帝的人"，死得那么"令人厌烦和心乱如麻"。[17] 然而，这句话不是休·拉蒂默说的，据说是人们记住的伊丽莎白公主写给休德利男爵的墓志铭。听说他被斩首，伊丽莎白公主说，"一个才智过人，判断力却很差的人"已经死了。人们对简·格雷的父亲本可以做出同样的评价，因为尽管他很聪明，但让自己卷入了休德利男爵的鲁莽计划。然而，多塞特侯爵在休德利男爵的愚蠢行为中幸存下来，命运的轮盘正在转动，他在野的日子很快就要结束，他与3个女儿在一起的日子也即将结束。

第六章

与诺森伯兰公爵为伍的人

10 岁的赫特福德伯爵爱德华·西摩正在策马飞奔。萨默塞特公爵希望看到这个瘦弱、四肢修长的儿子娶简·格雷。然而，在 1549 年 10 月 5 日这一天，爱德华·西摩知道父亲的护国公地位也许还有他的生命，取决于自己携带的信息。萨默塞特公爵和另外两人组成了受保护国的 "三股强大力量"（Mighty Tres Viri，三位一体）：其中一人是沃里克伯爵约翰·达德利①（John Dudly）。然而，前一天，他与贵族和枢密院成员一起在城里游行，这是针对萨默塞特公爵的早期行动，这次行动未成功。另一人是威廉·赫伯特（William Herbert）爵士，他和罗素（Rusell）勋爵一起指挥着威尔特郡的皇家军队。年少的赫特福德伯爵正是向这二人求救。当他的马往西跑的时候，汉普顿宫的炮塔和镀金的风向标很快就从视野中消失了。

时值秋天，路上一片寂静，但夏天的动乱事件危及了护国公的地位。那年 6 月，这个国家受到了叛乱的冲击。6 月 10 日，星期日，新的《公祷书》（*The Book of Common Prayer*）第一次用英语写成，这本书的强制推出引起了叛乱。在康沃尔郡的一些地方，人们很少讲英语，他们无法理解牧师在给他们读什么。在德文郡，尽管

---

① 此时，沃里克伯爵约翰·达德利尚未被封为诺森伯兰公爵。——编者注

56　人们能够听懂英语，但他们声称政府的服务是"圣诞节游戏"。看起来很像并且可以被称为"弥撒"的仪式仍然存在。但是，新的圣餐仪式反映了福音派的观点，即面饼和葡萄酒不能用来代表耶稣的身体和血。对德文教区的居民来说，这似乎是一种嘲弄。第二天，在德文郡的斯坦福德-考特尼村，会众强迫他们的牧师再次做弥撒。这次反抗点燃了人们对统治精英一触即发的愤怒，这种愤怒迅速蔓延，甚至蔓延到新宗教扎根的地区。

　　大人物正在掠夺教区居民给教会制作的礼物，但他们谴责这种行为为偶像崇拜，而自己则在以牺牲他人的利益来扩大自己的地产，以牺牲其他人为代价。他们买下农场，封闭公共土地，使新的无地农民在有偿工作结束时免于挨饿。到了5月底，一大批人在布拉德盖特庄园（格雷姐妹所在的地方）附近掠夺不受欢迎的绅士们的房子，在公园里杀鹿，拆毁围墙。换作亨利八世，他会毫不犹豫且毫不留情地镇压这些叛乱分子，而当格雷姐妹的父亲作为当地贵族在1549年6月11日接到枢密院的命令时，他却被警告，阻止他手下的这些绅士以对抗的方式行事。[1] 对萨默塞特公爵来说，地主很贪婪，这显而易见，他认为圈地助长了通货膨胀。他预料到政府将进行调查，旨在解决问题，并不理会枢密院成员的恳求，他已经与叛军谈判，尽可能地赦免他们。然而，这种做法被理解为软弱。

　　到了7月2日，骚乱已经蔓延到中部地区，埃塞克斯郡、诺福克郡、约克郡和埃克塞特郡都被包围。10天之内，诺里奇也被有16000人的军队威胁。北安普顿侯爵威廉·帕尔被派去与叛军谈判，但叛军在政府军士兵睡觉时偷袭了他们。政府军在黑暗的街道上与叛军作战，其士兵的人数是叛军的10倍，但最后政府军因为
57　损失惨重而撤退。英格兰处于内战的边缘。

　　那年夏天，格雷姐妹一直在听布道，了解叛乱的极度邪恶行

径，尽管只有年长的两人能明白她们听到的内容。布道的人告诉她们，叛军违抗了上帝和国王。社会秩序反映了神圣的存在链。即使国王或贵族的要求是不公正的，自耕农和农民也必须平静地忍受痛苦，并把痛苦作为对他们罪行的惩罚而接受它，否则就等于推翻了良好的社会秩序。一位都铎时期的作家说，在"缺乏秩序"的地方，"需求就是无休止的冲突"。路西法在反抗上帝的时候给宇宙带来了混乱，人们对地狱的恐惧在玫瑰战争中带来了恐怖故事。如果叛乱继续，通往"一切辱骂、肉体自由、浩劫、罪恶和巴比伦的混乱"的大门将被打开。格雷姐妹被警告："任何睡在家里或床上的人都会被杀死。"[2]

8月17日，多塞特侯爵从布拉德盖特庄园写信给枢密院，请求国王派托马斯·格雷勋爵帮助他维持莱斯特郡的秩序。但是，回信带来了更多的坏消息。托马斯·格雷勋爵未能幸免，法国国王亨利二世在危急关头趁机宣战。托马斯·格雷勋爵指挥200名士兵去援助约翰·格雷勋爵并保卫安布莱特乌斯。有人告诉多塞特侯爵，敌人已经向前行进了。事实上，在托马斯·格雷勋爵还未到之前，这个城镇就已经失守了。[3]这时，局势对萨默塞特公爵来说也非常严峻，因此，赦免叛乱分子的政策被终止了。政府利用外国雇佣兵镇压叛军，这是一件血腥的事情。多塞特侯爵的亲属威尔顿的格雷勋爵，声称从未见过有人像他于7月28日在德文郡见到的叛军那样，如此坚强地倒下。在西部有2500人被杀，然后东部战场进入转折点。

沃里克伯爵约翰·达德利指挥一支由12000名职业兵和德国雇佣兵组成的军队，用棍棒和对"平等分享"的希望来对付诺福克郡的"乡巴佬"。8月27日，3000名叛军死于诺里奇城外的杜辛代尔，但叛军与政府军都有伤亡。

多塞特侯爵的姐夫亨利·威洛比爵士在沃里克伯爵的领导下战斗，亨利·威洛比爵士的妻子在十几个月前去世，他也受了致命伤。他的孩子以前是凯瑟琳·格雷和玛丽·格雷的玩伴，现在成了孤儿。在所有死者中，亨利·威洛比爵士的死最能触动简·格雷，简·格雷的父母后来收留了他的孩子。其中最大的孩子托马斯·威洛比和凯瑟琳·格雷同龄，他受多塞特侯爵的监护，住在布拉德盖特庄园。威洛比家两个年龄小一些的孩子分别是玛格丽特·威洛比和弗朗西斯·威洛比。玛格丽特·威洛比很专横，是玛丽·格雷的玩伴。小婴儿弗朗西斯·威洛比是格雷姐妹母亲的教子，被安排住在与多塞特侯爵同母异父的哥哥也就是乔治·梅德利（他的母亲在第一次婚姻中生的儿子）那里。在诺福克发生的可怕的屠杀标志着英格兰最后一次大规模民众起义的结束。[4]但这意味着人们对萨默塞特公爵失去了信心。萨默塞特公爵在成长为"另一个国王"的过程中，忽视甚至侮辱了他的同僚。他使这个国家卷入与苏格兰和法国之间的毁灭性战争。他的决定打开了"混乱之门"，把英格兰带到了内战的边缘。因此，人们不会轻易原谅他。

赫特福德伯爵带着父亲的口信离开威尔特郡军队的那晚，萨默塞特公爵把爱德华国王从汉普顿宫带到了温莎城堡这个更安全的地方。天黑了，有人告诉爱德华带上一把小匕首自卫，因为萨默塞特公爵的敌人可能要杀他。然而，最直接的危险来自夜晚的寒冷，当11岁的国王到达温莎时，他已经感冒了。他在阴暗的城堡中瑟瑟发抖，几乎没有食物，也没有可以散步的走廊和花园，他的表弟——年轻的赫特福德伯爵已经到达了西部的军队。威廉·赫伯特爵士是萨默塞特公爵和沃里克伯爵所属"三位一体"中的第三位成员，他的红头发和宫廷贵族的高雅风范立刻让人认出了他。

威廉·赫伯特爵士是出了名的暴力之人，据说他年轻时在布里斯托杀过人。有一年夏天，当农民闯入他在威尔顿的庄园时，他"亲自攻击暴徒，将其中一些人大卸八块"。[5] 不管这件事是真还是假，这说明人们很容易相信这种故事。然而，威廉·赫伯特爵士不仅仅是个暴徒。他的母语是威尔士语，大使们嘲笑他几乎看不懂英语，更别提其他欧洲语言了。但他很聪明，也很老练，娶了已故王后的妹妹——优雅的安妮·帕尔。[6] 这使他成为王室大家庭中的一员。不幸的是，这对赫特福德伯爵的父亲没有帮助。威廉·赫伯特爵士妻子的哥哥——北安普顿侯爵威廉·帕尔，因与妻子离婚而被萨默塞特公爵踢出了枢密院。

年轻的赫特福德伯爵很快发现，威廉·赫伯特爵士无意派皇家军队来援助萨默塞特公爵。这个男孩在 1549 年 10 月 9 日带到温莎的信息反而标志着保护关系的结束。威廉·赫伯特爵士和他的指挥官罗素勋爵敦促萨默塞特公爵让位，"不让任何人流血"。萨默塞特公爵别无选择，只好任凭枢密院摆布。不久之后，爱德华不得不下令逮捕他的舅舅，前护国公于 1549 年 10 月 14 日被关进伦敦塔。这时，爱德华的第 12 个生日刚刚过去两天，距慷慨的休德利男爵被处决还不到 7 个月。

❖

对三姐妹来说，有一个 9 岁的男孩和她们一起住在布拉德盖特庄园是件新鲜事。尤其是凯瑟琳·格雷，她一定很喜欢一个和她同龄的玩伴，这个玩伴能和她分享庄园里的乐趣。但是托马斯·威洛比和她们在一起的时间不长。11 月 16 日，他离开格雷家，来到剑桥与凯瑟琳·萨福克的两个儿子团聚。格雷姐妹最终见到了更多的弟弟妹妹——玛格丽特·威洛比和弗朗西斯·威洛比。那年冬天，格雷姐妹和威洛比表亲经常出入对方的房子，有时在布拉德盖特庄园，有时在诺丁汉郡沃顿的威洛比庄园，而且，他们经常在位于埃塞克斯郡蒂利提的乔治·梅德利家见面。1549 年 11 月底，格雷姐妹从布拉德盖特庄园出发，前往梅德利家。玛丽·格雷和凯瑟琳·格雷骑马的时候，仍然有仆人坐在身后紧紧地抱着她们，以免她们疲劳时摔倒。简·格雷被当作成年人对待，侧骑在马上，有一个脚垫以保证她的安全。保姆、马夫和男仆也在队列里骑着马，其他仆人则和行李、邮包一起待在马车里。在安静的道路上，这个景象很壮观，前面的村庄和城镇里响起钟声，提醒人们他们的到来。一大群人出门注视着路过的名人，或者为他们提供精力充沛的马匹、充足的食物和休息的地方。

　　在蒂利提，格雷姐妹和她们的表亲玩了好几天。玛丽·格雷虽然比她的朋友玛格丽特·威洛比小很多，但她同样意志坚定，在她们的游戏中一定有过一些令人印象深刻的争夺主导权的环节。11 月26 日早餐后，格雷姐妹又骑上马，和母亲一起前往同样位于埃塞克斯郡的玛丽公主的比尤利宫。[7]她们认出了眼前带塔楼的宫殿，宫殿大门上的石头雕刻着亨利八世的纹章。这家人以前曾多次拜访玛丽公主。她们的外祖母是法国王后，和阿拉贡的凯瑟琳是朋友，而她们的母亲在简·格雷还是婴儿的时候就在玛丽公主家里服务。

　　玛丽公主身材矮小、身体娇弱，已经 33 岁了。她多年来饱受月经和抑郁之苦，经常采用放血疗法。她脆弱的外表掩盖了她那"几乎和男人一样"的响亮声音和"眼睛的光芒"。她塑造了一个令人敬畏和异常独立的形象。像她这个年纪又有钱的女人仍未婚是很不寻常的，但因为她条件太好，不能随便找个丈夫。

　　她的父亲处死了那些密谋让自己的儿子娶她的人。他不想让爱德华有任何危险的对手。现在，爱德华的枢密院会带着同样怀疑的目光来看待任何追求她的人，他们对她可能做出的任何选择都有法律上的否决权。所以她只好独自一人看着自己的青春流逝，却只能把她的爱奉献给上帝。

　　玛丽·都铎在格雷姐妹看来像个老阿姨，她令人害怕，但也和蔼可亲。她喜欢送她们项链、珠子和连衣裙之类的礼物。她和她们的母亲玩纸牌，为大家弹奏鲁特琴。据说玛丽·都铎"双手的敏捷和演奏的风格让最优秀的表演者都感到惊讶"[8]。简·格雷从凯瑟琳·帕尔那里学到了很多音乐知识，她一定对玛丽·都铎的演奏印象深刻。但格雷姐妹被教导鄙视的弥撒仍然是玛丽公主日常生活的核心。面对政府的反对，她家里仍有至少 6 位天主教牧师。自1549 年的圣灵降临节以后，新的《公祷书》开始生效，玛丽公主的生活一直不容易，但她没想到会这样。她在诺福克郡的肯宁霍尔教堂举行了一场天主教弥撒，以此表明她对政府法令的蔑视。枢密院成员后来试图将她与德文郡叛军联系起来，他们的计划失败后，就要求她停止在她的小教堂里公开做弥撒。她拒绝了，辩解她没有违反任何法律，除非这些法律是他们自己制定的新法律，而且她不承认这些法律，因为国王——她的弟弟——还不到制定这些法律的年龄。她的表哥查理五世能保护她暂时不受惩罚。但是玛丽公主对未来很悲观。沃里克伯爵利用宗教保守派的支持推翻了萨默塞特公爵，并指望玛丽公主支持他的政变，但她之前和当时都不信任他。她警告帝国大使弗朗索瓦·范·德尔夫特（François Van der Delft），"只有嫉妒和野心才是谋划反对护国公的动机"，"你会看到这一举动不会带来任何好处"[9]。事实上，多塞特侯爵当时在宫廷里，希望诺森伯兰（Northumberland）公爵最终更愿意站在像自己这样的福音派一边，他与国王有着共同的正在发展的宗教信仰。

　　弗朗西丝尽管与玛丽公主在宗教上存在分歧，但仍然与她保持着亲密关系，这似乎令人惊讶。然而，宫廷女性通常在交战各方之间保持畅通的沟通渠道，并在政治和宗教分歧中维持友谊。威廉·塞西尔的嫂子安妮·库克（Anne Cooke）狂热地信奉福音派，几年后她在玛丽公主家任职。弗朗西丝只是在履行家庭责任，与王位继承人保持良好的关系。然而，弗朗西丝和女儿们要拜访比尤利宫就变得更加困难了。格雷一家抵达比尤利宫 3 天后，关于沃里克伯爵是否会将他的权力建立在宗教保守派基础上的问题，多塞特侯爵进入枢密院的任命对此给出了坚定的回答。正如帝国大使所说，多塞特侯爵"完全被新教派征服"。最"前卫"的福音派教徒为他的"成功"感到高兴。[10] 但对玛丽公主来说，他的任命意味着真正的危险。多塞特侯爵对女儿简·格雷继承王位的野心与他对宗教改革的热情相比有过之而无不及。在福音派看来，发现希腊语版的《新约》标志着罗马教廷的准则开始被打破。对多塞特侯爵来说，最重要的莫过于推翻"人类虚荣的传统"，这是为了支持上帝的旨意而通过教会的教导表达出来的，正如上帝的话语揭示的那样，玛丽公主是一个障碍。

在多塞特侯爵升职后的几周内，枢密院中剩下的宗教保守派被驱逐，帝国大使表达了对玛丽·都铎的恐惧。他说，多塞特侯爵、北安普顿侯爵和赫伯特爵士是沃里克伯爵领导的那一帮人中的主要人物，他们都是"为了毁灭天主教，永远不会允许玛丽公主平静地生活"的人。[11] 他认为，玛丽公主最终会被赶出英格兰，被迫改变信仰，甚至被杀害。虽然政治局势仍然不稳定，但格雷姐妹继续来往于父亲在伦敦和莱斯特郡的住处，以及与父亲同母异父的兄弟在埃塞克斯郡的住处。12 月 2 日，凯瑟琳·格雷和玛丽·格雷带着她们的随从和"许多绅士"回到蒂利提。凯瑟琳·格雷是一个无忧无虑的女孩，喜欢这样的聚会，在这方面，玛丽·格雷受到姐姐的影响。但是，在蒂利提，更稳重的简·格雷，还有她的父母和叔叔约翰·格雷勋爵于 1549 年 12 月 16 日加入了她们。

这家人在圣诞节那天举行了盛大的聚会，并在 26 日和 27 日举办了更多的庆祝活动。这些庆祝活动一直持续到 1550 年 1 月底，直到凯瑟琳·格雷去附近的瓦尔登大教堂拜访唯一在世的姑姑——奥德利（Audley）勋爵的遗孀伊丽莎白。奥德利夫人的独女玛格丽特·奥德利（Margaret Audley）是格雷姐妹的玩伴，也是作为一个福音派教徒被抚养长大的。[12] 据记载，他们当月没有计划去比尤利宫拜访玛丽公主。不过，在之后的困难年月里，玛丽公主可能还会偶尔欢迎弗朗西丝和她的女儿们。表亲们知道政治上的变化有多快，他们需要对方帮助的时刻可能会到来。

1550 年 2 月，随着政治局势的稳定，格雷姐妹和她们的威洛比表亲在河岸街的多塞特庄园安顿下来。对她们的父亲来说，任职的报酬已经很丰厚了。在过去的一个月里，他被任命为国王的荣誉管家和莱斯特城堡的治安官，并且得到了莱斯特郡、拉特兰郡、沃里克郡、诺丁汉郡的土地和庄园，以及兰开斯特公爵的领地。[13] 大幅增加的财富让他的妻子和孩子们买得起参加宫廷活动时可以穿的最好的新礼服。他每天都要在宫廷里侍奉国王。

爱德华每天都很忙碌。他早早起床，枢密院的 4 位绅士全程跪着伺候他穿衣。然后他喜欢做一些运动——打球、跳舞、骑马、射箭等。早餐之后，他会做晨祷，然后学习两小时的希腊语或拉丁语。午餐前后，他可以与议员们会面。接着他会上一节鲁特琴课、一节法语课，继续学习拉丁语或希腊语。然后，他会进行一些体育锻炼，接下来他会从事娱乐活动、吃晚餐和睡觉，以及完成随之而来的各种仪式。这位"王室学生"过着与世隔绝的日常生活，宫廷就像一个武装营地。

沃里克伯爵非常有安全意识。枢密院里有一支由卫兵和武装青年组成的新队伍，还有12队骑兵，多塞特侯爵训练其中一队的100匹马。① 人们与爱德华接触的机会也受到严格限制，没有事先经过枢密院和爱德华导师的批准，就不能向他呈递任何东西。然而，格雷姐妹比大多数人更容易与爱德华交谈。不仅她们的父亲一直陪伴在爱德华身边，几乎所有国王的私人仆人都是她们的亲朋好友，或者是亲朋好友的委托人。凯瑟琳·帕尔的弟弟北安普顿侯爵作为宫廷侍臣就在国王身边，而北安普顿侯爵的妹夫威廉·赫伯特爵士则是爱德华的御马官。北安普顿侯爵的表弟尼古拉斯·斯罗克莫顿（在安妮·艾斯丘被烧死的时候曾大喊支持她）是爱德华最喜欢的枢密院绅士，也是每天早上服侍爱德华更衣的4位绅士之一，这4位绅士与爱德华一起玩游戏和做运动。但主导宫廷的人是新任枢密院院长沃里克伯爵约翰·达德利。

有朝一日成为简·格雷公公的约翰·达德利是一位大人物，尽管他是从断头台的阴影中走出来的。他的父亲埃德蒙·达德利是亨利七世忠实的仆人，也是一位杰出的律师。他代表雇主榨取富人的财富，直到把他们的钱都榨干。但当都铎王朝的第一位国王去世时，新国王——18岁的亨利八世已经与他父亲制定的不受欢迎的政策划清界限。年轻的约翰·达德利亲眼看到他的父亲被陷害犯叛国罪，并被处死，而且这次处决被当作一次皇家公关演习，这使他变得既谨慎又无情。约翰·达德利的身形使人不寒而栗，由于受不同寻常的力量操控，他展现的战斗蛮力也越发可怕。在行动之前，

① 这份差事让多塞特侯爵一年能赚2000英镑，和他同意休德利男爵监护简·格雷所得到的监护费一样多。

他保持观望，据说他"头脑很清醒，很少鲁莽地去做任何事情，并且事先会想到三四种结果"。[14]

　　不久简·格雷就发现约翰·达德利对她有所图谋。他极力避免犯和护国公一样的错误，这意味着要把爱德华当作一个成熟的君主来对待，培养他逐渐了解国家事务，同时也让枢密院的议员们参与重要的决策。约翰·达德利甚至希望与萨默塞特公爵再次合作。1550年2月，萨默塞特公爵从伦敦塔获释；5月，他被邀请重新加入枢密院。然而，在约翰·达德利看来，缔结新盟友的最佳方式是传统的家族内部联姻。萨默塞特公爵同意了，他最希望他的孩子和格雷家族的成员结婚。正如休德利男爵所推测的那样，萨默塞特公爵想让简·格雷嫁给他的儿子——年轻的赫特福德伯爵，他是爱德华三世的后裔。虽然这不会带给赫特福德伯爵任何重要的王位继承权，但他拥有的王室血统提高了他的地位，使他和简·格雷门当户对。萨默塞特公爵还要求他的大女儿安妮·西摩嫁给简·格雷14岁的舅舅——萨福克公爵亨利·布兰登（Henry Brandon），亨利·布兰登一直在国王身边接受教育。

　　简·格雷的继祖母凯瑟琳·萨福克直截了当地拒绝了萨默塞特公爵。正如她向萨默塞特公爵的秘书——她的朋友、格雷家族的亲戚威廉·塞西尔解释的那样，她不赞成童婚。她对他说："萨默塞特公爵将孩子们带到如此悲惨的境地，使他们不能按照自己的喜好来选择，我想象不到我们中的一人还能对另一人更冷酷无情。"[15]约翰·达德利被迫填补这一空缺，让他的长子莱尔勋爵娶安妮·西摩。萨默塞特公爵仍然希望争取简·格雷，但他的希望是徒劳的。多塞特侯爵准备对简·格雷的未来含糊其辞，并且他拒绝写下书面保证。他相信他比以往任何时候都更有能力为他心爱的女儿获取最终的珍宝。多塞特侯爵的一位瑞士委托人约翰·乌尔默（John

Ulmer）写信给苏黎世教会的首席牧师海因里希·布林格（Heinrich
Bullinger），概述了多塞特侯爵在推动宗教改革方面所起的作用，
特别提到他对简·格雷的教育有多么小心翼翼。他说，多塞特侯爵
让"天主教徒震惊、害怕"，而简·格雷则是"无以言表的虔诚、
才华横溢"的人，她将成为一位虔诚国王的虔诚王后，他们会统
治多塞特侯爵打算帮助建立的"新耶路撒冷"。[16]

第七章

愤怒的简·格雷

1550 年夏末，伊丽莎白公主的前家庭教师罗杰·阿斯卡姆在前往查理五世的宫廷担任英国大使的途中到访了布拉德盖特庄园。他此次到访主要是为了向他的妻子爱丽丝和阿斯特利夫妇告别。阿斯特利夫人是伊丽莎白的前任家庭教师，自从休德利男爵被捕、伊丽莎白公主的家解体以来，阿斯特利夫妇都住在布拉德盖特庄园。罗杰·阿斯卡姆也希望能见到简·格雷，感谢她给他的新雇主寄去推荐信。简·格雷受教育的主要目的是学会在公众前表现得体，这封信表明她已经在扮演一个大恩主的角色。然而，正如罗杰·阿斯卡姆发现的那样，13 岁的简·格雷正承受巨大的压力。

父母期望简·格雷在所有方面都能出类拔萃，包括舞蹈、希腊语、礼仪和哲学方面，但服从的义务是她最难领会的一课。她未来的外甥菲利普·西德尼（Philip Sidney）会对自己的儿子说："除非你把自己塑造成服从的样子，是的，并从自己身上感受到什么是服从，否则你永远无法教别人如何服从你。"[1] 然而，这一课教得越狠，简·格雷越反抗，她开始躲避父母的陪伴。罗杰·阿斯卡姆到达庄园时，他得知格雷全家都在猎苑里打猎，只有简·格雷选择留下来。他发现她独自一人在房间里，看上去"年轻可爱"。她刚刚读完柏拉图的著作《斐多》（Phaedo），这本书描写了苏格拉底面对

67

死亡时表现出的勇气。"当我走到人生的尽头时,"苏格拉底准备从刽子手那里接过毒药时说,"我将得到我一生所追求的东西。"[2]许多年纪小的学生对希腊语感到困惑,也许还对灵魂不朽的论点感到困惑。但令罗杰·阿斯卡姆吃惊的是,简·格雷读这本书时,显然"像绅士们读乔万尼·薄伽丘①(Giovanni Boccaccio)的快乐故事一样高兴"。

罗杰·阿斯卡姆和简·格雷聊了一会儿,然后鼓起勇气问她为什么要读柏拉图的作品,而不是和其他人一样在猎苑里打猎。简·格雷笑了笑,回答道:"他们在猎苑里狩猎的乐趣与我读柏拉图的作品所得到的乐趣相比微不足道!唉!善良的人们,他们不知道真正的快乐意味着什么。"罗杰·阿斯卡姆没有注意到这个无所不知的少女的真实想法,他很高兴发现一个年轻女子如此热爱哲学,他想知道是什么吸引了她,"看见为数不多的女人和极个别男人因此有所成就"。然而,简·格雷抓住机会抨击父母,她认为自己受到了父母错误的摆布。

　　我要说一个你们也许会震惊的事实。上帝给我最大的好处之一就是,他赐予我如此聪敏、严厉的父母和如此温柔的老师。因为当我在父亲或母亲面前时,无论我说话还是沉默,坐着、站着还是走着,吃着还是喝着,高兴还是悲伤,做针线活、玩耍、跳舞还是做其他事,我都必须一板一眼地做,甚至像上帝创造世界那样完美地做事,否则我就会受到刻薄的嘲笑和残酷的威胁。是的,现在,我有几次胡乱地用钳子、夹子、钩子和其他工具,使自己感觉身在地狱。直到有一天,我必须

---

① 乔万尼·薄伽丘是一位启迪了乔叟的意大利作家,因爱情故事集知名。

去找约翰·艾尔默先生，他如此温柔、和蔼地教我，让我对学 68
习着迷。我和他在一起的时候什么都不想。有人来唤我回去的
时候，我会落泪，因为除学习之外，我在做其他事时很忧愁、
恐惧，并且我全然不喜欢它们。因此，看书一直是我最大的乐
趣，阅读带给我越来越多想象不到的乐趣。而事实上，其他的
乐趣对我来说只是琐事和麻烦。[3]

　　几年后，罗杰·阿斯卡姆在他的回忆录《教师》（*The Schoolmaster*）
中记录了这段对话，并以此来支持自己的论点，即如果老师对学生
友善，学生会做得更好。然而，这段文字自那以后就被滥用，证明
简·格雷的父母，尤其是弗朗西丝有多残忍，与约翰·艾尔默的善
良形成鲜明对比。简·格雷和许多同龄的女孩一样，可能更喜欢书
的世界，而不是被迫与难以满足的成年人交往。和蔼可亲的约翰·
艾尔默和强势的父母从来都不是准确的形象，而且后来人们利用这
些形象的方式肯定会让罗杰·阿斯卡姆大吃一惊。尤其是后来诽谤
弗朗西丝的理由是可耻的。如果简·格雷代表散发灿烂光芒的无助
女性，那么自 18 世纪以来，弗朗西丝则一直被当作罩在这片光芒
之上的阴影。在这些虚构的故事中，简·格雷是被虐待的小女孩，
而弗朗西丝成了女性邪恶力量的原型——强大、霸道和残忍。传说
弗朗西丝是名嗜血女猎手，这仅仅是因为简·格雷在读书的时候，
弗朗西丝和家里的其他人在猎苑。在特雷弗·纳恩（Trevor Nunn）
1985 年执导的电影《简小姐》（*Lady Jane*）中，弗朗西丝在雪地屠
宰一头鹿的场景就是从这件事中得到的灵感。影片的开头就确立了
她的形象：她是简·格雷这位"白雪公主"的邪恶"母后"，残忍
地毁灭无辜的人。
　　罗杰·阿斯卡姆在来访几个月后给简·格雷写了一封信，与他

后来的回忆相比，这封信更准确地反映了他当时的感受，随后发生的事和提升教学论的愿望使他的回忆更为深刻。罗杰·阿斯卡姆认为简·格雷很了不起，这在信中显而易见。他告诉她，在所有的游历中，他还没有遇到任何比简·格雷更令自己敬佩的人，他只希望凯瑟琳·格雷有一天能追上她姐姐，那时 10 岁的凯瑟琳·格雷刚开始学习希腊语。然而，对于她的父母，他只说了几句好话。他说，他们为她的成就感到高兴。多塞特侯爵寄所有的希望于简·格雷，贵族通常只对儿子这样。而在 16 世纪，这必然意味着一种严厉甚至苛刻的教育。

简·格雷最喜欢的作家柏拉图说，孩子是为国家而生，而不是为自己而生的，尤其是当他们注定身居高位时。他的这番言论备受关注。简·格雷当然很痛苦，但她忍受的只是很多上层人士的子女应达到的标准的要求，注定成为英格兰未来领袖的年轻人都是如此。深受母亲喜爱的布兰登兄弟如果没有接受强制的精神食粮，甚至都不能吃午饭。在坐下来吃饭之前，男孩们被要求阅读希腊语的文章。然后，在吃肉的时候，他们要用拉丁语争论哲学和神性问题。吃完饭后，他们必须翻译饭前读过的希腊语文章。简·格雷对这样的要求感到恼火，但据说"温柔"的约翰·艾尔默完全同意简·格雷父母的意见，认为她需要纪律来约束其茁壮成长。正如他所说，简·格雷"到了喜剧诗人认为自以为是的年龄"。他还向显赫的神学家请教，如果要让这样活泼的女孩"悬崖勒马"，怎样做才最好。[4]

在同一时代，通过流亡的瑞士神学家约翰·乌尔默写给苏黎世牧师海因里希·布林格的信，我们对这个住在布拉德盖特庄园的家庭有了更深入的了解。虽然约翰·乌尔默钦佩多塞特侯爵，并得到他的经济支持，但在这些书信中，多塞特侯爵的极度虚荣跃然纸上。他总是向博学的人炫耀他那"雄辩"的拉丁语，"与他们相互比较学业"。其中包括在剑桥接受过教育的牧师詹姆斯·哈登（James Haddon）和传教士约翰·沃洛克（John Wullocke），后者后来在苏格兰宗教改革中发挥了主导作用。简·格雷的现代传记作家经常把弗朗西丝描写成在婚姻中占支配地位的一方，而多塞特侯爵对王室关系的痴迷也异乎寻常。"他告诉我他有王公的爵位"，约翰·乌尔默向海因里希·布林格吐露，并补充说，尽管多塞特侯爵不希望在公开场合被这样称呼，但他私下里对这个称呼心满意足。约翰·乌尔默敦促海因里希·布林格献上即将出版的神学著作来奉承多塞特侯爵，该著作是他关于基督教完美性的布道书——第五版的《十年》（Decades）。尽管弗朗西丝作为亨利七世的外孙女地位显赫，但约翰·乌尔默忽略了她，继续说海因里希·布林格也应该把简·格雷培养成伟大"王公"的继承人。

　　1550 年秋天，在约翰·乌尔默等待海因里希·布林格承诺的第五版《十年》之际，他把这位牧师关于基督教婚姻的一部分论文从德语翻译成拉丁语，并把该译文送给了简·格雷。简·格雷的反应很热情，她把它们译成希腊语，在 1551 年的新年把希腊语译文送给她的父亲。"考虑到这位年轻女士的家庭，我认为没有人比她更值得尊敬。"约翰·乌尔默若有所思地说，"或者，考虑到她的年龄，没有人比她更博学；或者，考虑到她的家庭，没有人比她更幸福。"[5]

　　正是在 1551 年 4 月底或 5 月初，海因里希·布林格关于基督教完美性的第五版《十年》终于在英格兰问世。正如他承诺的那样，他在献词中写道："献给最杰出的王公，多塞特侯爵哈里·格雷……有力地维护真正的虔诚信仰。"[6] 那时，多塞特侯爵去了位于与苏格兰不交界的稳定的贝里克郡，他曾在那里短暂地担任过三军典狱长。但是，约翰·乌尔默紧随其后。他对海因里希·布林格说，多塞特侯爵带着许多传教士和 300 名骑兵到了北方，在维持该地区秩序的同时传播上帝的旨意。约翰·乌尔默把《十年》交给多塞特侯爵，然后去了布拉德盖特庄园，在那里，简·格雷收到了一封"最有分量、最雄辩的书信"，还有另一本《十年》。

约翰·乌尔默于 1551 年 5 月 29 日抵达莱斯特郡，在接下来的两天里"与我雇主的女儿简·格雷，以及杰出的圣人约翰·艾尔默和詹姆斯·哈登（牧师）相处得非常愉快"。凯瑟琳·格雷和玛丽·格雷好像在别的地方，她们的母亲也是。从北部的坎伯兰郡到西南部的德文郡，再到东部的埃塞克斯郡，这家人都有房产，他们可以去其中任意一处房产短期停留，和朋友们在一起，或者成为当地城镇的客人。城镇居民甚至给现在 6 岁的玛丽·格雷送礼物以博得她的好感。管家在当年莱斯特郡的账目中记下为玛丽·格雷"一加仑半的酒、豌豆和苹果"支付了"4 先令 4 便士"，尽管这些酒肯定是给别人的。[7]

在布拉德盖特庄园，约翰·乌尔默发现刚满 14 岁的简·格雷急于炫耀自己的语言能力，给他看了一封她用希腊语写给海因里希·布林格的信。这封信符合从希腊演说中学习到的书信正式风格的所有要求，约翰·乌尔默对这封信印象深刻。在接下来的两年内，简·格雷还给海因里希·布林格写了几封信，这些信类似于著名的瓦卢瓦王朝的玛格丽特——已故的纳瓦拉王后与她的精神导师米奥主教布里孔内之间的通信。纳瓦拉王后于 1549 年去世，她因聪明才智和虔诚而备受敬仰，她是像简·格雷这样的都铎王朝贵族小姐的完美典范。尽管简·格雷的书信在学术上给人留下了深刻的印象，但信中高雅风格的自谦和大量词汇让现代读者不舒服。"我希望您能原谅我身上超乎寻常的女性胆识，因为我是个无知少女，所以我想写信给一位学识渊博的人。"简·格雷在给海因里希·布林格的一封信中写道，"请原谅我的粗鲁无礼，我毫不犹豫地用琐碎小事和幼稚的书信打断了您更重要的工作。"[8]然而，令人高兴的是，人们有时发现这个年轻女孩废话连篇。

在简·格雷的第一封信中，她对海因里希·布林格能抽出时间"在日渐衰弱的年纪，从这么遥远的国家写信给我"表示惊讶。海因里希·布林格还不到47岁，但简·格雷觉得他已经很老了。她很感激他的"教导和告诫，特别是在适合我的年龄、性别和家庭尊严的问题上"。简·格雷抱怨，她错过了斯特拉斯堡改革家马丁·布瑟（Martin Bucer）曾经给她的建议，马丁·布瑟已于1551年2月去世。这种宗教流亡者是英格兰激进思想的主要来源，简·格雷的父亲和他的朋友北安普顿侯爵威廉·帕尔是他们在枢密院的主要赞助人。简·格雷向海因里希·布林格保证，她每天都在读《十年》，"采集最美丽的花园中最甜美的花朵"。[9]其中有海因里希·布林格献给她父亲的评论，论述用希伯来语读《旧约》和用希腊语读《新约》的重要性。她说，她正在学习希伯来语，并问海因里希·布林格"是否能提供一些方法和途径，使这项研究发挥最大优势"。[10]

约翰·乌尔默确信海因里希·布林格会对简·格雷那封"很有学问的信"印象深刻，但他在布拉德盖特庄园也听到了一些有趣的流言蜚语，并把这些流言蜚语传了出去。"有重要人物开始说这个出身高贵的少女将与国王订婚，这一传闻广为流传。"[11]这一传闻非同寻常。那时，北安普顿侯爵威廉·帕尔正在法国担任外交使团团长，奉命安排爱德华与法兰西国王亨利二世的女儿伊丽莎白正式订婚。然而，约翰·乌尔默不断向欧洲的其他朋友传达他在布拉德盖特庄园里得知的消息。

约翰·乌尔默不确定海因里希·布林格是否有时间来监督简·格雷学习希伯来语，而他急切地希望简·格雷的语言技能由一个深谙瑞士神学的人来培养，于是写信给苏黎世一位名叫康拉德·佩利坎（Conrad Pellican）的教授，请他帮忙教简·格雷希伯来语。作为激励，他告诉康拉德·佩利坎，他听说简·格雷未来要嫁给爱德华国王，并对简·格雷迄今为止"不可思议的"成就赞不绝口。他指出，其中包括"用希腊语和拉丁语适当地说话和辩论"。[12]

简·格雷似乎正在接受修辞学的训练，把掌握语言作为说服、教化和指导的手段。在这个领域，像她这样思维活跃的人很可能会出类拔萃。但是，只有对准备扮演重要角色的女性来说，比如国王的妻子，修辞学的训练才是适合的。"噢！如果这件事真的发生了，这对夫妻将会多么幸福，这种结合将对教会非常有益！"约翰·乌尔默感叹道。[13]然而，他承认，他担心正在布拉德盖特庄园接受磨炼的杰出宗教领袖可能会被"时代的灾难"击垮。人们正在承受诺森伯兰郡通货紧缩政策导致的经济后果，那年夏天莱斯特郡再次发生大规模骚乱。然而，以最痛苦的方式提醒人们命运有多么残酷的不是骚乱，而是 7 月出现的一种被称为"出汗热"的神秘疾病，它席卷英格兰。这种流行病突然到来并迅速消失，16 世纪之后完全消失。但是，在持续发展的过程中，它以可怕的速度传播并导致大量人口死亡。

爱德华在日记中记录道："出汗热"于 7 月 9 日在伦敦出现，并立即被证实比他记忆中的任何流行病都更加严重。如果有人感到寒冷，"他会在 3 小时内死去，如果他侥幸没死，他会活 9 小时，最多10 小时"。7 月 10 日，伦敦有 70 人死亡。7 月 11 日，国王宣布："有 120 人，包括我的一个男仆，还有另一个马夫生病去世了。"[14]在莱斯特郡，布拉德盖特庄园的邻居克伦威尔勋爵染病，14 日清晨，格雷家族也有人染病。那天早上，凯瑟琳・萨福克的两个儿子亨利和查尔斯惊醒，他们的房间位于林肯主教之前住的巴克登宫。兄弟俩很快就打起寒战，被头痛以及肩膀、脖子和四肢的疼痛所困扰，这是疾病的最初症状。不到 3 个小时，他们的身体就不冷了，但体温急剧上升。然后，他们开始出汗。

　　凯瑟琳・萨福克从林肯郡的格里姆索普庄园立刻赶到孩子们的床边，他们的脉搏剧烈跳动，并且一种强烈的口渴感袭来。但是，他们最后筋疲力尽，昏昏欲睡。哥哥萨福克公爵亨利在他们的母亲到达时已经死了，小查尔斯在 7 月 15 日早上 7 点前也断气了，失去两个儿子对凯瑟琳・萨福克来说是毁灭性的打击。当时亨利才15 岁，"肚子圆鼓鼓的，有些害羞"；查尔斯 "年纪也不大，长得也不那么严肃，他兴高采烈、思维敏捷，而不是忧心忡忡、循规蹈矩"。[15]她独自坐在暗处，拒绝进食。两个孩子的老师托马斯・威尔逊（Thomas Wilson）看到他的女主人为此消瘦而感到担心："你如此心烦意乱、郁郁寡欢……憎恶一切喜乐，沉浸在忧愁之中，（你）诚心祈求，神的旨意最终能让你平静。"他恳求她 "在逆境中坚强起来"。[16]

　　凯瑟琳・萨福克的朋友、林肯郡的威廉・塞西尔也写信安慰她。她在给他的回信中凄惨地写道：迄今为止，她生命中没有任何东西使她像这样意识到上帝的力量。她肯定她正在为自己的罪行受惩罚。传教士休・拉蒂默甚至告诉她是哪一种罪行——她贪婪地圈地、掠夺穷人的食物。她告诉威廉・塞西尔，她不想见任何人。虽然她确信她的孩子们与上帝同在，并且知道自己应该高兴，但她发现她不能。在格里姆索普庄园，她保存着他们的衣服和物品：带紫貂毛的黑色天鹅绒长袍、时髦的深红色紧身裤、网球拍和他们在练习马上长矛比武时用到的圆环。整个福音派精英阶层都能感受到她

74

的悲恸和沮丧。她的儿子们是这一代最有前途的人。杰出的拉丁语学家沃尔特·哈登（Walter Haddon）是布拉德盖特牧师詹姆斯·哈登的兄弟，他为那两个男孩写了一篇悼词；国王的老师约翰·切克爵士写了一篇墓志铭；托马斯·威尔逊则写了一部散文传记和几首拉丁语的诗，其中有一卷是献给多塞特侯爵的。[17] 简·格雷是一位虔诚的领袖，为她那一代人树立了榜样，她现在比以往任何时候都重要。

第八章

简·格雷和玛丽公主

　　玛丽公主的比尤利宫里有一座小教堂，就在大厅对面的院子里。小教堂的布局独特，西端的一个大门厅与教堂的主体部分呈直角。简·格雷经过门厅时，她因注意到祭坛上金色的圣物盒里装着一块神圣的祭饼而愤怒。在天主教信仰中，祭饼代表耶稣的身体，但对简·格雷来说，这种尊敬是对一块未经发酵的面饼的"偶像崇拜"。当玛丽公主的仆人安妮·沃顿（Anne Wharton）走到她身边，单膝跪地画十字时，简·格雷讽刺地问："玛丽小姐在不在?"安妮·沃顿刻薄地答道，她已经向"造物主"行了屈膝礼。简·格雷反驳说："为什么?'他'是面包师造出来的，怎么就成了所有人的'造物主'?"[1]

　　安妮·沃顿把她和简·格雷的这次交谈报告给了玛丽公主，据殉道者约翰·福克斯说，玛丽公主"从此再也不喜欢简·格雷了"。没有证据能表明这一点，并且玛丽公主后来表现出对简·格雷的两个妹妹的喜爱，尤其是对亲切随和的凯瑟琳·格雷的喜爱。但是玛丽公主有充分的理由对简·格雷在她家里侮辱自己的宗教信仰感到愤怒和担忧。相关记录显示，格雷姐妹于1549年11月最后一次拜访比尤利宫，玛丽公主已经猜到，护国公的倒台仅仅意味着她不幸的开始。1550年3月，即英格兰与法国签订和平条约6个月

76

后，英格兰的当权者不再惧怕玛丽公主的庇护者查理五世，并且变得越来越激进。简·格雷的父亲多塞特侯爵提倡的宗教改革，在一个世纪后的清教徒联邦成立之前，是英格兰最极端的变革。音乐正从教堂中消失；艺术也同样遭到攻击，坟墓以及为死者祷告的讲道词被毁。一位来自欧洲的游客惊恐万状地描述了英国教堂的新面貌："没有浮雕图像，没有图画，没有十字架，也没有高出地面的坟墓……代替祭坛的是一张桌子，上面有桌布但没有蜡烛。"教堂的白色墙壁上写着《圣经》中的段落，"在中间可以看到国王的纹章"。在牛津大学，大学图书馆里的几乎所有书都被焚毁。[2]与此同时，玛丽公主发现她在自己的小教堂里做弥撒的权利也被限制。

多塞特侯爵最亲密的政治盟友北安普顿侯爵威廉·帕尔在枢密院中引导反对玛丽公主的言论，人们在这一点上已经达成共识，认为"她一个人就享受了相当于两三个女人的特别优待"。罗杰·阿斯卡姆形容北安普顿侯爵"帅气、见识广、严厉、有男子气概"，并且北安普顿侯爵与多塞特侯爵志同道合。北安普顿侯爵是一位老练的朝臣，曾与多塞特侯爵一起在已故的里士满公爵家中受过教育，他与多塞特侯爵一样热衷于狩猎、学习，尤其是热衷于宗教改革。这一时期的原始资料显示，两位侯爵关系紧密，就像孪生兄弟，他们总是一起支持国王，玛丽公主知道爱德华与简·格雷一样，已经成为狂热的福音派教徒。爱德华在布道时的公开记录，以及他当时在新主教的宣誓中对圣徒的提及，都表明了他对新教的热情。玛丽公主肯定害怕爱德华会像简·格雷那样在适当的时候攻击她在自己家里的信仰。

1550年的圣诞节，枢密院已经下令逮捕玛丽公主的牧师们，因为他们在玛丽公主不在的时候做弥撒。但是，当玛丽公主去爱德华家参加季节性的庆祝活动时，更糟糕的事情发生了。她对13岁的弟弟热情问候，却遭受她之前担心会受到的攻击。爱德华盘问他的姐姐是否在自己的小教堂里公开做弥撒，多塞特侯爵和北安普顿侯爵在一旁见证了她蒙羞的过程。在他的攻击下，她哭了，令两位侯爵尴尬的是，爱德华大为震惊，也哭了。他们以最快的速度结束了会议，确认"已经说得够多了……国王除了求知万物以外，没有别的心思"，[3]但这件事还没有结束。

　　玛丽公主的家吸引着持不同政见的天主教徒。她主持的弥撒在宫廷和她居住的地区吸引了重要的追随者，而即使是"王国里最显赫的贵族也是她的追随者，他们让自己的女儿为她服务"，其中包括爱德华的玩伴简·多默的家人。[4]这是一个需要解决的问题，爱德华接着上次与玛丽公主的谈话，给她写了一封信，要求她遵守他的宗教法律。[5]尽管流下了眼泪，但他还是没有松口。玛丽公主争辩说，他还不到推翻父亲定的宗教协议的年龄。玛丽公主仍坚持做弥撒，甚至"更加大张旗鼓地"举行额外的仪式。[6]但在1551年3月，这位年轻的国王告诉玛丽公主，他已经忍受她的固执够久了，此后，她只能在自己的私人住所里做弥撒。[7]如果她坚持在小教堂里做弥撒，她会为此付出代价。

　　1551年复活节，玛丽公主的几位朋友在她家做弥撒时被捕。7月，她担心自己将被监禁甚至被谋杀，于是考虑逃往国外。最后她决定留下来，这是她的责任。1551年8月，布兰登兄弟死后的一个月，格雷姐妹都在布拉德盖特庄园，事情到了紧要关头。玛丽公主的3个仆人奉命到比尤利宫，禁止家里其他人做弥撒。玛丽公主家中的其他人拒绝了，并因藐视法律而被监禁。枢密院派自己人执行国王的命令。他们带着爱德华的信在早上升温的时候到达。玛丽公主跪下接过信，象征性地服从国王的意愿。当这些信被交给她时，她吻了信封，说："我不听从陛下的命令，而听从你们（他的枢密院成员）的命令。"只有她的惊呼打破了她读信时的沉默："啊！善良的塞西尔先生在这里费了很大的劲！"威廉·塞西尔是凯瑟琳·萨福克的朋友，在萨默塞特公爵倒台后幸免于难，成为大臣。这些人离开后，玛丽公主就开始惊慌失措，透过窗户大喊他们的行为让他们的灵魂陷入危险之中。然而，她知道自己输了这场斗争。她承认，如果枢密院逮捕了她的牧师，他们就不能做弥撒，她也听不到弥撒。然而，她警告她的弟弟，在参与《公祷书》仪式之前，她"会把头放在刑场的垫头木上，接受死亡"。[8]

神圣罗马帝国大使杰汉·舍伊夫（Jehan Scheyfve）为玛丽公主的遭遇进行申诉，但毫无作用。约翰·达德利坚称这是国王的意志，爱德华下的命令极有分量，好像他已经40岁了。然而，北安普顿侯爵再次发表了对玛丽公主最具攻击性的评论。他质疑大使称呼她为"英格兰公主"的正当性，坚持只称呼她为国王的姐姐。这对玛丽公主作为爱德华继承人的王位继承权产生了显著影响。这在1551年秋天是一个特别令人关注的问题。爱德华在夏天患了一种神秘的疾病后，脸色苍白、身形消瘦，当时他仍在康复中。然而，人们对玛丽公主的攻击突然开始停止。她仍然不被允许在私人公寓外听弥撒，但约翰·达德利一向谨慎，不愿意冒险进一步激怒她在欧洲大陆的表亲——哈布斯堡家族成员。皇帝的妹妹——匈牙利的玛丽（Mary of Hungary）威胁要入侵英国，把爱德华从"邪恶的当权者"手中解救出来，而玛丽公主的屈辱遭遇也激发了英格兰民众对她的支持。此外，约翰·达德利还发现，萨默塞特公爵希望利用这一点，并与保守派密谋将约翰·达德利和他的激进福音派"成员"一起打倒。

约翰·达德利仔细谋划了如何让萨默塞特公爵走向毁灭。他从国王的一个十几岁的朋友斯特伦奇（Strange）勋爵那里得知，萨默塞特公爵曾要求斯特伦奇勋爵向国王推荐公爵的女儿简·西摩，让国王喜欢她，并告诉爱德华她会是一位多么合适的新娘。简·西摩当时年仅9岁，但是受过高水平教育，已经表现出早熟的聪慧。她和她的姐妹在巴黎出版了130首拉丁颂歌，一起庆祝法国和平条约的签署，这些颂歌是为1549年去世的纳瓦拉王后创作的。有一天，简·西摩会成为凯瑟琳·格雷最亲密的朋友。但在1551年，萨默塞特公爵的野心威胁到了多塞特侯爵对自己女儿的期望。然而，这些都不构成叛国罪，所以约翰·达德利需要以其他死罪逮捕萨默塞特公爵。很快，约翰·达德利指控萨默塞特公爵计划邀请自己和北安普顿侯爵参加一场"鸿门宴"，准备"砍掉他们的头"。[9]

爱德华在10月的第二个星期被告知这场涉嫌谋杀的阴谋。同时，约翰·达德利和他的盟友也得到了晋升：多塞特侯爵成为萨福克公爵，这个爵位随着布兰登兄弟的不幸去世而被搁置；约翰·达德利被封为诺森伯兰公爵；[10]北安普顿侯爵的妹夫威廉·赫伯特爵士成为彭布罗克伯爵；而威廉·塞西尔被封为爵士。5天后，爱德华看到他的舅舅萨默塞特公爵"独自一人"来到白厅宫的宫殿，"比他预想的晚一些"。他在日记里光明正大地写道："晚饭后他被捕了。"萨默塞特公爵的盟友被毫不费力地围捕了。"托马斯·帕尔默（Thomas Palmer）爵士被带到露台上。哈蒙德（Hammond）经过副内侍的门口时，被约翰·皮尔斯（John Piers）邀请参加一场射击比赛，因而被带走。同样，约翰·西摩（John Seymour）和戴维·西摩（Davey Seymour）也被带走了。"在一个平常的日子里，无关紧要的例行公事就毁了他们：一场射击比赛的邀请或者在傍晚散步时的一次邂逅。

正是哈里·格雷——国王现在称之为多塞特侯爵——签署了将萨默塞特公爵送进伦敦塔的命令。这巧妙地报复了护国公安排他女

80 儿婚姻的竞争野心。第二天，萨默塞特公爵夫人同她丈夫一起被关进伦敦塔。他所有的麻烦都是因为她。萨默塞特公爵夫人既骄傲又美丽，从来都不受欢迎，谴责她是有用处的。这有助于解释那个曾帮助将福音派宗教引入英格兰的人是如何陷入邪恶的，即使第一个人——亚当被夏娃诱惑而犯罪，也会被人记住。玛丽公主被剥夺做弥撒的权利后，苏格兰太后吉斯家族的玛丽（Mary of Guise）于1551 年 11 月邀请她参加欢迎会，这是她恢复在宫中权力的最初迹象，但她拒绝了。1551 年 11 月 4 日，弗朗西丝取而代之，坐在太后的左边，而爱德华坐在太后的右边，3 人共用一块华盖。正如爱德华在日记中所记载的，简·格雷也在那里。除了凯瑟琳·帕尔的葬礼，这是我们知道的简·格雷第一次出席公众接待会。

简·格雷与其他 100 多位淑女和绅士一起骑马，护送苏格兰太后穿过伦敦，到达威斯敏斯特宫。在随后的盛宴上，她和其他宫廷侍女一起坐在太后的大殿里，享用 3 道美味佳肴。宫廷女性都穿着华服，戴着珠宝，"像孔雀一样"，她们把头发弄得蓬松，以示对苏格兰风格的赞美。伊丽莎白公主和她同父异母的姐姐玛丽公主都不见踪影，但伊丽莎白公主在那一周早些时候见过太后，并给她留下了难忘的印象。大多数客人身着华服，将"长直发扭成卷发，甚至把卷发再卷一道"披在肩头。而"伊丽莎白公主的发型一点也没变，但她保留了少女般的羞涩，这令其他人有些无地自容"。[11]

国王的政治事务导师威廉·托马斯（William Thomas）向他的主人介绍了一项工作，即提倡女性穿着端庄的服装。伊丽莎白公主与休德利男爵的关系导致伊丽莎白的名声受损，但她作为引领福音派的公主，巧妙地抢走了简·格雷的风头。不过，简·格雷的父亲和她的导师约翰·艾尔默也同样坚定地让这个小女孩迅速以伊丽莎白公主为榜样。就在圣诞节前，一些信件从格雷家族位于南沃克的
81

萨福克庄园的新家中寄出，这栋富丽堂皇的房子是弗朗西丝从布兰登兄弟那里继承的。这些信是寄给苏黎世教堂的牧师海因里希·布林格的。简·格雷的父亲恳求海因里希·布林格继续以谦恭有礼的方式指导简·格雷，并"尽可能频繁地"写信给她。[12]约翰·艾尔默随后写信特别要求海因里希·布林格"在你的下一封信中，告诉我的学生，一个虔诚的年轻女子应该如何装扮自己"。他指出，尽管伊丽莎白公主以身作则，而且传教士们反对时髦、华丽的服饰，但在宫廷里"没有人能真正抵抗诱惑并且抛开金银首饰和风鬟雾鬓，更别提只在一旁羡慕他人了"。然而，如果海因里希·布林格直接和简·格雷说这个问题，他相信"通过你的影响，简·格雷很可能会加入高尚的人的行列"。①

约翰·艾尔默不必替简·格雷这么着急。教育上的巨大投入已经把她塑造成一个最坚定的福音派教徒，而且总有人提醒她虚荣心是没用的。在每条去往白厅宫的驳船上，简·格雷都会经过西摩庄园，凯瑟琳·帕尔和她那胸怀远大的丈夫曾在那里度过许多夜晚。旁边是萨默塞特公爵庄园，这是前护国公一直在建造的具有文艺复兴风格的庄园，虽然他等不到竣工的那一天了。1551 年 12 月，萨默塞特公爵因莫须有的谋杀阴谋接受审判并被判处死刑，新任萨福克公爵（哈里·格雷）和诺森伯兰公爵（约翰·达德利）是审判他的法官。许多福音派教徒很震惊，这个把"真正的宗教"引入英格兰的人竟然因为谋杀未遂而被判死刑。哈里·格雷向瑞士人约翰·乌尔默保证，国王很想赦免他的舅舅，并声称诺森伯兰公爵也希望如此。但是，尽管坎特伯雷大主教托马斯·克兰麦恳求诺森伯兰公爵宽恕萨默塞特公爵，但枢密院院长最关心的是执行判决，尽

82

---

① 简·格雷可能和纳瓦拉王后一样，在冥想过程中，引用导师信中的话。

量减少干扰。

爱德华是一个和善的孩子，他曾安慰输了牌的朋友，现在却要扮演处死另一个舅舅的刽子手的角色。但首先，格林尼治按计划准备圣诞季，这分散了人们对未来严峻形势的注意力。国王不在的时候，皇宫巨大的公共空间就像光秃秃的舞台，几个星期以来，木匠、画家、泥瓦匠和细木工都在工作。他们在公共空间里添置了家具和挂毯，还带来了银盘以及其他必要的器具，以"装饰房子和宴会"。[13]圣诞节到来时，宫廷里有戏剧、假面舞会、骑士比武等活动。这些活动由一位宫廷庆典总管统筹。异教徒的生存权被赋予了一个统治着颠倒世界的朝臣，即使死刑犯也可以获得假释——确实如此。1552 年 1 月，宫廷庆典总管出席了齐普赛街断头台上的一项活动，对着一大桶葡萄酒一刀砍下。看着鲜红的酒流淌出来，众人欢呼雀跃，而不是惶恐不安。[14]然而，在萨福克庄园，年轻人喜欢为期 12 天的庆祝活动。在活动中，格雷姐妹表现得更加坚定和优雅。

家庭牧师詹姆斯·哈登向海因里希·布林格抱怨，英格兰的百姓坚持"在各种各样的哑剧和恶作剧中自娱自乐"。但是，他沾沾自喜地说，"我居住的家"并非如此。[15]很明显，他家已经崇尚节俭，这种风格与 17 世纪的清教相关。约翰·艾尔默不赞成在家和教堂里演奏音乐，因而格雷姐妹演奏或听音乐的时间也受到限制。凯瑟琳·格雷和玛丽·格雷丧失了接受音乐熏陶的机会，后来对音乐没有表现出很大的兴趣。然而，詹姆斯·哈登和约翰·艾尔默在虔诚期望上存在一些分歧，贵族们享受的精致生活反映了他们的地位。在詹姆斯·哈登的坚持下，萨福克庄园的仆人被禁止打牌，但弗朗西丝和她的丈夫继续在他们的私人住所里打牌，而且是为了赢钱。

　　詹姆斯·哈登把雇主的不良行为归因为"习惯的力量"。他曾 **83**
希望为这家人进行一次布道，指出他们的缺点，让他们感到羞耻继
而做出改变，但这家人对此漠不关心。就连虔诚的爱德华国王也喜
欢赌博，詹姆斯·哈登承认公爵和公爵夫人曾对他说他"太严格
了"。詹姆斯·哈登对海因里希·布林格抱怨，说服朝臣们"控制
并批评自己"是很难的。[16]11 岁的凯瑟琳·格雷在任何事情上都没
有表现出想要模仿伊丽莎白公主的迹象，人们一定特别担心她。但
是简·格雷在一定程度上减轻了詹姆斯·哈登的沮丧，约翰·艾尔
默建议她模仿伊丽莎白公主朴素的穿衣风格，她对此做出了热情的
回应。在这个过程中，简·格雷还故意疏远玛丽公主。约翰·艾尔
默后来回忆说，玛丽公主派了她的一位侍女给简·格雷送去一套精
美的服装，"这套服装由金丝绒的布料制成，上面点缀着金色的羊
皮纸花边"。新年是送这类礼物的传统节日。但是简·格雷看着那
件华丽的长袍，粗鲁地问道："我该拿它怎么办？""穿上它，结婚
吧。"那位侍女答道。简·格雷厉声说："不，听从玛丽公主并违
背上帝，而离开跟随上帝的伊丽莎白公主，那将是一种耻辱！"[17]约
翰·艾尔默对这件事感到很满意，并在伊丽莎白公主成为女王后将
其记录下来。

　　随着圣诞季的结束，伦敦人于 1552 年 1 月 22 日一早醒来发现
宵禁就要开始了，街上挤满了士兵。萨默塞特公爵就要在伦敦塔被
处死。时不时发生的闹剧会中断国家杀戮。同样，试图掩盖夺人性
命这一粗野行为的努力，也常常被闹剧打断。当萨默塞特公爵在刑
台上庄严地做最后一次演讲时，两个人骑着马赶到，鹅卵石噼啪作
响，打断了他的演讲。人群中有人喊道："赦免，赦免，上帝保佑
公爵！"人们把帽子抛向空中。但是，在人群里绝大多数人反应过
来之前，萨默塞特公爵就意识到骑兵是来见证处决的。他恳求人群

安静下来，这样他就可以安心赴死。还不到早上 8 点，他就把手帕蒙在眼睛上，他承认自己很害怕，当他把头靠在垫头木上时，脸颊突然变红，但他已经为死亡做好了准备。然而，刽子手并没有做好准备。萨默塞特公爵衬衫的领子遮住了他脖子的一部分。刽子手让萨默塞特公爵再次站起来，把领子卷一下。他照做了，斧头终于落下，砍得干净利落，一斧头就砍下了他的头。公爵的尸体随后被扔进一辆马车，送回伦敦塔安葬。[18]

　　萨默塞特公爵的 10 个孩子成了孤儿，其中有些还是婴儿。他们的母亲还在塔里，而父亲的财产被没收并归还给国王。12 岁的赫特福德伯爵曾试图在 1549 年拯救他的父亲，飞奔到威尔特郡请求帮助，捍卫护国权，但到头来还是失去了爵位和大部分遗产。很明显，爱德华·西摩受诺森伯兰公爵的长子沃里克伯爵的监护。沃里克伯爵和赫特福德伯爵的姐姐安妮结了婚，但她不能轻易安慰赫特福德伯爵。父亲行刑后，她的身体垮了。他的妹妹——9 岁的简·西摩小姐，在 5 月之前一直处于一种不安定的状态，萨默塞特公爵曾希望她嫁给国王。随后，她被安排由莱斯特郡的寡妇克伦威尔夫人照料，那里离布拉德盖特庄园不远，哈里·格雷可以密切关注她。与此同时，对萨默塞特公爵的皇家外甥来说，他相信舅舅的命运被掌握在上帝手中，自己只是上帝的工具，这也许能减轻他签署死刑令的痛苦和罪恶感。但后来有人想起他过去常常在房间里哭泣，同时代的另一个故事流传下来，暗示他有过情绪的波动。

　　1552 年，萨默塞特公爵被处决后不久，一个意大利人访问英格兰，在宫廷里目睹了一次发生在划船旅行期间的可怕事件。爱德华要求看那只最好的猎鹰，然后他下令活剥它的皮。人们按照国王的命令做了。然后，当爱德华看着这只鸟的可怕残骸时，他评论道："这只猎鹰比其他的猎鹰优秀得多，被剥光了皮，就像我，是王国中第一个被剥皮的。"[19]他母亲的家庭被残忍破坏，他一定感受到真切的孤独感。萨默塞特公爵的几个盟友也被处决，不过他的老朋友威廉·佩吉特爵士幸运得多，他曾在1548年圣诞夜的午夜奋笔疾书，警告萨默塞特公爵傲慢的愚蠢行为。他仅仅被指控欺诈，并被屈辱地剥夺了嘉德勋章，以示其父亲或母亲的一方没有高贵血统。现在只剩下诺森伯兰公爵手下那"一伙人"互相攻击了，而他们的孩子也被进一步推向了已然血淋淋的政治角斗场。

85

86

第二部分

女王和殉道者

——您真不愿意当女王？

——我不当，天下的金银财宝都给我，我也不当。

——威廉·莎士比亚的作品《亨利八世》，

第二幕第三场

第九章

垂死的国王

1552年5月，简·格雷满15岁，与她母亲订婚时的年龄相同，已经没有任何劲敌能阻挡她成为爱德华未来的新娘了。简·西摩是一个死刑犯的女儿。爱德华与亨利二世的女儿结婚的计划也在3月落空，当时他已经正式拒绝与查理五世结盟。此外，越来越多的人正在把简·格雷视作英格兰福音派的女领袖。诸如米开朗琪罗·弗洛里奥这样的人物也在追随简·格雷，他是伦敦第一位外来的教堂牧师，为宗教流亡者服务。简·格雷也像曾经的凯瑟琳·帕尔那样，受到虔诚的知识女性的尊敬和钦佩。[1]

大约在这个时候，有人用希腊语给简·格雷写了一封匿名信，写信的人应该是威廉·塞西尔的妻子米尔德里德·库克（Mildred Cooke），信中附有一份礼物。这是4世纪该撒利亚主教巴西流（Basil）的作品，塞西尔夫人曾翻译过它，现在人们把简·格雷与伟大的巴西流相提并论。信的开头这样写道："我最亲爱、最高贵的女士，巴西流在他的伟大出身、博学程度和神圣的热情方面胜过了与他同时代的所有主教。"然而，简·格雷和他旗鼓相当，"无论是考虑到您高贵的出身，还是您的学识和圣洁，您都是配得上的"。这本书的赠品只是"墨水和纸"，但对简·格雷来说，它们"比黄金和宝石更有价值"。[2]这句话一直留在简·格雷的脑海里。它提到了《旧约》中的一条格言，即智慧比红宝石更珍贵，这是她热切相信的真理。³简·格雷与海因里希·布林格保持定期通信，并给他的妻子送去礼物，包括手套和戒指。但她也在欧洲扩大自己的接触圈。简·格雷特别希望海因里希·布林格把她介绍给西奥多·比布兰德（Theodore Biblander），他翻译过《古兰经》，也是一位著名的希伯来语学者。后来有人说简·格雷甚至已经开始学阿拉伯语了。⁴

简·格雷希望她漂亮的妹妹凯瑟琳·格雷能跟随她的步调，不仅学习希腊语，而且足够虔诚。没有太多迹象表明凯瑟琳·格雷性情严肃，小玛丽·格雷还没有开始学习古典语言，但两人年纪都很小，人们对她们的未来寄予厚望。

与此同时，看着简·格雷继续自信地在公共舞台上迈步向前，她的父亲肯定希望不久后她成为王后的雄心壮志会实现。爱德华和简·格雷一样，成熟得很快。自 1551 年 8 月以来，国王一直在参加枢密院会议，大部分原因在于他已经过了 14 岁的生日。他已故的表兄——苏格兰的詹姆斯五世正是在这个年纪得到了多数人的支持。爱德华坚持他的命令不再需要由全体枢密院大臣共同签署。这种自信让爱德华执政时有把握面对这样的指控，即在他未成年的时候，改变民族宗教是非法的。当一本经过彻底修改的《公祷书》准备出版时，善辩者约翰·贝尔（John Bale）宣扬说，爱德华"不是一个可怜的孩子，而是明显具备王者智慧的所罗门王"。⁵这本书里的内容正符合哈里·格雷的心意。

在海因里希·布林格和其他瑞士改革家的强烈影响下，新的《公祷书》清除了 1549 年的所有折中政策，谴责弥撒的"寓言"，并提供新的殡葬服务，这种服务为"虔诚逝者"免除了所有的祷告。生者与死者之间的联系已经消除，这对中世纪宗教至关重要。

格雷姐妹的一个名叫罗伯特·斯金纳（Robert Skinner）的家庭牧师，也与威廉·塞西尔一起研究一项新的教义声明，其中有 42 条信仰条款，这将使英格兰教会的模式更接近瑞士模式。[6]尽管宗教革命仍在继续而且发展迅速，但教会内部的分歧越来越大。克兰麦大主教永远不会宽恕诺森伯兰公爵，因为他处死了"神圣的萨默塞特公爵"。这位主教还对哈里·格雷、北安普顿侯爵威廉·帕尔和诺森伯兰公爵领导的枢密院的日益激进行为感到担忧。克兰麦大主教拒绝新的《公祷书》中废除跪拜圣餐的做法，当枢密院授权在结尾增加一条准则时，克兰麦大主教非常愤怒，这条"黑色准则"解释说跪拜只能提升圣餐的尊严。

与此同时，精英阶层中的其他人有更多世俗的担忧。国王的金库是空的，有许多人嫉妒和害怕诺森伯兰公爵对爱德华的影响。诺森伯兰公爵以他对宗教改革的热情支持赢得了国王的信任，并与国王保持密切的关系。他已经树立了一个权威的形象，根据法国大使锡尔·德·博伊斯达普欣（Sieur de Boisdauphin）的说法，爱德华尊敬诺森伯兰公爵，好像他是公爵的臣民一样，反过来说并不如此。有时，甚至有人指责诺森伯兰公爵希望自己成为国王。只有一个人可能会成为诺森伯兰公爵的竞争对手，那就是与他同辈的军人兼政治家彭布罗克伯爵威廉·赫伯特，但这个威尔士人在宫廷里的地位似乎越来越不稳定。

彭布罗克伯爵从他与已故太后凯瑟琳·帕尔的妹妹安妮·帕尔的婚姻中获益匪浅。这使他成为爱德华大家庭中的一员，而诺森伯兰公爵仍然是个局外人。但是，当安妮·帕尔于 1552 年 2 月去世时，诺森伯兰公爵趁彭布罗克伯爵地位削弱，迅速采取行动。不到两个月，彭布罗克伯爵就被解除了御马官的职务，这使诺森伯兰公爵可以接近爱德华。取代彭布罗克伯爵的是诺森伯兰公爵的长

91　子——年轻的沃里克伯爵。有证据表明，彭布罗克伯爵打算通过让他的儿子亨利·赫伯特勋爵和凯瑟琳·格雷结婚来挽回自己的地位。他的妻子是弗朗西丝的老朋友，她们在凯瑟琳·帕尔王后内室里就十分要好，在安妮·帕尔死之前，双方可能已经讨论过甚至安排过订婚。[7]无论如何，诺森伯兰公爵下一步合乎逻辑的行动是找一个自己的皇亲国戚。

　　诺森伯兰公爵的 3 个年纪较大的孩子（都是儿子）结婚了，他的第 4 个儿子吉尔福德·达德利（Guildford Dudley）勋爵还没有结婚。后来，有传言说他是他母亲最爱的孩子，这是假的。[8]但吉尔福德·达德利是个 17 岁的英俊男子，高个子和金发是他的个人特点。在世家大族中，长子才是最重要的，其次是他的姐妹，父母给女孩们嫁妆，并期望她们有伟大的联姻，而家中的幼子则像"生在麦芽堆上的猫崽一样"，无足轻重。吉尔福德·达德利的哥哥——未来的莱斯特伯爵罗伯特·达德利（Robert Dudley）娶了一位诺福克乡绅的女儿，因为作为三儿子，他的父母只希望他有一个体面的联姻。吉尔福德·达德利的地位比他的还低得多，尽管如此，诺森伯兰公爵还是费尽心机地为他安排了一桩婚事。

　　简·格雷的父亲绝不会同意她嫁给吉尔福德·达德利，但是还有一位王室成员和简·格雷一样，是一位到了结婚生子年龄的女继承人。诺森伯兰公爵心目中的新娘是 15 岁的玛格丽特·克利福德（Margaret Clifford），她是弗朗西丝已故妹妹埃莉诺的女儿。她和格雷姐妹一样，是亨利七世的后代，他们共同的外祖母是萨福克公爵夫人玛丽·布兰登。她还会继承北方的大片地产，诺森伯兰公爵希望在那里成为一位大富豪。毫不奇怪，玛格丽特的父亲坎伯兰伯爵不想把女儿嫁给诺森伯兰公爵的四儿子，并找了一系列借口解释为

92　什么这是不可能的。但诺森伯兰公爵随后要求国王出面干预，当他

和军队在处理英格兰北部与苏格兰交界处的骚乱时，国王正忙着充当他的婚姻经纪人，这标志着他对爱德华的影响有多大。

7月4日，爱德华给坎伯兰伯爵写了一封特别的信，"要求他立刻同意吉尔福德·达德利和他女儿结婚，准许吉尔福德·达德利和所有想促成这桩婚事的人尽最大努力来完成这件事"。[9]随着爱德华第一次夏游开始，坎伯兰伯爵被留下来领悟这条皇家命令。爱德华即将去南方的城镇和宫殿，伦敦以外的人们将第一次有机会见到国王。7月7日，国王前往奥特兰皇宫，接着到吉尔福德庄园和佩特沃思庄园，然后去安东尼·布朗（Anthony Brown）爵士位于苏塞克斯郡的住宅，国王认为他在那里过于铺张浪费。哈里·格雷总是在国王的身旁，带着25名私人骑兵侍奉国王。我们不知道那年夏天格雷姐妹在哪里，但她们的母亲生病了，她们可能一直和母亲住在里士满的希恩，这之前她们住过卡尔特修道院。到了8月，朴次茅斯、南安普顿和索尔兹伯里的市民纷纷出门迎接爱德华。

人群兴奋地为国王欢呼，他们看见一个快15岁的男孩，穿着鲜红色的丝织物，戴着镶有珠宝的帽子。尽管相对这个年龄的人来说，他身材矮小，体格也略显瘦弱，但他保持着都铎王朝君主的庄重。爱德华看上去很高兴，身体也很好，这使所有人松了一口气。4月，爱德华患了麻疹和天花，引起了一阵恐慌，但他似乎已经康复了，就像他在1551年夏天的那场病中幸存一样。哈里·格雷更担心弗朗西丝。她的病情变得非常严重，8月25日前后，他被紧急叫回了家。26日，他给威廉·塞西尔写了一封信，解释自己突然离开宫廷的原因。他对威廉·塞西尔说："她一直在发热，脾脏功能丧失，恐怕马上就要死了。"[10]令人高兴的是，他和孩子们的祈祷都得到了回应，不管病因是什么，弗朗西丝活了下来。然而，尽管国王表面上看起来很快乐，就像他写给一个朋友的信中说的那

93

样，"旅途愉快，一切都很顺利"，但彼时他已经在死神的手中了，格雷姐妹的世界即将崩塌。[11]

❖

1553 年的新年将要在格林尼治宫庆祝，有"为国王消遣的体育和庆祝活动，种类之丰富、规模之盛大前所未有"。[12]在传统的礼物交换环节，弗朗西丝送给爱德华一个用金丝银线织成的钱包，里面装了价值 40 英镑的金币。他回赠给她 3 个带盖的镀金碗，这标志着他对这个家庭的持续热爱。这个月稍晚的时候，爱德华又给她丈夫送了一份更为丰厚的礼物，那就是米诺里教堂，其前身是伦敦塔附近的一座修道院。王室的关怀总是伴随着巨大的物质利益，他们的朋友——"心胸宽广、性格坚强、有男子气概的"北安普顿侯爵，也在伦敦的一处新居里过着优越的生活。这里原来是温彻斯特庄园，加德纳主教在此居住，他现在身陷伦敦塔。这一事实使得北安普顿侯爵更有成就感。凯瑟琳·萨福克评价说："狼被关起来了，小羊们很开心。"[13]

简·格雷在享受节日的欢乐时知道国王的情况并不好，他似乎无法摆脱一场严重的咳嗽，从 1552 年 11 月底开始就没有力气写日记了。当他越来越努力地清肺时，神圣罗马帝国大使杰汉·舍伊夫开始怀疑他的咳嗽是"来自上帝的探视和征兆"。医学史学家找到的证据表明，1551 年夏，爱德华染上肺结核，而 1550 年 4 月他患上麻疹后又旧疾复发。据一位西班牙消息人士透露，玛丽公主已经开始察觉有人计划在 1552 年的夏天将她排除在继承人之外。[14]但是，当国王病重时，人们不可避免地考虑到了爱德华可能会死亡和继承问题。诺森伯兰公爵和他的盟友如果当时意识到国王病情的严重性，就不会在 1552 年 11 月解散他们的私人骑兵部队。然而，他们那时已经开始这样做了。

1553 年 2 月初，国王的咳嗽让他痛苦万分，伊丽莎白公主感觉到她和弟弟的关系正在降温。她写了一封信，表达了对他健康的担忧，并对有关失去他好感的流言蜚语提出了质疑。[15] 与此同时，她的姐姐玛丽公主采取了更具攻击性的态度，展示了自己的力量。她于 2 月 6 日抵达伦敦看望爱德华，随行人员超过 200 人。爱德华政权以极大的敬意做出了回应。每个人都非常清楚，根据玛丽公主父亲的遗嘱和 1544 年的《继承法》，她是爱德华的继承人，这一点在 1547 年爱德华签署的《叛国法》（Treasons Act）中得到了确认。[16] 诺森伯兰公爵的长子沃里克伯爵被派去迎接玛丽公主，而弗朗西丝与诺森伯兰公爵夫人一起跟着玛丽公主的队列穿过首都。然而，这种团结的表现并不能掩盖玛丽公主可能的继任对政权和福音派宗教构成的威胁。

诺森伯兰公爵在贫穷的乡下不受欢迎，在许多地区，人们对宗教改革感到愤怒，而玛丽公主有充分的理由憎恨他以及萨福克公爵和北安普顿侯爵。禁止她做弥撒的命令丝毫没有松懈。帝国大使认为，即将召开的议会将给予国王多数票，从而使他能够起草一份法律遗嘱，将玛丽公主排除在王位继承人之外。[17] 然而，诺森伯兰公爵担心，在糟糕的经济环境下，下议院将难以管理。像继承王位这样一个颇具争议的话题，很可能因多方不满而引发争论。显而易见，爱德华病入膏肓，而政权不能因此失去对事态的控制。[18] 更何况，1551 年以来事态的发展表明，爱德华彼时下达的命令与他 40 岁时将下达的命令一样有分量。

1553 年 3 月 1 日，苍白虚弱的国王在议会上短暂露面。然而，后来当天鹅绒和貂皮长袍再一次被收拾好时，他筋疲力尽地躺在房间里，一躺就是两个多星期。威尼斯大使看到他的样子，认为他就快死了。当议会在月底被解散的时候，没有任何关于爱德华的多数票或继承权的讨论。但证据表明，随着天气转暖，国王的健康状况有了短暂的好转，他开始立遗嘱。事实证明，立遗嘱这件事他自己就能做到。[19]

爱德华的一面纸的遗嘱有一个显眼的标题——"我的继任计划"。这名15岁的年轻人确信自己的身体状况正在好转，他在遗嘱里探讨继任问题，这份遗嘱更像是一份学术报告，而不是一份紧急的法律文件。爱德华做出的第一个也是最重要的决定是，将他同父异母的两个姐姐玛丽公主和伊丽莎白公主排除在王位继承人之外。据一位匿名的法国消息人士透露，爱德华虔诚的导师约翰·切克爵士和他的告解神甫伊利主教托马斯·古德里奇（Thomas Goodrid）敦促他继续这样做。[20]但他们不太可能需要这么做，约翰·切克塑造了爱德华的思想，尽管爱德华后来以他姐姐是私生女为由为自己的行为辩解，但正是保护宗教的需要主导了他的思想。[21]爱德华承认，他担心玛丽公主会撤销他的宗教计划。此外，他还没有忘记，伊丽莎白公主的母亲死于出轨，这对虔诚的王朝来说，不是一个理想的开端。[22]爱德华把他的姐姐排除在继任者之外，还绕过斯图亚特家族，正如他父亲之前做的那样。他概述了一条民族主义的含义。斯图亚特家族的主要代表苏格兰玛丽女王在国外出生（后来有人认为，根据爱德华三世统治时期的法律，她被排除在王位继承人外）。她的表姐玛格丽特·道格拉斯有3点有损声誉的不利因素：她的正统性受到质疑；她嫁给了苏格兰人［伦诺克斯伯爵马修·斯图亚特（Matthew Stewart）］；她的儿子被培养成了天主教徒。所有这一切使布兰登家族地位最高的代表弗朗西丝成为王位的下一位继承人。然而，爱德华比他的父亲更相信只有男人才能行使全部王权。亨利八世对女性统治的反对是务实的，这也是他个人和王朝自负的原因。但对爱德华来说，反感女性统治是有宗教基础的。

反对偶像崇拜的运动已经把教堂里所有神圣和女性化的东西抹去了，改革者认为天主教对上帝之母的虔诚是对基督适当崇拜的一种转移，戴着王冠的圣母玛利亚雕像与普通女圣徒和神秘主义者的雕像一起被摧毁。天堂不再有女王，根据福音派的经文，女人统治世界也是不虔诚的，违背了神的旨意。因此，爱德华没有把王位留给一个女人，而是留给了弗朗西丝可能有的儿子，然后是弗朗西丝女儿的儿子，接着是她的外甥女玛格丽特·克利福德的儿子。然后，爱德华考虑了男子未成年的影响，虽然爱德华在未成年时期没有母亲看管他，但他知道历史上有妇女代表未成年的儿子作为摄政者执政的案例。因此，他宣布弗朗西丝——或者任何被证明是继承人母亲的人——可以成为"摄政者"，直到她的儿子年满 18 岁。[23]为了确保这不会违反《圣经》对女性统治的任何禁令，他补充了一项限制条款，规定"摄政者"未经枢密院核心成员的批准不能做任何事，当男性继位者年满 14 岁时，这位实际掌权者还需要获准掌权（这表明爱德华相信他本人已经过了一个重要的生日）。当然，到目前为止，布兰登家族还没有男孩。但爱德华下令，如果他死后情况仍然是这样，那么弗朗西丝将被任命为"摄政者"，直到有男孩出生。然而，他显然不认为这是一件可能的事件，因为他没有进一步提到枢密院对她统治的制衡。

到了 4 月 11 日，爱德华的身体状况仍然不错，他可以离开威斯敏斯特宫，乘驳船前往格林尼治宫通风的房间。泰晤士河上的船上的人向国王及同行人员致敬，伦敦塔上的炮发出沉重的隆隆声。[24]国王去世时，他的遗嘱让王位空悬，他只提及了那些可以生出继承人的女性。在这些人中，只有弗朗西丝结婚了，她的丈夫不是一个令人印象深刻的政治家或军人，1551 年，他担任北方行军

97

的典狱长仅几个月。如果他连苏格兰袭击者和犯罪家庭都应付不了，怎么让人相信他能在摄政时期阻止英格兰发生内战？此外，尽管 35 岁的弗朗西丝还能生育，但自从 9 年前玛丽·格雷出生以后，她怀的孩子就再也没有存活下来，而且她在 1552 年夏天病得很厉害，差点就死了。那些因玛丽·都铎可能登基而蒙受最大损失的人逐渐明白这一点，似乎唯一的答案就是把下一代王室公主嫁出去。格雷姐妹和她们的表妹玛格丽特·克利福德必须排队等候，参加一场争夺分娩宝座的比赛，她们将与政权里反对玛丽·都铎继位的人结婚，这些人做事高效、冷酷无情。

根据威廉·塞西尔的说法，北安普顿侯爵的第二任妻子伊丽莎白·布鲁克提出让简·格雷与诺森伯兰公爵的四儿子吉尔福德·达德利结婚。[25] 5 年前，护国公萨默塞特公爵将北安普顿侯爵赶出枢密院是因其娶了伊丽莎白·布鲁克为妻。然而，自从他成为诺森伯兰公爵"阵营"的主要成员后，议会通过了一项私人法案，宣布他与安妮·布奇（Anne Bourchier）的童年婚姻无效，而与伊丽莎白·布鲁克的婚姻有效，"仿佛所说的安妮小姐已经自然死亡"。这意味着北安普顿侯爵既能像鳏夫一样控制布奇家的大片地产，他和伊丽莎白·布鲁克的婚姻又能得到认可。然而，如果玛丽公主成为女王，一切都会颠倒过来，她绝不可能允许离婚，因为她认为婚姻是一种不能违背的圣礼。因此，伊丽莎白·布鲁克有充分的理由阻止玛丽公主成为女王，吉尔福德·达德利和简·格雷的婚姻将确保诺森伯兰公爵约翰·达德利不会改变立场。

诺森伯兰公爵的福音派信仰根基比北安普顿侯爵和哈里·格雷的信仰根基更浅。在他谋划推翻护国公时，他已经表现出考虑与宗教保守派合作的意愿。他有可能再次这样做。伊丽莎白·布鲁克似乎先与她的前姐夫彭布罗克伯爵谈论了结婚计划，彭布罗克伯爵希望凯瑟琳·格雷嫁给他的儿子。他随后又接近诺森伯兰公爵，[26]诺森伯兰公爵表现得很热情。然而，格雷一家需要更有说服力的理由。弗朗西丝后来声称她曾强烈反对吉尔福德·达德利和简·格雷的婚姻，她确实有可能这样做过。她先前曾表示，不想让简·格雷在很小的时候结婚。[27]她的丈夫也可能对这一提议有政治顾虑。如果简·格雷嫁给吉尔福德·达德利并生下一个儿子，王位的控制权就会从格雷家族滑向达德利家族，尤其是诺森伯兰公爵这个令人生畏的人物。[28]

这就解释了为什么诺森伯兰公爵据说是被迫使用威胁和承诺来获得哈里·格雷的同意。哈里·格雷知道这桩婚事是国王的心愿，将给他带来"难以想象的巨额财富和家族的巨大荣耀"。[29]于是简·格雷不得不接受这一决定，尽管后来有人说她也只是勉强接受这个决定，[30]她曾希望嫁给一位国王，作为被处决的叛徒的孙子，吉尔福德·达德利是一个令人失望的替代者，而这场婚姻的安排速度之快使简·格雷几乎没有时间去适应。

几天后，也就是1553年4月28日，神圣罗马帝国大使记录了简·格雷订婚和国王病情恶化的消息。国王日渐消瘦，使人痛苦的咳疾愈加厉害。这位大使说："他嘴里吐出的东西有时是绿黄色和黑色的，有时是粉红色的，就像血的颜色一样。他的外科与内科医生都很困惑，不知道该怎么办。他们确信，除非国王的身体在下个月有所好转，否则他就没有康复的机会了。"

由于国王的健康状况每况愈下，诺森伯兰公爵对玛丽公主仍然很殷勤，希望自己不会引起她的怀疑，或者她发现针对她的计划。与1551年截然不同的是，当时北安普顿侯爵威廉·帕尔坚持要求

98

99

不称呼玛丽为公主，而诺森伯兰公爵却强调她作为"英格兰公主"的权利。帝国大使说："这一切似乎都表明，他希望与这位小姐和好，博得她的好感，并表明他志不在王位。""不过，"他补充道，"简·格雷与吉尔福德·达德利订婚的消息令人怀疑，不只他一个人这样猜测。"[31]国王将死的谣言已经被传到公众耳中，在酒馆和集市，人们对这桩婚事议论纷纷。古文物家威廉·哈里森（William Harrison）在16世纪后期回忆说，那些聪明的人对自己的观点守口如瓶；而愚蠢的人则公开表示对国王健康的担忧，一些男女因为散布这样的消息而被割掉了耳朵。[32]

然而，玛丽公主在宫廷里的盟友一直向她通报事态的发展情况，而她的家人则在她拥有房产的地区为她争取民众的支持。与此同时，当权者还不知道她有多强大，采取了滞后的措施，力图解决内部纠纷，以防止她在宫廷里收买人心。萨默塞特公爵被处死后，他们处心积虑，修复了与克兰麦大主教之间的裂痕，并计划将护国公的遗孀安妮·萨默塞特公爵夫人从伦敦塔中释放出来。

很快，彭布罗克伯爵威廉·赫伯特也和诺森伯兰公爵重修旧好。他的儿子亨利·赫伯特勋爵和吉尔福德·达德利将成为连襟，因为简·格雷与吉尔福德·达德利结婚的同一天，12岁的凯瑟琳·格雷会与彭布罗克伯爵的儿子结婚。根据教会法规，12岁是法定的结婚年龄，而凯瑟琳·格雷刚满12岁，但至少她并没有对结婚感到不高兴。她认识并喜欢15岁的赫伯特勋爵。可怜的玛丽·格雷才8岁，却将与一个中年亲戚——威尔顿的格雷勋爵订婚。在1547年的平基战役中，一根苏格兰长矛刺进他的脸，从上颚穿出，他被毁容了。在身材矮小的玛丽·格雷看来，这位饱经沧桑的战士一定很可怕。然而，他被认为是"王国里最好的士兵"。人们说："如果前方有战斗，他会站在你身边。"[33]

还有另外 3 桩旨在团结和巩固政权的婚事也在计划中。这些婚事都使诺森伯兰家族更接近格雷家族和其他重要的王室家族。诺森伯兰公爵的小儿子亨利·达德利将与萨福克公爵唯一一位适婚的福音派外甥女玛格丽特·奥德利结婚。诺森伯兰公爵的女儿凯瑟琳·达德利只有 12 岁，她将与亨利·黑斯廷斯（Henry Hastings）结婚，亨利·黑斯廷斯是格雷夫妇的邻居亨廷顿伯爵的十几岁的儿子。亨廷顿伯爵从来没有接近过诺森伯兰公爵，但他的妻子有约克王室血统，虽然关系疏远，但这桩婚事让他的儿子成为有权继承王位的福音派男教徒。第 3 场婚事于几周后公布。坎伯兰伯爵曾不顾国王的恳求，拒绝吉尔福德·达德利娶他有王室血统的女儿玛格丽特·克利福德，现在却故弄玄虚地同意把她嫁给诺森伯兰公爵年迈的哥哥亨利·达德利爵士。因为坎伯兰伯爵在宗教上持保守态度且不害怕玛丽·都铎成为王位继承人，所以他似乎屈服于另一种恐惧：不是对玛丽·都铎的恐惧，而是对诺森伯兰公爵的恐惧。诺森伯兰公爵的现代辩护者声称这些包办婚姻只是普通的贵族联姻。但当时没人这么想，甚至没有人假装事实是这样。更确切地说，坎伯兰伯爵不是唯一一个从中受益的人，如果福音派精英要继续掌权，他们也需要诺森伯兰公爵的支持，这就是代价。 101

第十章

一个已婚女人

1553 年 5 月 25 日，[1]一场 3 对新人的联合婚礼在诺森伯兰公爵的伦敦官邸达勒姆宫举办。年轻的夫妇们穿金戴银，这些华服的布料是于 1551 年在萨默塞特公爵处没收上交给国王的，至少象征性地沾上了他的血。吉尔福德·达德利高出简·格雷许多。站在 12 岁的凯瑟琳·格雷旁边的 15 岁的亨利·赫伯特勋爵看上去病了，他是从病床上被带过来的，此前已经躺了好几个星期。年轻的黑斯廷斯勋爵是第 3 个新郎，与另一个 12 岁的少女新娘凯瑟琳·达德利相配，她是吉尔福德·达德利的妹妹。国王身体不适，因而不能出席，但送去了"贵重的装饰品和珠宝"，于是英格兰的贵族们纷纷出动。庆祝活动包括游戏、搏斗、盛大的宴会和两场假面剧（一场由宫廷男士表演，另一场由宫廷女士表演）。

法国大使锡尔·德·博伊斯达普欣注意到了这种血缘协议和强权政治的奢侈场面。法国人与任何一位英格兰福音派教徒一样，反对玛丽公主成为女王。他们仍然在与她的表兄皇帝查理五世交战，而玛丽公主一直指望他的庇护，法国人担心玛丽公主有朝一日可能会利用自己的王国维护他。[2]现在宫廷里的人普遍认为爱德华将死，因此即将对继承权做出决定。诺森伯兰公爵希望爱德华能活到 9 月，届时新的议会可以废除 1544 年的《继承法》，[3]但大多数人认为爱德华最多只能活两个月。帝国大使杰汉·谢夫得知，爱德华的身体当时有了溃疡，肿胀得可怕。这个饱受折磨的青年没有鸦片的帮助就无法入睡或休息。尽管如此，政府仍继续对有关他健康的谣言采取最后的措施，砍掉任何讨论他可能死亡的人的耳朵，同时散布他的病情实际上正在好转的消息。玛丽·都铎本着装腔作势的精神，在简·格雷和凯瑟琳·格雷结婚那天写了一张便条，祝福她的弟弟。

婚礼庆典结束后，简·格雷和凯瑟琳·格雷回到各自的夫家，简·格雷留在达勒姆宫，凯瑟琳·格雷来到泰晤士河附近阴暗的皇家要塞——拜纳德城堡。拜纳德城堡的一面墙上挂着赫伯特勋爵已故母亲安妮·帕尔的画像。凯瑟琳·格雷心不在焉，但她病恹恹的丈夫激发了她的保护本能，而且她还年轻，能够把即将到来的政治危机的"轰鸣声"抛在脑后。简·格雷没能享受这样的奢侈，她敏锐地意识到，自己作为母亲的继承人，身份极为重要。家人期望她能生一个儿子，这个孩子有一天能成为国王。杰汉·谢夫说，人们的共识是，简·格雷与吉尔福德·达德利的婚姻不会圆满和谐，因为她还年幼。[4]他很可能把简·格雷和凯瑟琳·格雷混为一谈。不过，格雷夫妇也不愿意让简·格雷履行结婚誓言，即怀上儿子，这会在爱德华死后剥夺弗朗西丝作为英格兰实际掌权者的特权。如果是这样，他们就会输掉一场争斗。简·格雷的婚姻已经完美无缺，即使当时不是如此，以后也会是这样。

5 月 28 日，爱德华的医生私下向诺森伯兰公爵证实，国王的生命将止于秋天。不久之后，帝国大使"从可靠的消息来源"得知，法国曾向诺森伯兰公爵承诺，支持任何剥夺玛丽公主继承权的计划。与此同时，爱德华对自己的遗嘱做了一些小的但意义重大的修改，这些修改将证实格雷一家对诺森伯兰公爵的怀疑。爱德华在

103

遗嘱上画出一条线，并在上方插入两个短语，规定如果他在任何男性继承人出生之前去世，那么弗朗西丝将作为实际掌权者统治英格兰，王位将传给弗朗西丝的男性继承人。但在"我死前"缺乏这样的条件时，王位将传给简·格雷和她的男性继承人。由于弗朗西丝没有怀孕，也没有儿子，实际上，她已经被排除在实际掌权者或王位继承人之外，而王位将直接传给简·格雷，她将成为女王。

根据教皇特使乔瓦尼·弗朗切斯科·康莫多（Giovanni Francesco Commendone）后来收集的信息，诺森伯兰公爵告诉了简·格雷这个令人震惊的消息，说她是国王的继承人。这让她目瞪口呆，"深感不安"。她有强烈的宗教信仰，甚至拒绝接受玛丽公主送的连衣裙，这都表明她只满足于看到玛丽公主被排除在继承权之外，但她并不想取代母亲的位置。乔瓦尼·弗朗切斯科·康莫多得知，简·格雷请求准许短暂回家看望母亲，但诺森伯兰公爵夫人拒绝了，她提醒简·格雷，在国王去世的那一刻，她需要陪在他身边。然而，对于不喜欢的命令，简·格雷是不会服从的，所以她悄然离开达勒姆宫，乘船沿着泰晤士河回到位于萨福克庄园的家。

弗朗西丝失去了继承王位的机会。[5]简·格雷的父亲很愤怒，并确信诺森伯兰公爵的意图是为吉尔福德·达德利加冕，让他和简·格雷共同统治王国，但是，吉尔福德·达德利会占主导地位。[6]格雷一家还没有办法重新控制局面。然而，待时机成熟，简·格雷成为女王，她可以否认吉尔福德·达德利的王位。在弗朗西丝安慰女儿的时候，诺森伯兰公爵夫人向萨福克庄园发来一条愤怒的消息，威胁说如果简·格雷不回达勒姆宫，就让吉尔福德·达德利待在她身边。这样的违约行为可能会引发人尽皆知的丑闻，这两个家庭都承受不起，因此，他们似乎达成了和解。

同时期的外交往来表明，吉尔福德·达德利和简·格雷很快就

104

住进了凯瑟琳·帕尔位于切尔西庄园的老房子。太后曾经把这座房子变成"第二个宫廷"，这对年轻夫妇在这里款待他们的朋友。玫瑰已经盛开了，令人陶醉的香味使人想起快乐的时光。但是，如果说简·格雷和吉尔福德·达德利之间的爱情刚开始有进展的话，那么，当蜜月期的夫妇和几个客人成为食物中毒的受害者时，他们的爱情戛然而止了。"偷龙转凤"的厨师做的一份沙拉被认为是食物中毒的源头。[7]然而，简·格雷开始怀疑她的婆婆，因为正当她无力地在切尔西庄园躺着时，爱德华在格林尼治宫决定宣布她为王位继承人。

国王已经传唤高级法官来批准他的遗嘱。北安普顿侯爵和约翰·盖茨（John Gates）爵士站在一旁，诺森伯兰公爵在国王枢密院的私人房间里，亲眼见证，亲耳听见，爱德华给出了取消姐姐的继承权和支持简·格雷的理由。然后，他竭尽最后一丝力气，命令法官起草一份法律文件，宣布他关于王位继承的决定及其理由。然而，当法官们离开后，一些人担心爱德华的遗嘱在1544年的《继承法》被废除之前无法执行。[8]他们紧张地在枢密院成员面前发表意见。身强力壮的诺森伯兰公爵立即威胁要赤膊上阵，与任何违背国王意愿的人作战。受惊的法官们被传唤去见爱德华，他躺在床上，身体肿胀，十分痛苦。国王（似乎得到了私人法律建议）坚持认为，他，而不仅仅是他的父亲，有权通过遗嘱把王位传给他人，并且他的遗嘱可以在他死后得到议会的批准。他还承诺，如果他们听从他的指示，他们日后若犯下任何叛国罪，都可以在大封印下被赦免。其中14名法官同意按他的要求做，但有4人，可能是5人，拒绝了他的要求。于是，弗朗西丝被传唤来见爱德华。[9]爱德华希望，也可能是要求她服从他的决定，即取消弗朗西丝的继承权，转而支持她的女儿。

在接下来的一周里，法官们被要求起草的法律文件的最后细节已经完成，6月21日，贵族和主要官员被要求在文件上签字。爱德华声称，他对继承问题已经考虑了相当长的一段时间，"从我生病的时候到我恢复健康的时候"。[10]他提出注意他的姐姐们的私生女身份，指出她们只拥有"一半的王室血统"，并对她们嫁给外国人的危险性提出了严厉警告。相比之下，他对已经结婚和订婚的表妹简·格雷、凯瑟琳·格雷和玛丽·格雷赞不绝口，他几乎把她们描述成他真正的姐妹。格雷家的女孩"生来就在王国里，而且受到了非常体面的教育和锻炼"。她们和爱德华接受过的教育十分相似，爱德华可以给她们"信任和希望"。[11]

枢密院、克兰麦大主教、王室成员、政要和22位贵族都签署了该文件，并且庄严宣誓遵守其中的规定，[12]但一些文件签署者仍然感到不安。1544年的《继承法》宣布爱德华同父异母的姐姐是继承人，不仅如此，1547年的《叛国法》也保持原样，任何修改其规定的行为将构成死罪。英国法律真的像亨利八世和他的儿子爱德华所认为的那样，只是一种宣传王室遗嘱的方式吗？不是每个人都这么认为。激进的主教约翰·胡珀（John Hooper）坚持认为，人们应该相信上帝的旨意，接受玛丽公主作为女王。她已经人到中年，如果没有孩子，福音派教徒伊丽莎白公主将是她的继承人。大多数签署文件的信仰不坚定的人，可能包括伊丽莎白庄园的检验官威廉·塞西尔爵士在内，在决定下一步行动之前，都在观望事态的发展。但也有一些人，包括枢密院中的一些匿名人士，已经通知帝国大使，他们希望查理五世在时机成熟时能帮助玛丽公主。

106 为了让爱德华活到9月议会召开时，一位以信仰疗法闻名的老妇人被请来照顾国王，但她的药水对他毫无帮助，而医生们的努力——显然包括给他服用砒霜——只会加重他的痛苦。爱德华在9

岁时就成了孤儿，后来被议员、导师和神学家抚养长大，作为国王，他完全处于他们的掌控之中。许多人有理想主义的动机，但这就是理想主义的结局：他们为了自己的目的，温柔地施加痛苦。

爱德华的臣民越来越焦躁不安。据说诺森伯兰公爵是一个"大暴君"，他毒害国王是为了把国家拱手让给法国人。[13]这些谣言在6月27日的事件之后层出不穷。那天，爱德华最后一次公开露面，他站在窗前向聚集的人群证明自己还没有死。然而，人们即使在远处也能看出这个男孩非常瘦弱、憔悴，他们认为，尽管他还活着，但是活不了多久。当晚，有人看见诺森伯兰公爵进入即将上任的法国大使、贵族安托万·德·诺艾尔斯的官邸。这次秘密访问的消息迅速传开，两个民众因对诺森伯兰公爵和他的盟友说了些"不恰当和煽动性的话"而被拴在一根柱子上鞭打。[14]爱德华正在咯血，残留物发出阵阵恶臭。他最喜欢的枢密院绅士尼古拉斯·斯罗克莫顿在过去的几个月里一直在和这位王室病人玩棋盘游戏消磨时间。但是，爱德华现在病入膏肓，已经不能再玩棋盘游戏了，也接受不了进一步的医疗救助。爱德华床边的人除了尽力祈祷和安慰他，别无他法。

7月2日，星期日，国王遗嘱的内容通过一次教堂仪式首次向公众发出信号，该仪式取消了通常为玛丽公主和伊丽莎白公主祈祷的内容。第二天，当玛丽公主去伦敦看望她的弟弟时，有人警告她，爱德华马上就要死了，而且有可能计划逮捕她。她改变了路线，7月5日，诺森伯兰公爵得知消息，玛丽公主要去位于诺福克庄园中心的肯宁霍尔。从那里，她可以逃到佛兰德斯，寻求她的表哥——西班牙皇帝的保护。但是，令约翰·盖茨爵士惊讶的是，枢密院院长对此没有表现出明显的担忧。"先生，玛丽公主逃走了，人身安全得不到保护，你能承担责任吗？"他怀疑地问。诺森伯兰公爵可能曾希望玛丽公主逃到国外去。在她弟弟看来，她是个累赘，她可能会被赶走。诺森伯兰公爵不相信西班牙皇帝在与法国交战时会想进攻英格兰，如果玛丽公主留下来，他也怀疑她会尝试发动军事行动。正如她的一位支持者所说，他"做好十足的准备，鄙视仅仅被一个女人提出的计划"。[15]然而，为了安抚约翰·盖茨，诺森伯兰公爵命令他的儿子罗伯特·达德利勋爵带一小队人马去追玛丽公主，并把她带到伦敦。

7月6日晚上8点到9点，爱德华叹气道："我觉得头晕。"诺森伯兰公爵的女婿亨利·西德尼（Henry Sidney）爵士把爱德华抱在怀里，爱德华说了最后一句话："上帝保佑我，带走我的灵魂。"爱德华的痛苦终于结束了。诺森伯兰公爵打算把这一消息封锁3天，与亨利八世去世时一样。他需要为伦敦可能发生的动乱做好准备，因为玛丽公主，或者也许是弗朗西丝被排除在王位继承人之外。首都是英格兰福音派教徒的核心区域，但这些人仍然有强烈的意识，服从"正确的顺序"。每个人都按照自己在社会等级中的地位生活，服从上级，并且期望下级的服从。玛丽公主是亨利八世的女儿，也是一位深受爱戴的王后的女儿；而简·格雷不是，而且无论如何，她的母亲弗朗西丝都比她有优先继承权。人们不禁要问，除非诺森伯兰公爵想通过他的儿子来统治王国，否则为什么简·格雷会取代弗朗西丝呢？多年来一直有传言说他想要得到王位，这无非是出于人们对他的恐惧和仇恨。诽谤他的人有了更多的说辞让谣言变得危险、有力。诺森伯兰公爵和他的盟友需要仔细计划。

第二天早上，也就是7月7日早上，伦敦市长和城市治安官被召集到格林尼治宫，他们和卫兵一起宣誓效忠女王简·格雷。[16]伦敦塔正在加固，亨利·西德尼的妻子玛丽·达德利与简·格雷的年龄相仿，她被派往切尔西庄园，乘船把简·格雷带到西翁庄园，这是诺森伯兰公爵位于里士满的住所。

他们到达庄园的时候，里面空无一人，简·格雷只被告知，她必须在那里等待"接受国王的命令"。[17]即使玛丽·达德利还未来得及告诉她接下来会发生什么，她也一定猜到会发生什么。在首都，枢密院内部发生了分歧，枢密院成员确认了爱德华的死讯甚至泄露给了公众。新来的帝国大使西蒙·雷纳德（Simon Renard）不太友好，做事效率却很高，那天早上他听到了这些消息，到了晚上，伦敦公众就得知了消息。玛丽公主是从她的金匠那里第一次得知这个消息的，在她到达诺福克-萨福克边界上塞特福德附近的尤斯顿府时，金匠骑马从首都赶来，遇到了她并告知她爱德华的死讯。玛丽公主谨慎地回答，如果她在爱德华死前宣布自己是女王，她就会犯叛国罪，所以她等待确认消息的真实性。

有人在格林尼治宫对爱德华的遗体进行防腐处理。法国大使来到那里向枢密院重申，亨利二世支持任何密谋反对查理五世的行为。然而，议员们不想引起查理五世的注意，拒绝向大使证实爱德华已死的消息。[18]事实上，他们对查理五世的恐惧是不合时宜的。玛丽公主在哈布斯堡王朝的表哥放弃支持她继承王位，西蒙·雷纳德认为玛丽公主的处境是无望的。诺森伯兰公爵掌握着英格兰的少数武装力量，并且似乎得到了绝大多数政治精英的支持。西蒙·雷纳德认为这些政治精英应该支持女王简·格雷，进而给法国人制造麻烦，这样他们至少可以救玛丽公主的命。

7月8日，简·格雷在西翁庄园与诺森伯兰公爵、北安普顿侯爵、彭布罗克伯爵、亨廷顿伯爵和阿伦德尔伯爵会合，阿伦德尔伯爵已故的妻子是简·格雷的姑姑凯瑟琳·菲茨兰（Katherine Fitzalan）。阿伦德尔伯爵一直是萨默塞特公爵的保守派盟友，在1551年密谋推翻诺森伯兰公爵时，他只在伦敦塔被关押了一段时间，交了一大笔罚款，真是万幸。为了确保他不参与玛丽公主的事业，这项惩罚在1553年7月才被免除。当贵族们向简·格雷下跪时，年仅16岁的简·格雷似乎对正在发生的大事不知所措。看到简·格雷很困惑，贵族们同意让她的母亲加入他们的行列。[19] 不久之后，弗朗西丝带着北安普顿侯爵的妻子伊丽莎白·布鲁克和诺森伯兰公爵夫人来到这里。[20] 大人们成功地使简·格雷相信她确实是爱德华的合法继承人，于是她用一晚的时间来准备第二天的事情。星期天早上，诺森伯兰公爵作为枢密院院长，当着聚集的议员、贵族和他们的妻子的面，正式向简·格雷宣布爱德华去世的消息。诺森伯兰公爵说，爱德华在生命的最后几个小时对国家表现出极大的关心，他概述了文件的内容，确认简·格雷已被确定为爱德华的继承人，如果她没有孩子，她的妹妹们将会是继任者。当他宣布完国王的决定后，简·格雷的父母和诺森伯兰公爵夫妇都跪在她面前，发誓要用鲜血保卫她。简·格雷却做出戏剧性的反应，她倒在地上哭了。

如果有人认为这种情绪的流露是发自内心的，那就太天真了。16世纪，在报纸、广告牌或电视出现之前，政治人物会戏剧性地传达他们的信息。简·格雷的行为非常公开地表明，她并没有致力于争夺王位，这是别人强加给她的，但她还有别的事情要补充。修正主义历史学家认为，爱德华，这位日益成熟的福音派君主，推动简·格雷成为他的继承人。同时，人们平静地接受了这一事实，甚至断言，简·格雷与爱德华不同，没有因不治之症而身体虚弱。国王的一位导师描述说，简·格雷比爱德华更聪明，据说她已经对玛丽公主和天主教发动了攻击，不过她也只是个无辜的、被人操纵的女孩。简·格雷很年轻，这是无可争辩的，但她被提升为意识形态斗争一方的领导人，在这场斗争中，核心宗教主义者正面临有生以来最大的挑战。[21]人们已经说服她接受王位，枢密院保证，她是爱德华的合法继承人。她准备接受这个角色。

110

后来简·格雷停止哭泣，站起来发表了讲话。她接受了王位，谦虚地说自己还不能胜任，但祈祷上帝赐予"能让我统治的恩典……带着他的赞许，增添他的荣耀"。[22]在讲话中，英格兰的第一位女王明确表示，她打算真正地统治国家，而不仅仅做一个无足轻重的人。

在随后的庆祝宴会中，简·格雷坐在一个高台上，上面铺着一层被称为国服华盖的厚布，象征着她的权威。宴会结束时，公告宣布简·格雷成为女王，而玛丽公主和伊丽莎白公主是私生女。公告也强调，都铎姐妹可能会有重新引入"罗马"宗教或与外国人结婚的危险。[23]那天早上，在保罗的十字架前，时任伦敦主教尼古拉斯·雷德利（Nicholas Ridley）已经宣布，简·格雷的身份是正当的，并宣布玛丽公主和伊丽莎白公主是私生子。然而，他的话在他的会众中引起了一种不祥的反应，他们"对他的话非常恼火，他在如此公开场合的听众面前说这样无情的话"。[24]如果不是因为福音派精英的话，亨利八世的女儿似乎仍然能得到民众的支持。

111

第十一章

女王简·格雷

　　1553 年 7 月 10 日，星期一，简·格雷的一天很早就开始了。当她从里士满乘驳船抵达威斯敏斯特宫时，夏日的阳光刚刚开始温暖河面上的冷空气。她的房间里有一件准备好的绿色天鹅绒长袍，上面印着金色的图案，袖子很大，还有一件白色的珠宝头饰。简·格雷准备正式接管伦敦塔，就像所有英国国王在加冕前所做的那样。衣服的颜色标志着这一仪式是按照被称为"王室自由"的加冕礼顺序选择的。穿好衣服后，简·格雷回到那条带篷的船上，前往诺森伯兰郡的达勒姆宫，在那里吃午饭。

　　枢密院随后开会，最重要的议题是玛丽公主从诺福克寄来的那封盖有皇家印章的信。她通知枢密院，自己才是爱德华的合法继承人，而不是简·格雷，并要求枢密院成员效忠于她。当信件的内容被公之于众时，枢密院里弥漫着恐惧的情绪。诺森伯兰公爵确信，没有查理五世的支持，玛丽公主不敢发起挑战，他希望西班牙皇帝不与法国和英国作战。然而，英格兰面临内战甚至外国入侵的风险。

　　听到这封信的内容后，简·格雷的母亲和诺森伯兰公爵夫人大哭起来。[1] 然而，简·格雷却显得满不在乎，就像圣女贞德在 17 岁保卫法国一样，她会保护自己的国家和信仰不受玛丽公主的威胁。

当天下午两点，皇家驳船载着吉尔福德·达德利、简·格雷及其父亲萨福克公爵哈理·格雷、这对年轻夫妇的两位母亲和其他宫廷侍女抵达伦敦塔，大批追随者也出席了。简·格雷在台阶上受到诺森伯兰公爵和其他议员的欢迎，然后被带进塔门。她对聚集的人群露出灿烂的笑容，她的丈夫站在她身旁，他们的头顶上就是华盖，用长杆撑着。吉尔福德·达德利一身君主配偶的打扮，穿着银白相间的衣服，吉诺维斯商人巴普蒂斯塔·斯宾诺拉（Baptista Spinola）评论说："他是一个身材高大、体格健壮、有浅色头发的男孩，非常关注简·格雷。"商人离这对夫妇很近，能看到简·格雷脸上的雀斑，他说："她的五官很小巧，她有精致的鼻子、柔软的嘴巴和红红的嘴唇。她的眉毛呈拱形，颜色比她的头发深，而她的头发几乎是红色的。"他认为她很瘦小，尽管她的鞋子加了软木台变得很高，但她还是表现出"优雅活泼的形象"。她的眼睛"呈红棕色，闪闪发光。她微笑的时候，露出洁白的牙齿"。

简·格雷的微笑并没有得到人群的回应。巴普蒂斯塔·斯宾诺拉说："人民的心与西班牙裔王后的女儿玛丽公主同在。"游行队伍继续前进，他听到一些令人厌恶的议论，有人说弗朗西丝正在承担一系列和女儿相关的事务。这种情况引人注意，提醒人们事情的正确顺序已经被打乱。巴普蒂斯塔·斯宾诺拉确信，弗朗西丝身后的贵族少了几位重要人物。有人告诉他，简·格雷是个"极端的异教徒"，那些不在场的贵族"因此没有参加游行"。诺森伯兰公爵团结政治精英的努力显然失败了，但他至少可以放心，没来的人仍然只占一小部分。

下午4点到5点，游行队伍到了伦敦塔。在礼炮声中，简·格雷和吉尔福德·达德利在随从们的陪伴下，走进塔楼的背光处。当他们身后的大门紧闭时，一阵号角声引起了人群的注意。两位传令官向焦躁不安的人群宣读了公告，宣布简·格雷是女王，亨利八世的女儿们因身份不合法被排除在王位继承人之外。随后，传令官去齐普赛街和弗利特街再次宣读公告。然而，当传令官在各处完成任务后，只有一小部分人喊"上帝保佑她"。在齐普赛街，一个叫吉尔伯特·波特（Gilbert Potter）的男孩大声说道："玛丽公主才有权继承王位！"他的主人是伦敦塔里的一个炮兵，立即上报了这件事，男孩被逮捕并戴上枷锁。第二天早上8点，又传来一阵号角声，他的耳朵被砍掉了，而一位身穿王室制服的传令官正在宣读他的罪行。简·格雷的统治以一种野蛮的方式开始，这个残缺的少年受到许多人同情。

伦敦各处张贴着布告，概述爱德华国王的遗嘱，这时，一名信使带着玛丽公主继续反抗的消息来到伦敦塔。她宣布自己为女王，在诺福克郡以及萨福克郡的部分地区，贵族、骑士、绅士和"数不清的平民"支持她。[2]因为玛丽公主被排除在王位继承人之外，她的家政官员已经准备了长达一年的时间，朋友、邻居和亲戚都被动员起来，而普通人表现出对都铎王朝的忠诚，他们厌恶诺森伯兰公爵以及这个于1549年杀害多人的政权。有人劝玛丽公主对制造分裂的宗教问题闭口不谈，但对简·格雷来说，这是问题的核心，她发布的公告继续重申关于教皇危险的警告。在东英吉利地区，伦敦宣布简·格雷是女王，主要的城镇紧随其后，但是面对玛丽公主的攻击，简·格雷需要各郡的支持。诺森伯兰公爵匆忙起草信件，通知各郡的治安长官，她"作为王国的合法女王进入伦敦塔"，并要求他们"不仅要捍卫我们的正当名义，还要帮助我们……抵制玛丽公主的虚情假意，她是我们伟大的亨利八世的私生女，人尽皆知"。[3]简·格雷亲手给每张公告做上醒目的标记，写上"女王简·格雷"。一些军事准备工作已经开始。在莱斯特郡，简·格雷的大伯乔治·梅德利（George Medley）一身戎装来到布拉德盖特庄园。与此同时，伦敦的车马被扣押。简·格雷打算派她的父亲随军抓捕玛丽公主，7月12日早晨，伦敦人在鼓声中醒来。保卫神圣的女王简·格雷的新兵每天有10便士的薪水。然而，在伦敦塔坚实的城墙后面，支持简·格雷的议员们心神不宁。

简·格雷即位后，人们颇为不安。她在签名信中警告人们，玛丽公主会把国家交给陌生人，而其他人则担心国家将落入诺森伯兰公爵的手中。自从诺森伯兰公爵成为枢密院院长以来，就有传言说他为了自己和家人觊觎王位。1552年夏天，当他试图让吉尔福德·达德利和玛格丽特·克利福德联姻时，已故萨默塞特公爵的前仆人声称，这种野心昭然若揭，因为玛格丽特·克利福德是简·格雷的表妹，也有王室血统。吉尔福德·达德利和简·格雷结婚后，过去所有的谣言被印证了。简·格雷的父母半信半疑，甚至连诺森伯兰公爵的一些最热心的朋友也怀疑事情的真实性。法国大使被派遣回国，他对"新国王"吉尔福德·达德利持乐观态度，而吉尔福德的西班牙教父唐·迭戈·门多萨（Don Diego Mendoza）则写信称吉尔福德·达德利为"陛下"。[4]简·格雷认为，自己作为女王要对上帝负责，因此，她和丈夫之间有可能会发生冲突。有证据表明，玛丽公主在枢密院中的一个秘密支持者当时正设法促成这场冲突提前到来。

1553年夏天晚些时候，教皇特使乔瓦尼·弗朗切斯科·康莫多抵达英格兰，他记录下简·格雷后来描述的温彻斯特侯爵兼财政大臣威廉·保莉特（William Paulet）如何给她戴上镶满宝石的王冠，尽管她声称这并不是她主动要求的。7月12日，简·格雷写给温彻斯特侯爵的另一封信证实是侯爵要求她这样做的。[5]同样地，简·格雷宣布她在两周或更长的时间内都不会戴王冠，因此她并不

115 需要立即去看珠宝。[6]简·格雷描述了财政大臣如何建议她试戴王冠，"看看是否合适"，简·格雷又犹豫地补充说道，"我丈夫也要加冕为国王"。

简·格雷的19世纪传记作家和他们的现代模仿者把温彻斯特侯爵的行为描述成一种不合时宜的奉承。维多利亚时代的人制作了无数版画，刻画了财政大臣把王冠呈给简·格雷时，简·格雷谦逊地退让的情景。但是，当简·格雷每天签署"女王简·格雷"时，她没有从王位上退缩。此外，帝国大使已经认定温彻斯特侯爵对诺森伯兰公爵的夺权和简·格雷的统治颇为不满。[7]在这些叙述中，最重要的是温彻斯特侯爵关于吉尔福德·达德利将获得王冠的评论。这让简·格雷想到她会和丈夫同享王位。帝国大使接着描述了这件事如何引发简·格雷和丈夫之间的激烈争吵。最后，简·格雷同意吉尔福德·达德利的意见，即他可以在9月"通过我和议会法案"成为国王。然而，他一离开房间，简·格雷就改变了主意，并叫来了阿伦德尔伯爵和彭布罗克伯爵。然后，她告诉他们，她觉得应让丈夫成为"公爵，而不是国王"。[8]随后的一份报告称，简·格雷想赐给吉尔福德·达德利的爵位是"克拉伦斯公爵"。[9]乔瓦尼·弗朗切斯科·康莫多曾经记录，简·格雷曾宣称自己是女王，独立于服从丈夫的责任之外。除了财政大臣，玛丽公主还有其他朋友准备利用这一弱点。

正当温彻斯特侯爵给简·格雷看王冠上的珠宝时，她最忠实的两位大臣——北安普顿侯爵的岳父科巴姆勋爵和枢密院议员约翰·梅森爵士——来到了帝国大使杰汉·舍伊夫和西蒙·雷纳德的官邸。他们警告帝国大使联系玛丽公主会造成可怕的后果，并建议他们回家。两位大臣补充道，他们认为爱德华国王的去世后，帝国大使的使命已经结束。对此，西蒙·雷纳德表示愿意和解。他保证西

班牙皇帝会向女王简·格雷示好，同时担心法国国王亨利二世会在 116
英格兰挑起事端，以便让他的受监护人苏格兰玛丽女王登上王位。[10]诺森伯兰公爵与法国人私下达成协议的谣言已经传了好几天。在听了帝国大使的评论后，支持简·格雷的代表们一声不吭地坐在那里"盯着对方看"。[11]此外，西蒙·雷纳德的处境也加剧了人们对诺森伯兰公爵的怀疑。诺森伯兰公爵的哥哥亨利·达德利爵士正在去法国看望亨利二世的路上，他发来的情报说诺森伯兰公爵准备用"加来、吉斯内斯、哈姆斯、英格兰在欧洲大陆的属地，以及爱尔兰"来换取法国的支持。[12]事实上，亨利·达德利爵士与萨福克公爵哈里·格雷的关系比他与诺森伯兰公爵的关系更为密切（亨利·达德利爵士是萨福克公爵的第一代表亲），所有支持女王简·格雷的人都需要确保，如果西班牙支持玛丽公主，法国人会反对西班牙这么做。但帝国大使们表现出色，进一步怀疑诺森伯兰公爵的动机，他们的建议被搁置，即如果简·格雷表现出好斗的性格，诺森伯兰公爵不妨让11岁的苏格兰女王玛丽取而代之。

科巴姆勋爵和约翰·梅森爵士带着他们听到的消息直接去找阿伦德尔伯爵和彭布罗克伯爵。[13]他们对密友的选择很有意义。阿伦德尔伯爵7月才进入枢密院，并且他的忠诚已经受到怀疑，有人在一封写给吉尔伯特·波特的公开信中，对吉尔伯特·波特的行为大为赞赏，并将阿伦德尔伯爵列为对新政权不满的人之一。[14]彭布罗克伯爵于1552年失去了御马官的职位，这一职位由诺森伯兰公爵的长子取代，因此，他对诺森伯兰公爵没有敬爱之心。很明显，当时把玛丽公主排除在王位继承人之外的工作并不像当权者所希望的那样顺利。彭布罗克伯爵对诺森伯兰公爵的仇恨在其中发挥了重要作用，如果他改变立场，就能看到自己的出路，但必须是在正确的时机。

117　　　　被派去对付玛丽公主的军事力量抵达伦敦塔。在伦敦人的注视下，三车枪、小弓、箭、长矛、盔甲、火药、帐篷和粮食全部被运进要塞。[15]简·格雷确信她父亲是领导军队的不二人选，并敦促他与玛丽公主对峙，"大胆地说，没有谁比她亲爱的父亲更能保住她的王位"。[16]然而，哈里·格雷经常昏厥，诱因可能是压力和焦虑，但在接下来的几个月里，他还患上了腹痛和结石病。当简·格雷意识到父亲生病时，她要求枢密院让他留下来，并选择其他人来领导军队。[17]枢密院挑选的人是他们的议员诺森伯兰公爵，因为他曾于1549年战胜诺福克叛军，所以他是适合的人选。

　　诺森伯兰公爵的政治触角比简·格雷或者她父亲的都要敏锐，他怀疑枢密院非常热切地盼望自己离开首都。但是，如果有人怀疑他正在"操纵"女王简·格雷，他就不能拒绝枢密院。因此，他接替了哈里·格雷去对付玛丽公主，尽管心存疑虑，但他对枢密院的议员们说："好吧，既然你们认为这样做很好，那么我和我的手下就去，不怀疑你们对女王陛下的忠诚，而你们也应相信我的忠诚。"诺森伯兰公爵于是离开会议厅去见简·格雷，简·格雷恳求他在即将到来的与玛丽公主的战斗中"尽心尽力"。他回答说自己会竭尽所能。[18]

　　第二天，随着最后的军事准备工作就绪，诺森伯兰公爵命令他的军官们在达勒姆宫与他会面。他们中包括玛丽·格雷的未婚夫——被长矛刺穿脸的威尔顿的格雷勋爵、1549年与他并肩作战的北安普顿侯爵威廉·帕尔，以及约翰·盖茨爵士。在即将到来的对峙中，诺森伯兰公爵能够信任这些人。然而，他最害怕的不是敌人，而是那些留下来在背后"捅刀子"的人。

　　当天下午，议员们齐聚一堂，祝他一切顺利，他发表了告别演说，尽可能清楚地提醒他们各自的职责所在。"议员们，为了女王

的稳固地位，我和其他的贵族，还有整个军队现在出发。"他宣称
他相信枢密院议员的忠心，因为他们都受到"神圣的效忠誓言的
约束，而誓言是由你们向这位高尚的女王自愿宣誓的"，女王只是
"在你们和我的劝说下"接受了王冠。

　　但诺森伯兰公爵警告说，如果有人背叛军队，他们会有安全警
卫就位。"再思考一下，"他接着说，"这是圣道。"他们的初衷总是把
天主教排除在外。"不要反其道而行之，但如果你们打算欺骗我……上
帝也会采取同样的方式复仇。"一位枢密院议员向他保证："阁下，在
这件事上，如果您不信任我们其中的任何一个人，那您就上当了，
因为我们谁能把双手擦干净呢？"[19]诺森伯兰公爵和议员们坐下来吃
了最后一顿晚餐，公爵仍然在想，他和军队走了以后，会有多少人
扮演犹大的角色。

　　诺森伯兰公爵离开之前在伦敦塔见了简·格雷最后一面。他被
简·格雷任命为军队首领，并得到她的全力支持后"向她告别"。
他肯定也向他的儿子吉尔福德·达德利告别了，吉尔福德·达德利
的兄弟们，包括最小的16岁的亨利·达德利勋爵，都宣布愿意为
简·格雷而战。当诺森伯兰公爵走出会议厅时，他看到阿伦德尔伯
爵，伯爵对他说，很抱歉未能和他并肩作战，但会心甘情愿地
"把血洒在他的脚下"。这是个谎言。

　　7月14日，简·格雷的军队启程前往东安格利亚，一群人聚
集在路边，一言不发。

　　当他们经过肖尔迪奇时，诺森伯兰公爵感慨地说："尽管人们
迫不及待地要见我们，但没有一个人祈求上帝保佑我们。"[20]骚乱可
能随时发生，面对这种威胁，简·格雷令士兵当晚守卫城门，并宣
布从晚上8点到早上5点实行宵禁政策。与此同时，伦敦的气氛阴
郁沉闷，这一消息传到西泰晤士河流域，有助于提高对一场由绅士

领导的叛军的支持。普通民众纷纷表示支持玛丽公主。简·格雷得知白金汉郡已经宣布玛丽公主为女王，而她自己则被谴责为"一位杜撰的、美丽的新女王"。[21]但正是在东安格利亚，几天前，那里的城镇迅速宣布简·格雷为女王，导致叛军人数增长得最快；玛丽公主的家人和朋友甚至成功地招募了福音派精英支持她。

7月15日早上，诺森伯兰公爵和北安普顿侯爵前往贝里圣埃德蒙兹，以切断中部地区对玛丽公主的支持，此时人们纷纷前往玛丽公主位于萨福克郡的法兰林汉姆城堡。有人描述并记载，军队最终被安排接受她的视察。玛丽公主的父亲也许怀疑过一个女人是否有能力激励男人参军，但她出自战斗家族。她的母亲是卡斯蒂利亚王国的勇士女王伊莎贝拉一世的女儿，曾与摩尔人作战。玛丽公主身材苗条、身姿挺拔，骑着一匹白马前往她的军队，此时，士兵们已经进入战斗状态。"步兵准备好长矛，骑兵挥舞着标枪，弓箭手拉弓上箭……每个人都各司其职，保持指定的姿势，甚至连手指都一动不动。"[22]看到闪闪发光的兵器和飘扬的旗帜，玛丽公主的马惊跳起来，于是她就下马，沿着队伍走。玛丽公主走过来，每个男人都跪在地上，她时不时地停下脚步，说些鼓励的话。玛丽公主总是与平民相处得很好，而平民憎恨诺森伯兰公爵和那些长期剥夺他们社会公平地位的人，这恰好是玛丽公主的运气。

在伦敦塔，简·格雷得知诺福克郡附近的海上有5艘皇家军舰发生了叛乱，船上的水手迫使军官加入玛丽公主的阵营。一些议员认为，反对简·格雷的叛乱是上帝的惩罚，因为简·格雷及其支持者剥夺了玛丽公主的权利。有传闻说，有些贵族忠于简·格雷，而他们的佃户拒绝加入反抗玛丽公主的阵营，所以"每个人都开始克制自己的情绪"，害怕激起民愤。然而，简·格雷继续写信给司法行政官和治安法官，要求他们效忠于她。她命令道："继续忠于王室，履行职责，对于这个王国，王室拥有正当的控制权。"尽管她的父亲生病了，但是肯定会一如既往地支持她。然而，没有人像诺森伯兰公爵那样，强迫简·格雷提醒国家官员每个人都有责任，"对我们来说，女王陛下的目的就是保护英格兰的王冠，使之不受陌生人和天主教徒的侵害"。[23]她决心继续战斗。

120

简·格雷意识到甚至她的枢密院内部也充斥着不满的情绪，于是她下令在伦敦塔周围安排一支强大的卫队。那天晚上，当司库温彻斯特侯爵准备离开时，他发现大门紧闭。他要求手下把门打开，却被告知有人已经亲自将钥匙交给女王。至少在外人看来，尼古拉斯·雷德利主教仍然忠心耿耿。那个礼拜天，他在保罗十字架前又做了一次毁灭性的布道，再次谴责玛丽公主和伊丽莎白公主。与第一次相比，这次布道并没有得到更好的反响，但简·格雷没有绝望。7月18日，她开始组建新的军队，由"我们忠实可靠的、深受喜爱的表亲阿伦德尔伯爵和彭布罗克伯爵"率领军队进入反叛的白金汉郡。简·格雷在信中对那些背叛她的人表现出真正的愤怒。她确信，白金汉郡的叛军最终要么"没有勇气坚守他们的恶意"，要么会"受到他们应得的惩罚和处决"。[24]但是，当简·格雷迫切需要新兵和武器时，她的将军们已经背叛或抛弃了她。诺森伯兰公爵和北安普顿侯爵收到了枢密院朋友的"苦恼信"，这些人在信中警告说他们已经失去了一切，并让他们在傍晚"点灯"时逃离贝里圣埃德蒙兹。于是他们前往剑桥，那里是福音派革命的知识中心。[25]

7月19日，伦敦塔里弥漫着一种虚幻的气氛。即使灾难降临，日常生活也在继续。简·格雷同意做激进的福音派教徒爱德华·安德希尔（Edward Underhill）儿子的教母。这天上午，仪式在塔山教堂举行。简·格雷仍然忙于履行女王的职责，而她母亲的表妹——尼古拉斯·斯罗克莫顿爵士的妻子斯罗克莫顿夫人则代替简·格雷充当教母。[26]与此同时，在北安普顿的城镇广场上，尼古拉斯·斯罗克莫顿爵士正在试图阻止一名天主教骑士托马斯·特雷舍姆（Thomas Tresham）宣告玛丽公主为女王。[27]民众反对尼古拉斯·斯罗克莫顿爵士，多亏一群绅士把他推到马上，并在他骑马离开时阻止愤怒的暴徒，他才侥幸逃脱免于被处以私刑。然而，塔山教堂一片祥和，在这里这样的戏剧性事件似乎不可能发生。按照传统，孩子的洗礼名由教母选择。

121

尽管有人持不同意见，但简·格雷对吉尔福德·达德利的感情可见一斑，因为简·格雷以他的名字给小男孩命名。简·格雷的父亲看着这个孩子受到祝福。哈里·格雷仍然希望形势会对他的女儿和她年轻的丈夫有利。那天上午，他在埃塞克斯郡给议员里奇勋爵[28]写了一封信，通知他牛津伯爵叛变的消息，并要求他继续效忠于简·格雷。彭布罗克伯爵也在教堂里，并在哈里·格雷身边签了名。[29]但事实上，彭布罗克伯爵和阿伦德尔伯爵已经准备好把简·格雷从王位上拉下来。

❖

洗礼结束后，彭布罗克伯爵回到了他在伦敦的家——贝纳德城堡。这对凯瑟琳·格雷来说是痛苦的一天，因为她的公公准备背叛她的姐姐和她的父母。那天下午，市长大人和一些议员一并来了。他们告诉萨福克公爵哈里·格雷，他们即将离开伦敦塔，与法国大使会晤，讨论从荷兰派遣外国援军协助诺森伯兰公爵实施计划，因此萨福克公爵允许他们通过警卫的检查。[30]在接下来的几个小时里，来来去去的人很多（也许凯瑟琳·格雷目睹了这一幕），市长大人短暂地离开了，却带回了许多市政官。当他们共聚一堂时，彭布罗克伯爵宣布他们即将骑马去齐普赛街，宣布玛丽公主为女王。在场的许多人为当时可以避免内战而流下欣慰的眼泪。

当他们在贝纳德城堡外列队向齐普赛街进发时，消息早已传开。政要们骑马上山来到圣保罗教堂墓地，这时人群已经十分拥挤，他们几乎无法通过。但是他们策马穿过人群，直到最后到达目的地。在约翰·梅森爵士、科巴姆勋爵和阿伦德尔伯爵在场的情况下，玛丽公主在号角声和人群的欢呼声中被拥立为女王。彭布罗克伯爵向空中扔了一顶装满硬币的帽子以示庆祝，硬币从周围房子的窗户上倾泻而下。与9天前简·格雷在伦敦发表声明时形成鲜明对比的是，篝火迅速燃起，教堂的钟声敲响，人们在街上跑来跑去，高喊："玛丽公主是女王！"当枢密院的军队到达伦敦塔时，萨福克公爵知道他女儿的事业失败了，于是命令手下放下武器。士兵们告诉他，如果他不是心甘情愿地离开伦敦塔并签署新的公告，就将遭到逮捕。他按照要求在塔山上宣读了玛丽公主为女王的公告。然后他回去尽可能温和地告诉女儿，她的统治已经结束。

萨福克公爵发现简·格雷和她的母亲以及侍女待在一起。根据教皇特使乔瓦尼·弗朗切斯科·康莫多的说法，听到她父亲宣布这一沮丧的消息时，简·格雷镇定自若。相反，当萨福克公爵宣布完消息，简·格雷提醒他，他曾说服自己接受王冠。简·格雷承认之前对他的观点心悦诚服，但后来"如果从结果判断不出他们精明与否，他们中的许多人就会直接被认定为智者"。她的父亲随后帮她把王冠取下来，亲手毁掉了自己的野心。简·格雷和母亲以及侍女们回到内室，"满怀哀愁，但是以极大的勇气和耐力承受着不幸的命运"[31]。

不久，斯罗克莫顿夫人从吉尔福德·安德希尔（Guildford Underhill）的洗礼上回来，在家中享用晚餐。她随后返回伦敦塔，

122

走进寂静的王座室。她惊讶地发觉王座上的天篷已经被拆除,并且简·格雷统治时期的所有标志物都被破坏,"真是瞬息万变!"她还发现萨福克公爵和弗朗西丝一起去了贝纳德城堡。格雷一家希望能让彭布罗克伯爵相信,诺森伯兰公爵和他的家人应该为他们把玛丽公主排除在王位继承人之外的行为负责。斯罗克莫顿夫人也试图离开,但为时已晚,卫兵们收到的命令已经改变,她和其他囚犯——简·格雷、吉尔福德·达德利和诺森伯兰公爵夫人一起被关押。[32]责任划分的意图已经很明显了。

当晚,政变的细节就被传到身处剑桥的诺森伯兰公爵那里。他对那些曾帮助他相信自己是为了上帝的利益而支持福音派反对玛丽公主的人感到愤怒。他的部下都逃跑了,而他因为忠于已故君主的意愿而面临灾难,就像他的父亲一样。他已经给新女王写了一封信,请求她下令大赦。当他和剑桥大学副校长说"玛丽女王是一个仁慈的女人,对此他深信不疑"时,眼泪从他的脸颊滑落。[33]第二天,诺森伯兰公爵宣读新宣言,并宣布玛丽公主为女王,北安普顿侯爵陪在他身边。因此,一位朋友写信给对简·格雷寄予厚望的瑞士学者约翰·乌尔默说:"简·格雷只做了 9 天的女王,而且在这 9 天国家最为动荡不安。"[34]①他提到了她在伦敦塔被宣布为女王以来的日子。事实上,她的统治只持续了两个多星期。

伊丽莎白公主在哈特菲尔德的家里给同父异母的姐姐玛丽女王写了一封祝贺信。这位年轻的公主从简·格雷的短暂统治中吸取了重要教训。她不会忘记,新教主教曾宣布她和玛丽女王是私生女,而且新教精英宣称她很支持其中一位格雷姐妹,而普通人支持玛丽

---

① 一些现代历史学家说,"九日女王"是后来的说法,意在暗示简·格雷的统治是昙花一现。但这封信完成于简·格雷所处的时代,很可能是"九日女王"这一说法的出处。

女王享有继承权，由此推断，他们也支持伊丽莎白公主享有继承权。伊丽莎白公主还记得，最后新教精英如何将矛头指向简·格雷，部分原因在于她的丈夫是达德利勋爵，人们憎恨这一姓氏。简·格雷的大臣威廉·塞西尔爵士将标有"女王简·格雷"字样的文件归档，只在其中一份文件上写着"简·格雷不是女王"，这可能是她的墓志铭。然而，她只有在成为伦敦塔里的囚犯后才真正开启了自己的人生。

124

第十二章

伦敦塔里的囚犯

脱去女王衣袍后，简·格雷遭到了塔楼守卫的嘲笑。帝国大使们报告说，她和吉尔福德·达德利都受到了"冷嘲热讽，这与他们在位期间的待遇截然不同"。[1]简·格雷被带到伦敦塔内皇家公寓旁边的一间小房子里，吉尔福德·达德利则被移去附近的波尚塔。那里的守卫取下他们的贵重物品，只留下一小笔零钱。与此同时，几乎每天都有他们的朋友和亲戚被当作囚犯带进来。

1553 年 7 月 25 日上午，伦敦人大规模出动，准备迎接诺森伯兰公爵和吉尔福德·达德利的两个兄弟安布罗斯和亨利的到来。等待的人群情绪低落。负责看管囚徒的阿伦德尔伯爵担心诺森伯兰公爵可能会被处以私刑，他要求诺森伯兰公爵在通过城门前脱掉自己那件独特的红色斗篷。诺森伯兰公爵按照他的要求做了。随后，囚犯们骑马上山，在武装骑兵的护送下，向伦敦塔进发。沿途的人们密集地向他们扔石块，并大声呼喊着"叛徒"。诺森伯兰公爵手里拿着帽子，以示歉意。[2]他 16 岁的儿子亨利·达德利哭了，但随后，一个年龄相仿的男孩冲破了道路两旁的武装队伍，在路上跑来跑去，挥舞着他的剑，大喊大叫。可以很明显地看到，他没有耳朵。事实上，他就是被毁容的吉尔伯特·波特，是简·格雷短暂统治时期的第一位受害者。

第二天，北安普顿侯爵和诺森伯兰公爵在警卫的看守下抵达伦敦塔。简·格雷看到北安普顿侯爵被囚禁时无疑很难过，但最让她难过的是她的父亲于 7 月 27 日到达伦敦塔。这家人原本希望诺森伯兰公爵能独自为宣布简·格雷为女王并谴责玛丽公主的宣言承担责任。他们煞有介事地告诉帝国大使们，诺森伯兰公爵正准备给予法国加来人支持，以换取他的儿子成为国王。大使们还被告知吉尔福德·达德利曾试图向简·格雷施压以获得国王的王位，但萨福克公爵的被捕表明他们的说法的真实性值得怀疑。延续家族血统的任务留给了弗朗西丝，她立刻骑马去找当时正在埃塞克斯郡比尤利宫的女王玛丽一世。

弗朗西丝于 7 月 29 日凌晨 2 点到达比尤利宫。简·格雷曾经在这里的小教堂斥责玛丽一世的仆人沃顿夫人在圣餐前跪拜。弗朗西丝肯定没怎么睡过觉，因为她等着早上和玛丽一世见面，但女王既有宽容的天性，又有好记性。25 年前，弗朗西丝的母亲曾尽力说服亨利八世废除阿拉贡的凯瑟琳，转而支持安妮·博林，这么做是愚蠢的。那些痛苦的岁月犹在眼前，玛丽一世的父亲之前的所作所为——与罗马教廷决裂——是为了可以自由地拥有一个男性继承人而废除了与她母亲的婚姻，而她目前是女王。那天早上晚些时候，玛丽一世在做完祷告后听到弗朗西丝恳求说，格雷一家是诺森伯兰公爵的野心的牺牲品，萨福克公爵的病也是拜诺森伯兰公爵所赐。她的论点似乎是，诺森伯兰公爵毒死了爱德华（正如许多人认为的那样），又下定决心杀死萨福克公爵，同样是因为他充当简·格雷的护国公。[3] 吉尔福德·达德利随后将和简·格雷共同统治，或者诺森伯兰公爵会让 11 岁的苏格兰玛丽公主登上王位并操纵她。

126

即使是按当代阴谋论的高标准，弗朗西丝的说法也有点夸张。此外，事实是简·格雷已经组织了一支军队来对付合法的玛丽一世，并签署了文件，称她为私生女，帝国大使们对简·格雷的热情骤减。杰汉·舍伊夫和西蒙·雷纳德对玛丽一世有着巨大的影响，他们代表着她的皇帝表哥，也确实如此。他们比弗朗西丝早几个小时就到了比尤利宫。当他们发现弗朗西丝想说服玛丽一世赦免萨福克公爵和他的女儿时，他们很震惊，认为简·格雷至少应该留在伦敦塔里。正如他们一再提醒玛丽一世的那样，释放简·格雷会让自己陷入"丑闻和危险"之中。[4] 玛丽一世勉强同意在这个阶段拒绝赦免她，但简·格雷的父亲萨福克公爵第二天就被赦免了。这一好消息传到莱斯特市，那里的官员感激涕零地给了信使一大笔小费。[5] 但是萨福克公爵在塔里又待了差不多两个星期，病得不能动了。他的仆人说他可能会死，但这家人真正担心的是简·格雷。萨福克公爵被赦免的第二天，简·格雷被指控犯叛国罪，面临几乎确定的死刑判决。当时的叛国罪审判不是为了确定有罪还是无罪，而是为了宣告罪犯的邪恶，而针对简·格雷的判决直截了当，这家人需要加倍努力来获取女王对她的赦免。

8月3日，新女王在贵族和朝臣的队列中正式进入伦敦，要求进入伦敦塔。玛丽一世骑的马裹着金布，垂到地上，她穿了一件紫色天鹅绒长袍，裙子和袖子上也绣着金边。[6] 她和简·格雷的身材有着明显的相似之处。与她的外甥女一样，玛丽一世"身材矮小、骨瘦如柴，头发是红色的"。一位目击者认为她也"非常漂亮"，但到了37岁，青春的花朵已经凋谢，她变得焦虑不安。[7] 自从进入伦敦塔，简·格雷就不被允许向玛丽一世申辩，但玛丽一世遇到了那些应立即释放的囚犯，其中最赫赫有名的是爱德华·考特尼（Edward Courtney），他是爱德华四世的曾孙。1538年，他的父亲因密谋让他娶玛丽一世而被判死刑，此后他一直被关在伦敦塔里。当时他只有 12 岁，在爱德华统治期间一直被监禁，因为他会持续带来可能的危险。然而，现在所有那些不想看到女王嫁给外国人的人，都寄希望于她和爱德华·考特尼的婚姻，如果玛丽一世很快有机会生孩子的话。

与此同时，凯瑟琳·格雷也要离婚了。凯瑟琳·格雷的性格与她姐姐的性格截然不同。简·格雷对各种想法充满热情，凯瑟琳·格雷的热情却发自内心，她与年轻的丈夫亨利·赫伯特勋爵非常亲近，他们一起度过了痛苦的几周。两人都不顾一切地宣称，为了防止婚姻无效，他们的婚姻已经完美无缺，但这只能说明他们很天真。凯瑟琳·格雷快满 13 岁了，她的公公彭布罗克伯爵承受不了任何儿媳可能会怀孕的风险，因为人们还没有忘记他早些年把玛丽一世排除在王位继承人之外的所作所为。凯瑟琳·格雷将被送回家，和她的母亲以及妹妹玛丽·格雷一起生活，玛丽·格雷与伤痕累累的威尔顿的格雷勋爵的婚约也解除了，这让他们俩都松了一口气。

玛丽一世在与爱德华·考特尼和其他囚犯谈话后回到王室住所，她看到了从简·格雷那里取回的王冠，其中包括一项用珍宝制成的公爵冠冕，可能是指定给吉尔福德·达德利的。一个黄色盒子有一张简·格雷的继祖母"萨福克夫人"的画像、"一张最后去世的王后凯瑟琳·帕尔的画像"和一张爱德华的小像——他还躺在威斯敏斯特的圣彼得教堂里，没有被安葬。[8]

由于前几周发生的事件，爱德华的棺材一直被放在支架上，周围没有点蜡烛，由 12 名绅士看守，他们被认为是天主教徒。然而，他的葬礼终于可以继续举行了。根据改革后的仪式，葬礼定在 8 月 8 日举行。玛丽一世曾希望给她弟弟做一场完整的安魂弥撒，为他的灵魂祈祷，但帝国大使们担心这会引起冲突，所以她私下为他做了弥撒，并安排他想要的公共服务。10天后，玛丽一世发表了一份和解声明，承诺"经一致同意"解决宗教问题，同时要求人们信仰"他们认为的最好的"宗教。[9]还有另一件让公众开心的事情：对叛徒诺森伯兰公爵和北安普顿侯爵的审判已经开始了。

❖

诺森伯兰公爵在审判中愤怒地指出，在场的几位法官曾签署支持爱德华遗嘱的誓言。他还提醒他们，没有他们的批准，以及没有女王简·格雷盖上国玺的授权令，他什么都做不了。然而，针对这一点，法官们答道，篡位者的印章是无效的，他们也没有剥夺这两位贵族的权利。诺森伯兰公爵和北安普顿侯爵随后被判叛国罪并被判处死刑。第二天，约翰·盖茨爵士和托马斯·帕尔默爵士也被宣布了同样的判决，他们是对萨默塞特公爵审判的关键证人，曾指控他谋杀未遂。[10]据说，如果北安普顿侯爵放弃第二任妻子伊丽莎白·布鲁克，回到第一任妻子安妮·布奇身边，他可能会得救。与此同时，诺森伯兰公爵恳求玛丽一世准予他斩首的特权（而不是叛徒通常被判处的绞刑、鞭刑和车裂），并宽恕他的孩子。但他还表示，希望继续得到赦免，并提出额外的两项请求，他要求议员们来探视他，以便他能够传递国家机密，此外"我已经指定了一位博学的人来教导我，让我的心平静下来"，[11]这标志着他的信仰可能转变。

诺森伯兰公爵的死刑定于8月21日执行，当天上午8点，刽子手已经就位，多达1万人聚集在塔山。然而，卫兵突然离开了。9点，简·格雷从伦敦塔里的房间窗户往外看，看见诺森伯兰公爵和其他被判刑的人正走向伦敦塔的小教堂。教堂里，以前被禁止的

弥撒的古老仪式再次举行。当囚犯们准备接受圣餐时，诺森伯兰公 129
爵转向会众，"我的主人，"他开始说，"我要让你们所有人都明
白，我笃信这就是正确和真实的道路，16 年过去了，你和我正是
在这条道路上被新传教士错误的说教诱惑。"这番话使小教堂里的
人震惊不已。在过去的 3 年里，难道诺森伯兰公爵不是和北安普顿
侯爵以及萨福克公爵一起成为英格兰福音派宗教的主要推动者吗？
帝国大使西蒙·雷纳德宣称他的宗教皈依值得超过一个月的布道。
但如果诺森伯兰公爵希望这能救他的命，那他就错了。几个小时
后，伦敦塔的中尉警告他，应该为改到第二天早上的死刑做好准
备。约翰·盖茨和托马斯·帕尔默收到了同样的消息。诺森伯兰公
爵手忙脚乱地给阿伦德尔伯爵写了一封信，请他恳求女王饶他一
命，"是的，过着狗一般的生活，这样我就可以活下来，并亲吻她
的双脚"。[12]然而，直到夜幕降临时，玛丽一世也没有回信。尽管诺
森伯兰公爵很努力地想通过联姻加入王室，但他仍然是一个局外
人。像他一样忠于简·格雷的北安普顿侯爵和萨福克公爵将活下
来，而他和约翰·盖茨以及托马斯·帕尔默爵士这两个小人物将
死去。

　　8 月 22 日上午 9 点，诺森伯兰公爵与其他死囚再次做了弥撒，
然后短暂地回到他的住处。大约 45 分钟后，约翰·盖茨从伦敦塔
中尉的屋子里出来，坐在花园门口，等待他在断头台上的宿命。卫
兵随后把诺森伯兰公爵带来，他身穿灰色锦缎斗篷现身，托马斯·
帕尔默紧随其后。

　　诺森伯兰公爵苦涩地对约翰·盖茨说："愿主垂怜我们，因为
我们的生命都将在这一天结束。如果我有任何冒犯到你的地方，请
原谅我；我全心全意地原谅你，虽然你和你的忠告是一次很好的机
会。"约翰·盖茨曾鼓动诺森伯兰公爵派他的儿子罗伯特勋爵去抓

130　捕玛丽一世。也许他认为同意这样做是他的致命错误。然而，后来格雷阵营表明，事情的真相远不止这些，是约翰·盖茨说服爱德华修改遗嘱从而对简·格雷有利。[13]约翰·盖茨反驳道："好吧，我的大人，我原谅你就像我会被原谅一样。然而，你和你的权威是这一切的唯一根源。但是上帝饶恕你，我也祈求你宽恕我。"人们低下头，诺森伯兰公爵走向刑台。[14]

　　站在一旁冷眼观看的是前护国公萨默塞特公爵的儿子——15岁的赫特福德伯爵和他的弟弟们。前一天，诺森伯兰公爵还在请求他们宽恕他曾造成他们父亲死亡，现在他们正见证正义得到伸张。等待的人越聚越多。一位西班牙证人记录道："这么多人骑马和步行前来，真是值得一看的景象。"诺森伯兰公爵登上断头台后，靠在栏杆上发表最后一次讲话，他重申了对玛丽一世的罪行，并请求宽恕，但他坚称，他并不是唯一一个计划改变继承权的人，甚至不是"始作俑者……还有其他人这样做了，但我不会说出他们的名字，因为我现在不想伤害任何人"。[15]

　　诺森伯兰公爵的话涉及约翰·盖茨吗？正如他提醒诺森伯兰公爵的那样，他是个小人物。诚然，正如诺森伯兰公爵所说，有几个来自福音派精英上层的人潜移默化地帮助塑造了爱德华的思想。诺森伯兰公爵承认贪婪和个人抱负在一定程度上让他做出这些决定，他知道人们会怀疑他的突然叛依，但对于那些影响他信仰的福音派教徒，他充满怒火。刽子手就站在离他只有几英尺远的地方，他宣称："正如你们所见，我在任何情况下都只说实话。"[16]如果他在撒谎，仍然希望在最后一刻得到缓刑，那么他就是在冒巨大的风险。他知道，如果斧头在那一刻摆动，他将面临永恒的审判。诺森伯兰公爵脱下上衣，拿起刽子手递给他的眼罩。他跪在稻草上，在地上画了一个十字架的标

131　志——天主教的手势，并说了最后的祷词。然后，他跪下来调整眼

罩，趴在垫头木上，拍手示意刽子手。"哦，大人，记住生活是多么甜蜜又是多么痛苦。"诺森伯兰公爵曾在写给阿伦德尔伯爵的信中这样说。随着斧头砍下，他的头落地。约翰·盖茨爵士就没这么幸运了，他挨了3斧头头才落地。然后，他的鲜血从垫头木上流淌下来，随后轮到托马斯·帕尔默爵士被执行死刑。

托马斯·帕尔默是个50多岁的老人，却像个年轻人一样跳上了刑台。他直率地承认自己有罪，曾撒谎称护国公谋杀未遂，将他送上刑台，但他对来世的生活很乐观。他学到了更多有关上帝的善良，他说："我在伦敦塔中的一个黑暗的小角落里学到的东西，比我在那么多旅行之处学到的还要多。因为在那里，我看到了上帝，我知道他是谁，他奇妙的作为是多么不可思议，他的仁慈是多么宽厚。"他相信上帝已经宽恕了他，作为一名新教徒，没有炼狱让他为自己的罪行付出应有的代价。如果他是上帝的选民之一，他会直接上天堂。"我该害怕死亡，还是为此悲伤？难道我没有亲耳听到、亲眼见到两个人死在我面前？不，无论是血液飞溅还是血流不止，抑或是沾满鲜血的斧头，都不会让我害怕。"他转向刽子手，刽子手的白围裙已被鲜血染成红色。"来吧，好家伙，"他说，"你是必须做这件事的人吗？我全心全意地宽恕你。"[17]和诺森伯兰公爵一样，他的头也落地了。然后，简·格雷看着他们的遗体被木车拉回他们做弥撒的教堂。

❖

众所周知，玛丽一世还是决定饶简·格雷一命，而且打算在审判结束后赦免她。[18]格雷阵营一直在支持玛丽一世的决定，即认为这是一个安全的决定，也是一个仁慈的决定。在诺森伯兰公爵受审前夕，玛丽一世向帝国大使们保证，简·格雷直到后期才知道篡夺

132　王位的计划。此外，玛丽一世还告诉他们，简·格雷与吉尔福德·达德利的婚姻是无效的，因为她已经与加德纳主教家的一员订婚了，而那个人的社会地位很低，如果他们重新结合，简·格雷将被排除在玛丽一世可能的竞争对手之外。[19]然而，大使们对此无动于衷，因为他们没有听到更多有关新郎的消息。因此，在诺森伯兰公爵被处决一周后，简·格雷的处境仍然很危险，她准备在伦敦塔与罗兰·李（Rowland Lee）共进晚餐。

　　作为皇家铸币厂的一名官员，罗兰·李并不能每天都坐下与一位著名且有争议的王室人物共进晚餐。但安排这次晚餐的主人是他的一位朋友——帕特里奇（Partridge）先生，他的房间在简·格雷通常用餐处的楼上。帕特里奇有一天在那里见过简·格雷，并邀请她和他的妻子、朋友一起吃饭。这位帕特里奇先生可能是"迈尔斯·帕特里奇爵士"的弟弟休·帕特里奇。迈尔斯·帕特里奇爵士是托马斯·帕尔默的老伙伴，在1552年2月作为萨默塞特公爵的盟友被处决。这家人都是激进的福音派教徒，自然很同情简·格雷。休·帕特里奇可能看守过他哥哥的刽子手和之前的朋友。[20]当罗兰·李来到帕特里奇的房间时，简·格雷已经坐在了桌子的最前面，她是一个年轻的女孩，有着超越年龄的镇定和自信。她抬头看了一眼，举起酒杯，向罗兰·李敬酒，表示"真心欢迎"。他立刻摘下帽子，但简·格雷向他保证，她很乐意让他戴着帽子。罗兰·李随后向桌上的休·帕特里奇、简·格雷的男仆和贵妇人致意，这位被称为雅各布夫人的贵妇人被介绍给他认识。简·格雷在伦敦塔里至少有3位贵妇人侍候，其中两位是简·格雷的亲戚——伊丽莎白·蒂尔尼（她的姐姐曾侍候过已经去世的亨利八世的第五任妻子凯瑟琳·霍华德）和教师"艾琳"［Ellyn，现代拼法是"艾伦"（Allan）］。雅各布夫人常被描述为简·格雷的护士，但这是17世纪后期人们虚构的说法，旨在突出一个被锁在塔里的年轻女孩的辛酸。她更有可能是宫廷中一位犹太音乐家的妻子，可能曾被凯瑟琳·帕尔王后雇用过。[21]

晚餐开始时，简·格雷大胆地为玛丽一世举杯敬酒："女王陛下是一位仁慈的公主，我恳求上帝让她长久地活下去，并赐予她慷慨的恩典。"据说，简·格雷仍然希望被赦免，在过去的几天里，她在给玛丽一世的一封信中更直接地表达了这一愿望，希望能免除自己曾经想要成为女王的罪责。[22]然后，她开始聊天。简·格雷想听听他们带来了哪些有关玛丽一世的宗教政策的消息、谁周日前在保罗十字架上讲道。有人告诉简·格雷，托马斯·沃森（Thomas Watson）是加德纳主教之前的私人牧师。[23]上周发生了一件事，传教士吉尔伯特·伯恩（Gilbert Bourne）在表示支持弥撒后被石头砸死，但托马斯·沃森没有冒险，在 300 多名武装警卫的保护下传教。简·格雷想听到更多关于弥撒可能重新开始的消息。"我求你了，"她问道，"有人在伦敦做弥撒了吗？""是的，"罗兰·李回答，"他们在一些地方做弥撒。"

简·格雷惊骇不已，回忆起在伦敦塔小教堂里做过的弥撒，她对诺森伯兰公爵的突然皈依表示惊讶。她说："谁能想到他会这么做？"与她共进晚餐的同伴告诉她，人们说他希望得到赦免。简·格雷怒气冲冲地说："他真可悲！他的狼子野心给我和我的家族带来了最悲惨的灾难和苦难。作为将领亲自参加反对玛丽公主的战斗，他怎么敢指望被赦免呢？难道他不明白他是一个人人都讨厌的人吗？"她的怒火丝毫未减，继续说道："就像他的生活是邪恶的、充满伪装一样，他此后的结局也是如此。我祈求上帝，我和我的朋友都不会这样死去。"简·格雷随后宣布，她将在放弃自己的信仰之前死去。她说："我年轻的时候，是否应该出于对生命的热爱而放弃我的信仰？不，但愿不会发生这样的事！上帝更不会允许我这样做。但生活似乎是甜蜜的，你会说，人可能活着，但不在乎以什么方式活下去。"她引用经文总结道："谁在别人面前如此否认他，就在天父的王国里认不出他。"[24]

简·格雷的发言有力地说明了她失势后几周内的想法以及她对未来的打算。她希望"仁慈的公主"玛丽一世能宽恕她，就像她母亲指责诺森伯兰公爵应对她和她家人的处境负责一样。然而，如果人们可以再做弥撒，她会坚决反对，并以赴死为代价。

两周后，即 9 月 13 日或 14 日，吉尔福德·达德利被囚禁的兄弟们获准探望他们的妻子。然而，简·格雷是否会被允许去见吉尔福德·达德利还很难说。后来有传言说她在那年冬天怀孕了，这一说法来源于 10 年后一篇写在挽歌中的反对玛丽一世的宣传文章。但当他们受到的限制被放宽时，她可能从窗户看到吉尔福德·达德利和他的兄弟们在波尚塔顶上锻炼。当然，她也能看见北安普顿侯爵威廉·帕尔和伦敦主教尼古拉斯·雷德利定期去教堂做弥撒。一想到有那么多人被拉回她认为的天主教偶像崇拜中，简·格雷就备受折磨。在这方面，情况只会越来越糟。11 月初，议会废除了爱德华时期通过的所有宗教法案，为了推动这些法案，简·格雷的父亲曾做过很多事，令简·格雷深感自豪的是，他是少数试图阻止废除法案的人之一。[25]但她打算在 11 月 13 日的公审中为自己的宗教信仰辩护。

那天早上，她和吉尔福德·达德利、他的两位弟弟安布罗斯和亨利以及坎特伯雷大主教托马斯·克兰麦一起被带出伦敦塔，步行前往市政厅。游行队伍在一名手持斧头的男子的带领下穿过街道，这提醒人们，囚犯们正在因死罪受审。队伍中的第一个囚犯是托马斯·克兰麦，随后是吉尔福德·达德利，他穿着华丽的黑色天鹅绒套装，上面有白色缎面的斜纹花案。简·格雷跟在吉尔福德·达德利身后，从头到脚，她都像是这群死刑犯中的明星。为表示忏悔，简·格雷穿了一身深黑色的衣服，黑色斗篷上镶着黑色的边，衬里也是黑色的，甚至连她的法国头饰都是黑色的。她手里拿着一本打开着的祈祷书，宣告她对福音派的虔诚，而另一本书则用黑色天鹅绒包着，挂在她的腰上。简·格雷身后是雅各布夫人和伊丽莎白·蒂尔尼，在她们后面的是吉尔福德·达德利的弟弟安布罗斯和亨利。审判的笔录没有留存，但在米开朗琪罗·弗洛里奥的记录中，简·格雷到达市政厅后，从听到铿锵的兵器声中获悉判决结果，一直保持沉着冷静，米歇尔曾在那年早些时候将一本《托斯卡纳词典》献给简·格雷。首席大法官理查德·摩根（Richard Morgan）爵士因参加玛丽教堂的弥撒而被爱德华监禁过，他判处简·格雷火刑，任何犯叛国罪的女性都要接受这必然的判决。游行队伍返回时，持斧人的斧头转向内侧，表示死刑已经宣判，人群中有许多人为简·格雷哭泣。

　　然而，简·格雷仍然有可能被赦免，玛丽一世再次申明，她不想让简·格雷死。为了安抚帝国大使并让他们相信简·格雷不再是一个危险人物，有传言说格雷姐妹是私生女，因为她们的父亲在与弗朗西丝结婚之前就已经与阿伦德尔伯爵的妹妹订婚了。[26] 萨福克公爵急于尽自己所能帮助女儿，也借此机会表示对玛丽一世的忠心。他对废除新教立法的攻击退避三舍，并表示女王应该嫁给她喜欢的人，即使是谣传的选择——查理五世的儿子西班牙的费利佩（Philip）王子。[27] 萨福克公爵也许还指望，在看到 11 月 16 日下议院提交的联名请愿书后，玛丽一世最后会拒绝与西班牙王室的联姻。请愿者来自宗教保守派和福音派，他们恳求玛丽一世在国内找一个丈夫。然而，玛丽一世已经在与西蒙·雷纳德大使的秘密会面中接受了费利佩王子的求婚。

这条消息在该月晚些时候公布时，非常不得人心。人们再次担心英国会被哈布斯堡帝国吞并，11 月 26 日，一群与格雷家族交好的福音派绅士聚集在一起，策划了一系列在南部、西部和中部的起义。这些福音派绅士包括弗朗西丝的一位亲戚彼得·卡鲁（Peter Carew）爵士、北安普顿侯爵的表弟尼古拉斯·斯罗克莫顿爵士（简·格雷统治的最后一天，他的妻子曾在洗礼中代表过简·格雷）和伊丽莎白·布鲁克的第一代表亲托马斯·怀亚特（Thomas Wyatt）。[28] 两位贵族将加入他们，一位是爱德华·考特尼，他曾希望自己在伦敦塔里度过的岁月能换来一顶王冠，但他只被授予德文郡伯爵的爵位；另一位是萨福克公爵，在他的女儿做女王的最后几天里，简·格雷号召人们武装起来，保卫女王"脱离陌生人和天主教徒之手"。[29] 正如彼得·卡鲁向萨福克公爵概述的那样，叛军的意图是：阻止玛丽一世与西班牙的费利佩王子结婚以及与罗马教廷和解。密谋者打算让伊丽莎白公主取代玛丽一世，他们希望伊丽莎白公主能嫁给爱德华·考特尼。他们认为简·格雷大势已去，萨福克公爵很高兴地认同这一点。简·格雷从未想过要成为女王，比起个人野心，激励萨福克公爵更多的是宗教原则。[30]

12 月，王室公告弥撒将重新开始，萨福克公爵担心这会让英格兰任由牧师摆布。布拉德盖特的牧师詹姆斯·哈登写信给苏黎世的海因里希·布林格，"公爵坚守着真正的上帝"，尽管"恶魔的代理人正竭尽全力将他引入歧途"。萨福克公爵知道，如果计谋失败，他的女儿无疑将被处决。但如果简·格雷在休·帕特里奇餐桌上的讲话反映了她的真实感受，她肯定会认为这是一场值得冒险的赌博。

第十三章

一场致命的反抗

简·格雷在伦敦塔黑暗的房间里待了几个月后，能在清新的冬日冷风中散步，深感幸福。从 1553 年 12 月 18 日起，她可以自由地在女王花园和塔山中散步。玛丽一世打算接下来就赦免简·格雷，并让她回到布拉德盖特庄园。北安普顿侯爵威廉·帕尔于 12 月底获释。然而，玛丽一世还没有完全明白，简·格雷的信仰与她自己的一样坚定和深刻。简·格雷无意像北安普顿侯爵那样对玛丽一世的信仰妥协。相反，她打算带头反对重启弥撒。[1]简·格雷已经写了一封振聋发聩的信，谴责所有参加天主教圣餐仪式的人。这封信的内容在英格兰广为传播，最终也在欧洲广为传播。

这封信是写给格雷姐妹之前的一位家庭教师托马斯·哈丁的。他是一位人文主义学者，曾任钦定希伯来语教授，于 1547 年在布拉德盖特担任牧师。然而，在 11 月，格雷一家得知他"已经令人惊奇地脱离了新教（福音派宗教一开始的名称），并改信天主教。[2]显然，简·格雷的这封信针对所有那些想效仿托马斯·哈丁改变信仰的人。简·格雷在信中对托马斯·哈丁的谴责措辞非常尖锐，以至于到了维多利亚时代，许多简·格雷的崇拜者仍不接受这封信是出自"温婉的简"之手。简·格雷在给托马斯·哈丁的信中尖酸地写道："我必须为你惊叹，对你的情况感到惋惜。"一个

138

曾经是基督教教派成员的人现在成了"恶魔的畸形小鬼"，他"肮脏恶臭的灵魂中住着撒旦"。她把天主教中接受圣餐的行为比作撒旦的食人行为。她问道："他怎能拒绝真正的上帝，崇拜人类的发明、金牛犊、巴比伦的娼妓、可恶的偶像和最邪恶的弥撒呢？难道你还要再受一次折磨，用你的血盆大口撕裂我们的救世主耶稣基督最珍贵的身体吗？"

简·格雷还借机抨击了实用主义者，他们接受王室的宗教信仰，不鼓励可能会导致暴乱的分裂行为。她又问，如果这是"撒旦及其追随者的联合，那么联合又有什么影响呢？小偷、杀人犯、阴谋家都有他们的团体"。她提醒，"这些团体是为了让人们彼此对立"，没有带来和平，却带来了战争，她告诫他们"回来，再次回到基督的战争中去"。[3]

她父亲参与的叛乱计划于1553年12月22日最终敲定。叛乱将于3个月后的1554年3月18日棕榈主日开始。彼得·卡鲁和爱德华·考特尼将领导德文郡的起义，而简·格雷的父亲、詹姆斯·克罗夫特（James Croft）爵士和托马斯·怀亚特将同时分别领导莱斯特郡、赫里福德郡和肯特郡的起义，然后他们将在伦敦会合。如果简·格雷给托马斯·哈丁的信是要求人们为一场纯粹的精神斗争做准备，那么她肯定不会天真到相信她的话只有一种解释。简·格雷可能从未想过成为女王，但这并不意味着她希望天主教徒玛丽一世继续坐在王位上。她的家庭教师约翰·艾尔默记录说，简·格雷过去曾说："追随玛丽公主，违背上帝的话，并且离开听从上帝的伊丽莎白公主，这样做是一种耻辱。"叛军现在打算让伊丽莎白公主登上王位，彼得·卡鲁告诉萨福克公爵，一旦玛丽一世被推翻，他将亲自带领倒台的女王去伦敦塔释放简·格雷。[4]然而，不幸的是，彼得·卡鲁随后开始吹嘘叛军的计划。有人会武装反对玛丽一世在德文郡与西班牙的联姻的传言开始传播，彼得·卡鲁随后被传唤到王宫接受审讯。此后，他再也没有出现。

1554 年 1 月 21 日，加德纳主教从爱德华·考特尼那里获取了计划的要点，在伦敦塔度过的漫长岁月中，他和爱德华·考特尼一直是朋友。萨福克公爵的弟弟托马斯·格雷勋爵随后在宫廷里听说他们的计划已经泄露，并骑马直接前往希恩，警告萨福克公爵"恐怕他会再次被关进伦敦塔"。托马斯·格雷勋爵建议萨福克公爵把起义的日期提前。在莱斯特郡，托马斯·格雷勋爵问道："在他的朋友和佃户中，有谁敢把他叫来？"然而，萨福克公爵很难清晰地思考，他仍然患结石病，在床上躺了好几天。在恐慌和痛苦中，他选择相信弟弟的判断，就像他曾信任那些对他的女儿们的婚姻出谋划策的人一样。[5] 1 月 25 日，彼得·卡鲁放弃了他们的计划，逃往法国。

然而，人们后来发现托马斯·怀亚特是一个更苛刻的人，他在梅德斯通提高了标准。肯特郡发生"骚乱"的消息很快就传到白厅宫的女王那里。萨福克公爵仍然在希恩，当他正准备前往英格兰中部地区时，一名信使来了，传唤他去宫廷。[6] 玛丽一世希望给他一个机会，让他率领军队对抗托马斯·怀亚特，以证明自己的忠诚。萨福克公爵尽可能快地把信使打发走了。他对信使说："我马上就去向玛丽一世致敬。你会看到我整装待发，吃完早餐后立刻骑马出发。"[7] 他给了信使小费，并让仆人给他足够的啤酒喝，然后前往布拉德盖特。他还没有为组建军队做任何准备，他仅有的现款是秘书约翰·鲍耶（John Bowyer）在短时间内从伦敦的一个债务人那里收到的 100 马克，但是萨福克公爵已经没有回头路了。萨福克公爵和他的兄弟托马斯·格雷勋爵以及约翰·格雷勋爵如果没有到达王宫，就会被宣布为叛徒。

第二天早上，在白厅宫，萨福克公爵在莱斯特郡的邻居亨廷顿伯爵被要求跟踪并逮捕他们。自从休德利男爵实施阴谋反对护国公以来，亨廷顿伯爵一直是萨福克公爵的政治盟友。他的儿子是简·格雷的妹夫，1553 年 5 月，在 3 对新人的婚礼上，与诺森伯兰公爵的女儿凯瑟琳·达德利结婚。但亨廷顿伯爵抓住了机会，在玛丽一世政权中救赎自己。通过消灭格雷家族，他将获得莱斯特郡的全部统治权，这是他的家族世代以来的雄心壮志。他向玛丽一世保证，他会履行自己的责任，并立即出发。

萨福克公爵北上时，天气恶劣，道路泥泞，坑坑洼洼。[8]他曾想通过约翰·鲍耶的安排在圣奥尔本斯与他的兄弟们见面，但没有见到他们。相反，当萨福克公爵在他的一名佃户家中等兄弟时，他们最终才在卢特沃斯相见。他们在一起待了两个晚上，避免讨论引起分歧的宗教问题，并试图在该地区招兵买马，他们的战斗口号是"抵制西班牙人！"然而，人们对玛丽一世婚姻的担忧很大程度上在婚姻条约的内容上得到了回应，该条约发布于 1554 年 1 月 14 日。条约表明，虽然费利佩王子将被封为"亲王"，但他的权力将受到极大限制。他不能让英格兰卷入他父亲与法国的战争，如果玛丽一世先于他去世，他在英格兰就不会有更大的权力，也不会得到遗产。即使是君主议会中地位最低的成员也期望从为王室服务中获得更多利益。没有一根英格兰的草、一块砖或一块石头是属于费利佩王子的。玛丽一世是女王，他只不过是女王的丈夫。萨福克公爵招兵买马的行为还面临其他困难，他之前和尽失人心的诺森伯兰公爵关系颇近，这对他不利，他却天真地认为自己只是缺钱。

萨福克公爵于 1554 年 1 月 28 日抵达布拉德盖特时，只有少数追随者。与此同时，来自宫廷的信件正发往各郡的治安法官，通知他们萨福克公爵声称西班牙人将接手英格兰，这是一个谎言。信件

140

称，萨福克公爵的真正意图是"帮助他的女儿简·格雷以及她的丈夫吉尔福德·达德利"。[9]萨福克公爵写信否认这些说法。相反，他的所作所为在一系列公告中得以解释，公告称，那些反对和西班牙联姻的人每天将获得（微不足道的）6便士。邻居弗朗西斯·凯夫（Francis Cave）帮忙起草了另一封给女王的信，为起义辩护。那天下午，萨福克公爵命令他的侍从穿上盔甲，并让一位秘书帮他穿上战衣。战争一触即发，紧张的秘书笨拙地将护膝绑在萨福克公爵的腿上。萨福克公爵大怒，把他铐了起来。1月29日夜里，萨福克公爵和他的手下到了莱斯特郡。他受到了欢迎，城门也按他的命令关闭了。当地小镇凯格沃思的地方长官给萨福克公爵送来了500英镑以表支持，[10]这笔钱能够招募几个人，萨福克公爵确信，福音派教徒亨廷顿伯爵想背叛玛丽一世，正准备按计划行事。萨福克公爵下令给亨廷顿伯爵发消息，告诉他下一步的行动计划。

早上，萨福克公爵反对玛丽一世结婚的声明被宣读。但莱斯特市长越来越害怕了。"大人，我相信您不会伤害女王陛下，对吗？"他问公爵。萨福克公爵向他保证，他手持着剑，大声宣誓："谁敢伤害女王陛下，我就用这把剑刺穿他的心脏。"然而，萨福克公爵那天下午前往考文垂时，身边只有大约140名骑兵，其中大部分是他自己的侍从。[11]他们包括简·格雷的家庭教师约翰·艾尔默和约翰·沃洛克——这位牧师将在苏格兰改革中起到重要作用。

萨福克公爵的另一位秘书在他们到达考文垂之前就已经开始争取人们的支持。[12]尽管萨福克公爵努力不引起人们对宗教问题的注意，但城里的新教徒向他保证，"众所周知，公爵大人的争辩是围绕上帝的争辩"，并邀请他"立刻"前来。萨福克公爵快到这座城市时，得知亨廷顿伯爵打算逮捕他而不是帮助他，亨廷顿伯爵的军队紧随其后。面前的城市给了他希望，可为他提供保护，但当萨福克公爵距考文垂还不到 0.25 英里^①时，萨福克公爵被警告说大门已经被闩上了。正如他可能担心的那样，他与新教的密切联系对他没有多大帮助，大多数公民穿着盔甲，准备阻止他进入。萨福克公爵意识到，他唯一的选择就是转身逃跑。

142

一群人奋力前往萨福克郡附近的阿斯特利城堡，他们在那里脱掉了盔甲。萨福克公爵的兄弟托马斯·格雷勋爵和约翰·格雷勋爵向仆人借了羊毛毡做的褶边大衣来掩饰身份，而萨福克公爵则把剩下的钱分给了他的追随者，并告诉他们逃得越远越好。他希望逃到信奉路德教的丹麦，但是他必须先避开亨廷顿伯爵的人。他家的马夫尼古拉斯·劳伦斯（Nicholas Laurence）在阿斯特利公园里为他找到了一个藏身之处，那就是一棵橡树的树洞，他在那里待的时间并不长。第二天，亨廷顿伯爵的手下就迫使尼古拉斯·劳伦斯供出主人的下落，他们的猎狗把萨福克公爵扑倒在地，公园里的猎人成了被猎杀的对象。萨福克公爵的兄弟约翰·格雷勋爵也被发现藏在干草下。托马斯·格雷勋爵在被抓到之前，已经逃往威尔士。

与此同时，肯特郡的叛军似乎仍有较高的成功概率。玛丽一世在城里培养的与叛军作战的人已经背弃了她，现在他们是托马斯·怀亚特的麾下。2 月 3 日，当萨福克公爵被捕的消息传到伦敦和简·格雷那里时，叛军已经进入南沃克附近的郊区，他们在那里抢劫并烧毁了加德纳主教的宅第。此时简·格雷还有希望活下来。两天后，叛军开枪打死了河上的一名伦敦塔水兵。与此同时，白厅宫里一片恐慌，一队武装卫兵聚集在前厅，他们手里拿着斧头，玛丽一世的侍女们哭了起来，"今晚我们都将命丧黄泉"。¹³在巨大的喧闹声中，伦敦塔上的卫兵移动大炮，对准河对岸的叛军。第二天黎

① 1 英里约合 1.6 千米。——编者注

明，住在南沃克的人们醒来，发现大炮对准了他们的家。叛军敦促托马斯·怀亚特继续前进，他继续向伦敦进发，他的一名奸细在圣保罗教堂墓地被绞死，同时莱斯特郡的一名副警长因给萨福克公爵送信而被抓。[14]叛军的靠近引起了人们的注意，尽管叛军的意图是拥护伊丽莎白公主为女王，但宫廷里的人还并不清楚这一点。简·格雷和吉尔福德·达德利有潜在的危险，他们是有名无实的领导人，是反叛事业的代表。由于他们已经被判犯叛国罪并被判处死刑，因此允许这些判决的执行也是一件简单的事情。

第二天，叛军继续前进，玛丽一世签署了处决简·格雷和吉尔福德·达德利的授权令。对简·格雷的火刑和对吉尔福德·达德利的绞刑、拖刑和车刑被减刑为斩首，授权令宣布，判决在 3 天内执行。

❖

尽管简·格雷是伦敦塔里的囚犯，但她拒绝承认自己是这些事件的始作俑者。她的父亲希望她成为女王和福音派领袖，虽然明知不对，她还是做了女王，并且仍然决定完成她作为福音派领袖的使命。她将成为"无辜的篡位者"，忠诚地为新教殉道，并为其他人树立榜样，反抗玛丽一世的偶像崇拜。"如果我的错误应该受到惩罚，至少我的年少轻率是值得原谅的。"她说，"上帝和子孙后代会对我施恩的。"[15]

简·格雷知道她的父亲会被带到伦敦塔，但吉尔福德·达德利似乎是第一个想到要给他留个口信的人。他送给简·格雷一本破旧的祈祷书，它一定被伦敦塔里的囚犯翻阅过很多次。尽管格雷阵营早些时候曾指责吉尔福德·达德利野心勃勃地想要加冕为国王，但他还是在书上给萨福克公爵题写了一篇充满热情和爱意的告别词：

"对您毕恭毕敬的女婿，愿您今生今世万寿无疆。我希望自己能幸福安逸，希望您也一样。希望来世我们都能得到永生。您恭谦的女婿的遗愿，吉尔福德·达德利。"在告别词下面，简·格雷用更直接的新教术语写下自己的留言。吉尔福德·达德利仍然希望能活下来，但简·格雷向父亲保证，她相信他们会像殉道者一样死去："父亲大人，愿上帝保佑您，在上帝的世界，万物都安逸自在。上帝很乐意带走您的两个孩子，我惭愧地恳求您的恩典，您不要认为已经失去了我们。通过现世的死亡，我们获得了永生。"因为她在现世尊敬他，她答应在来世为他祈祷，"父亲大人恭谦的女儿，简·达德利"。[16]

144　　简·格雷在房间里祈祷时，托马斯·怀亚特叛军继续在伦敦市中心浴血奋战。1554 年 2 月 7 日黎明时分，他们到达了骑士桥。简·格雷和吉尔福德·达德利原定于当天上午被处死，但由于叛军逼近的消息是由侦察兵报告给王宫的，这一决定遂被撤销。鼓声响起，集合的人群武装起来，逃离该地区的人们大声呼喊，声音响彻全城。枢密院敦促玛丽一世立即离开伦敦，她拒绝了。一周前，玛丽一世在市政厅发表了一次鼓舞人心的演讲，宣布将为自己的王国全力以赴，她是臣民之母。玛丽一世的演讲很有感染力，面对叛军，她信心满满，相信上帝和人民都站在她这边。她举止不凡，以至于有些人担心她打算亲自上马，领军作战。[17]事实上，她做了一个更大胆的决定——把军队交给彭布罗克伯爵，而彭布罗克伯爵 1553 年曾为了简·格雷的事业背叛过她。

　　伦敦的战斗持续了一整天。查令十字街的皇家军队一度溃败，宫廷里响起了"叛国"的叫喊声。据说彭布罗克伯爵已经改变了立场，"侍女和贵妇人们边哭边跑，关门声、尖叫声和吵闹声令人震惊"。[18]从白塔的屋顶上，北安普顿侯爵威廉·帕尔看到了下面的狂怒战火。1553 年 12 月底，他从伦敦塔里被放出来，却在托马斯·怀亚特母亲的家里再次被捕。战斗时断时续，他一直控制着自己的情绪，直到下午晚些时候，叛军显然已经被击败，然后他表现得非常高兴。

简·格雷的反应和她丈夫的反应都没有被记录下来，但在 1554 年 2 月 7 日下午 5 点，她和吉尔福德·达德利听到了哭声和金属撞击时发出的叮当声，这预示着新囚犯的到来，其中包括托马斯·怀亚特、北安普顿侯爵的内弟托马斯·布鲁克（Thomas Brooke）以及其他几名仍然穿着马甲和马刺的叛军。他们被带到牢房时受到了推拉和虐待。囚犯们在第二天陆续抵达，直到伦敦塔里的牢房都装不下了。然而，处决简·格雷和吉尔福德·达德利的授权令已经过期，现在玛丽一世脱离了危险，不愿意再签一份授权令。枢密院成员，包括那些在夏天发表声明称简·格雷是女王的人，与帝国大使一起迫使玛丽一世签授权令，并将死刑重新安排在第二天执行。

为了帮简·格雷准备好赴死，并希望净化她被异端感染的灵魂，玛丽一世当晚派私人牧师约翰·费肯汉姆（John Feckenham）到伦敦塔。约翰·费肯汉姆曾是本笃会僧侣，40 岁出头，是个和蔼可亲、乐观开朗的人。他抵制过爱德华的宗教改革，最后被关进伦敦塔，所以他很清楚身陷于此是什么滋味。他也非常有说服力，约翰·费肯汉姆后来声称自己的地位不亚于爱德华的导师约翰·切克，约翰·切克是他的皈依者之一。当他到达简·格雷在伦敦塔里的房间时，庆祝玛丽一世胜利的钟声响彻整个伦敦。

简·格雷大致看了一眼牧师，他身材矮胖，有宽大且绯红的面庞。她说自己正在等他，但他们现在讨论神学为时已晚。她不得不为死亡做准备。在约翰·费肯汉姆看来，简·格雷年纪轻轻就要被处死，非常可怜。牧师回到宫廷后请求女王再让简·格雷多活几天，以便能给她一些指导，玛丽一世同意了，简·格雷和吉尔福德·达德利的死刑从星期五被推迟至下星期一，也就是 2 月 12 日。两天后的星期六，简·格雷的父亲和她的叔叔约翰·格雷勋爵抵达伦敦塔，由亨廷顿伯爵以及 300 匹马的连队护送而来。

空气中再次弥漫着泥土和战败的气息，但简·格雷已经为约翰·费肯汉姆的下次来访做了充分的准备。她在伦敦塔里写下很多作品，其中有一篇是她写的关于勇气的祈祷文。"主啊，你是我的上帝和父亲，请听我这个可怜悲惨的女人说，"她曾祈祷过，"我恳求你，给我穿上你的盔甲，让我站得稳。"[19]她现在穿着"真理的束腰"，戴着"正义的胸甲"。看来她这一生将这样结束。

简·格雷并没有忘记安妮·艾斯丘，1546 年，她因信仰异教被亨利八世处以火刑，她与迫害她的人之间的争论也被记录下来供子孙后代阅读。[20]简·格雷也打算把自己最精彩的谈话保存下来。约翰·费肯汉姆发现简·格雷和她在受审时一样冷静沉着。他说，在如此糟糕的情况下看到她，自己很难过，尽管她"持续且耐心地"忍受着痛苦。简·格雷冷冰冰地反驳，她非但没有为自己的处境感到遗憾，反而认为这是"上帝明确地在对她施恩惠"。就像休德利男爵的死刑一样，这是一个忏悔罪行的机会，她对此表示欢迎。约翰·费肯汉姆接着问："基督徒需要做什么？"在接下来的几个小时里，坚定的牧师和满腔热忱的 16 岁少女就拯救的圣道展开了辩论。简·格雷支持新教的观点，即信仰是基督徒唯一的需要。约翰·费肯汉姆重申天主教信仰，认为人对自己的命运起着关键作用，慈善行为和其他"善行"也是必要的。他们还就基督在圣餐中的真实存在进行了辩论，简·格雷因为"偶像崇拜"而攻击天主教会，称其为"魔鬼的配偶"。但是辩论结束后，他们又回到了一开始的分歧。

约翰·费肯汉姆伤心地说，他们永远不会达成一致。简·格雷回答道："是的，除非上帝改变你的心意。"她警告说，如果他不改变自己的观点，就会下地狱。"我祈求上帝，在他仁慈的内心深处，把圣灵赐予你；因为他若愿意打开你的心灵，他就已经赐予你伟大的说话天赋。"[21]① 约翰·费肯汉姆再次请求玛丽一世赦免简·格雷，但加德纳主教当时准备加入枢密院，破坏了他的努力。那周日下午，加德纳主教在女王的私人小教堂里向女王布道。对福音派教徒来说，他是一个恶魔般的人物，他"眉头紧锁，眼睛长在额头上，有一双和魔鬼一样的大手"，[22] 他们当然有理由害怕他。主教很清楚，新教和叛国是一体的。

加德纳主教首先向会众重申天主教教义，指出上帝赐予人类自由意志，善行是救赎的必要条件。他继续说，亨利八世死后，某些牧师通过宣扬异端邪说背叛了英国教会，然后他和玛丽一世谈话。加德纳主教得到了"女王陛下的恩惠"。他回忆道，玛丽一世赦免了许多叛徒，这些人曾在 1553 年 7 月宣布简·格雷为女王。针对这一仁慈之举，他反对说："公开的反叛愈演愈烈。"他要求玛丽一世"现在对联合体仁慈"，并且"清理和消除其中腐败和有害的成员"。这句话令人毛骨悚然，后来，当会众犹豫时，他们毫无疑问地认为"很快就会有严厉而残酷的处决"。[23]

那天晚上是简·格雷最后一次写她的临终信函。她得知她的父亲为了她的命运而受牵连，她因此深感忧虑。她想打消父亲的疑虑，认为是上帝把她带到这里来的，她只是上帝的工具。她说："父亲，虽然上帝愿意让一个本该延长我生命的人加速我的死亡，

① 这并未发生，约翰·费肯汉姆死在威兹比奇的一座臭名昭著的伊丽莎白一世时代的监狱里，但并未放弃他的宗教信仰。

但是我能很耐心地接受这个事实，并更加衷心地感谢上帝缩短了我的悲惨日子，而不是把整个世界都交给我，让我按照自己的意愿延长生命。尽管我确信，你的不能忍受的痛苦会以多种方式加倍，既哀叹你自己的悲伤，又如我所知，哀叹我不幸的处境；然而，我亲爱的父亲（如果我可以不触怒任何人，为自己的不幸感到欣喜的话），在这里，我可以说自己是有福的，我用事实的清白来否认有责，我无罪的血可以在主面前表明，应怜悯无辜的人！"

她提醒父亲，他比大多数人更清楚她是如何被逼继承王位的。现在，她期待逃离"这个苦难的山谷"，登上天堂的宝座。简·格雷最后说道："到目前为止，主一直让你坚强，请你继续下去，好让我们最终在天堂相遇。"[24]

简·格雷给母亲和她最小的妹妹玛丽·格雷的信件都没有留存
148　下来，弗朗西丝可能把信毁了。她知道，为了保护她年幼的孩子，她必须服从，或者至少像他们的朋友威廉·塞西尔和其他许多人那样做，看起来是顺从的。简·格雷可能理解这一点，尽管与她给凯瑟琳·格雷的信里表明的立场恰恰相反。简·格雷用希腊文在《新约》的空白页上留言，要求凯瑟琳·格雷为殉道做准备。凯瑟琳·格雷只有 13 岁，但这对简·格雷来说似乎并不重要。简·格雷关心的主要是知识和宗教。简·格雷想用这封信唤醒所有读过它的人，表明他们的立场，并为他们的信仰辩护。她写信给凯瑟琳·格雷，这个妹妹将接过她的重任，因此她不需要给玛丽·格雷写一封类似的信：

> 好妹妹凯瑟琳，我送你一本书，虽然它的表面没有镶金，但内容比宝石更有价值。它会教你如何生活以及如何死亡……不要相信你这个年纪的温柔会延长你的生命……因为上帝会让

年轻人和老年人一样死去。你应一直劳动,学会面对死亡。你应否认世界,反抗魔鬼,轻视肉体。

如果凯瑟琳·格雷试图通过接受天主教信仰来拯救自己,那么,"上帝会拒绝接受你,并缩短你的生命"。等着她的将是叛徒的诅咒。"说到我的死,我很高兴。"简·格雷继续写道,"我确信,我会因为失去凡人的生命而获得不朽的幸福。"她在信的结尾写道:"再见,亲爱的妹妹,请你只相信上帝,他一定会支持你。爱你的姐姐,简·达德利。"[25]

教皇特使乔瓦尼·弗朗切斯科·康莫多记录,吉尔福德·达德利也写了最后一封信送给简·格雷,[26]他在信中写道:"临终前,他希望最后一次拥抱和亲吻简。"然而,简·格雷不想让任何人分散她对祷告的注意力,"她让他回答,如果他们的会面能够成为安慰他们灵魂的一种方式,她会很高兴见到他,但他们的会面只会加剧他们的不幸和痛苦,最好暂时推迟,因为他们不久将在别处相遇,并活在牢不可破的关系中"。[27]这些是情话,但不是出于热爱。

第二天凌晨,为简·格雷准备的绞刑架在白塔旁被搭建起来,人们可以听到敲打声。作为一名王室贵族小姐,她将有权在伦敦塔的私人场所被处决。敲打声在伦敦各处回响,每扇城门前都竖起了绞刑架,等待处决被俘虏的叛军。塔山上也竖起了绞刑架,吉尔福德·达德利将命丧于此。就在10点前,简·格雷看见她的丈夫从波尚塔中被带出来。

吉尔福德·达德利在安东尼·布朗爵士站岗的大门前停下来,并抓住他的手。安东尼爵士是天主教徒,也是约翰·格雷勋爵的大舅子,这使他们成了一家人。吉尔福德·达德利请安东尼·布朗爵士为他祈祷,然后请站在一旁的其他绅士也为他祈祷,其中包括尼古拉斯·斯罗克莫顿爵士的兄弟约翰，他起草了简·格雷的女王宣言。吉尔福德·达德利穿过大门，在另一边，执行吏等着护送他到塔山。北安普顿侯爵威廉·帕尔再次爬上屋顶，这一次是在德夫林塔上，观看这个高大英俊的男人赴死。没有牧师出现在吉尔福德·达德利的刑场上，这表明他拒绝了牧师的加入。他只是简单地祈祷，然后将头靠在垫头木上。如果简·格雷是个殉道者，他不也是吗？简·格雷也这么认为，所以她告诉父亲，吉尔福德·达德利也会拥有"不朽的幸福"。他的头落地了。简·格雷从休·帕特里奇的住处出来，开始走她生命中最后的一段路。吉尔福德·达德利的尸体被抬进伦敦塔的小教堂里，长着金发的头颅被一块血淋淋的布包裹着。简·格雷看上去"一点也不窘迫"，然后跟随伦敦塔的中尉约翰·布里奇斯（John Bridges）爵士走向刑台。

她穿着黑色长袍，与她在接受审判时穿的是同一件，和当时一样，她拿着一本打开的祈祷书。教师艾伦和伊丽莎白·蒂尔尼"痛哭流涕"，但简·格雷读祈祷文时，眼里没有泪水。她登上白塔旁绞刑架的台阶，走到栏杆前，面向那些精心挑选的围观的人。她的传统的认罪方式是合格的：

150

> 善良的人们，我来这里赴死，根据法律，我也被判死刑。事实上，反对女王陛下的行为是非法的，我也不同意这样做。但对于那些我自己或借我之名所染指的欲望与所得，今天，在上帝面前，由诸位虔诚的教友见证，我将洗心革面，返璞归真。

说到这里，她紧握双手，仍然拿着祈祷书：

善良的基督徒，我祈求你们都为我作证，我作为一名真正信奉基督教的女子死去。我没有期待通过其他方式被拯救，而只是通过上帝的怜悯以及他的独生子耶稣基督的恩惠被拯救。我承认，当我懂得上帝的话时，我忽略了爱我自己和这个世界。因此，这场灾难或惩罚发生在我身上是幸福且值得的，因为我有罪。然而，我感谢上帝的仁慈，他给了我时间和尊重，让我悔改。

"我还在世的时候，"她继续说，"我祈求你用祷词帮我。"她不想像天主教徒那样为死者说话。简·格雷跪下时，转向约翰·费肯汉姆。突然，他瞥见了那个没把握的孩子。"我要唱这首赞美诗吗？"她问道，仿佛他是她父亲的一位牧师。"是的。"他答道。因此，她用英语吟诵了令人心碎的《求主垂怜》（*Miserere mei Deus*）：

神，求您按您的慈爱怜恤我，按您宽厚的慈悲宽恕我的过错……神所要的祭，就是忧伤的灵。神，忧伤痛悔的心，您必不轻看。

然后，简·格雷站起来，把自己的手套和手帕递给伊丽莎白·蒂尔尼，把祈祷书递给伦敦塔中尉托马斯·布里奇斯（Thomas Bridges）的兄弟。她在祈祷书里为中尉题写了一句话：

151

中尉大人……活下去，直到死亡，这样你就可以通过死亡获得永生。正如牧师所说，人有出生的时候，也有死亡的时候；死亡的日子比我们出生的日子好。上帝知道，我是你的朋友，简·达德利。[28]

简·格雷开始解开长袍，刽子手上前去帮她。她反抗不从，命令他离她远点，并转向她的两个侍女。她们拿着长袍，帮简·格雷脱下头饰和围巾。刽子手跪下请求简·格雷的宽恕，她"心甘情愿"地宽恕了他。随后，刽子手让简·格雷站在稻草上。就在那一刻，简·格雷看到了那块粗糙的垫头木。"请你快点处决我。"她请求说。然而，当她跪下时，突然感到焦虑，因为她的要求意味着这一斧头会随时砍下来。"在我躺下之前，你会砍下我的头吗？""不会，夫人。"刽子手回答。

简·格雷把手帕蒙在眼睛上，她什么都看不见，只能用手摸索，在一阵恐慌中，她意识到自己找不着方位。"我该怎么办？它在哪儿？"她问。约翰·费肯汉姆听到了简·格雷的问题，当时，围观的每个人都看到了这个孩子希望得到安慰和帮助。其中一个人很害怕，把她领到了木梁处。她把头靠在垫头木上，舒展着身体说："主啊，我把我的灵魂交到您手里！"鲜血喷涌而出，一个证人记录道："她就这样死了。"[29]

第三部分

伊丽莎白一世的继承人

说实话，我认为与其绫罗绸缎、珠光宝影，

却生活在忧愁痛苦之中，

倒不如出生清寒，与贫贱人来往，

还能落个知足常乐，岂不快哉？

———威廉·莎士比亚的作品《亨利八世》，

第二幕第三场

第十四章

劫后余生

在伦敦塔围墙内的绿草地上，断头台上的场景类似于农场里屠宰动物的场景。然而，草丛中那个瘦小女孩的遗骸依然清晰可辨。一位法国外交官测算了血迹长度，惊叹这么一个弱小的身躯竟能喷出这么多血。简·格雷和吉尔福德·达德利的头颅被扔到了伦敦塔礼拜堂的同一个坑里。[1]人们不能确定她最后能否与她丈夫一起合葬。她的遗骸连同安妮·博林和其他被处决的反叛者的遗骸横七竖八地躺在祭坛左侧北墙后的一座坟墓里，人们在礼拜堂地板下还能找到一些其他的无名遗骸。

虽然死者没有表现出任何怯懦，也经受住了屈从的诱惑，但对于简·格雷的妹妹们来说，危机四伏的生活仍在继续。凯瑟琳·格雷和玛丽·格雷当时分别只有 13 岁和 9 岁，她们面临的处境令人担忧。简·格雷和吉尔福德·达德利的死仅仅说明加德纳主教那"残忍血腥"的处决行动刚开始。就在同一天，伊丽莎白公主收到了一份令人不安的出庭请求。在伦敦城的每一个大门旁，都建了一对绞刑架。从星期三开始，不断有反叛者被处死。在齐普赛街有 6 人伏法；在奥尔德盖特有 1 人伏法（绞刑、被马在地上拖拽和五马分尸；在意识尚存之时，被剖腹绝肠、切除生殖器）；在利登霍尔有 3 人伏法；在主教门有 1 人伏法（也被马在地上拖拽和五马分尸）；而在查令十字街有 4 人伏法，其中 3 人在海德公园角的锁链上被吊死。因此，伦敦的大屠杀仍在继续。数十名撕心裂肺叫喊着、垂死挣扎的反叛者中有 1 名皇家步兵和数名皇家卫队成员，[2] 而格雷家族的成员也在其中洒下了鲜血。

简·格雷的妹妹们在父亲面临审判之前，几乎没有时间哀悼她。1554 年 2 月 17 日星期六，就在简·格雷死后仅仅 5 天，萨福克公爵被重兵从伦敦塔押送到威斯敏斯特宫。处死吉尔福德·达德利的那座高大刑台将用于处决萨福克公爵，而他"非常坚定和愉快地"面对即将到来的考验。对他的指控包括："在莱斯特郡发动战争"的严重叛国罪；张贴告示、公然反对玛丽一世的未婚夫西班牙费利佩王子进入英格兰；同情前女王简·格雷；以及最重要的一点，所作所为令王室极为不安。[3] 萨福克公爵否认所有指控，并表明自己是清白的，他辩称贵族成员保护自己的国家不受外国人入侵，不属于叛国行为。[4] 但萨福克公爵自己的支持者已经说了："众所周知，公爵大人的争辩是围绕上帝的争辩。"审判他的法官坚持认为，他所有的行动是出于对新教的支持，[5] 而非出于爱国，所以各项罪名依然成立。阿伦德尔伯爵将主持萨福克公爵的死刑。萨福克公爵随后乘驳船被送回伦敦塔的水门。阳光下，堡垒的巨大阴影使河水的浪花泛着黑色。人们记得，当他下船时，他的神情"非常沉重和忧郁"。[6] 他请身旁的人为他祈祷。5 天后，两个女儿有了一线希望，那就是他能活下来。

此前，大批反叛者被带到白厅宫，双手反缚，脖戴锁套。他们跪在玛丽一世面前忏悔，就会得到赦免。宫廷中有人希望萨福克公爵和他的兄弟们也能得到同样的宽恕。1553 年，王室频繁联姻，威尔顿的格雷勋爵与年幼的玛丽·格雷订婚，因而在萨福克公爵受审时，他仍然出面仗义执言。然而，无论凯瑟琳·格雷和玛丽·格雷怀揣怎样的希望，她们的母亲弗朗西丝明白，女儿们的父亲不会因叛国罪被赦免两次。既然丈夫的死不可避免，她就将精力集中在挽救幸存的孩子们上，希望能给她们一个未来。丈夫所有的财产和庄园全归王室所有。她不得不尽力挽救，并成功地恳求玛丽一世答应了一个请求：如果她不能赦免萨福克公爵，希望她能宽恕他。她这样做至少在宫廷能创造平反的机会，也多少可以拿回一点被收缴的土地。

1554 年 2 月 22 日夜，萨福克公爵的最后时刻即将来到。这回，玛丽一世派了自己的两名牧师来到伦敦塔。但“这两人根本无法撼动萨福克公爵的信仰”。[7]在生命的最后几个小时里，他一直在阅读海因里希·布林格的神学著作，他曾敦促海因里希·布林格引导简·格雷的宗教观。

第二天早上 9 点，萨福克公爵被看守带离伦敦塔，来到塔山。陪同他的是女王的一位牧师休·韦斯顿（Hugh Weston）。他是莱斯特郡人，也许这就是他被选中的原因。然而，更有可能的原因是，休·韦斯顿在最近的一次有关圣餐教义的公开辩论中，驳斥布拉德盖特的牧师詹姆斯·哈登。女王鼓励人们信奉自己心仪宗教的时代已然结束。当人群等待处决仪式开始时，休·韦斯顿发表了一通抨击萨福克公爵宗教信仰的布道，[8]这令注定要命丧于此的萨福克公爵恼羞成怒。当休·韦斯顿爬上他身后断头台的楼梯来“最后服侍”他时，萨福克公爵转身将他推了下去。猝不及防的休·韦斯顿一把抓住萨福克公爵，两人就这样一道跌落至刑台下。紧接着，两人开始不顾颜面相互撕扯，直到休·韦斯顿大喊，是女王希望他能送萨福克公爵最后一程，公爵才就此停手。萨福克公爵走上刑台，不卑不亢地向人群喊话：“主啊，我冒犯了女王，触犯了王法，死有余辜！”他请求玛丽一世宽恕。站在一旁的休·韦斯顿随

157 即附和："公爵大人，女王天恩浩荡，已经宽恕你了，并为你祈祷。"萨福克公爵于是又公然重申他对新教的笃定，并跪下来，嘴里念叨着《诗篇》中的《主啊，我一直向往着你的怀抱》，这是受难义士的祷文：

> ……周围的人对我横加指责，他们沆瀣一气攻击我，他们包藏祸心要我命……请救我于仇敌之手；请助我从被迫害中解脱……让我不再蒙羞，啊，我的主啊，因为我曾求告于您……

最后，萨福克公爵站起身来，将他的帽子和围巾递给刽子手，刽子手则跪下请求宽恕。"上帝宽恕你，我也宽恕你。"萨福克对他说："当你履行你的职责时，我祈祷你能圆满完成任务，让我痛快地离开这个世界，上帝会宽恕你的。"可就在这个绝望的时刻，萨福克公爵的一个债主，设法在断头台上占据了一席之地，他凑上前来，"公爵阁下，"他问道，"你欠我的钱，该怎么办？"萨福克公爵目瞪口呆，停顿片刻答道："唉，拜托老兄，现在别烦我，你去找我的下属吧。"这个不知趣的人随即被赶下去了。萨福克公爵脱去长袍和紧身短上衣，用手帕蒙住双眼，跪下身，默念了一会儿《天主经》（*Our Father*），然后，将头横放于垫头木上，说道："基督怜悯我吧。"刽子手一斧头下去，人头应声落地。[9]

3月9日，萨福克公爵的弟弟托马斯·格雷勋爵也受到了审判，"丢了脑袋"。[10]有传言说，他曾受萨福克公爵之托，传话给伊丽莎白公主。在3月18日圣枝主日这天，伊丽莎白公主战战兢兢地从伦敦塔码头走上吊桥，进入堡垒，现在轮到她入狱了。与简·格雷一样，她住的地方很宽敞，宫殿里的4间房与简·格雷住过的

158 房子相邻，而且有仆人伺候，但这个宫殿（伦敦塔东南面的内殿）

正是她的母亲安妮·博林在被处决前最后住的地方。伊丽莎白公主在草地上看到了处决简·格雷的断头台。面对严密审讯，伊丽莎白公主小心翼翼，做到滴水不漏，而这次她的仆人也个个守口如瓶。然而，伊丽莎白公主还是怀疑，在受到威胁时，这些人为了保命可能会供出什么。[11]

　　与此同时，格雷家的姐妹俩同母亲亦步亦趋，弗朗西丝常鼓励孩子们扮演天主教徒。当然，这并不意味着她忘记了简·格雷和她的新教信仰。布拉德盖特的牧师詹姆斯·哈登向意大利神职人员米开朗琪罗·弗洛里奥描述了简·格雷的殉难过程，说明简·格雷是从其父母那里继承了对主的虔诚和敬畏，她和母亲走得很近。然而，弗朗西丝却看到福音派事业因腐败和叛国被玷污。因此，她认为，自己此刻最好保持缄默，以简·格雷的虔诚和坚定为榜样，将福音派的事业从泥潭中拯救出来。詹姆斯·哈登曾做过简·格雷的家庭教师，简·格雷在狱中时曾给他写过数封言辞激愤的信。这些信，连同简·格雷写给妹妹凯瑟琳·格雷的家书一道被詹姆斯·哈登的一位助手翻译成了拉丁文，以便世人能够通读。这些书信同时也发往简·格雷的宗教导师海因里希·布林格那里，他当时人在苏黎世。[12]詹姆斯·哈登担心这些信件被印刷后会造成可怕的结果，因此在去信中言辞恳切，希望海因里希·布林格对简·格雷的信件保密，可惜他只是在浪费墨水。有人把简·格雷手写的原信件和简·格雷在伦敦塔里与约翰·费肯汉姆的谈话记录一并交给了林肯郡一家名为约翰·戴伊的新教出版机构。[13]很可能是弗朗西丝提供的材料，她本来就可以接触这些信件的原件，而这家出版机构也隐匿于格雷家的亲友威廉·塞西尔爵士的庄园里。随后印刷出来的小册子看起来更像是一本殉道书，当年稍晚出版的第二版也包含了对简·格雷被处决的详细描述，以及受简·格雷殉难的启发和约翰·

诺克斯撰写的一篇祷告文。[14]总之，当时，这些包含简·格雷的信件和她临刑前演讲内容的小册子被认为是对玛丽一世政权最有力的攻击。[15]但如果弗朗西丝与约翰·戴伊出版机构有瓜葛，那么她必须小心翼翼地掩饰自己的行为。她的继母兼朋友凯瑟琳·萨福克已经受到加德纳主教的威胁。

159　　凯瑟琳·萨福克失去了几个儿子，悲痛欲绝，所以当她考虑再婚时，她希望找一个不会威胁自己独立地位的男人，于是下嫁给富绅——理查德·伯蒂（Richard Bertie）爵士。当时，与仆人结婚异乎寻常，所以他们的婚姻并不被看好，可他俩却相濡以沫，婚后生活幸福美满。他们当时有了个女儿，凯瑟琳·萨福克还在产后恢复中，加德纳主教便把理查德·伯蒂召唤到伦敦。凯瑟琳·萨福克曾是加德纳主教最喜欢的教女，加德纳主教也曾是凯瑟琳·萨福克"无话不谈的倾诉对象"。但随着他们因信仰分道扬镳，这种友谊和彼此欣赏也变成了愤恨和蔑视。加德纳主教想起一件事，当他被关进伦敦塔时，凯瑟琳·萨福克说了句俏皮话："狼被关起来了，小羊们很开心。"当加德纳主教质问理查德·伯蒂，凯瑟琳·萨福克是否打算遵从玛丽一世的宗教信仰时，伯蒂冷冷地反问一句："她认为她的羊儿们现在够安全了吗？"[16]

　　理查德·伯蒂一回到林肯郡的家中，就制订了全家逃亡国外的计划。毕竟，包括牧师詹姆斯·哈登在内的许多朋友已经这么做了。这正合加德纳主教的意，在他看来，离开英格兰的搅局者越多越好。然而，弗朗西丝和她的孩子们不能选择流亡。法国人与玛丽一世的表兄西班牙的查理五世交战正酣，如果逃往法国，她们一家会变成法国人求之不得的棋子。也正是出于同样的原因，逃往法国还可能会被玛丽一世解读为叛国。于是，母女三人选择留在英格兰，弗朗西丝日日祈祷这场血雨腥风早点结束。

托马斯·怀亚特于 4 月 11 日被斩首，而在 4 月 24 日，这对姐妹的叔叔托马斯·格雷勋爵也被处决，他在 3 月初就被判处死刑。他的无头尸被埋葬于万圣教堂，头则被挂在城门前展示。然而，公众对公开处决越来越厌恶。3 天后事情就出现了转机：法庭宣判尼古拉斯·斯罗克莫顿爵士的叛国罪不成立，这几乎是前所未闻的判决。公众认为，复仇和正义已然走到了尽头，陪审团将伊丽莎白公主定罪的可能性很小，因为托马斯·怀亚特和托马斯·格雷勋爵都拒绝将其牵涉在内。5 月 14 日，伊丽莎白公主获释，被软禁在家。萨福克公爵同母异父的哥哥乔治·梅德利和几个格雷家族的仆人随后获得赦免。约翰·格雷勋爵的妻子同时也是天主教蒙塔古子爵的妹妹，请求女王宽恕她的丈夫，并最终如愿以偿。

与此同时，弗朗西丝以不可思议的速度恢复格雷家族的元气。就在 4 月，她重获莱斯特郡原属于格雷家族的许多庄园，包括布拉德盖特附近的博马诺庄园。这是一个既古老又现代的大庄园，"里面有各种自由自在的野生动物，还有一片可以猎捕鹿和其他野兽的开阔地"。[17] 在博马诺庄园，弗朗西丝挂上了一些名人肖像，包括凯瑟琳·帕尔和她的母亲——从法国嫁入都铎王朝的玛丽·布兰登王后。[18] 1554 年 7 月，弗朗西丝应邀成为女王内室的骨干成员。这样，在简·格雷死后仅仅 6 个月，凯瑟琳·格雷和玛丽·格雷就同母亲一起重返宫廷。没有父亲的野心勃勃和宗教热情驱动着这个家族，孩子们看起来是安全的。还有一件令人拍手称快的事，判决简·格雷绞刑的首席大法官理查德·摩根精神失常了。约翰·福克斯后来记录说，理查德·摩根跑到简·格雷墓前，尖叫着要人"把简·格雷从他身边弄走"，但这可能只是他的一厢情愿。

160

❖

凯瑟琳·格雷和玛丽·格雷很快就习惯了宫廷生活的节奏。玛丽一世习惯早起，所以早上9点前，女官们就已梳妆打扮。平日，她们统一穿着黄褐色或黑色布料的制服；适逢节庆日，她们则穿上从王室衣橱里借来的更为华丽的盛装。锻炼身体的机会不是很多，但对于那些想保持健康的人来说，清晨的"有氧运动"总还是可以实现的。一本16世纪的手册建议："走20步，脚尖向下往后跳……拉伸你的身体。"两顿正餐的时间分别是中午和傍晚6点。她们可能把一天余下的大部分时间花在做针线活、做果冻和热饮、闲聊、阅读、弹奏音乐和玩游戏上。

一周中的社交高潮出现在周日。这天，玛丽一世带领众人步入皇家礼拜堂，接受民众的祷告。尤其在这个场合，凯瑟琳·格雷最容易想起简·格雷给她的最后一封信中的警告：要么"反抗魔鬼"，要么被上帝否定。然而，在玛丽一世的统治下，很快就会有足够的殉道者。凯瑟琳·格雷的目标不是来世去天堂，而是在今世过上普通人的生活。她只希望能成为一名贵族的妻子，这正是她梦寐以求的角色。所以，她学会念天主教的《玫瑰经》（*Rosary*），也过起了天主教的周五小斋日和其他宗教节日。尤其在周五小斋日，荤食只有海产品，所以宫廷餐桌上摆满了海豹肉、梭子鱼、鳟鱼、鼠海豚肉、龙虾和明虾等。

11岁的孤儿玛格丽特·威洛比是玛丽·格雷的玩伴。自1549年诺福克叛乱以来，她一直与格雷姐妹一起长大。她经常和亲戚家的小孩一同坐在王宫大厅的长桌旁用餐。玛格丽特·威洛比的叔叔正是乔治·梅德利。在最近的叛乱中，加德纳主教的手下搜查了乔治·梅德利在米诺里的住处，玛格丽特·威洛比亲眼看到叔叔被带往伦敦塔。当乔治·梅德利 5 月被释放回家后，他的身体状况出了问题，已不能再照顾玛格丽特·威洛比和她的弟弟了。弗朗西丝于是安排玛格丽特·威洛比的弟弟——也是她的教子——小弗朗西斯去上学，并收留了玛格丽特·威洛比。而弗朗西丝丈夫以前的监护对象托马斯·威洛比与凯瑟琳·格雷同龄，被一个地方议员收留。这个人希望托马斯·威洛比长大后能与自己的女儿结婚。但弗朗西丝告诉朋友们，"初现领导风范的玛格丽特"已在宫廷中给别人留下了很好的印象，并希望她能有更出色的表现。

在隔壁房间，玛丽一世坐在有华盖的王座上用餐，弗朗西丝等人小心伺候着。玛丽一世特别喜欢辛辣的食物，内室女官们站在两侧，随时递送所需佐料，如辣椒粉，还有从国外进口的昂贵的橙子、橄榄等。[19] 用餐的时候，玛丽一世对女官们态度尤其好，没见她这么高兴过。同样，女王的衣橱也能让她高兴。衣橱中有很多新长袍，有天鹅绒、锦缎和塔夫绸质地的，长袍的颜色多为鲜亮的深红色或浓郁的桑葚红色。[20] 玛丽一世成年之后，天主教信仰一直抚慰着她的心灵，她的表兄——西班牙皇帝查理五世——是她的守护者。她已准备嫁给查理五世的儿子费利佩王子。她深信自己很快就会有孩子，为自己的宗教信仰和臣民的灵魂赢得美好的未来。

玛丽一世的自信鼓舞了公众。臣民们迫切希望王位继承人能够带来安定，即使是西班牙人的孩子也可以接受。费利佩王子于 1554 年 7 月 20 日抵达英格兰，他对婚姻条约感到失望，因为该条约没有赋予他在英国的任何权力。而同比自己大 10 岁的女人结婚，与其说是一种乐趣，不如说是一种政治责任。但费利佩王子还是决心充分利用父亲给他安排的婚事。他的船队停靠在南安普顿港，3 日后，他便与玛丽一世在温彻斯特加德纳主教的宅第会面。玛丽一

162

世在一间私室中等待，她站在平台上，女官环绕，室内演奏着动听的音乐。费利佩王子进来时，玛丽一世走下台，上前迎接。当时是晚上10点，费利佩王子一行在昏暗的灯光下看到一位端庄的女性，但年龄看起来比他们预想的还要大。玛丽一世面容非常白皙，人们似乎都看不到她的眉毛。她穿着一套黑色天鹅绒长袍，上面点缀着名贵的珍珠，一条钻石腰带系于腰间，整个着装风格看上去更接近法式而非西班牙式。来宾们暗自认为，这身装扮并没有体现女王的优势。

相比之下，在玛丽一世看来，28岁的费利佩王子的青春气息扑面而来，他闪耀着自信的光芒。看到这个年轻男人向她走来，玛丽一世十分欣喜。白色修身裤显现出王子肌肉发达的腿部，黑色斗篷上一道道银色刺绣格外亮眼。他很英俊，"有宽阔的前额、灰色的眼睛、笔直的鼻梁、阳刚的面庞"，身材比例匀称。[21]他们在门口接吻，然后手拉手走向王座，在华盖下各自就座，俨然一副英格兰女王和亲王的形象。

1554年7月25日，王室婚礼在温彻斯特大教堂隆重举行。[22]教堂外墙披上了金色的布幔，玛丽一世光彩夺目，婚纱的袖口镶嵌着细钻，费利佩亲王赠送的巨钻则在她的胸前闪闪发光。女王步入教堂，女官跟随其后，她的白色缎子裙上绣着的金丝银线闪着耀眼的光芒。费利佩亲王则以"国君的步态"行走，身着印有银色浮雕的白色皮衣，外搭一件带凹槽的金色斗篷，与新娘相得益彰。[23]他脖子上戴着抵达英国时获赠的项圈，以及卡斯蒂利亚王冠上的无价珠宝。在主祭坛前竖立的平台上，这对夫妇互相许下了婚姻誓言。婚戒就是普通的金戒指，被放在《圣经》上，然后王子将硬币放在戒指上，作为一种信仰的标志。女王看来也要这么做。这时，女官玛格丽特·道格拉斯——伦诺克斯伯爵夫人——同时也是女王斯图亚特家族信奉天主教的表妹，打开了女王的手提袋。玛格丽特竟然被选中担此重任，而不是弗朗西丝，这表明格雷家族地位的下降。女王微笑着从伯爵夫人手中接过硬币，把它们叠放在费利佩亲王的硬币上。[24]

婚礼结束后，婚宴随即开始，这时至少有一个不请自来者混了进来。其中就有格雷家的朋友爱德华·安德希尔。在简·格雷执政的最后一天，他的儿子接受了洗礼，取教名为"吉尔福德"。尽管首席男傧相竭力阻止他进入宴会厅，但他还是设法溜了进去，并混在帮忙将食物送上宾客餐桌的侍者中，端上用金盘、银盘盛放的牛羊肉和各种野味，大厅中弥漫着肉桂、百里香和迷迭香的诱人香味。觉得安全之后，爱德华·安德希尔开始环顾四周。大厅的一面墙挂着一幅巨大的挂毯，而另一面则有一个壁橱，里面陈列着120多件金银器皿。费利佩亲王和玛丽一世坐在大厅尽头的讲台上，玛丽一世坐在右边的上座。讲台下方，宾客们围着一条条长桌而坐，男女混坐席间，他们肢体语言丰富，不时发出阵阵欢声笑语。[25]宾客中有原本要与凯瑟琳·格雷结婚的赫伯特勋爵，他已经是费利佩亲王的侍从。凯瑟琳·格雷仍经常与朋友们说起赫伯特勋爵，也感叹自己的未来被毁掉了。

宴会结束后，宾客们移步隔壁的大厅，开始跳舞。爱德华·安德希尔觉得西班牙人看起来很狼狈，因为很明显，英国人的舞跳得更好。但由于各方都在跳自己的民族舞，他的判断有失偏颇。舞会散场后，爱德华·安德希尔最后一次露脸，带走了一个巨大的鹿肉馅饼，这可是要留给他在伦敦的妻子和朋友们享用的。同时，这对王室夫妇也要回房休息了。如果玛丽一世对她即将体会的第一次性生活感到紧张的话，她可真没表现出来。在场的一个西班牙人轻描淡写地说："经历过的人都很容易想象，今晚剩下的时间会发生什么。"第二天，女王回避其他人，据说这是英国蜜月首日的传统，但当她真的出现时，她看起来挺高兴的。

到了9月中旬，宫中关于女王怀孕的传言四起。对玛丽一世来说，这个好消息营造的氛围被宫中的英国侍从与西班牙侍从之间的恶性竞争给破坏了。1554年秋天，侍从间经常发生斗殴，甚至连侍女也会吵架。跟随费利佩亲王来到英国的西班牙贵妇发现她们无人可以倾诉，愤恨地抱怨"英国女人的话很是恶毒"。[26] 我们只能想象弗朗西丝、凯瑟琳·格雷和玛丽·格雷的具体行为，毕竟，为人父、为人夫的萨福克公爵就是为了阻止西班牙人入境才丢了性命。

然而，费利佩亲王凭借自己的机智和大度很快赢得了一些有利于他个人的支持。而且令众人都感到放松的是，他鼓励玛丽一世以奢华的娱乐活动为乏味的宫廷生活增添色彩。他们在那年冬天举办了好几场假面舞会。在圣诞舞台的中央，侍女们扮演"春心荡漾的痴情女"和丘比特。[27] 除了在宫廷中成为赢家，为给生活增添滋味，费利佩亲王也十分小心地倾听那些与他妻子分道扬镳的人的心声。他甚至为仍被关在波尚塔里的达德利四兄弟争取到了赦免的机会。出狱前，他们在牢房墙上刻了"简"的名字。[28] 他们重获自由这件事令格雷两姐妹如释重负。四兄弟中最小的亨利还是选择与表姐玛格丽特·克利福德结婚。简·格雷还在世时，格雷姐妹有时会在埃塞克斯郡的提尔蒂与威洛比家的孩子相聚，每到这种时候，凯瑟琳·格雷常去找玛格丽特·奥德利玩。然而，费利佩亲王对达德利兄弟行恩惠的原因却令英格兰不安，他想与英国的年轻人建立联系，以便他们日后愿意投入他父亲的战事。而且，正是因为费利佩亲王出于这个目的，在那年冬天，除了投入时间、金钱和精力举办了一些看似目的更为纯粹的宴会和假面舞会以外，他还赞助了几场男性之间的体育比赛。

费利佩亲王在宫廷中举办的第一场体育比赛是西班牙传统的棍棒对抗赛。参与者手持得分盾和棍棒，他们需要打击敌方的盾得分，同时避免己方的盾被损坏。凯瑟琳·格雷和她的伙伴们觉得这个比赛挺好看的。费利佩亲王身着红袍，亲自出战，其他人则穿着五颜六色的衣服。但宫廷中的许多女官已经习惯观看比武大赛中更刺激、更暴力的娱乐节目，所以感觉这个活动有些无趣。下一场，费利佩亲王又尝试了徒步击剑战，并在比赛中获得剑术奖。但同样，英国人似乎觉得这也很无聊。所以，从1555年1月起，他就主办了他们喜欢的骑马格斗。玛格丽特·克利福德是弗朗西丝已故姐姐埃莉诺的女儿，为了庆祝弗朗西丝17岁的外甥女玛格丽特·克利福德结婚，宫中还专门举行了一些戏剧性的比武。玛格丽特·克利福德是一名年轻的王室女成员。1552年，诺森伯兰公爵曾希望她能与自己的儿子吉尔福德·达德利结婚，但这桩婚事未成；1553年，他又希望玛格丽特·克利福德能与他的兄弟安德鲁结婚。两次婚事都让玛格丽特·克利福德逃过了，但她保留了安德鲁送给她的华丽婚纱，并穿着这身婚纱与德比伯爵的继承人斯特伦奇勋爵步入婚姻殿堂。[29]

一整天下来，费利佩亲王和女王都在参与庆祝活动。午宴过后，宫廷举办比武大赛和马上剑术大赛，达德利兄弟中有3人参加了马上剑术大赛。[30]晚宴后，费利佩亲王又干劲十足地参与了一场棍棒对抗赛。玛丽一世很担心，传人恳请费利佩亲王千万要注意安全。[31]她可不想拿他们的未来冒险。她费尽周折，才与罗马教廷重修于好。为了保卫自己的国家和信仰免受新教徒进一步恶意攻击，她置周围人的劝谏于不顾，执意恢复了曾被她父王认定为宗教异端的天主教法律。

玛丽一世执政时期的第一位新教殉道者的火刑就在玛格丽特·克利福德隆重婚礼的 3 天前执行。约翰·罗杰斯在被绑上火刑柱前是圣保罗大教堂的受俸牧师。在这之后有更多的人被处以火刑，令人心惊肉跳。火刑行刑过程中，如果火烧得不够旺，死刑犯会在痛苦煎熬中慢慢死去，身子一点点被烤焦，神志还清醒，他们发出撕心裂肺的叫声。而在接下来的几个月里，格雷家的许多朋友将以这种方式被处决，其中包括克兰麦大主教、休·拉蒂默和尼古拉斯·雷德利主教。他们中的一些人过去还曾督办过他人的火刑。比如，休·拉蒂默在亨利八世时期就曾参加过焚烧天主教牧师的活动，他对此津津乐道，总拿来开玩笑。但这并不是人们对于原先那位看似柔弱仁慈的玛丽公主的期待。随着一系列新的恐怖统治的开始，西班牙外交官得知，另一场宫廷婚礼也在酝酿之中。英国枢密院的一些人提议弗朗西丝与爱德华·考特尼结婚。爱德华·考特尼在托马斯·怀亚特起义后再次入狱，被送往伦敦塔，但在 1555 年 4 月又重新获释。[32] 如果伊丽莎白公主被排除在王位继承人之外的话，也许涉事的议员们希望玛丽一世可以考虑让弗朗西丝成为王位继承人。虽然之前宣告玛丽一世为私生女的法律已被废除，但污点留在了她妹妹身上。后来的一系列叛乱已经不可逆转地恶化了这两姐妹之间的关系。玛丽一世明确表示，她未把伊丽莎白公主视作自己父王的女儿。玛丽一世喜欢和侍女们说伊丽莎白公主与马克·斯梅顿（Mark Smeton）长得很像。据说，这位年轻迷人的音乐家曾被安妮·博林豢养在一个"甜食柜"里，当安妮·博林需要他提供性服务时，就会娇嗔着要吃"果酱"。玛丽一世曾表示，首选的王位继承人是她信奉天主教的表姐——伦诺克斯伯爵夫人玛格丽特·道格拉斯。正因如此，玛丽一世在自己的婚礼上给了玛格丽特·道格拉斯一个重要的角色。然而，也有人质疑玛格丽特·道格拉斯是私

166

生女，这就给弗朗西丝留下了机会，但弗朗西丝压根不想做任何使自己的孩子深陷危险的事，也一点都不想削弱伊丽莎白公主的地位。

人们从凯瑟琳·格雷的行为方式可以看出格雷家族对伊丽莎白公主的支持。弗朗西丝之前的女官贝丝·哈德威克（Bess Hardwick）连同她的丈夫威廉·卡文迪什爵士选择让凯瑟琳·格雷作为他们 3 月刚出生的女儿的教母，凯瑟琳·格雷为孩子取名伊丽莎白。无论如何，在王室中，弗朗西丝最不希望的就是与政治前途不稳定的爱德华·考特尼结婚，而出于相同的原因，爱德华·考特尼也不愿与弗朗西丝结婚。他甚至告诉女王，他宁肯离开英格兰，也不愿娶弗朗西丝为妻。话虽如此，当爱德华·考特尼 5 月离开英格兰时，弗朗西丝已经嫁给了另一个男人。格雷姐妹的新继父背景普通，这使弗朗西丝无法参与日后有关获取王位继承权的任何计划。然而，这也意味着弗朗西丝很可能会告别王室身份，但她将凯瑟琳·格雷留在了宫中。弗朗西丝看到了凯瑟琳·萨福克和她选择的男人之间的婚姻有多么成功和幸福，于是她也想找个类似身份和地位的人结婚。她选择了她的御马官，来自米德塞克斯郡霍基斯顿的阿德里安·斯托克斯（Adriam Stokes），当时这个地方已经属于伊斯林顿的霍克斯顿，是一个时尚娱乐区。[33]

围绕弗朗西丝的婚姻，有各种令人不快但也许是虚构的故事。其中一个是，弗朗西丝在 1554 年初就与阿德里安·斯托克斯结婚了，此时距萨福克公爵被处决还不到 3 周。会有这样的说法可能是因为人们后来对都铎王朝年份的计算产生了误差。它是以每年的 3 月 25 日而非 1 月 1 日为时间起点的，因此 1555 年 3 月 25 日之前的任何日期都被写成了 1554 年。但这个错误看起来是故意的，人们没有理由推测弗朗西丝会在 1555 年 5 月之前再婚，编造这个故事的目的无疑是将弗朗西丝后来的转变与她那"完美无缺"的女儿简·格雷进行对比。[34]简·格雷被描述为温柔的，而弗朗西丝则被描述为凶残的；简·格雷如果是贞洁的，那么弗朗西丝则一定充满欲望。在汉斯·艾沃斯（Hans Eworth）创作的一幅肖像画中，人们可以看到面容冷酷、僵硬的达克尔夫人和她那21岁没有留须的儿子。自1727年起，人们常说画中的两人实际上就是弗朗西丝和阿德里安·斯托克斯。通俗历史学家喜欢将这名王室女官同晚年的亨利八世相提并论，说二者如何相像。这幅肖像画在他们看来展现了弗朗西丝的残忍本性和无度的性欲。将画中的小伙子硬说成阿德里安·斯托克斯还不够，这些历史作家还将他描绘成一个下流的小混混。在他们眼里，弗朗西丝是被各种欲望推动的。而事实上，阿德里安·斯托克斯是一个36岁（弗朗西丝当时37岁）的成熟男子。他曾当过兵，是一个很有教养的新教徒。[35]诚然，他比弗朗西丝的社会地位低，但有些传言说伊丽莎白公主嘲笑弗朗西丝嫁给了她的"马夫"，这是颠倒黑白。众所周知，伊丽莎白公主对弗朗西丝与阿德里安·斯托克斯的幸福美满表达的只有羡慕之情。[36]

然而再婚后，弗朗西丝确实基本上从宫中隐退了。她的健康每况愈下，而且据说她还经历了数次小产。她的小女儿玛丽·格雷10岁了，仍由她照料。我们基本找不到关于玛丽·格雷20岁前的史料，而凯瑟琳·格雷常出入宫中，开始了自己的生活，反抗着玛丽一世最后几年的暴政。

第十五章

长大

　　凯瑟琳·格雷是玛丽一世表妹的女儿，所以她在宫里有自己的房间，还有自己的仆人，她甚至可以养宠物。凯瑟琳·格雷喜欢体型较小的宠物犬，还喜欢具有异域风情的动物，比如小猴子。当然，她绝不只是和她的小宠物们待在一起。宫中有一种类似寄宿学校的氛围，为了成为女王合格的侍女，女孩们从小就要在宫廷学习。而凯瑟琳·格雷常穿着睡衣溜进侍女宿舍，在那里闲聊和玩耍。[1]几年后，有人抱怨一些年轻的侍女晚上嬉戏、吵闹、跳舞，弄得隔壁的长者睡不好觉。对于凯瑟琳·格雷来说，有很多这样无忧无虑的时光，尽管在1555年的夏天过后，玛丽一世的王宫被阴谋和不幸笼罩。

　　1554年9月，玛丽一世怀孕的消息传出后，人们欢呼雀跃，然而随着女王在汉普顿宫的卧床期接近尾声，人们的乐观情绪逐渐消退。当预产期1555年5月9日过去时，女王表示，王室婴儿一般是在6月出生的。但到了6月，孩子仍没有出生，宫中谣言四起，说女王根本没有怀孕，而是生病了。到了8月，就连最乐观的威尼斯大使也叹息"孩子将随风而逝"。直到此时，女王才不得不接受她并没有怀孕的事实。[2]人们期待的王室继承人最终还是没有出生，对此，官方未做任何解释。宫廷上下被尴尬、惊恐的沉默氛围笼罩。不久，费利佩亲王便离开了英国。

加德纳主教于1555年11月去世，他知道伊丽莎白公主成为女王只是时间问题，他也知道他对此负有一定的责任。早在亨利八世统治时期，加德纳主教就是"王权至上"的首席理论家。他相信，英国可以在不受教皇统治的情况下同时信奉天主教。但爱德华六世的议会也利用"王权至上"将"宗教异端"引入英格兰，粗暴地拒绝了他的主张。据伊丽莎白时代的一位天主教徒描述，加德纳主教在临终前的几个小时里让人给他念彼得背叛耶稣的福音故事，听到伤心处，不禁泪流满面。现在一切已成空，只有玛丽一世还相信她会有孩子。内室的女官和侍女就这样看着女王绝望地给丈夫写信，一封接着一封，恳求他回来，这样他们就能为有一个继承人再做努力。然而，当费利佩亲王最终回信时，他提了一个不可能办到的要求，他想要加冕，因为只有坐上国王的宝座，他才能得到被婚姻条约剥夺的权力。玛丽一世知道，议会绝不会同意，所以不得不拒绝他。于是，费利佩亲王又提出一个令她深恶痛绝的要求：让作为她继承人的伊丽莎白公主尽快嫁给神圣罗马帝国的一位盟友。玛丽一世看完信后，愤怒地把镜子猛摔到房间的另一头。

玛丽一世患上了抑郁症，为了缓解病情，医生给她采用放血疗法。时间一长，玛丽一世面色苍白，形容枯槁。相比之下，在软禁期间被带入汉普顿宫的伊丽莎白公主看起来健康阳光、青春逼人。当时23岁的她"小巧玲珑、秀外慧中、发色淡黄、天庭饱满。她的鼻子中部微微隆起，虽然脸型有一点长，但她也算得上国色天香"。[3]玛丽一世忍受不了让安妮·博林的女儿成为王位继承人，即使她心爱的丈夫和信奉的主都这么要求，她也难以接受这种情况。

凯瑟琳·格雷的表姐，也就是现在的玛格丽特·斯特伦奇夫人，希望女王提名她为继承人。1552年，诺森伯兰公爵还想让她

与自己的儿子吉尔福德·达德利结婚。而如果以"私生女"为理 170
由排除伊丽莎白公主作为王位继承人的可能性，那也同时排除伦诺
克斯伯爵夫人玛格丽特·道格拉斯作为王位继承人的可能性，她是
女王的表姐和内室女官。因为玛格丽特·道格拉斯的父亲在和她母
亲结婚时已经有了一位妻子，所以这两人都当不成继承人。由于没
有人会接受让苏格兰玛丽女王成为法国王储的准新娘，玛丽一世可
以考虑的就剩下第一代萨福克公爵夫人玛丽·布兰登的后人，而女
官玛格丽特·斯特伦奇辩解道，格雷家族由于简·格雷和第二代萨
福克公爵的叛国，应该被排除在王位继承人之外。在排除所有人后，
只剩下弗朗西丝已故妹妹的女儿，也就是玛格丽特·斯特伦奇，可
以成为玛丽一世的继承人。[4]多年之后，这一争辩还会在玛格丽特·
斯特伦奇心头萦绕，但在当时，人们只把她看成一个被宠坏了的傻
女孩，没人真把她当回事。士绅阶层正在学习如何借助议会来阻止
他们不愿看到的事情发生，比如加冕费利佩亲王为英格兰国王，以
及女王希望通过法令将伊丽莎白公主排除在王位继承人之外。众所周
知，伊丽莎白公主将成为女王。而在欧洲，新教流亡者也希望能早点
将玛丽一世赶下台。

人们一直认为，反抗合法权威是一种致命的罪行。凯瑟琳·格
雷仍对1549年叛乱期间的布道记忆犹新。休·拉蒂默在1548年的
10月上了火刑柱，他曾宣扬：人们应忍受暴君，让上帝去惩罚他
们，而反叛就是攻击神圣的生命链。然而，一些新教流亡者发展了
新的抗争理论，他们认为女王的盲目崇拜使她的权威变成非法的，
因此推翻她的统治不仅是被允许的，更是一种道德责任。

1556年3月，一个由法国入侵英国的阴谋被揭露，英国财政
部内部的一个阴谋者告发了自己的同伙。[5]人们后来发现，阴谋者
的意图是"以玛丽利用简的方式"来利用玛丽一世，让伊丽莎白

公主取代玛丽一世成为女王，伊丽莎白公主还要与爱德华·考特尼结婚。[6]虽然时至今日，这一阴谋的一些具体细节还不甚清楚，但相比 1554 年的其他起义，它得到了更多资金上的支持，而且牵涉了士绅阶层中的几名资深成员，最终 10 人被处决。爱德华·考特尼逃到欧洲大陆，但同年晚些时候就死了，据说是被费利佩亲王的手下毒杀了。无论如何，被揭露的各种阴谋使玛丽一世的精神濒临崩溃。威尼斯大使报告说，玛丽一世在重压下老了 10 岁，宫中充满疑神疑鬼的气氛。毕竟，异端分子又一次试图推翻并杀害她。皇宫走廊里到处都能听到武士铠甲发出的咔嗒声，城镇中越来越多的男男女女被以火刑处决。玛丽一世本打算只针对传播异端的神职人员，但现在镇压的烈火正席卷普通的新教徒。一位意大利天主教徒描述说，那年看到一位 70 岁的男子"心甘情愿地、愤怒地、执拗地"蹒跚着走向火刑柱，身后跟着一名同样要被处死的失明小男孩。[7]

与她的母亲和姐姐一样，凯瑟琳·格雷与新教朋友保持着旧时的友谊，但这些朋友同格雷家的人一样，掩饰了他们的真实信仰。1556 年夏天，简·格雷的遗作在日内瓦再版。为了避风头，弗朗西丝从拉特兰伯爵那里租了栋房子。简·格雷执政时间虽然短暂，但拉特兰伯爵是她最坚定的支持者之一。在那段时间里，受弗朗西丝照看的玛格丽特·威洛比被送到了哈特菲尔德，[8]与伊丽莎白·布鲁克住在一起，后者是被北安普顿侯爵威廉·帕尔抛弃的第二任妻子。[9]凯瑟琳·格雷特别喜欢与聪明伶俐的简·西摩小姐在一起，简·西摩是前护国公萨默塞特公爵的女儿。两个女孩年龄相仿，一个 14 岁，一个 16 岁，虽然她们年龄不大，但她们相识的时间可不短，而且她们都忍痛目睹了自己的父亲被处决，可以说是同病相怜。夜里，凯瑟琳·格雷有时会爬到简·西摩的床上取暖，两个女

171

孩还可以谈论她们的梦想。如果女王允许的话，凯瑟琳·格雷还是非常希望有一天能与赫伯特勋爵再婚。

1557 年 3 月，费利佩亲王回到了英格兰，宫廷里的人满心欢喜，期盼着光彩夺目的舞会和盛宴能早日恢复。然而，不经意间，人们谈论最多的不是浪漫欢愉的事而是战事。费利佩亲王到英格兰后，就揭发了第二起涉及新教流亡者和法国人的阴谋。一群由 30 名至 100 名流亡者组成的"入侵队伍"，乘坐一艘法国船只潜入斯卡伯勒。怎料他们的领袖是个无能的"牛皮大王"，名叫托马斯·斯塔福德（Thomas Stafford），凯瑟琳·格雷和玛丽·格雷都很了解这个人。1554 年，托马斯·斯塔福德曾支持姐妹俩的父亲发动米德兰兹起义，而他的妹妹多萝西后来一直是玛丽·格雷的好友。[10] 托马斯·斯塔福德和他的团伙被迅速围捕，包括他在内的 25 人被处决。有人认为，这次偷袭是由在法国的卧底秘密煽动的，因为它成功消解了国内"鸽派"议员的维和努力——他们不希望玛丽一世率领英国陷入由费利佩亲王的父亲主导的神圣罗马帝国的战事。而这次破坏行动最终促使英格兰与神圣罗马帝国结盟，也促使玛丽一世在 6 月向法国宣战，[11] 尽管之前玛丽一世和费利佩亲王缔结婚约就是为了避免类似情况的发生。

1557 年夏天，凯瑟琳·格雷看到她的许多朋友去欧洲打仗，其中包括她的前夫赫伯特勋爵。一些人一去不复返，如达德利兄弟中年纪最小的亨利·达德利。尽管他们丢了性命，1558 年 1 月，英国在欧洲大陆最后的据点加来还是落到了法国人手里。1558 年是英国历史上非常糟糕的一年，而这场战役的失利就是一个黯淡的开始。这一年，英国受到了大流感的侵袭，伤亡惨重，加之这些年庄稼年年歉收，导致成千上万人失去生命。[12] 面对天灾人祸造成的重创，玛丽一世塑造了一副悲恸绝望的形象。她身上的长袍质地从

172

早年的红色锦缎换成了阴暗的黑色天鹅绒。衣服被裁剪成西班牙风格，宽松地遮掩住她肿胀的肚子。玛丽一世原以为自己在冬天又怀孕了，但事实证明这是另一个可悲的幻觉。威廉·塞西尔之前是爱德华六世时期的国务大臣，现在为玛丽一世管理土地资源。他已经开始与伊丽莎白公主接触，商量玛丽一世的后事。[13] 费利佩亲王又走了，肆虐全国的疫情很快传到了宫廷。女王内室里的几个女官和侍女病倒了，不得不被送回家，其中就包括凯瑟琳·格雷的闺蜜简·西摩。她躺在马车的担架上被护送回她母亲的家，它位于米德尔塞克斯郡的汉沃斯宫。凯瑟琳·格雷得到允许，同侍女主管一起陪着简·西摩回家。整个夏天，她都待在简·西摩家，而简·西摩的身体也慢慢恢复了。

　　这一年里，虽然整个英国笼罩在死神的阴影下，但事后看来，在曾经的汉沃斯宫度过的这几周是凯瑟琳·格雷一生中最幸福的时光。这位快 18 岁的少女金发碧眼、婀娜多姿、楚楚动人，她的鼻子上还有淡淡的波纹，她宛如波提切利笔下的维纳斯。很快，她便吸引了简·西摩的哥哥——19 岁的赫特福德伯爵爱德华·西摩的注意。据说，10 岁的赫特福德伯爵曾策马飞奔，捎口信给凯瑟琳·格雷的前夫赫伯特勋爵的父亲，请求他帮助击退围攻他父亲护国公萨默塞特公爵的政变者。然而，赫伯特勋爵的父亲拒绝提供援助。青春洋溢的赫特福德伯爵一副桀骜不驯的样子，但这正是他令人神魂颠倒之处。他的母亲就以外表漂亮且骄傲闻名，而他那高挺的鼻梁与他母亲的颇为相似。同之前见过赫特福德伯爵的许多少女一样，凯瑟琳·格雷对眼前的帅哥一见倾心，而且似乎很快就忘记了她的前夫赫伯特勋爵。但是，如果凯瑟琳·格雷与"内德"（凯瑟琳对赫特福德伯爵的爱称）彼此深深吸引，那么这对他俩来说都是危险的。赫特福德伯爵的母亲是爱德华三世小儿子的后代，因此从家谱

173

上细看，赫特福德伯爵没有真正的王位继承权，但和王室沾亲带故，这多少能使他的地位高于王室以外的贵族。这也使他非常适合凯瑟琳·格雷——就像他曾经适合简·格雷一样，萨默塞特公爵曾希望儿子能与简·格雷结婚。这种般配带来的危险是，如果凯瑟琳·格雷嫁给赫特福德伯爵，她将有资格与伊丽莎白公主争夺王位；而如果她能生一个儿子，对伊丽莎白公主的威胁就会加倍。

女王不结婚是任何人都无法想象的，而且她与谁结婚也至关重要。伊丽莎白公主同父异母的弟弟爱德华六世之所以将王位传给简·格雷，在一定程度上是因为她的婚姻门当户对。而其他的姐妹有的嫁了外国人，这种嫁给外国人的危险在玛丽一世执政时期被放大，因为从本质上说，将英格兰卷入战争是为她的丈夫而征战。反对玛丽一世的频繁叛乱都有一个共同的初衷——让伊丽莎白公主嫁给爱德华·考特尼。叛乱者并不只是想让伊丽莎白公主一个人独自统治国家，但当时爱德华·考特尼已经死了，叛乱者也不清楚伊丽莎白公主究竟会嫁给谁。在新教徒看来，护国公萨默塞特公爵为英格兰带来了"真正的宗教"，所以如果凯瑟琳·格雷嫁给这位功臣的儿子，那么相比冒险选择让未婚的伊丽莎白公主继位，选择凯瑟琳·格雷会好得多。这对新人如能生下儿子，可以想象，那么新教徒就压根不需要什么女性统治者了。新教徒一直担心国家由女性统治会违背《圣经》，因此支持凯瑟琳·格雷夫妇的立场非常有吸引力。

托马斯·贝肯是一位激进的神职人员，他曾在16世纪40年代造访过萨福克公爵的领地布拉德盖特。早在1554年，托马斯·贝肯就断言"大部分女性统治者是邪恶的"。之后，能言善辩的克里斯托弗·古德曼更进一步，坚持认为神圣法将使所有女性都不能拥有统治权。1555年初，约翰·诺克斯以更有力且更低劣的方式重

174

申了同样的观点，在其所著的《向可怕的女性统治军团吹响第一声反对号角》[First Blast of the Trumpet Against the Monstrous Regiment (Rule) of Women] 一书中，他强调，女性统治是对上帝的侮辱。如果有两个选择摆在新教支持者面前，一个是未婚的伊丽莎白公主，另一个是凯瑟琳·格雷和赫特福德伯爵组合，他们很有可能会选择后者。因为一方面，这对新教夫妻无可挑剔；另一方面，他们很可能会生下一个男孩作为继承人。此外，人们后来得知，那个夏天发生的浪漫故事不仅仅是调情。简·西摩小姐一直在帮这两位恋人传递信息，突然有一天，简·西摩的哥哥请她传话"想和凯瑟琳小姐结婚"。[14]求婚的背后有政治野心吗？也许吧，但显而易见，事情不会那么简单。然而，凯瑟琳·格雷还没来得及对求婚做出正式答复，赫特福德伯爵的母亲就有所察觉了。

　　赫特福德伯爵的母亲安妮·萨默塞特一生中经历了太多的致命危险，所以她再也不想让她的家人陷入险境。她的第一任丈夫去世很久后，她才再婚，而且是追随两位萨福克公爵夫人的脚步，和自己家族的下人结婚。她的第二任丈夫是她的管家弗朗西斯·纽迪盖特（Francis Newdigate）。她最不希望看到她儿子因为王室联姻而毁掉自己。她恳求赫特福德伯爵忘掉凯瑟琳·格雷，但这位19岁的伯爵气冲冲地告诉母亲："两个年轻人情投意合，没有理由不走到一起。我就是要和凯瑟琳终生相伴，不仅在我们家，也要在宫中，就连女王陛下的明文禁令也阻碍不了我们！"[15]

　　也许值得庆幸的是，夏天终于结束了。流感最严重的一个阶段已经过去，凯瑟琳·格雷和女王内室的其他女官、侍女们也将回到白厅宫。接下来的几个月里，凯瑟琳·格雷和赫特福德伯爵基本没什么机会见面。简·多默一直以来都是玛丽一世最喜欢的侍女，早先爱德华六世还在世时，简·多默也是他的玩伴。事后，简·多默回忆了她与玛丽一世之间有不祥预感的一次对话。当她回宫经过河边时，遇见玛丽一世，玛丽一世和她打招呼。简·多默和简·西摩都因流感病倒过，所以玛丽一世问她身体好些了没，小姑娘答道："尚好。""我不怎么好。"玛丽一世神情忧郁地回了一句。

玛丽一世的健康状况一直很差，到了 1558 年 8 月，情况明显恶化，因为她也不幸得了流感。尽管女王内室的女官和侍女们悉心照料她，但 10 月未过，人们还是知道 42 岁的女王时日不多了。

此时，费利佩亲王正忙于安排他父亲查理五世的葬礼，无法抽身，于是就派出他的亲兵卫队队长费里亚伯爵代替他前往伦敦探望玛丽一世。费里亚伯爵是个亲英派，他于 11 月 9 日抵达英国，此时玛丽一世已经回到圣詹姆斯宫休养。觐见时，费里亚伯爵发现玛丽一世虽然能认出他，但她眼看不行了。两天前，议会催促玛丽一世，当着议会代表团的面任命其同父异母的妹妹伊丽莎白公主为王位继承人。大家都看得出来，她没有几日可活了。费里亚伯爵此行需要搞清楚伊丽莎白公主会任命哪些人组阁她的政府。幸运的是，费里亚伯爵在英国的人脉不错，他个人很有魅力，前几次来英国时结交了不少朋友。值得注意的是，他与玛丽一世最喜欢的侍女简·多默已经订婚。

凯瑟琳·格雷的亲戚威廉·塞西尔"曾是爱德华六世的国务大臣"，费里亚伯爵"敢肯定，他也会成为伊丽莎白的国务大臣"。威廉·塞西尔是个极其狡猾的政客，"诡诈滑头、见风使舵"。他曾与萨默塞特公爵为伍，也曾进入女王简·格雷的议会，这两人都垮台了，他却能安然无恙。而他在玛丽一世的宫中又与像主教波尔这样的人交了朋友。威廉·塞西尔工作勤勉、效率高。他还喜欢聪明的女人，而且能与她们相处得很好。威廉·塞西尔的妻子米尔德里德·库克是她这代人当中受教育程度最高的女性之一。威廉·塞西尔还是令人敬而远之的萨默塞特公爵夫人的朋友，与凯瑟琳·萨福克的友谊更是不一般。但从费里亚伯爵的立场出发，伊丽莎白公主尊重和信任威廉·塞西尔将是西班牙的不幸。38 岁的威廉·塞西尔是一位新教理论家，他认为自己正参与一场除恶的战争，其中天主教徒代表着黑暗势力，他发自内心地反对西班牙人。威廉·塞西尔对西班牙利益的威胁到底有多大，人们需要拭目以待。但此时，费里亚伯爵听到了另一个名字，此人更有希望进入新政府，他就是吉尔福德·达德利已婚的哥哥罗伯特·达德利。可以说，罗伯特·达德利的这条命就是费利佩亲王保住的，他专门为达德利几兄弟争取到了王室赦免。而早有传言称，伊丽莎白公主非常喜欢罗伯特·达德利，他们本就青梅竹马，又因为在同一时间被囚禁在伦敦塔里，关系愈发亲密。与吉尔福德·达德利一样，罗伯特·达德利高大英俊，但吉尔福德·达德利皮肤白皙，罗伯特·达德利皮肤黝黑。伊丽莎白公主还喜欢罗伯特·达德利什么品质，人们过段时间就知道了。

与此同时，在圣詹姆斯宫，许久以来，玛丽一世第一次显得很开心。她告诉周围的人她能看见"天使般的孩童在面前玩耍"，四周还回荡着美妙的音乐声。[16]1558 年 11 月 17 日上午，在最后一次弥撒中，玛丽一世去世。与英格兰第一位行使女王权力的简·格雷不同，玛丽一世得到了机会并将这种权力发展为一种女王身份模式。与简·格雷一样，玛丽一世使丈夫只处于个人配偶的位置。但她追随费利佩亲王，使英国卷入了一场对自身没有明确益处的战争，同时也抵消了伊丽莎白公主原本可以得到的好处。人们都认为，无论伊丽莎白公主嫁给谁，这个人肯定不会只是个配偶，他可能会直接影响国家事务，也因此会对宗教利益和国家利益产生潜在威胁。回想当年，在托马斯·怀亚特的叛军威胁伦敦时，玛丽一世在市政厅的演讲深入人心，她称自己是英格兰王国的新娘，响应王国的号召，并作为"女族长"统治着臣民。这些都是伊丽莎白公主可以借鉴的思想。凯瑟琳·格雷和其他贵妇整理安放好玛丽一世的遗体后，就把药剂师、蜡制师、木匠等叫了进去。遗体经清洗和防腐处理后，被放入一个内部衬有铅的木制棺材中。接着，棺材被带入圣詹姆斯宫的教堂，放在支架上，上面盖着一块华丽的圣布。它将停放在这里大概一个月，在这期间，人们将安排好葬礼。

许多人认为，伊丽莎白公主之前受过玛丽一世的虐待，所以这时她会借机报复。但此时，25 岁的伊丽莎白公主下令要严格按照安葬她父亲亨利八世的仪式厚葬玛丽一世。她不信任那些对玛丽一世不忠的人。更加激进的新教徒往往与叛国罪紧密相关，而且尽管伊丽莎白公主自己是新教徒，但她认为那些反对玛丽一世的人说不定什么时候也会背叛她，正如在 1553 年这些人先是将简·格雷推上王座，而后又落井下石一样。在不尊敬都铎君王方面，伊丽莎白公主不会开创任何先例。因此，在圣詹姆斯宫的教堂里，凯瑟琳·格雷和内室中的其他女官和贵妇轮番守灵，弥撒也是一天 24 小时念个不停。如同悼念亨利八世时一样，教堂中五彩斑斓的墙壁和精雕细刻的雕像统统被裹上黑布，只有棺材上圣布的金线在摇曳的烛火下忽隐忽现。

1558 年 12 月 13 日，随着女王的灵柩从圣詹姆斯宫的教堂运抵威斯敏斯特大教堂，葬礼的最后阶段开始了。棺材被放置在战车上，车上雕刻着女王的遗像，她身着深红色天鹅绒长袍，头戴王冠，手执权杖。[17]有些人曾私下表示，他们才不想向玛丽一世表达最后的敬意。伊丽莎白公主得知后，命令他们必须这样做。宫中所有的女官和贵妇都加入了送葬的队列。与其他人一样，凯瑟琳·格雷也穿上了丧服，黑色的裙摆在地上拖行。[18]在教堂门口，修道院院长约翰·费肯汉姆（曾在断头台上服侍过简·格雷）向玛丽一世的遗体致意，4 位主教随即手持香烛，环绕灵柩，使其神圣化。在灵柩下葬前的最后一次守夜，《玫瑰经》在修道院里被反复吟诵，同时修道院回荡着古老的祷文："主啊，请赐予他们永眠，让永恒的光，普照在他们身上……"第二天的安魂曲据说不仅为玛丽一世吟唱，还为信奉天主教的英格兰吟唱。当丧礼的黑布落下，墙壁将再次被刷白，人们停止吟诵古老的祷文。

仪式接近尾声时，身穿猩红色外套的王室警卫将玛丽一世的棺材缓缓下放到亨利七世建造的小教堂的墓地里。墓坑边，新土散开，玛丽一世生前的重臣纷纷将自己的权杖举过头顶，折断之后扔进坑里，以此象征玛丽一世统治时期结束。号角再次被吹响，嘉德首席纹章官宣告天下：伊丽莎白一世成为新女王。西班牙大使报告说，英格兰王国现掌握在"年轻人手中"，由"一个年轻女子"统治。[19]

所有人都迫不及待地想知道接下来会发生什么，尤其是凯瑟琳·格雷，她期待能荣升为伊丽莎白一世的英格兰新教继承人。

第十六章

西班牙人的阴谋

    凯瑟琳·格雷坐在一艘气派的驳船上，跟随伊丽莎白一世沿泰晤士河而上。伊丽莎白一世给周围人发的猩红色天鹅绒制服有助于抵御 1 月的严寒。这是为期 4 天的加冕仪式的第一天，沿河两岸张灯结彩，令人目不暇接。悠扬的笛声绵延回荡，铜管喇叭发出的声音高昂响亮，烟花爆竹声噼啪作响。一位在场的意大利人回想起威尼斯人举行的耶稣升天日庆祝活动。那天，精心打扮的"圣母""嫁给"大海。一位能预见未来的女王看上去比眼前的这位女王年纪更大，神情更忧郁，坐在皇家驳船上，船四周装饰着华丽的挂毯。一艘承载 40 名水手的帆船拖行着女王的驳船，水手们卷起袖子，使劲地摇桨。[1]

    简·格雷没享受过这样的加冕礼，她的妹妹凯瑟琳·格雷也从未参加过这种加冕礼。然而，姐妹俩的父亲萨福克公爵曾参加过伊丽莎白一世的母后安妮·博林在 1533 年 5 月举行的加冕礼。那天，河面上有 220 艘驳船跟随王后的船，萨福克公爵就在其中一艘驳船上。往日景象重现。安妮·博林加冕的那天，成千上万人在河岸两旁观看河面上的奇观。沿河而下的驳船像机械龙一样吞云吐雾，音乐家们则在船上激情演奏。第二天晚上在伦敦塔（萨福克公爵后来命丧于此），萨福克公爵与其他被任命为巴斯骑士的人，一起侍

180 奉亨利八世享用晚餐。餐后，他们进行沐浴仪式和忏悔祷告，活动一直持续到周六早上。沐浴仪式只在加冕礼前夕举行，但这次再到伦敦塔，伊丽莎白一世没有选格雷家的人侍奉在侧。而且，弗朗西丝、凯瑟琳·格雷和13岁的玛丽·格雷也没有出席第二天的庆祝活动。弗朗西丝身体欠佳，这也许可以解释为什么她不在加冕礼受邀者的名单上。玛丽·格雷似乎没有被邀请，而凯瑟琳·格雷则被从内室安排到了礼堂———间所有上层绅士和名媛都可以进入的公共房间。

职位虽下降了，周六在伦敦塔，凯瑟琳·格雷还是与宫中众人一起，准备迎接伊丽莎白一世以国家元首身份入驻伦敦。但她清楚，自己的王室身份并没有特别的用处。凯瑟琳·格雷利用冬季天黑前的几个小时，从大约下午3点起，整理并打扫好了礼堂——她被降级后待的地方。外面下着雪，事后有人回忆，天空虽然阴沉，整个宫廷却"因侍女们身上戴着的华丽珠宝和金项圈而光彩熠熠，就连空气都显得格外清新"。[2]走在游行队伍最前面的是伦敦市议员、骑士、贵族、牧师、大主教、外国使节和这些达官贵人们的仆人。与"身穿猩红色长袍的号手和身披铠甲的传令官"一道，他们带领着队伍走向威斯敏斯特宫。[3]伊丽莎白一世走来了，她穿着镶有金丝和衬着粉色锦缎的长裙，尽显帝王之气，雍容华贵。只见她头戴珠光宝气的金王冠，长发蓬松地垂在镶金嵌银的披风上，这件披风玛丽一世曾在加冕时穿过。如同她的先辈，伊丽莎白一世明白，在一定程度上，君主制的力量根植于对皇家威严的展示。这种大气会令臣民五体投地。

一个多世纪后，英国内战结束，英格兰联邦终结，一位贵族提醒复辟的查理二世："仪式本身虽微不足道，但无所不能。礼仪、秩序、武力支配着一切……将世间万物保持在各自适合的范围内。"[4]与女王同行的是"一群英姿飒爽的步兵，他们身着深红色天鹅绒短上衣，上面镶着大块的银饰"；还有一群德高望重的荣休纹章绅士，"身着猩红色锦缎，手持仪式上所用的传统木槌"。[5]人们都争先恐后想挤上前来看女王一眼，伊丽莎白一世向民众微笑示意。她相信，正是他们把她和她同父异母的姐姐玛丽一世从1553年简·格雷的自命不凡中拯救了出来，尽管后来她们还是遭到了一些贵族和爱德华枢密院中的部分议员的背叛。人们对她安然平和的登基过程欢欣鼓舞、心存感激，同时也对未来王国的发展持谨慎态度。毕竟，伊丽莎白一世把像威廉·塞西尔这样不受欢迎的、爱德华六世执政时期的人带入了她的议会。

　　伊丽莎白一世正后方是她的御马官罗伯特·达德利，达德利这个姓氏可能是爱德华六世执政时期最遭人憎恨的。骑在高大威猛的战马上，罗伯特·达德利挺拔的身姿和强健的肌肉一览无遗，黑色的头发卷曲在织有金线的深红色礼服上。伊丽莎白一世乘坐白色哈克尼马拉的马车，罗伯特·达德利和手下在一旁领路护送。人们很容易看出他身上吸引伊丽莎白一世的地方，但也很难忘记他的祖父、父亲和弟弟都是以叛国罪被处死的。在罗伯特·达德利身后，45名宫中的贵妇和名媛正骑着马缓缓走来，马背上套着为庆典特制的红色天鹅绒马鞍。

　　凯瑟琳·格雷不在这45人之中，而是坐在一辆装饰华丽的战车上。每辆战车都用猩红色和金色条纹缎子装饰，并镶有金色的钉子。道路上总有车辙轧过形成的坑，马车也没有装弹簧来减震，但凯瑟琳·格雷还是安逸地坐在一个套着深红色锦缎的大靠垫上，欣赏着沿街炫丽的装饰。从黑衣修士院到圣保罗大教堂，所有栏杆上都挂着丝绸彩带，栏杆后站着贸易公司的人。他们"穿着华丽的皮草，戴着舒适得体的制服兜帽"。他们的警卫则"穿着丝绸质地的服装，戴着金链"站在前面。[6]凯瑟琳·格雷抬起头来，发现沿街的窗户和阳台上也装饰着各种精美的针织品、金布、刺绣丝织品和色彩绚丽的帷幔。

　　途中，游行队伍会在几个地方停下来，邀请女王观赏一些舞台剧或"哑剧"，并做一些点评。这些活动是由新任国务大臣威廉·塞西尔负责组织，并由印刷商理查德·格拉夫顿创作编排的，每个节目都传达了一条政治信息。理查德·格拉夫顿之前还受托出版了简·格雷的女王宣言。第一台剧的场景是在格雷斯彻奇街，安妮·博林依偎在亨利八世身旁，两人之间仿佛不存在离婚、通奸指控，那段过去被遗忘。同样，之前无论是教会还是世俗对伊丽莎白公主是私生女的认定也被忽略。在王国纹章细节中伊丽莎白公主的都铎和金雀花族谱被凸显，这奠定了她有权承袭王位的基础。在康希尔上演的第二台剧可能存在争议，因为它宣扬的是在玛丽一世的统治下，宗教被误导了，而在伊丽莎白统治下它将以"更好"的方式发展。第三台剧在索珀巷上演，暗指在玛丽一世的统治下，伊丽莎白公主在伦敦塔历尽苦难，并且这台剧将当时还是公主的伊丽莎白与玛丽一世时期的殉道者放在同一个歌颂层面：虔诚的简·格雷的披风正传给伊丽莎白公主。

　　在齐普赛街上演的第四台剧引起了人们对王国近年来所遭受的饥荒和疾病的关注。舞台剧中，在一个石头坡上的枯树下，一个男孩靠坐着，"身穿黑色天鹅绒、面容忧郁、苍白、憔悴"。而他旁边则站着一位衣着华丽的帅气青年，面朝郁郁葱葱的山坡微笑，预示着男孩将迎来一个美好的未来。[7]在舞台剧设计之初，设计者本来也要对齐普赛街的大喷泉进行同样方式的改造，使其具有教育意义，但这个喷泉几个世纪以来都是这个地区的重要地标，为其增色不少，所以工人们拒绝动工。对一些人来说，对玛丽一世的抨击令他们愤怒。而且，也不是所有的舞台剧都符合伊丽莎白一世的心意。最后一场在弗利特街的演出就令她特别不自在。

无论是威廉·塞西尔对伊丽莎白一世的忠诚，还是其他资深新教徒对这位新女王的支持都根植于一点：君权神授，即上帝选择了伊丽莎白一世为女王。但这些人仍然认为，让女性来治国有违纲常。人们接受神的决定是作为对自身罪孽的惩罚。1558 年，神学家约翰·加尔文（John Calvin）在写给威廉·塞西尔的信中将上帝安排伊丽莎白一世为女王视为来自上天的责罚。[8]弗利特街的演出也呼应了约翰·诺克斯对女性统治地毯式的攻击。简·格雷的导师约翰·艾尔默受托出版了约翰·诺克斯的相关专著。然而，如同约翰·艾尔默后期论文中的观点一样，约翰·诺克斯的观点也激怒了伊丽莎白一世，因为它基于这样一种信念：对于女性统治，人们只是容忍，而非拥护，最好的情况也只能是将就。《圣经》中的女先知狄波拉从异教徒迦南国王手中拯救了以色列，而在相关剧作中，英格兰女王被对应描绘为狄波拉，这是意料之中的事：信奉新教的伊丽莎白一世正在将她的臣民从"宗教偶像崇拜"的玛丽一世手中解救出来。但剧中的狄波拉同时身穿议会长袍，仿佛暗示着伊丽莎白一世的君权是与议会融为一体的，而不是独立于议会之外的。拜倒在她脚下的，是代表 3 个阶层的人：贵族、神职人员和下议院议员。

伊丽莎白一世曾告诉费里亚伯爵，她决心"不受任何人统治"。但这第五台剧传达出的信息是她被允许统治英国，其实是因为男性主导的政府将继续以她的名义运作。后来，约翰·艾尔默一针见血地指出：一个好的女王会接受她的议员们的建议。"不是她在统治，而是法律在统治。她无权制定任何法令或法律，这些权力属于议会。"[9]作家理查德·马尔卡斯特（Richard Mulcaster）受命

183

向全体英国人民描述庆典游行。如果说最后一台剧尚未被现场的观众理解透彻，那么他的解释就会起作用。理查德·马尔卡斯特认为，编排这场戏的初衷是"提醒伊丽莎白一世，她应该就国家大事向她的政府进行咨询"。[10]毋庸置疑，他的观点是对爱德华六世遗愿和国之大计的呼应，即王国的女性统治者须与议会共同执政。

看了这台剧之后的那个晚上，也就是在威斯敏斯特大教堂加冕前夕，伊丽莎白一世辗转反侧，思考良多。她想到了她的父亲，亨利八世使自己比任何一位中世纪的国王都要强大，1533 年在与罗马教廷决裂时，他曾辩称自己是英国的最高立法者，凌驾于法律之上，因为正是他制定了法律，所以他对教会和国家行使绝对的"统治权"（imperium，字面意思是"命令"）。但这一决裂也导致了亨利八世所注意到的"宗教意见的多样化"。强大起来的臣民不仅受到个人野心的驱动，而且受到彼此竞争的意识形态的驱动。当然，伊丽莎白一世也看出了她的父亲未曾看到的东西。通过将议会带入王位继承的神圣过程，他实际上引入了一种多方同意机制。就拿此刻来说，伊丽莎白一世能得到王位要归功于议会通过的两项法案。伊丽莎白一世担心，如果在新教支持者看来，她的努力不能充分维护新教的利益，或者仅仅是因为她未能生下一个儿子作为王位继承人，那么议会很可能通过另一项法案，剥夺她行使女王的权力。凯瑟琳·格雷拥有无可挑剔的英格兰血统和新教信仰，所以她很可能会成为伊丽莎白一世的替代者。[11]正是考虑到这点，伊丽莎白一世将凯瑟琳·格雷贬到了礼堂，希望以此在政治上孤立她。幸运的是，伊丽莎白一世对凯瑟琳·格雷与赫特福德伯爵的恋情尚不知情，这件事没有扰乱她此时的心绪。赫特福德伯爵的爵位在他父亲被处决时失去了，而伊丽莎白一世刚给他恢复了爵位。

加冕礼最后一天在威斯敏斯特大教堂进行，从伊丽莎白一世前一天下榻的地方到修道院，全程 500 多米的道路已铺上了紫色地毯。上午，伊丽莎白一世一行开始向威斯敏斯特大教堂行进。她身穿深红色天鹅绒，两侧分别是彭布罗克伯爵和什鲁斯伯里伯爵，其他宫廷成员按等级顺序排列。相同的传统孕育了君主制，也决定了贵族的地位。这些传统通过眼前的王室仪式不断重复，这种仪式的象征意义将与王室的精神品质联系起来。[12] 凯瑟琳·格雷的表姐和朋友玛格丽特·奥德利（新的诺福克公爵夫人），在伊丽莎白一世身后托着她的裙尾。玛格丽特·奥德利的年龄虽与凯瑟琳·格雷相仿，但玛格丽特·奥德利已是个快 20 岁的小寡妇。她的第一任丈夫亨利·达德利是达德利兄弟中最小的一个，为了西班牙的帝国事业，1554 年在法国作战时丧命。刚过完圣诞节，她又嫁给了年轻而受欢迎的诺福克公爵。凯瑟琳·格雷与其他女官、贵妇跟在她后面，"她们两两一组，后面的人托着前面那人的裙尾。每个人的服饰都华贵考究，她们头戴冠冕，美丽大方"。

当年玛丽一世加冕为女王时，威斯敏斯特大教堂的钟声是沉寂的。而此时，钟声在伊丽莎白一世到来时，此起彼伏，震耳欲聋。更厉害的是，当伊丽莎白一世登上讲台台阶并准备向会众致意时，一片嘈杂的"风琴、笛子、小号和锣鼓"的声音也加入进来，一位旁观者感觉似乎"世界就要覆灭"。[13]

随后的仪式在很大程度上沿袭了爱德华六世的传统：《圣经》书卷和福音都被用英语诵读；在圣祭仪式结束后，没有让圣品升华（焚烧）的部分。一个引人注目的时刻发生在主教引导女王进行加冕宣誓之前，伊丽莎白一世坐在八角形台子上准备宣读宣誓书，威廉·塞西尔这时也走上台，悄悄站在女王身边，以一种匪夷所思而直接的方式，提醒人们他对伊丽莎白一世重要的参谋作用。[14] 仪式结束后，伊丽莎白一世和宫中众人回到威斯敏斯特宫参加宴会。伊丽莎白一世一手拿着权杖和宝球，一手拿着王冠，"对每个人微笑，一遍遍地向人们致意"。[15]在威斯敏斯特宫举行的晚宴和庆祝活动一直持续到当晚9点，之后，精疲力竭的庆祝人群陆续乘船回家了。

接下来40多年，英国不会再有加冕礼，但在1559年1月，人们却预感下次加冕礼要不了多久就会到来，肯定用不了40年。在欢声笑语背后，伊丽莎白一世深知她面临着非常现实的危险，她甚至不能完全信任身边那些她最依赖的人。

女王的婚事是头等大事，在第一届议会召开的首日就被提出来了，只有女王有了子嗣才能确保政治稳定。面对议会的请求，伊丽莎白一世却暗示近期不会考虑结婚，这令众人惊愕不已。伊丽莎白一世很清楚为什么她的婚姻对王国来说至关重要，但她对自己可能陷入的险境也非常敏感。两位前任女王的丈夫都遭到广泛质疑：吉尔福德·达德利因为他的父亲受到质疑；费利佩亲王则因为是外国人而受到质疑。更重要的是，伊丽莎白一世还不想结婚，她爱上了一个不自由的（已婚）男人——吉尔福德·达德利的哥哥罗伯特·达德利。她曾试图向下议院保证，如果她不结婚，她将挑选一位合格的继任者。然而，这样的解释只会引发关于她无法生育的谣言，这不可避免地让人们将更多的注意力放在凯瑟琳·格雷身上，她可是亨利八世遗嘱中的下一位继承人。

伊丽莎白一世深知凯瑟琳·格雷对自己的威胁，因此想尽办法给她"穿小鞋"，减少人们对她的政治兴趣。在朝廷，女王是福泽之源，因此朝臣们清楚，如果和女王不喜欢的人密切交往会有什么下场，他们都不敢妄动以避免激怒伊丽莎白一世。另一边，凯瑟

琳·格雷向西班牙大使费里亚伯爵大吐苦水。她说，伊丽莎白一世
"不希望她成为继承人"。费里亚伯爵深深感受到她对此"极为不
满和愤恨"。[16]后来他得知，她甚至有一天在礼堂里发了脾气，"说
了些非常傲慢和不得体的话，而不远处的女王应该听见了她的
话"。[17]费里亚伯爵希望这些王室内部的争吵能为他的主子费利佩亲
王利用。伊丽莎白一世即位以后，很快就结束了英国与法国纠缠的
战争。这场战争实际上就是为实现西班牙的帝国野心而发动的。费
利佩亲王担心，如果伊丽莎白一世进一步与法国国王亨利二世结
盟，很可能会威胁西班牙在荷兰的事业。因此，对西班牙来说，西
英两国保持良好关系至关重要。理想的解决方案是西班牙王室与女
王进行政治联姻，但伊丽莎白一世已经拒绝了费利佩亲王。尽管表
面上，她似乎正在考虑与费利佩亲王的堂弟——奥地利哈布斯堡家
族的查尔斯结婚，但她对自己心爱的御马官的热情众所周知。1559
年4月，费里亚伯爵向费利佩亲王报告说："罗伯特·达德利深受
女王的喜爱，要风得风、要雨得雨。"他继续说："在宫中，罗伯
特·达德利的房间和女王的房间紧挨着，女王白天和晚上都往他房
间里跑。周围人随心所欲地谈论着这两人，甚至听说，罗伯特·达
德利的妻子终日郁郁寡欢，患上了乳腺癌，女王现在就等她死了，
好嫁给他。"

　　费里亚伯爵建议费利佩亲王与罗伯特·达德利坐下来谈一谈，
提前达成协议。但他也提醒费利佩亲王，这两人的婚姻有可能会在
英国国内引发叛乱。罗伯特·达德利仍然广受憎恨，而且他还公开
与诺福克公爵为敌。诺福克公爵虽然只有21岁，但在英国是有名
的贵族，他是女王的堂弟，也很平易近人，有众多的追随者。如果
由这样一个人带头发动某种形式的内乱，法国国王亨利二世很可能
会抓住机会，以他的儿媳苏格兰玛丽女王的名义入侵英格兰。因

此，费利佩亲王需要让他所挑选的英格兰王位候选人就位。在费里亚伯爵看来，凯瑟琳·格雷似乎是非常适合的人选。

费里亚伯爵非常不喜欢伊丽莎白一世。他住在泰晤士河边杜伦的一处宅第，可现在这里挤满了被伊丽莎白一世从天主教修道院赶出来的修道士。这些修道院原本是在玛丽一世时被重建的。所以，费里亚伯爵担心同样的遭遇会发生在他妻子的家族身上，多默家族也是信奉天主教的。在费里亚伯爵看来，凯瑟琳·格雷是一个甜美可爱的女孩，与"虚荣狡黠"的伊丽莎白一世形成鲜明对比。凯瑟琳·格雷曾和他的妻子简·多默一同在玛丽一世的内室里服侍，他也把她看作朋友。更重要的是，凯瑟琳·格雷向他保证，自己是个天主教徒。她的母亲弗朗西丝从伊丽莎白一世那里得到了位于西恩的查特宅第，它原本是个小修道院，院长被赶走后，去了杜伦宅第。凯瑟琳·格雷的叔叔正大力促成一个宗教问题的解决方案，而这个方案比伊丽莎白一世想要的更偏向新教，这可能有助于让凯瑟琳·格雷更受王室信赖。但费里亚伯爵的耳根比较软，凯瑟琳·格雷说她受到自己家族成员的憎恨，他就信以为真了。

虽然凯瑟琳·格雷缺乏她母亲的判断力，以及她姐姐敏锐的理解力，但她知道如何施展自己的魅力。一旦她对费里亚伯爵提问的意向感到好奇，她总能很快得到答案。费里亚伯爵已经了解到——可能是从他妻子那里——凯瑟琳·格雷不再像过去那样喜欢谈论与赫伯特勋爵再婚的事，而且似乎没有任何恋爱纠葛。所以费里亚伯爵想给凯瑟琳·格雷说媒，也许对象是哈布斯堡家族的某位亲王。凯瑟琳·格雷向费里亚伯爵保证，没有他的同意，她决不会结婚。[18]几个月来，在母亲安妮·萨默塞特的说服下，赫特福德伯爵一直对凯瑟琳·格雷不闻不问，费里亚伯爵正好给了她一个极好的机会，让这小子嫉妒一下。

在与赫特福德伯爵，也许还有费里亚伯爵的周旋之中，凯瑟琳·格雷玩得不亦乐乎。但在西班牙，人们很严肃地对待驻英大使费里亚伯爵的报告，将凯瑟琳·格雷偷偷带出英国的计划已开始酝酿。1559 年 5 月费里亚伯爵被召回国后，计划实施的难度增大。但费里亚伯爵夫人仍留在英国，西班牙人希望她的姐姐亨格福德（Hungerford）夫人能成为与凯瑟琳·格雷联系的秘密中间人。西班牙的计划是派少量船只前往英国，在泰晤士河下锚。即将上任的西班牙驻英国大使唐璜·德·阿亚拉（Don Juan de Ayala）可以安排将凯瑟琳·格雷偷运到其中一艘船上。然而，命运使这些密谋暂时停止。

　　1559 年 6 月 30 日，费利佩亲王的大敌法国国王亨利二世在一次马上长矛比武中受伤，这一幕为英国驻法国大使尼古拉斯·斯罗克莫顿爵士看到。这一事故不免让人想起了 1524 年的那次近乎致命的比武，比武双方是亨利八世和查尔斯·布兰登，后者是第一代萨福克公爵，即凯瑟琳·格雷的祖父。亨利二世与他手下年轻的苏格兰卫队队长蒙哥马利伯爵相向而刺。在撞击的瞬间，蒙哥马利伯爵的长矛在刺穿亨利二世头盔的同时被撞成碎片。然而，亨利二世没有亨利八世那么幸运，一块碎木刺入他的右眼，从右太阳穴刺穿而出。受伤的瞬间，他摇摇欲坠，但还是设法坐在马鞍上，直到马停下。当观众一拥而上去帮助他时，他倒下并陷入短暂昏迷，但随后又摇摇晃晃地站了起来，走向自己的房间。在那里，他一躺就是 11 天。在这段时间里，医生们努力抢救他，欧洲的大公们非常紧张。亨利二世的妻子凯瑟琳·德·美第奇（Catherine de Medici）甚至下令处死一些囚犯，并将碎片刺入他们被斩下的头颅的眼球中，做实验比对看能做些什么来拯救亨利二世，但最终于事无补。法国国王驾崩，而作为毫无意义的复仇行动，与他比武的年轻卫队

188

队长被处决。在西班牙，费利佩亲王就这一突发事件重新评估了他对英格兰的选择。

面对新形势，如果再将凯瑟琳·格雷偷运到西班牙，费利佩亲王就有可能招致伊丽莎白一世的无情敌意。亨利二世已死，这件事似乎不再值得冒险去做。而亨利二世的继承人——孱弱的弗朗索瓦二世也不太可能入侵英国，即使他入侵了，法国也将付出高昂的代价，而西班牙则完全可以坐收渔利。

与此同时，凯瑟琳·格雷对绑架的计划丝毫未察觉，她正满心期待着伊丽莎白一世的第一次"夏游"，也希望自己与赫特福德伯爵能有机会旧情复燃。每年的 7～10 月，宫廷要举行"草季"出游活动。在较长的旅行中，伊丽莎白一世的车队将参观沿途的宫殿、庄园、宅第，让伊丽莎白一世有机会向民众展示自己，并尽享旅行之乐。7 月 17 日，车队离开格林尼治宫，前往肯特郡的达特福德。伊丽莎白一世心情愉悦，旁若无人地与罗伯特·达德利打情骂俏，但随行的凯瑟琳·格雷心里不是滋味，赫特福德伯爵仍没有出现。第二天，车队在科巴姆勋爵的庄园受到了"热烈欢迎"，但赫特福德伯爵依然没有出现。

赫特福德伯爵写信给他和凯瑟琳·格雷共同的朋友诺福克公爵，说他生病了，很遗憾没能和他们一起出游。尽管他只是"身子有些虚弱而非患病"，但他觉得还是要听从医生的建议，或者说他得顺从他的母亲。很显然，公爵夫人还是担心她儿子对凯瑟琳·格雷念念不忘。[19]

几天后，女王的车队到达了格林尼治附近古老的埃尔特姆宫。此时，费里亚伯爵夫人（简·多默）即将离开英国，前往西班牙与丈夫团聚，因此她和一众西班牙外交官专程前往行宫向女王辞行。然而，相比爱德华六世和玛丽一世，伊丽莎白一世对费里亚伯爵夫人的态度要冷淡得多。简·多默的祖父是将安妮·博林送上断头台的陪审团成员，而她的父亲威廉·多默爵士于 1554 年接受玛丽一世的命令，软禁了伊丽莎白一世。简·多默此时已有 7 个月的身孕，站在室外的酷暑中，等候女王召见。可伊丽莎白一世很久都没有召见她，凯瑟琳·格雷和在场的其他女官都目瞪口呆。随行的西班牙外交官担心费里亚伯爵夫人身体受不了，劝她坐着等，但被她拒绝了，因为坐着等待召见是对女王的不敬，况且，尽管她要离开英国，但她的大部分家人没有离开英国。等得越久，她越不适，一名外交官强烈要求侍者立即通报女王，说费里亚伯爵夫人想见她，"如果她不能尽快接见，那么（费里亚伯爵夫人）就得离开了"。第一代埃芬厄姆男爵内室总务大臣霍华德冷漠地提醒这位外交官耐心一点。大使唐璜·德·阿亚拉随即反驳，女王应该清楚"费里亚伯爵夫人是谁的妻子，费里亚伯爵可不是她的臣子"。气氛很紧张，就在险些酿成外交事件之际，女王终于召见了伯爵夫人。[20]然而，据威廉·塞西尔报告说，见面后两位女性表现得很正常，似乎什么也没有发生，"谈话进行得相当愉快"。[21]事后，伊丽莎白一世甚至还命令内室总务大臣率宫廷车队护送伯爵夫人一行回到其在罗契斯特的庄园。

　　向费里亚伯爵夫人道别并且摆脱她的西班牙丈夫的诡计后的凯瑟琳·格雷肯定松了口气。更令她喜出望外的是，赫特福德伯爵来了，与他们相聚在埃尔特姆宫。尽管他母亲反复警告他，但不久后，他与凯瑟琳·格雷的社交圈里就流传"他们之间有美妙的爱情"的说法。凯瑟琳·格雷的一些朋友确信他们的爱情将无疾而终，担心赫特福德伯爵在利用凯瑟琳·格雷，"而且不会带来什么好事"。[22]但这对小情侣将这个夏天铭记于心，此刻，他俩真正坠入爱河，浓情蜜意。[23]

190

尤其令他们兴奋的时光是在萨里郡的诺尼塞克宫度过的炎热 8 月。这是一座神秘的宫殿，只接待宫廷内臣。凯瑟琳·格雷的姑父阿伦德尔伯爵（她父亲的妹妹凯瑟琳的鳏夫）是宫殿的主人，他安排了一系列消遣活动。周日晚上，王室车队抵达时，诺尼塞克宫举办了盛大的宴会，之后还有假面舞会，"回响着战鼓声、长笛声和其他乐声，聚会持续到午夜"。[24] 第二天，小情侣在一旁的公园里追逐嬉戏，一同观看了来自圣保罗大教堂的儿童唱诗班表演的戏剧，开心至极。晚上，又一场盛宴开始了，连盛菜的盘子都是镀金的，聚会一直到凌晨 3 点才结束。不过，他们也有安静独处的时光。凯瑟琳·格雷和赫特福德伯爵可以在有藤蔓棚架的阴凉小树林里散步，沿途还有大理石喷泉，喷出金字塔状的水花，让小径好不清凉。

那年夏天在诺尼塞克宫，凯瑟琳·格雷和赫特福德伯爵并不是唯一一对爱到头脑发热的情侣。虽然阿伦德尔伯爵希望引起伊丽莎白一世的兴趣，使自己能成为她的追求者，但很明显，伊丽莎白一世的注意力完全集中在罗伯特·达德利身上。在她眼中，罗伯特·达德利是一个身材魁梧、看起来像吉卜赛人的男人，他身上有一种让她无法抗拒的男孩般的温暖。她知道有一个可恨的反叛者父亲是什么感觉，也许正是罗伯特·达德利复杂的家族史让她与他更没有距离。从伊丽莎白一世被接到凯瑟琳·帕尔家中起，凯特·阿斯特利就一直是她的家庭教师。看着伊丽莎白一世对罗伯特·达德利如此痴迷，凯特·阿斯特利非常担心，她跪下请求女王尽快光明磊落地嫁一个丈夫，从而平息不断扩散的关于女王和罗伯特·达德利关系的不光彩的谣言。伊丽莎白一世立刻反驳道，自己卧房里的侍女总和她在一起，她不可能出格。她继续挑衅道，如果她真的希望过一种不光彩的生活，她相信没有人能阻止她。凯特·阿斯特利大

为错愕，她警告伊丽莎白一世，即使是围绕暧昧关系的谣言也可能 191
导致内战。听到这里，伊丽莎白一世有些愧疚，她解释说，她需要
罗伯特·达德利一直陪伴在她身边，因为她"几乎没感到过快
乐"。只有这个男人能缓解她命中注定的孤独感。对伊丽莎白一世
来说，与罗伯特·达德利一起虽然有风险，但这个代价是值得付
出的。对于凯瑟琳·格雷而言，没有赫特福德伯爵，生活将变得空
虚，所以与这相比，冒险就微不足道了。

　　8月10日那天，诺尼塞克宫的聚会结束了，但罗伯特·达德利
仍留在汉普顿宫，陪伴伊丽莎白一世。而凯瑟琳·格雷的表哥托马
斯·威洛比在外出狩猎时因"身体过热"意外去世了，赫特福德伯
爵正好在一旁安慰她。差不多两个月后，之前出版《殉道者之书》
（*Book of Martyrs*）的约翰·福克斯又出版了这本书的拉丁语前
传——《其余的外邦宗教》（*Rerum in Ecclesia Gentarum*）。毋庸置
疑，它又一次给凯瑟琳·格雷带来了许多痛苦的回忆，因为这本新
书向公众再次展示了简·格雷临刑前给她的信，详细描述了简·格
雷被处决的经过，并且书中有几首赞美简·格雷勇气的新诗。[25]凯
瑟琳·格雷很幸运，赫特福德伯爵一直陪着她。

　　然而，除了眼前的陪伴和安慰，凯瑟琳·格雷希望自己能朝新
生活迈出一步。大约在10月初，赫特福德伯爵骑马从汉普顿宫前
往西恩，想请求"弗朗西丝夫人同意他与凯瑟琳小姐的婚事"。[26]
至于伊丽莎白一世对他们订婚的消息会有什么反应，他和凯瑟琳·
格雷很担心。

192

第十七章

订婚

弗朗西丝在西恩的宅第位于里士满公园，与锡安隔河相望，而锡安正是简·格雷首次被宣布为女王的地方。这座宅第可追溯到15世纪初，当时它是一座加尔都西会修道院，后来成了苏格兰的詹姆斯四世的墓地，而詹姆斯四世正是亨利八世的姐姐玛格丽特的丈夫，他在弗洛登与英格兰人交战时被杀。这也再次证明，英格兰和苏格兰王国之间长达几个世纪的敌意不是一次政治联姻就能化解的。亨利八世后来决定将整个苏格兰斯图亚特家族排除在英格兰王位继承人之外，部分原因就在于此。在英格兰，并不是上帝决定谁该继承王位，而是议会认可了亨利八世的决定，即他有权让自己的私生女伊丽莎白一世成为女王，并让格雷姐妹成为伊丽莎白一世之后的继承人。但詹姆斯四世的孙女——17岁的苏格兰玛丽女王——对这些决定"嗤之以鼻"，并主张坚持由长子及其子嗣继位的传统。

有件事令英格兰的新教徒和天主教徒都感到愤怒，也令威廉·塞西尔不寒而栗。在前一年，即1558年，苏格兰玛丽女王在巴黎与当时的法国王储举行婚礼时，婚宴使用的餐具上都刻着英格兰王国的纹章。这是在向全世界发出一个信号：苏格兰玛丽女王认为，伊丽莎白一世这个私生女篡夺了她的王位。关于私生女这一热议，伊丽莎白一世本人很难反驳。她父亲在与母亲结婚前，与她的姨妈玛丽·博林的婚外情是众所周知的。因此，根据教会法律，亨利八世与她母亲的婚姻是无效的。与玛丽一世不同的是，在面对自己是私生女的指责时，伊丽莎白一世从未公开进行澄清，她知道这样做只会越描越黑，引发更多尴尬的质疑和使更多丑事被揭露。但是，像苏格兰玛丽女王这样恶意地引发世人对此关注，对伊丽莎白一世来说是一种侮辱和威胁。反过来，在西恩，也有人对斯图亚特家族回敬了同样的蔑视。伊丽莎白一世的古文物研究者约翰·斯托（John Stowe）后来发现，苏格兰国王（詹姆斯四世）的遗体曾被挖出并被扔进了一个废弃的房间，混杂在一堆旧木材、石料、铅块和瓦砾中。对于苏格兰的公然挑衅，英格兰人以牙还牙，冷酷无情且恨意满满。

1559 年 10 月，当赫特福德伯爵到达西恩时，弗朗西丝乐坏了。赫特福德伯爵是她父亲的教子，她非常喜欢他。当赫特福德伯爵请求她同意他与凯瑟琳·格雷结婚时，她既高兴又欣慰。尽管弗朗西丝才 42 岁，但至少从 1552 年的夏天起，弗朗西丝的身体就一直很差，医生描述她的病情是"不断患疟疾、发烧、脾脏功能失调"[1]她自知时间不多了，非常渴望在去世前能看到凯瑟琳·格雷的婚姻美满幸福。她称赫特福德伯爵为"儿子"已经有一段时间了。尽管她向丈夫阿德里安·斯托克斯透露过她认为赫特福德伯爵和她的女儿"非常般配"，但她担心很难说服伊丽莎白一世同意这桩婚事。

阿德里安·斯托克斯也认为这两个年轻人是天作之合，并给赫特福德伯爵出主意：在向伊丽莎白一世汇报之前，应尽可能多地获得枢密院对这场婚姻的支持。阿德里安·斯托克斯认为找关系并不难。相比苏格兰玛丽女王的自命不凡，凯瑟琳·格雷的婚姻将巩固凯瑟琳·格雷作为王位继承人的地位。苏格兰玛丽女王代表英格兰的两大传统敌人——法国和苏格兰。赫特福德伯爵认为这是一个非常好的建议，于是前往宫廷，并向阿德里安·斯托克斯保证"会照他说的办"。[2]随后，阿德里安·斯托克斯代弗朗西丝给伊丽莎白一世起草了一封信，禀报女王赫特福德伯爵对她的女儿怀有"情意"，并请求伊丽莎白一世同意这桩婚事。这封信写道："这是弗朗西丝临死前唯一的心愿，如果事成，她就可以死而瞑目。"[3]然而，这封信被放在一边。赫特福德伯爵回来后，留了些时间让弗朗西丝与凯瑟琳·格雷谈谈心。

194

弗朗西丝想和女儿确认，这场婚姻是她真心想要的。当女儿到家时，她的回答是肯定的，她"非常愿意"嫁给赫特福德伯爵。[4]那一夜，当全家人一起展望凯瑟琳·格雷的未来时一定非常高兴。可不久，赫特福德伯爵就从宫廷带回来了一个令人沮丧的消息，他的朋友们警告他在这个阶段不要结婚，因为瑞典王储信奉新教的继承人埃里克王子正在向伊丽莎白一世求婚，他不得不等着看结果如何。在接下来的几周里，赫特福德伯爵主动出击，与埃里克王子的弟弟芬兰公爵成了朋友。芬兰公爵当时正在伦敦促成这桩婚事，而赫特福德伯爵则在对方空闲时经常去找他打球。如果埃里克王子迎娶了伊丽莎白一世，那么芬兰公爵将成为一个有用的盟友。然而，弗朗西丝的健康状况正在迅速恶化。

11月3日，弗朗西丝的身体已极度虚弱，她向王室请愿，希望能够卖掉一些从她前夫那里继承的财产。11月9日，她立下遗嘱，将剩余财产分给自己的女儿。她卖了一部分财产换钱，考虑到格雷家有债权人（债台高筑是贵族们长期养成的习惯），而弗朗西丝不希望死后还欠人家钱，这会令她良心不安。她也许还记得，她前夫被砍头前还有人绝望地追到他面前讨债。至于其他尚未传给女儿们的东西，她留给了阿德里安·斯托克斯，让他做遗嘱执行人。[5]
事实证明，对她来说，阿德里安·斯托克斯是一个比女儿们的父亲
更好的丈夫。

11月20日（或21日），弗朗西丝去世，她的两个女儿和几个
亲密的朋友在最后时刻陪伴在她身旁。当伊丽莎白一世得知这个消
息后，她当即同意承担她"深爱的堂妹"的安葬费。弗朗西丝的
第二次婚姻确保了她从未威胁伊丽莎白一世的地位，女王对此表示
感激。女王追授在弗朗西丝纹章的1/4块中增加皇家标志，以"明
确展示她与我们的血缘关系"。[6]费用的事情解决了，阿德里安·斯
托克斯和姐妹俩对葬礼的其他流程进行了审慎的安排。尤其重要的
是，他们必须考虑，对于伊丽莎白一世提出的尚存争议的宗教和解
政策，他们家应如何表态。

伊丽莎白一世生性保守。她本想朝着温和的立场迈进，更倾向
于1549年的《公祷书》的主张，而不是凯瑟琳·格雷父亲在1552
年所提出的立场。她喜欢宗教仪式、蜡烛和烛台，不喜欢已婚牧
师，也不喜欢布道，因为布道是更纯粹的新教礼拜形式的核心。其
实，威廉·塞西尔已成功推动女王将宗教和解的方向朝1552年的
《公祷书》靠拢。但伊丽莎白一世对此深感不满，坚持让威廉·塞
西尔做出一些让步，也收到了一些成效。这些成效包括1552年
《公祷书》中的"黑色准则"（否认在圣餐会上跪下意味着崇拜）
被废除；增加了牧师可以穿与众不同的法衣的内容；此外，还添加
了几句关于施用面饼和葡萄酒的句子，暗示至少在某种精神层面
上，耶稣是存在于这些圣物中的。[7]格雷姐妹的继祖母凯瑟琳·萨
福克以及简·格雷之前的导师约翰·艾尔默大声抱怨这些调整。但
生前与伊丽莎白一世打交道时，弗朗西丝一直很机敏老练，而她的
家人则确保在她死后仍以这种方式与女王和谐相处。

葬礼由索尔兹伯里的新主教约翰·朱厄尔（John Jewel）主持，他和弗朗西丝一样，虔诚而谨慎。他是格雷家的宗教导师海因里希·布林格的密友。同年早些时候，他还发表了一篇言辞尖锐的布道，攻击托马斯·哈丁。托马斯·哈丁是格雷姐妹之前在布拉德盖特的导师，他已皈依天主教，现流亡海外。[8]尽管约翰·朱厄尔在私下将伊丽莎白一世的宗教和解政策形容为"沉闷平庸"，但他还是小心翼翼地避免在公开场合让伊丽莎白一世难堪，主教职位便是伊丽莎白一世对他顺从的奖赏。伊丽莎白一世认为，由约翰·朱厄尔来主持弗朗西丝的葬礼，让人放心。葬礼在1559年12月5日举行。

送葬的队伍将弗朗西丝的灵柩从里士满运往威斯敏斯特大教堂。浩浩荡荡的队伍中，领头的人打着一面纹章大旗，96名持纹章饰盾的官员跟在其后，还有两名高级别的王室勋章骑士——嘉德勋章骑士和克莱伦森勋章骑士。[9]作为主哀悼者，凯瑟琳·格雷跟随着黑色包裹的灵车，她的黑色长裙的裙摆由一位贵妇在傧相的协助下托举着。[10]身材矮小的玛丽·格雷当时大约14岁，跟在送葬的队伍后面。进入修道院后，弗朗西丝的棺材被安放在一个被称为枢车的固定结构下。这个枢车的空间大约足以容纳棺材，就连数名主要的送葬者也能坐在里面。于是，凯瑟琳·格雷坐在车头附近，其他送葬者坐在枢车的其他几边。克莱伦森勋章骑士（这种称呼源自爱德华六世的兄弟克莱伦森公爵）随后宣布仪式开始。他大声祈求道："我们歌颂、赞美全能的主，他很高兴，愿将她召回到他永恒的荣耀中。她就是我们最高贵、最优秀的人，已故的萨福克公爵夫人——弗朗西丝夫人。"

虽然整个葬礼遵循的是典型的新教仪式，且用英语进行，但约翰·朱厄尔主教的布道仍"受到了听众的高度赞扬"。格雷姐妹和会众都按照伊丽莎白一世的《公祷书》接受了圣餐，然后弗朗西丝被安葬在圣埃德蒙教堂内唱诗座的南面。[11] 4年后，她的鳏夫在此竖立了一座纪念碑，至今仍存在。碑身有弗朗西丝的雕像，它身着公爵夫人的貂皮长袍，戴着头冠，手拿一本《公祷书》，这本书很像简·格雷带到绞刑架上的那本，借此提醒世人母女俩有相同的信仰。碑座用拉丁语刻着墓志铭：

优雅的举止、辉煌的一生和王室地位虽广为人知，但已成过去。

一切都在这里消失。

真正的价值在火葬堆和寂静的坟墓中，被保存下来。

阿德里安·斯托克斯无法想象在未来的几个世纪里，弗朗西丝的声誉会受到怎样的损害，格雷姐妹也想不到。玛丽·格雷在失去母亲后，得到了大家庭的安慰，一直都和其他家庭成员紧密相伴，其中就包括像玛格丽特·威洛比这样的朋友。在前夫和女儿被处死后的恐怖的几个月里，弗朗西丝一直护佑玛格丽特·威洛比。凯瑟琳·格雷当然也被赫特福德伯爵安慰，但他们很快就要结婚的希望已经和弗朗西丝一道被埋葬了。那年冬天的某个时候，当凯瑟琳·格雷还在守丧时，赫特福德伯爵写了一首诗，描述了他对他们处境的感受。他将自己的痛苦与古希腊英雄特洛伊卢斯（Troilus）的痛苦相提并论。特洛伊卢斯出于政治原因与情人克雷西达（Cresida）疏远。赫特福德伯爵写道："她穿着黑衣站在那里。特洛伊卢斯说：'她的表情，伤透了我。她穿着黑衣站在那里，说我也很冷漠。她的眼神，令我难过。'"[12]

后来，赫特福德伯爵回忆了杰弗雷·乔叟（Geoffreg Chaucer）

讲述的这对恋人接下来的故事。故事的结尾表达了他的终极恐惧：克雷西达嫁给了她情人的一个敌人。赫特福德伯爵也许知道，西班牙人又在掺和凯瑟琳·格雷的婚事。伊丽莎白一世对罗伯特·达德利的迷恋对她的声誉造成的影响越来越大。于是，西班牙大使建议费利佩亲王，当查尔斯大公来到英国向伊丽莎白一世求婚时，他也应该去见凯瑟琳·格雷。他们认为，如果女王被推翻，王冠将落到凯瑟琳·格雷头上。然而，赫特福德伯爵的担心是多余的，凯瑟琳·格雷不会离开他，因为她已爱得不能自拔。

❖

1560 年的新年，伊丽莎白一世完全改变了对凯瑟琳·格雷的态度。突然间，凯瑟琳·格雷发现自己被提升为女王的私人侍女，与女王内室的侍女以及像凯特·阿斯特利这样的女王的老朋友一同服侍女王。西班牙外交官报告说，女王甚至想要收养凯瑟琳·格雷。然而，伊丽莎白一世心里清楚，这只是一个策略：让朋友在自己周围，更要让对手在自己眼前。[13] 她已得到消息，西班牙人要密谋将凯瑟琳·格雷偷带出境，而女王不想把凯瑟琳·格雷交到他们手中。有人建议伊丽莎白一世收养凯瑟琳·格雷，这意味着女王准备提名凯瑟琳·格雷为王位继承人。格洛丽安娜（Gloriana）是伟大的新教偶像，当时的伊丽莎白一世常被比喻成这个彰显英格兰民族主义的神话级人物。但实际情况恰恰相反，伊丽莎白一世骨子里永远更倾向于选择苏格兰玛丽女王而不是凯瑟琳·格雷来继承王位。尽管苏格兰玛丽女王是外国人，信奉天主教，但她代表了王朝的原则和君主的绝对统治权。对伊丽莎白一世来说，这些优先于威廉·塞西尔从宗教角度的考虑。

当凯瑟琳·格雷发现女王对她有些忽冷忽热时，伊丽莎白一世与威廉·塞西尔之间在意识形态上的矛盾较为尖锐。约翰·诺克斯是一位神职人员，他曾陈述自己反对女性统治的理由。他于1559年5月抵达苏格兰，发现那里内战正酣。他很快加入了新教徒所支持的叛军，与玛丽·德·吉斯（Mary de Guise）作战。[14]玛丽·德·吉斯是苏格兰玛丽女王的母亲，也是摄政王。与此同时，威廉·塞西尔看出，如果英格兰也支持叛军，英格兰与叛军可以一起抓住机会，创造一个信奉新教的"不列颠"。这样的结果将有助于确保英格兰北部边界的安全，同时将整个岛屿团结起来对抗天主教欧洲和吉斯家族。在威廉·塞西尔看来，吉斯家族"娴熟老练地抱团，意欲摧毁基督福音"。[15]然而，令他沮丧的是，伊丽莎白一世只勉强同意为叛军提供秘密的非军事援助。她认为，这些叛军会拿起武器公然对抗合法的君主统治，因此，她断然拒绝给叛军提供任何直接的军事支持。只有当威廉·塞西尔威胁不再参与苏格兰的政策时，伊丽莎白一世才做了让步——她讨厌别人强迫她动手。

1560年5月，当法国人在苏格兰的利斯击败英格兰军队时，伊丽莎白一世向她的国务大臣大发脾气。为了力挽狂澜，威廉·塞西尔离开宫廷，前往苏格兰亲自督战，很快就反败为胜。可当他返回宫廷时，却发现自己对女王的影响在迅速减弱。在内室，凯瑟琳·格雷看得很清楚，罗伯特·达德利利用女王对威廉·塞西尔主张的苏格兰政策的不满，比以往任何时候都更加殷勤地向女王求婚。每天从早到晚，伊丽莎白一世都和她"亲爱的罗宾"（罗伯特·达德利）外出打猎。这并没有使凯瑟琳·格雷烦恼，与以前一样，她和赫特福德伯爵趁伊丽莎白一世分心时发展自己的恋情。赫特福德伯爵的兄弟亨利和他们的妹妹简·西摩以及他们的仆人一起帮助这对小情侣传递书信和信物。这对小情侣也私下幽会，"只要时机出现，他们就像那个时代同样身份的年轻人一样，卿卿我我"[16]。有时他们会借用简·西摩的私人房间，凯瑟琳·格雷还跑到赫特福德伯爵在伦敦的家里至少两次，他家在威斯敏斯特的坎农街。他们的几个朋友都知道发生了什么，但威廉·塞西尔从苏格兰回来时，丑闻的主角却是女王。

家庭教师凯特·阿斯特利曾警告伊丽莎白一世，她与罗伯特·达德利之间的暧昧关系可能导致内战。现在，关于两人之间的性丑闻正迅速传播。到了8月中旬，流言甚至传到了偏远的村庄，埃塞克斯郡的警察审问了一位来自布伦特伍德的妇女，她声称女王怀了罗伯特·达德利的孩子。宫廷中的人对罗伯特·达德利的行为怒火中烧，他玷污了女王的名誉，妨碍她正常结婚。当着西班牙大使的面，诺福克公爵咬牙切齿地说道：如果罗伯特·达德利不悬崖勒马，他将"不能舒服地死在自己床上"。更有甚者，一个叫德鲁里（Drury）的人因策划暗杀罗伯特·达德利而被监禁。然而，没有什么能阻止伊丽莎白一世与罗伯特·达德利如胶似漆，"他是她唯一的幸福源泉"。西班牙外交官说，威廉·塞西尔因公开与罗伯特·达德利较劲，弄得自己颜面扫地。在这种形势下，想办法让凯瑟琳·格雷和哈布斯堡亲王成婚这件事重新回到了西班牙议事日程的首位。威廉·塞西尔试图转移西班牙对凯瑟琳·格雷的兴趣。他向西班牙新任大使阿尔瓦罗·德拉·夸德拉（Alvaro de la Quadra）主教信誓旦旦地表示，如果伊丽莎白一世出了什么事，枢密院决不会再接受任何女性作为继任者。此外，他又告诉这个西班牙人，女王可能选择的结婚对象是罗伯特·达德利的妹夫亨廷顿伯爵亨利·黑斯廷斯，他是金雀花王朝的后裔。[17]

亨廷顿伯爵无疑是继位的一个潜在选择，正是出于这个原因，诺森伯兰公爵于1553年5月将自己的女儿嫁给了他。但亨廷顿伯爵没有都铎王朝的血脉，也没有在任何《继承法》中被提及。像所有以假乱真的骗子一样，威廉·塞西尔对西班牙人说的话其实是半真半假。英国议会不想要更多的女王——除非她们已嫁给了合适的丈夫。几位议员表达了想促成凯瑟琳·格雷嫁给阿伦伯爵的愿望。阿伦伯爵是苏格兰新教徒的领袖，也是苏格兰玛丽女王的表哥，享有苏格兰的王位继承权。阿尔瓦罗·德拉·夸德拉主教有一个线人，"他对这项议案在议会通过信心满满，愿以一匹价值 500 先令的马为赌注"。[18] 然而，对于那些为数不多知道凯瑟琳·格雷浪漫史的人来说，他们会推荐赫特福德伯爵，正是他的父亲将"真正的宗教"引入了英国。尽管赫特福德伯爵年纪轻、涉世未深，但他被英国公众熟知。凯瑟琳·格雷的叔叔阿伦德尔伯爵似乎知道凯瑟琳·格雷与赫特福德伯爵的关系。

伊丽莎白一世继位时，阿伦德尔伯爵是她的求婚者之一。他的名声很好，年轻时他很英俊。现在他的相貌大不如前，但也许他认为这并不重要。1559 年王室车队夏游至他的庄园，他曾花了一大笔钱，在诺尼塞克宫盛情款待了女王一行，结果却看到伊丽莎白一世把全部注意力都放在了罗伯特·达德利身上。尽管阿伦德尔伯爵的宗教信仰较为保守，但他转而追求简·西摩。如果伊丽莎白一世不让他当国王（当时她正危险地要与罗伯特·达德利一起"骑马冲下悬崖"），阿伦德尔伯爵希望，他能通过与赫特福德伯爵的妹妹结婚成为未来国王的妹夫。[19]

1560 年 9 月，威廉·塞西尔对伊丽莎白一世和罗伯特·达德利的关系忍无可忍。9 月 6 日在汉普顿宫与阿尔瓦罗·德拉·夸德拉主教会面时，他告诉西班牙人，他想退出政坛。"这两人的柔情蜜意让他清楚地预见王国的毁灭。"他声称，伊丽莎白一世想让罗伯特·达德利离婚，而罗伯特·达德利一直说他妻子已经病了，因为他想毒死她，并把毒杀伪装成自然死亡。威廉·塞西尔重申他希望罗伯特·达德利死掉。[20]然而，那天晚上，罗伯特·达德利28岁的妻子埃米·罗布萨特（Amy Robsart）被发现死在康诺宅第。这个宅子是罗伯特·达德利的一个朋友理查德·弗尼（Richard Verney）爵士的。第二天一早，伊丽莎白一世就大概了解了这件事，当消息传出时，整个宫廷的人都很震惊。有传闻说埃米·罗布萨特之前已病重，但由于她死前到处旅行，人们很难想象她会突然去世。后来公布的情况是，她的尸体是在一段只有8个台阶的楼梯底部被找到的。如果这是一场意外，那么坠落的距离并不长，这听起来就像是一台精心策划的戏。

后来，验尸官检查了埃米·罗布萨特的尸体，并得出意外死亡的结论，这表明他们怀疑她自杀。据威廉·塞西尔说，埃米·罗布萨特于1550年与罗伯特·达德利结婚，当初两人相濡以沫。如果真是这样，在得知自己的丈夫和女王谈情说爱时，她一定相当痛苦。当埃米·罗布萨特偷听到仆人们议论罗伯特·达德利为当国王希望她死掉（她如了他的愿）时，她更会痛不欲生。在去世的那天，她要求仆人不要打扰她，让他们去当地的集市。他们中的一些人担心她的精神状态。他们回忆说，埃米·罗布萨特一直很忧郁。那时，自杀也被认为是一种谋杀行为，因此自杀者死后只能入地狱。仆人们不愿相信她会走上这条极端的道路。许多人认为罗伯特·达德利杀了埃米·罗布萨特。

那年秋天流传的一份手稿表露了许多朝臣对这一事件的看法。根据这份手稿，当其他人去集市时，理查德·弗尼命令一名男仆留下，令其杀死埃米·罗布萨特。在伊丽莎白一世统治的后期，一篇匿名撰写的文章《莱斯特的联邦》（*Leicester's Commonwealth*）无情声讨了罗伯特·达德利的罪行。紧跟那份秋天流传的手稿，这篇文章补充说，杀死埃米·罗布萨特的男仆后来被灭口。而理查德·弗尼在死前，痛哭流涕，大声忏悔，"让地狱里所有的魔鬼把罗伯特·达德利撕成碎片"，因为他罪不可恕。不管实际发生了什么，人们口中罗伯特·达德利的罪行才真正严重影响了罗伯特·达德利和伊丽莎白一世，以及凯瑟琳·格雷和赫特福德伯爵的未来。因此，埃米·罗布萨特死后的第二天晚上，当凯瑟琳·格雷和赫特福德伯爵出席在伯克郡比沙姆修道院举行的晚宴时，他们知道，宾客们一定对丑闻非常感兴趣。

当晚设宴的东道主是威廉·塞西尔的大姨伊丽莎白·霍比（Elizabeth Hoby）和她的丈夫托马斯爵士。他们一家是1559年夏天在托马斯同父异母的哥哥菲利普爵士去世后才搬进这座宅第的。菲利普爵士生前一直是凯瑟琳·格雷父亲狂热的崇拜者。当晚宾客落座的餐厅就是他建的。[21] 除了凯瑟琳·格雷和赫特福德伯爵，当晚餐厅里还有一众亲朋好友——威廉·塞西尔的妻子米尔德里德、表弟科巴姆勋爵、科巴姆勋爵的大舅子北安普顿侯爵威廉·帕尔、亨利·西摩勋爵和他的妹妹简·西摩，以及简·西摩的新追求者阿伦德尔伯爵。[22]

一年后，当阿尔瓦罗·德拉·夸德拉主教回忆起那次晚宴时，他认为威廉·塞西尔因为担心伊丽莎白一世不久会嫁给罗伯特·达德利，所以希望能鼓励赫特福德伯爵迎娶凯瑟琳·格雷。然而，这样的讨论看起来更有可能发生在埃米·罗布萨特去世之前。相反，在威廉·塞西尔看来，埃米·罗布萨特的神秘死亡提供了一个说服伊丽莎白一世不要和罗伯特·达德利结婚的绝佳理由，否则她可能会和埃米·罗布萨特遭遇一样的事情。当罗伯特·达德利这位王室宠儿离开宫廷为亡妻安排葬礼时，威廉·塞西尔有了独自进谏女王的机会。

伊丽莎白一世意识到，宫廷原先就存在对女性统治者的偏见，但现在这种偏见已经被公开表达出来。阿尔瓦罗·德拉·夸德拉主教说："人们不想再要女性统治者，而且（女王）和她的男宠某天早上醒来，可能会发现身陷囹圄。"[23]威廉·塞西尔希望伊丽莎白一世能马上醒悟，她确实做到了。她还记得，简·格雷的丈夫是臭名昭著的达德利家族的儿子吉尔福德·达德利，这在她的新教支持者中造成了极大的分歧和争议。就在10月的第一个星期，罗伯特·达德利回到汉普顿宫之前，威廉·塞西尔已做通了伊丽莎白一世的思想工作，扭转了局面。威廉·塞西尔在阿尔瓦罗·德拉·夸德拉主教面前沾沾自喜地说，女王已向他保证决不会嫁给罗伯特·达德利。在吃了"定心丸"后，威廉·塞西尔才又和赫特福德伯爵谈论关于他和凯瑟琳·格雷恋情的流言蜚语。他们之间的婚姻可能会破坏政府的稳定。正如赫特福德伯爵的朋友1559年给他的警告一样，威廉·塞西尔再次劝告他疏远凯瑟琳·格雷。威廉·塞西尔可不是一个无足轻重的人，他身上的一切都在悄然展示他的能量。比如，他的黑色剑带上闪闪发光的金扣、深色西装上丝质的缎子，以及他能在不引人注意的情况下轻松接近伊丽莎白一世。

然而很明显，在接下来的几周里，不嫁给罗伯特·达德利的决定令伊丽莎白一世饱受折磨。她知道自己无法以妻子的身份向心上人表达爱意，所以她想尽一切办法弥补罗伯特·达德利，暗示要赐予他伯爵爵位。然而，赐爵的想法被解读成将罗伯特·达德利扶正为与她更般配的新郎。显而易见，伊丽莎白一世对罗伯特·达德利爱得深沉，被"棒打鸳鸯"令她痛苦不堪，所以包括西班牙大使在内的不少人认为女王最后还是会嫁给罗伯特·达德利。随着紧张局势的加剧，宫廷发生了数起令人不快的事件。有人向伊丽莎白一世状告威廉·塞西尔的两名仆人从罗伯特·达德利身边经过时拒绝向他行脱帽礼。阿伦德尔伯爵的一名仆人因对罗伯特·达德利家族的叛国历史发表"不恰当的言论"而受到惩罚，而彭布罗克伯爵的随从则与罗伯特·达德利的手下互殴。西班牙人甚至听到流言：代表亨廷顿伯爵的新教贵族计划起义。与此同时，在天主教方面，伊丽莎白一世斯图亚特家族的远亲、苏格兰玛丽女王的姑姑玛格丽特·伦诺克斯（Margaret Lennox）要求获得经济援助，以支持英格兰由伊丽莎白一世继续统治。[24] 重压之下，伊丽莎白一世被迫放弃了赐予罗伯特·达德利伯爵爵位的决定。她拿起小刀割烂了伯爵令，以此来宣泄心中的不满。

同样令凯瑟琳·格雷苦恼的是，赫特福德伯爵对她也突然冷淡了。她不知道威廉·塞西尔给赫特福德伯爵做了思想工作，只听说这小子正在同一个叫弗朗西丝·梅塔斯（Frances Mewstas）的女孩谈情说爱。[25] 她愤怒地给住在坎农街的赫特福德伯爵写了一封信。赫特福德伯爵担心如果他继续冷落凯瑟琳·格雷，就有可能永远失去她，于是立即通过他在汉普顿宫的妹妹回信。信中，他发誓永远爱她，并再次求婚，但这次他补充道："为了避免所有的猜疑，如果她愿意，他会尽快与她结婚，就在女王陛下回伦敦的时候。"[26] 终于，王室成员又来到了威斯敏斯特，这对小情侣在简·西摩的内室中团聚了。在简·西摩的见证下，他们正式订婚，承诺女王一离开王宫，就在赫特福德伯爵伦敦的家里结婚。赫特福德伯爵之后回忆说，他们的承诺是以"亲吻、拥抱和双手合十"的方式达成的。[27] 他还送给凯瑟琳·格雷一枚"尖钻石戒指"。[28] 凯瑟琳·格雷至死都将它留在身边。

第十八章

心手相连

　　凯瑟琳·格雷和赫特福德伯爵发现女王打算离开白厅宫出去狩猎，于是他们就开始按计划行事。凯瑟琳·格雷说，她的脸因牙痛而肿了起来。就这样，她获准晚一些离开，简·西摩也被安排留下来照顾她。赫特福德伯爵当晚就离开了白厅宫，并建议凯瑟琳·格雷第二天王室车队一离开，他们就在他坎农街的宅第见面。

　　第二天早上7点赫特福德伯爵就起床了，翘首期盼凯瑟琳·格雷的到来。为了保持镇定，他读了会儿书，还去散了会儿步。同时，他的大管家克里斯托弗·巴纳比（Christopher Barnaby）整理了他的床铺。大约1小时后，他的二管家约翰·詹金（John Jenkin）从白厅宫那边捎回消息说，伊丽莎白一世一行人已动身前往埃尔特姆宫。赫特福德伯爵让约翰·詹金告诉其他仆人回避二楼的主卧。然而，随着时间一分一秒地过去，赫特福德伯爵决定，最好让大部分仆人离开宅第。他叫来他的男侍相约翰·福蒂斯丘（John Fortescue），告诉他仆人们今天可以自由活动，并且可以离开宅子去忙自己的事。[1]

　　与此同时，凯瑟琳·格雷和简·西摩"通过王宫中果园的楼梯"离开了白厅宫，沿着河岸边的沙滩走向坎农街。[2]这是万圣节和圣诞节之间的一个冬日清晨，泰晤士河河面上吹来的阵阵寒风冰冷刺骨。[3]上午9点到10点，约翰·詹金看到她们从水门方向走过来。他冲进厨房，告诉厨子威廉·鲍威尔（William Powell）这个消息。当她们经过厨房门口时，约翰·鲍威尔色眯眯地盯着她们。之前凯瑟琳·格雷来这里幽会过赫特福德伯爵两三次，他已经注意到了她。大管家克里斯托弗·巴纳比从赫特福德伯爵的二楼主卧下楼，正好碰到她们。简·西摩直呼其名，打着招呼，问他去哪里。"忙伯爵的事。"他匆匆回答道。赫特福德伯爵让他给一个金匠捎个口信，也许他就是受赫特福德伯爵委托，去找给凯瑟琳·格雷制作婚戒的那个工匠。这枚婚戒由五段小金链相连，金链上刻着他写的一首诗：

> 精雕细刻，五链成环，捧一戒于君前，
> 长相厮守，举案齐眉，与君心手相连。
> 此情至死不渝，虽扫帚星①亦不能改，
> 吾矢志不渝，决不向他人言爱。[4]

赫特福德伯爵热情地拥抱了妹妹简·西摩和凯瑟琳·格雷。然后，简·西摩"片刻都不耽搁"，很快就去找牧师，[5]看来赫特福德伯爵已安排牧师在附近等候。独处的赫特福德伯爵和凯瑟琳·格雷互诉情意，"如同所有热恋中的情侣见面时一样"[6]。简·西摩很快就带着牧师回来了，他是一个身材矮小、皮肤白皙、留着赤褐色胡须的中年男子。他的黑色长袍和白色衣领表明他是玛丽一世去世后从欧洲大陆来的新教徒。他带着一本《公祷书》来举行仪式。牧师站在卧室窗户的右边，凯瑟琳·格雷和赫特福德伯爵面对着他，

---

① 扫帚星指带来厄运的人或物。

简·西摩站在他们身后。牧师宣读结婚公告，并确定他们都可以自由结婚后，仪式继续进行。赫特福德伯爵把婚戒送给凯瑟琳·格雷，当他们的宣誓结束后，几个人简短、愉快地聊了一会儿。赫特福德伯爵随后向牧师表示感谢，当牧师离开时，简·西摩给了他10英镑。她还专门让人送来了一些婚宴上的酒菜。但很明显，刚成为新娘的凯瑟琳·格雷对吃吃喝喝不感兴趣。简·西摩便知趣地离开了。

在后来的证词中，凯瑟琳·格雷和赫特福德伯爵描述道：赫特福德伯爵先扑倒在床上，凯瑟琳·格雷戴着头巾也躺在了床上。赫特福德伯爵事后回忆，这是凯瑟琳·格雷经常戴的一种时髦的头巾，上面有格子丝线、金丝。事实上，这是她特别装进口袋的一块头巾或面纱，象征着她已婚女性的新身份。[7]他们从床上起来过一次，但很快就又回去了，直到凯瑟琳·格雷不得不回宫。当天晚上，她和简·西摩一道，要与伊丽莎白一世的宫内执事长爱德华·罗杰斯（Edward Rogers）爵士共进晚餐。凯瑟琳·格雷和赫特福德伯爵匆匆忙忙在几分钟内穿好了衣服，而楼下客厅里的仆人们正在对他们头顶刚发生的事发出轻浮的笑声。当晚，仆人们又得重新整理二楼主卧的床铺。当这对新婚夫妻走出房间时，简·西摩走了过来。赫特福德伯爵陪着凯瑟琳·格雷和他的妹妹一直走到水门的台阶口，在那里，他与幸福的新婚妻子吻别。

❖

只要条件允许，凯瑟琳·格雷和赫特福德伯爵似乎随时随地都可以行房，但他们都格外谨慎，决不能让女王知道他们已经结婚。赫特福德伯爵只要出现在凯瑟琳·格雷的房间，凯瑟琳·格雷的女仆就会心领神会地退下。这对新婚夫妻在女王的宫殿里幽会了几次，这些宫殿包括威斯敏斯特宫和格林尼治宫。在简·西摩和她的男仆格林先生的帮助下，他们还在坎农街见过面。这对夫妻不敢在一起过夜，但他们的浓情蜜意在宫中是无法隐藏的秘密。克林顿夫人是凯瑟琳·格雷的远亲，她就此质问凯瑟琳·格雷。凯瑟琳·格雷只得强装镇定，矢口否认她与赫特福德伯爵有任何"私情"。[8]威廉·塞西尔也担心赫特福德伯爵没有听从他远离凯瑟琳·格雷的劝告。如果凯瑟琳·格雷这位新教继承人陷入一场危险的恋情，那么英格兰的政局将会更加动荡。

威廉·塞西尔的心腹大患——苏格兰玛丽女王在 1560 年 12 月 5 日因弗朗索瓦二世意外去世而成为寡妇。新年前夕，有人说她要嫁给费利佩二世的儿子唐·卡洛斯（Don Carlos）。威廉·塞西尔担心，如果她真的这样做，信奉新教的英格兰在前进的道路上将面对信奉天主教的西班牙和法国的双重阻碍。与此同时，罗伯特·达德利的行为也导致了威廉·塞西尔更焦虑。为迎娶伊丽莎白一世，罗伯特·达德利曾接触阿尔瓦罗·德拉·夸德拉主教，希望得到费利佩二世的支持。作为交换条件，他将安排英格兰派遣一支特遣队参加教皇召集的特伦特会议，希望以此帮助结束欧洲的宗教分歧。罗伯特·达德利声称，他的计划得到了伊丽莎白一世的支持。担心此言成真，威廉·塞西尔又找机会进谏伊丽莎白一世，这很快就让她重新认清现实。而且在 1561 年 3 月中旬，伊丽莎白一世让威廉·塞西尔负责与阿尔瓦罗·德拉·夸德拉主教接洽。罗伯特·达德利大发雷霆，对伊丽莎白一世说，既然他在宫中如此无足轻重，他会搬到西班牙。威廉·塞西尔认真对待来自罗伯特·达德利的威胁。伊丽莎白一世仍然无法忍受失去罗伯特·达德利的陪伴，威廉·塞西尔担心，她虽然发誓不嫁给罗伯特·达德利，但这个决心难免不会减弱。因此，保护凯瑟琳·格雷至关重要，为此，他说服赫特福德伯爵去欧洲度假。

对 22 岁的赫特福德伯爵来说，能用王室补贴周游欧洲文艺复兴时期的伟大宫廷是求之不得的事，所以他很快就上了威廉·塞西尔的钩。1561 年春天，赫特福德伯爵向伊丽莎白一世递交了必要的申请材料。他告诉伊丽莎白一世，"希望通过周游其他国家开阔眼界，多学习其他国家的长处，了解与自己社会地位相关的知识"，回国后能更好地为女王效力。[9]与往常一样，凯瑟琳·格雷未能从赫特福德伯爵或威廉·塞西尔那里得到消息，她只是从简·西摩那里得知了丈夫的计划。她怀疑自己可能怀孕，这使她更加苦恼。她问朋友如果未婚先孕该怎么办，简·西摩回答说，如果是那样，只能告诉女王。赫特福德伯爵也是这么想的，他们只能"遵从并相信女王的仁慈"。[10]凯瑟琳·格雷对这个想法不以为然。然而，正当她最需要简·西摩的建议和陪伴时，简·西摩得了重病。1558 年的那个夏天让简·西摩病倒的疾病——可能是肺结核——复发，她于 1561 年 3 月 29 日去世，享年 19 岁。[11]

几天后，简·西摩的灵柩从女王救济院被运到了距离不远的威斯敏斯特大教堂。她是爱德华三世最小儿子的后代，因有王室血统而受人尊敬，她的棺材被抬上一辆战车。送葬人员包括整个大教堂的唱诗班、200 名朝臣、60 名官员，送葬队伍在印有王国纹章盾饰大旗的护送下徐徐前行。[12]与凯瑟琳·格雷的母亲一样，她也被葬在圣埃德蒙教堂。"她亲爱的哥哥"赫特福德伯爵叫人打造了一座石膏墙纪念碑，上面刻有镀金的墓志铭，纪念她短暂的一生。

赫特福德伯爵不仅对妹妹的死深感悲痛，还替凯瑟琳·格雷担心。他反复问她"是否怀孕了"，但她只说不确定。赫特福德伯爵准备去周游欧洲，这令他激动。他不想放弃这个好机会，但他也希望凯瑟琳·格雷向他保证，自己可以放心地离开。

208

当赫特福德伯爵周游欧洲的申请批下来后，他在威斯敏斯特宫的院子里单独把凯瑟琳·格雷叫到一边，他告诉她，"如果她能肯定自己怀了孩子，他不会离开王国，否则他就要走了"[13]。赫特福德伯爵的问话有些咄咄逼人，而且凯瑟琳·格雷一想到他马上要离开自己，她的情绪很不稳定。这时，她既不能和自己已故的母亲讨论，也不能咨询其他有过身孕的女性，所以她还是只能对赫特福德伯爵说自己不确定。不出意料，赫特福德伯爵很恼火，于是下定决心出发去欧洲。临行前，他写了一份遗嘱，提及如果他万一客死他乡，将遗赠凯瑟琳·格雷价值 1000 英镑的土地。他把带有签名的羊皮纸（遗嘱原稿）和一笔钱给了她。凯瑟琳·格雷总是缺钱，而他习惯给她 500 先令到 2000 先令作为她的日常开销。走之前，他最后的承诺是，如果她怀孕了，"他不会离开很久"。[14]赫特福德伯爵离开后，威廉·塞西尔在格林尼治宫将凯瑟琳·格雷叫出来，安慰她说赫特福德伯爵的离开是必要的。威廉·塞西尔提醒她，未经女王同意就与赫特福德伯爵发展关系是愚蠢的。凯瑟琳·格雷还是坚持自己的想法，但她默默地希望，如果威廉·塞西尔在她私自结婚前能如此清楚地表达自己的观点那该有多好。[15]

赫特福德伯爵于 1561 年 5 月 13 日抵达巴黎，很快就沉浸在法国各种眼花缭乱的消遣活动中。他和英国驻法国大使尼古拉斯·斯罗克莫顿爵士一起前往莱姆斯，参加 10 岁的查理九世的加冕典礼。5 月 20 日，他写信给威廉·塞西尔，向他描述了自己的所见所闻——洛林主教（苏格兰玛丽女王的叔叔）是怎样给这位少年国王涂圣水的，以及他非常喜欢国王的弟弟奥尔良公爵。这个小孩个子很高，"身材与赫特福德伯爵的小弟弟的差不多"。这听起来像是一次很有教育意义的经历，威廉·塞西尔立即把自己 19 岁的儿子托马斯派去同赫特福德伯爵一起周游欧洲。小伙子很快就带着他父亲给他的长长的备忘录来到了巴黎。上面清楚地提醒他每天要做什么祷告、如何学习《圣经》、什么时候对自己的罪行做全面的忏悔。可自从他和赫特福德伯爵见面的那刻起，父亲的劝诫就被抛到九霄云外。赫特福德伯爵与托马斯参观了"奥尔良、布卢瓦、安布瓦兹、图尔、安格尔以及卢瓦尔河上的各种美丽的城堡和豪宅"。[16]他们狩猎、聚会，挥金如土。当虔诚的威廉·塞西尔发现儿子不务正业时，脸气得铁青，并向其他人大倒苦水。他"认识许多（比他儿子）学识更渊博的年轻人，花了整整一年待在海外，花的（钱）少得多"。[17]然而，赫特福德伯爵在关键的地方给人留下了极好的印象。

赫特福德伯爵被引见给亨利二世的遗孀凯瑟琳·德·美第奇，二人"礼貌地拥抱"。然后他被介绍给国王，国王告诉赫特福德伯爵，他留在法国时，可以"大胆地"向自己提出任何要求。[18]尼古拉斯·斯罗克莫顿爵士对此印象深刻，但威廉·塞西尔更在意的仍是法国的那位不会关心赫特福德伯爵的人——苏格兰玛丽女王。她拒绝签订《爱丁堡条约》（*Treaty of Edinburgh*），该条约要求她承认伊丽莎白一世有权成为英格兰女王。苏格兰玛丽女王执意要返回苏格兰。到了7月，枢密院出现了近乎歇斯底里的情绪。威廉·塞西尔确信，如果伊丽莎白一世不尽快结婚，这个国家将大难临头。他对尼古拉斯·斯罗克莫顿爵士说，枢密院正秘密计划，如果苏格兰玛丽女王同意承认伊丽莎白一世的王位，就可以保证她成为伊丽莎白一世的继承人。对威廉·塞西尔来说，英格兰似乎受到了一个威胁——一个女性统治者将王冠传给其他女性统治者的威胁。"请主赐给我们的女王一个丈夫，并让他们生一个儿子，这样我们的王室就会有一个男性继承人。"他祈祷道。[19]然而，即将生孩子的是凯瑟琳·格雷。

　　凯瑟琳·格雷已经怀孕 8 个月了。她能感觉到胎儿在她体内移动，能看到胎儿脊椎的纹路，以及手和脚撑起的子宫壁。但是，她几乎被恐惧麻痹了，完全不知所措。自从赫特福德伯爵离开后，伊丽莎白一世对她表现出"极大的反感"。[20]也许伊丽莎白一世正是知道了她与赫特福德伯爵有染，才给赫特福德伯爵发放周游欧洲的许可令，好把他们分开。[21]无论如何，凯瑟琳·格雷不想独自承受女王的怒火，可她与赫特福德伯爵联系的尝试都失败了。她往法国寄出"致我亲爱的丈夫"的信后，没有收到回信。[22]他被警告不要与自己联系了吗？他抛弃自己了吗？她无从得知。当她想到自己将面临生出的孩子连父亲都不认的耻辱时，她过去的那些恐惧和嫉妒又回来了。有什么证据证明她结婚了？唯一的证人简·西摩已经去世了。她又怎么可能找到当时的牧师？来到英格兰的新教流亡者并不知道自己该去哪里，他们往往待在首都，直到格林达尔主教设法找到他们，然后一个个地被派往天南海北。孤注一掷的凯瑟琳·格雷开始制订一个计划。她的前公公彭布罗克伯爵曾在 6 月向她提出与他儿子赫伯特勋爵复婚的建议。现在赫特福德伯爵不在跟前，彭布罗克伯爵确信赫伯特勋爵有很好的机会重新博得她的好感。而作为伊丽莎白一世的继承人，她再次成了一个炙手可热的人物。凯瑟琳·格雷之前拒绝了彭布罗克伯爵，[23]然而，现在她重新考虑了自己的境况。

　　此时，赫特福德伯爵在法国玩得不亦乐乎，准备在巴黎度过夏天后再去意大利旅行。凯瑟琳·格雷写信给赫伯特勋爵，告诉他，他们的婚姻在她看来仍然有效。[24]赫伯特勋爵欣喜若狂，开始了传统的求爱仪式，即寄送自己的肖像画和一些个人收藏的珠宝作为信物。然而，凯瑟琳·格雷仍然希望赫特福德伯爵会回来救她。当她收拾行装，准备随伊丽莎白一世夏游至埃塞克斯郡和萨福克郡时，

211

她请简·西摩的前男仆格林先生给赫特福德伯爵带去一个紧急消息："她快要生了，千真万确。"也许格林先生不够谨慎，因为没多久赫伯特勋爵就搞清楚了凯瑟琳·格雷又对他感兴趣的真正原因。深受伤害和羞辱的赫伯特勋爵叫人给凯瑟琳·格雷捎去一张纸条，要求她归还所有的信物。然而，她没有任何行动。7 月 14 日，伊丽莎白一世的夏游正式开始了，作为内室的一员，凯瑟琳·格雷也随行去往温斯特德，她手里紧紧攥着赫伯特勋爵的第二封嘲讽辱骂的信："我知道你想留存我给你的信物。"他写道：

> 如果你不把信物还给我，我会找你的奸夫要。你来找我，就是想利用我来掩盖你的淫乱、他的欺诈以及你们的通奸。这是对我的羞辱！迄今为止，我一直光明磊落；我决不会和一个千夫指的女人共度余生，让自己颜面扫地。我还年轻时，你在婚誓中说是我的夫人，在那几年中你也确实如你所说。但你知道我很久以前就合法地与你离婚了。现在你竟然用你和你的奸夫惯用的伎俩，以淫乱的毒饵和所谓的爱情来诱惑我。然而（感谢上帝）我很清楚，我再也不会上当。因为你的卑鄙伎俩，你赖着不还被你骗去的信物。我知道，它们可以掩盖你和你那奸夫的厚颜无耻。[25]

显然，他们所谓的婚姻关系已荡然无存。威廉·塞西尔在萨伏伊宫专门为伊丽莎白一世准备了晚宴，所以凯瑟琳·格雷从前一天晚上起一直到午夜都没有休息。她心力交瘁，不想在奔波途中回信。那天晚些时候，当车队到达温斯特德和哈弗林时，赫特福德伯爵终于给她回信了，她又重燃希望。亨利·西摩给她捎来了一个包裹。然而，里面只有一对送给她的手镯，还有几对送给其他女官的类似的手镯。伊丽莎白一世曾要求赫特福德伯爵委托一位法国金匠为她自己和两位女官制作项链和手镯，"在夏游过程中，给宫里带来一些欢乐"。[26]他只是照女王的要求做罢了。

7月16日星期一，夏游队伍行进至皮尔戈庄园，它是凯瑟琳·格雷的叔叔约翰·格雷勋爵的乡村宅第。罗伯特·达德利也在那里迎接女王。他的仆人穿着一身新的绿色制服。但凯瑟琳·格雷没有对她叔叔或罗伯特·达德利说什么。她知道，她的叔叔为招待女王花了一大笔钱，她不想使他的努力白费。（1559年夏游时，阿伦德尔伯爵在诺尼塞克宫挥金如土，款待王室，相当于设置了一个很高的接待标准，这让后面再接待女王的公卿愤懑不已。）罗伯特·达德利从来没对凯瑟琳·格雷表露出感情。毫无疑问，他还记得他的弟弟吉尔福德被指控试图胁迫简·格雷让自己成为国王。这段经历让罗伯特·达德利也受到牵连，险些掉了脑袋。因此，女王车队通过埃塞克斯郡后继续前进，而凯瑟琳·格雷只能独自一人提心吊胆地生活。周末，王室队伍待在英加泰斯顿宫，然后继续前行至比尤利宫。在那里，凯瑟琳·格雷收到了赫伯特勋爵的另一封信，信中充满了威胁的话：

> 夫人，很久以前我是你的朋友，现在我是你的"荒漠"。过去和你的所有牵连令我悔恨不已。因此，夫人，我要求你立即将我寄给你的那些信件和信物，连同我的乐谱和肖像画一起还我。否则，实话和你说吧，我要让全世界都知道你的淫乱，让你遗臭万年。感谢上帝，让我知道了你的恬不知耻，还有更多人会知道你的丑事。[27]

7月25日，当车队离开比尤利宫，前往菲利克斯宫和科尔切

213

斯特城堡时，天气非常湿热，这是夏季暴风雨的前兆。7 月 30 日那晚，当车队抵达圣奥斯赛斯的私人宅第后，暴风雨开始了，连续 3 个小时的电闪雷鸣，紧接着"滂沱大雨一直下到午夜，以至于人们认为世界末日到了，真是太可怕了"。[28]第二天，队伍又上路了，马车和手推车在崎岖不平的道路上嘎吱作响。由于马车的颠簸，凯瑟琳·格雷肚里正在成长的胎儿被推到了她的胸腔，隆起的肚子藏在她衣服的褶下。8 月 5 日，夏游队伍抵达伊普斯威奇，这是新教的温床，格雷一家与之有联系，而伊丽莎白一世不喜欢这里。看到那里的牧师没有穿白色罩衣，而且许多人结了婚并有了孩子，女王很不悦。8 月 9 日，她便颁发命令：即日起，妇女禁止住在大教堂或宗教学院里，那些无视她命令的神职人员将失去在教会晋升的机会。威廉·塞西尔向他的朋友帕克大主教抱怨，如果不是他极力劝谏，女王还会永远禁止牧师结婚，并让那些已婚的牧师把他们的妻子全部赶走。对于脾气暴躁的女王来说，不适合告诉她凯瑟琳·格雷怀孕的消息。

那天晚上，凯瑟琳·格雷向她的朋友——侍女总管森特罗（Sentlow）[29]夫人吐露实情，寻求建议。森特罗夫人是弗朗西丝以前的女官贝丝·哈德威克的小姑子。她年纪不大，却被认为是一个非常沉稳的人，她就像"海里的礁石"。然而，当凯瑟琳·格雷告诉森特罗夫人自己已经和赫特福德伯爵私下结婚并怀了他的孩子时，这个"礁石"崩塌了。森特罗夫人"哭得稀里哗啦，说她感到非常痛心，因为凯瑟琳·格雷竟瞒着女王和其他人做了这种伤风败俗的事"。[30]第二天，凯瑟琳·格雷同女王以及内室的其他成员一起参加了一场圣餐仪式。长椅上的人们窃窃私语，凯瑟琳·格雷意识到"自己怀孕的事已被发现，众人皆知"。[31]

凯瑟琳·格雷急需有人代表她向女王求情。在她看来，罗伯

214

特·达德利是最好的选择。不管过去发生了什么，他们还算一家人。此外，她知道，1559 年，姐姐简·格雷之前的导师约翰·艾尔默因找女王讨要更多的传教士，而使圣颜不悦，是罗伯特·达德利出面帮助他转危为安。那天深夜，凯瑟琳·格雷来到了罗伯特·达德利在伊普斯威奇的住所，请求他替自己"先与女王沟通"。[32]罗伯特·达德利同意了，也许暗自希望这则消息可令女王重新考虑嫁给他。他认为，伊丽莎白一世比以往任何时候都更需要一个孩子。然而，当他第二天早上把这个消息告诉伊丽莎白一世时，她勃然大怒。她即刻下令，把凯瑟琳·格雷关进伦敦塔，同时派信使前往法国，命令赫特福德伯爵立即回国。[33]伊丽莎白一世怀疑这是一个阴谋，但不知道谁卷入其中，也不知道他们会采取什么行动。她火速给伦敦塔的副塔监爱德华·华纳（Edward Warner）爵士写了一封信，命令他"直截了当地审问凯瑟琳·格雷，要弄清楚宫廷里有多少人从一开始就知道她和赫特福德伯爵之间的事"。她接着说，凯瑟琳·格雷"要明白，除非她说出真相，否则不会得到宽大处理"。

女王还命令爱德华·华纳在伦敦塔连续两三晚突审侍女总管森特罗夫人。"如果你觉得需要"，还可以多审她几天。女王还建议爱德华·华纳，偷偷地把森特罗夫人带来，暗示她"凯瑟琳·格雷把一切都招了"，从而使她对上帝感到畏惧。[34]

凯瑟琳·格雷被关押在伦敦塔时，外交界谣言四起。与伊丽莎白一世一样，阿尔瓦罗·德拉·夸德拉主教也怀疑，除了凯瑟琳·格雷和赫特福德伯爵之间的一段简单的恋情之外，还应该有更多的内幕。赫特福德伯爵"还是个涉世未深的青年"。[35]他听说，阿伦德尔伯爵不知何故卷入其中，并回忆起阿伦德尔伯爵先前对简·西摩的追求。其他名字也会很快被提到，其中包括约翰·朱厄尔——

这位主教曾在弗朗西丝的葬礼上布道。然而，最有可能受牵连的人是威廉·塞西尔，他最初是赫特福德伯爵的父亲萨默塞特公爵的仆人，与格雷家族也有亲戚关系。阿尔瓦罗·德拉·夸德拉主教认为，威廉·塞西尔在埃米·罗布萨特死后立即安排了凯瑟琳·格雷的婚礼，因为他担心伊丽莎白一世会在费利佩二世的支持下嫁给罗伯特·达德利。当威廉·塞西尔重获伊丽莎白一世的信任时（得到她不嫁罗伯特·达德利的承诺），他中断了这个计划。

得知此事，威廉·塞西尔错愕不已，并对凯瑟琳·格雷的入狱深感担忧。苏格兰玛丽女王已经回到苏格兰，正如她之前保证的那样。此后，苏格兰玛丽女王的顾问知会伊丽莎白一世威廉·塞西尔在 7 月向英格兰驻法国大使提出的建议内容：苏格兰玛丽女王将立刻宣布放弃争取英格兰王位，以换取伊丽莎白一世的继承人身份。威廉·塞西尔相信伊丽莎白一世可能会同意。告知他的一位朋友凯瑟琳·格雷的羞耻之事时，威廉·塞西尔写道："上帝对我们如此不满。"

1561 年 8 月 22 日，凯瑟琳·格雷在伦敦塔接受审讯。她已经怀孕 9 个月了，疲惫不堪，精神萎靡。然而，她基本做到了守口如瓶。爱德华·华纳说："她只字不提有关她和赫特福德伯爵之间的情事。"[36]凯瑟琳·格雷以自己的方式，表现出与姐姐简·格雷一样的叛逆和坚定。

第十九章

第一个男婴诞生

女王的信使到来之前，赫特福德伯爵就已经知道麻烦大了。他已经和凯瑟琳·格雷派来送信的男仆格林先生谈过了，所以赫特福德伯爵在回国之前，需要想出一个应对之策。他的首要任务是尽可能地博得女王的欢心。按照女王的嘱咐，他已经给宫廷送去了需要的镯子。之后，他还物色了一位优秀的长笛演奏家，以替代为女王效力的一位刚去世的法国音乐家。他写信给女王，告知这些好消息。另外，他还需要联系国内的朋友做一些事情，但1561年8月15日，女王的信使就抵达了巴黎。[1]

英格兰驻法国大使尼古拉斯·斯罗克莫顿爵士直接前往赫特福德伯爵的住所，并"宣告女王希望他尽快回国"。赫特福德伯爵希望能再多争取一些回旋时间，于是呜咽着说自己"卧病在床，虽然想立即执行女王陛下的命令，但心有余而力不足，为此非常感伤，相信如果自己将回国时间推迟两三天，女王不会介意"[2]。尼古拉斯·斯罗克莫顿爵士好奇为什么女王这么急着召见他，赫特福德伯爵声称他也不知情。事实上，他不仅从格林先生那里知道了凯瑟琳·格雷怀孕的事，而且他自己的两个仆人从宫廷那边赶过来，描述了凯瑟琳·格雷被捕的情况。很快，宫廷又来信了，将所有细节告知了尼古拉斯·斯罗克莫顿爵士。看到赫特福德伯爵陷入困境，

217 他很难过。尼古拉斯·斯罗克莫顿爵士在赫特福德伯爵身上"看到了许多闪光点"。虽然他知道这小子可能在"装病",但他还是告知女王,出于外交礼节,赫特福德伯爵还要在巴黎待够时间,才好向法国国王辞行。

　　赫特福德伯爵拒绝与尼古拉斯·斯罗克莫顿爵士讨论他与凯瑟琳·格雷的婚姻,只是说"他只会向女王一人坦白自己婚姻的全部真相"。8月26日,赫特福德伯爵离开法国时,尼古拉斯·斯罗克莫顿爵士又向女王为他说了一句好话,向她保证"他在法国举止适宜,极力为女王效力,成功维护了女王的荣誉"[3]。与此同时,在英格兰,赫特福德伯爵的母亲萨默塞特公爵夫人写信给威廉·塞西尔,说明自己要与"我那不守规矩、胡作非为的儿子"保持距离。一方面,外国观察家们收到消息,这对恋人可能要被处决;另一方面,公爵夫人似乎对此并不担心。但是反过来想,如果女王对她失去好感,她将无法拯救自己的儿子和儿媳。因此,公爵夫人在信中坚称自己"不会为了孩子或朋友,故意无视自己作为忠实臣民的职责"。这样看来,她写信的基调并不像初看时那般无情。[4]另外,还有其他人愿意帮助这对夫妇。

　　赫特福德伯爵抵达多佛后,和他的朋友托马斯·萨克维尔(Thomas Sackville)在镇长的宅第吃早餐。托马斯·萨克维尔是一位著名的宫廷诗人。1553年,他的父亲是为数不多为支持简·格雷而投身战场的贵族之一。托马斯·萨克维尔还与威廉·塞西尔有联系。[5]当多佛城堡的监狱长前来逮捕赫特福德伯爵时,托马斯·萨克维尔带走了他收集到的所有信息。[6]赫特福德伯爵于9月5日下午被移交到伦敦塔,在那里,他要面临他离开的这段时间里,凯瑟琳·格雷所面临的种种胆战心惊的状况。正是在伦敦塔,凯瑟琳·格雷的姐姐简·格雷被处决,她们的父亲也在这里度过了生命的最后几天。赫特福德伯爵追悔莫及，他托人给凯瑟琳·格雷送去了花束，并请狱卒向她的仆人打听情况。[7]毫无疑问，他还想串供，以保护他们的家人和朋友，并确保他们的婚姻合法，这样他们的孩子才是合法的。

在接下来的几天里，这对夫妇受到了严格审讯，甚至他们生活中最亲密的细节也被提及。他们的叙述非常接近，但少数地方会有差异，比如当事实很明显地表明谁知道什么或什么时候知道的。以保护阿德里安·斯托克斯为例，赫特福德伯爵声称弗朗西丝不知道他想迎娶凯瑟琳·格雷，而阿德里安·斯托克斯在接受询问时说这不是事实。同样，凯瑟琳·格雷也不会拿出赫特福德伯爵给她的遗嘱，她声称遗嘱在夏游途中丢失了。此时，王室巡游仍在英格兰东部的郡继续，伊丽莎白一世不会因为凯瑟琳·格雷的行为而改变她的计划。然而，9月8日，当苏格兰玛丽女王的顾问莱辛顿的威廉·梅特兰（William Maitland）来到王室行宫时，显而易见，凯瑟琳·格雷怀孕所导致的压力已对女王的身体造成了影响。当威廉·梅特兰赶上伊丽莎白一世的车队时，她正在赫特福德伯爵的皇家城堡里。这座城堡年代久远，有护城河环绕。[8]与她同父异母的姐姐玛丽一世一样，伊丽莎白一世也被抑郁情绪所困扰。而且与玛丽一世一样，只要一抑郁，她的体重也随之下降。威廉·梅特兰这样形容眼前的伊丽莎白一世："憔悴不堪，骨瘦如柴。"[9]

威廉·梅特兰带来的信息只会徒增女王的压力。苏格兰玛丽女王写给伊丽莎白一世的信热情洋溢，"意在表达她对伊丽莎白一世的敬爱之情"。而其余的（重要）信息则是由这位苏格兰贵族（顾问）当面交代。威廉·梅特兰提醒伊丽莎白一世注意，对于英格兰来说，与苏格兰保持友谊的最可靠方式是提名苏格兰玛丽女王为她的继任者。伊丽莎白一世清楚，这点她永远做不到。当威廉·梅特兰在伊丽莎白一世面前反复强调这点时，女王的脸色显然不好看了。她反驳说，她原本期待苏格兰会传达一个不同的消息，那就是苏格兰玛丽女王同意签署《爱丁堡条约》。在该条约中，苏格兰玛丽女王将承认伊丽莎白一世为英格兰女王，以及行使一切相关权力，尽管伊丽莎白一世是私生女。然而在谈到她之后的王位继承权时，相比凯瑟琳·格雷，伊丽莎白一世明显更倾向于选择苏格兰玛丽女王。伊丽莎白一世对威廉·梅特兰说："我注意到，你对我说过，你的女王有英格兰王室血统；她在血缘上是和我最亲的人，我必须爱护她。我必须承认，你说的一切都是事实。"她向威廉·梅特兰保证，她"对苏格兰玛丽女王从来没有恶意"。即使苏格兰玛丽女王"盗用我的王国纹章，宣称我的王位是她的"，伊丽莎白一世也只是将"过错归咎于他人，而非苏格兰玛丽女王本人"。伊丽莎白一世宣称："当着主的面，我可以很坚决地告诉你，就我而言，没有人比苏格兰玛丽女王更适合做我的继承人，至少在我喜欢的人里面，她是最好的。坦率地说，在我知道的人里面，很难找到有可能超越她的人。"[10]

这可是一个不得了的表态。伊丽莎白一世已明确表示，为了支持先王的遗愿，她相信苏格兰玛丽女王在长子继位传统下的继承权优先于英格兰现行法律所规定的继承权。她否认有任何理由将苏格兰玛丽女王作为外邦人排除在王位继承人之外，同时她表示，如果她可以自由表态，她将提名苏格兰玛丽女王为她的继任者。至于英格兰国内的继承人人选，伊丽莎白一世只表达了痛楚："确实，她们中有一些人向外界宣称，她们有能力生育，以此证明她们比（玛丽）或我更配得到王位。"然而，她声称，怀孕的凯瑟琳·格雷和她的妹妹玛丽·格雷"由于她们父亲被收回爵位，而无法继承王位"。多年前，在玛丽一世统治期间，格雷姐妹的堂姐玛格丽特·斯特伦奇夫人曾提出过同样的观点，但当时未被采纳。玛格丽特·斯特伦奇夫人认为，因为萨福克公爵犯了叛国罪，格雷姐妹丧失了王位继承权。[11]玛格丽特·斯特伦奇夫人这么说表明了她对格雷家族的畏惧和反感。然而，就伊丽莎白一世而言，如果对选择外国的、信奉天主教的苏格兰玛丽女王，而不是英格兰血统的凯瑟琳·格雷曾有所顾忌的话，这一刻她已不再彷徨。威廉·梅特兰希望，如果他进一步向伊丽莎白一世施压，她可能会改变主意，明确选择苏格兰玛丽女王为王位继承人。然而，在威廉·梅特兰最后一次觐见伊丽莎白一世时，女王详细解释了她无法当即表态的原因。她告诉他："第一，我知道踏出这条红线有多危险。"伊丽莎白一世认为，王位继承法的修改、对王室婚姻的废除和担忧共同造成了英格兰社会的混乱和不确定性，而这直接导致了从1536年的求恩巡礼骚乱到她同父异母的姐姐统治时期的一系列叛乱。伊丽莎白一世不会铤而走险，去挑起进一步的动乱。她声称，这就是为什么她至今未婚，并且声称"嫁给"了自己的王国。

她对威廉·梅特兰说："第二，你认为你们的这个计划（宣布苏格兰玛丽女王为英格兰王位继承人）会建立起两国之间的友谊吗？我却担心这么做会适得其反。"伊丽莎白一世怎么能相信这样一位与英格兰长期为敌的强大君主不会利用她刚谋得的地位而威胁英格兰呢？她说，就连普通的王公都不会完全信任继承自己爵位的子嗣，何况是一国之君？

伊丽莎白一世接着说，"第三点"是所有因素中的"重中之重"。她说："我知道英格兰人民有多么反复无常，他们是多么不喜欢现任的政府，他们总是盯着下一位王位继承人。这种喜新厌旧是人的天性。相比日落西山，人们更喜欢旭日东升。"伊丽莎白一世提醒威廉·梅特兰，在玛丽一世统治时期，英格兰人都关注着她，希望她取代玛丽一世。可总有一天，这帮人可能会想要推翻她。如果是这样，威廉·梅特兰可以自己掂量，她提名苏格兰玛丽女王为继承人是多么危险的事。然而，在最后一次会面结束前，对于有关凯瑟琳·格雷的话题，以及她构成的威胁，伊丽莎白一世没有多做评论。威廉·梅特兰事后回忆说，伊丽莎白一世认为，相比已经公之于众的信息，凯瑟琳·格雷还隐瞒了一些事情（她与赫特福德伯爵的婚姻），而且"一些贵族也被牵扯进来，他们共同促成了这场婚姻"。[12]

当威廉·梅特兰启程回苏格兰时，伊丽莎白一世的车队终于启程返回伦敦。相对于朝臣，她始终更相信民众，沿途民众展现出的忠诚令她鼓舞和欣慰。9月22日晚，当车队到达伊斯灵顿时，成千上万的民众夹道相迎。[13]但两天后的9月24日下午2点到2点30分，伊丽莎白一世害怕的事情还是发生了，凯瑟琳·格雷生下了一个儿子，名叫爱德华·西摩，后被封为博尚勋爵。按照亨利八世的遗嘱，他是伊丽莎白一世的继承人，继承权在其母亲之后。威廉·

221 塞西尔再也不用担心出现下一个女王接任现任女王的倒悬世界——英格兰有了一个笃信新教的男性继承人。赫特福德伯爵在一本用法语写成的《圣经》中记录了这个日子，这本《圣经》很可能是他在巴黎无忧无虑的日子里得到的。标题页上写着西摩家族的座右铭"恪尽职守"，底部签有爱德华·赫特福德伯爵和罗伯特·温菲尔德（Robert Wingfield）的名字，后者是西摩家的好友。[14]在写下儿子生日的那条记录后，赫特福德伯爵用法语写下祷文：祈求上帝保佑孩子；祈求伊丽莎白女王心软，怜悯孩子的父母。赫特福德伯爵还用希腊文补充道：世事无常。[15]

两天后在伦敦塔的小教堂里，博尚勋爵接受了洗礼，那个教堂离他家族那几名被处决成员——他的祖父护国公萨默塞特公爵、叔父托马斯·西摩、外祖父萨福克公爵哈里·格雷以及他的大姨简·格雷——的遗体埋葬之处仅有数步之遥。一位罗马外交官说，伊丽莎白一世不允许牧师参加洗礼仪式。[16]

1560年冬天埃米·罗布萨特去世时，宫廷中的对抗和紧张局势进一步升级。西班牙大使听说罗伯特·达德利与阿伦德尔伯爵此前的谈话很不愉快，罗伯特·达德利夺门而出，要去调查清楚关于他妻子殒命的证词，但罗伯特·达德利现在正努力与阿伦德尔伯爵握手言和。与此同时，一名梵蒂冈驻低地德国的外交官获悉，威廉·塞西尔也在努力与罗伯特·达德利和解。凯瑟琳·格雷婚姻的每处疑点都能和威廉·塞西尔这个名字扯上关系。他与达德利家族的关系一直很复杂。威廉·塞西尔曾为罗伯特·达德利的父亲效力，他和罗伯特·达德利也有很多共同的朋友。尽管他经常不信任罗伯特·达德利，但他希望，为了共同的宗教信仰，他们能团结起来。凯瑟琳·格雷产下的这个男孩对新教事业来说是无价之宝。驻梵蒂冈的外交官宣称，女王"执意要让议会宣布这个孩子为私生子"。如今，伊丽莎白一世怒不可遏，似乎一切都有可能。他是威胁到她王位的别人的儿子！

222

副塔监爱德华·华纳爵士专门为凯瑟琳·格雷母子腾出了房间。凯瑟琳·格雷的身体渐渐恢复。在简·格雷短暂执政的几天里，爱德华·华纳爵士就是伦敦塔的副塔监。凯瑟琳·格雷对四周的许多家具也很熟悉。她姐姐执政时期政府部门使用过的家具大多被放在这里继续使用，有1把金布椅子、6副"破旧粗糙的"挂毯、1个紫色天鹅绒旧靠垫，还有亨利八世曾用来歇脚的3个绿色天鹅绒凳子。[17]凯瑟琳·格雷并没有因此而感到失落。她有一个健康的儿子,她的小狗和宠物猴子也与她在一起,而她的房间距离她丈夫的房间只有3米。爱德华·华纳爵士的副手对这对小夫妻的境遇也很同情,允许他们传递信息。与此同时,在监牢之外,有人正为推动凯瑟琳·格雷和她儿子成为伊丽莎白一世的合法继承人努力。如果他们成功,且伊丽莎白一世同意提名他们为她的继任者,那么他们很快就会全部获释。[18]

伊丽莎白一世拒绝将苏格兰玛丽女王排除在继承人之外,一些地位显赫的新教徒对此深感不安。在内殿法学院,赫特福德伯爵的诗人朋友托马斯·萨克维尔和同学们与威廉·塞西尔联手,试图与罗伯特·达德利结盟。法学院的学生们提名罗伯特·达德利为他们的"圣诞王子",这将使罗伯特·达德利成为他们为期12天圣诞狂欢活动的核心人物。当时造访伦敦的一位游客对此做了描述。[19]当这位游客来到伦敦城时,突然听到隆隆的礼炮声,"此起彼伏,令人胆战心惊,连周围的空气都被熏黑了"。他询问一位路人为什么要放炮。那人答道:"这是提醒内殿法学院治安官,叫他准备好晚饭。"出于好奇,第二天他专门去了内殿法学院。走进大门,他发现在一栋普通的建筑里挤满了英俊帅气、衣着考究的男青年。其中一人上前邀请他参加狂欢活动,并把他带入餐厅。在那里,他看见十二三张餐桌,上面铺着亚麻桌布,餐桌上摆放着银盘、镀金盘、啤酒、麦芽酒和葡萄酒。在一张铺着绿格子布的餐桌旁,坐着狩猎首领和他的突击队队长,他们穿着绿缎子和天鹅绒制成的衣服。在另一张桌子旁,他看到了4位狂欢大师,但最引以为傲的是坐在高台餐桌旁的罗伯特·达德利。

"'圣诞王子'高大威猛,十分英俊,皮肤略泛棕色,五官棱角分明,身材比例十分匀称"。他跟前有3位侍者,一位帮他切肉、一位帮他换盘,还有一位帮他斟酒。还有众多绅士在身边为他传菜，他可以享用"外酥里嫩的烤肉、甜美多汁的水果、风味独特的精美甜点"。[20]每道菜上来时都伴随鼓乐，而上菜间隙都有娱乐活动。从内殿法学院保存的档案中，我们可以了解大部分这类娱乐活动。比如，在圣斯德望日的盛宴上，当第一道菜上桌后，一位猎人带着10对猎犬进来，同时放出一只狐狸和一只猫，随着猎号声响起，这两只猎物很快被杀死在壁炉下。当然，也有更高雅、更体现政治意味的娱乐活动。在主显节前夕，罗伯特·达德利观看了假面戏剧《美丽与欲望》（*Beauty and Desire*），剧中他被歌颂为女王最梦寐以求的夫君。紧接着的一出戏也提供了同样的暗示，此外还示意凯瑟琳·格雷应该被提名为王位继承人，直到伊丽莎白一世有自己的孩子。

1560年在中殿上演的戏剧《高布达克》（*Gorboduc*）被描述为用英语表演的最无聊的悲剧，但当时它标志一场戏剧革命。[21]该剧以无韵诗（这是第一部使用莎士比亚最喜欢的表现手法的戏剧）讲述了一个虚构的英格兰国王（高布达克）的故事，他未能妥善解决王位继承问题。当他被残忍杀害后，王公无法在王位继承权上达成一致。在该剧快结束时，英格兰处于内战的边缘，一位拥有苏格兰"奥尔巴尼公爵"爵位的外国王子正准备以武力夺取英格兰。戏剧的每一幕开头都有一出哑剧，戏剧借助哑剧传递视觉信息，帮助观众解读该剧。一幕幕戏依次强调了政治不确定的危险、战争的痛苦、君主在王国内找人结婚的重要性，以及如果国王或女王没有孩子，王室应该如何在议会的支持下指定一名来自英格兰的继承人。该剧结局的对话由高布达克的国务大臣——一个与威廉·塞西尔极为相似的人物总结，他哀叹这场迫在眉睫的战争本来是可以避免的。如果国王听取了他最明智的议员们的意见，并在法律的支持下解决好王位继承问题，那么流血事件就不必发生。

> 议会就应该召开会议，
>
> 王位继承人必须被指定，
>
> 保留既有权利的爵位，
>
> 并将顺从植入人心。[22]

　　议会在"女王简"的命运中可能起到的作用没有被忘记。该剧的两位创作者都与赫特福德伯爵和威廉·塞西尔关系密切。第一位作者托马斯·诺顿是威廉·塞西尔的门生，也是赫特福德伯爵从小到大的家庭教师。[23]而第二位作者托马斯·萨克维尔就是赫特福德伯爵被捕时在多佛与之共进早餐的那个年轻人，这一细节一直被忽视。

　　后来这幕剧和假面剧都被带入宫廷，并于 1561 年 1 月 18 日在白厅宫为女王表演。威廉·塞西尔派去的一个人记录说，观众理解了该剧传达的信息，即应利用议会解决王位继承问题。[24]但为凯瑟琳·格雷争取王位继承权似乎不是唯一的支持手段。这一时期，凯瑟琳·格雷怀抱着襁褓中的博尚勋爵的情景被描写或刻画。也许，对简·格雷形象的刻画也可以追溯到这一时期，在一幅画中她淘气地将聚拢的橡树叶撒向罗伯特·达德利，而将紫罗兰花撒向自己的夫君吉尔福德·达德利。这种象征手法无疑恰到好处。[25]市面流通的印刷品还有其他提示，提醒人们罗伯特·达德利与凯瑟琳·格雷的关系，吉尔福德·达德利是罗伯特·达德利的弟弟，简·格雷是凯瑟琳·格雷的姐姐。比如，1560 年 11 月出版的一首民谣，几年后不断再版，民谣中，简·格雷哀叹自己和吉尔福德·达德利成了野心勃勃的父亲们的牺牲品。

　　然而，对于这两幕剧，或是任何支持凯瑟琳·格雷成为王位继承人的宣传，伊丽莎白一世都置若罔闻。那位梵蒂冈外交官有关女王希望宣布凯瑟琳·格雷的儿子为私生子的预言看来要一语成谶。1562 年 2 月 10 日，爱德华·华纳爵士收到女王的来信，女王在信中宣布要成立一个教会委员会，负责"调查、取证和审判凯瑟琳·格雷和赫特福德伯爵之间的臭名昭著的交往和非法婚姻"。[26] "非法婚姻"一词给判决结果提供了暗示，但审判并不是一蹴而就的。连续好几天，在看守的监押下，凯瑟琳·格雷和赫特福德伯爵乘船往返于伦敦塔和坎特伯雷大主教的兰贝斯宫，接受有关他们婚礼安排方面的多轮问询。

人们从二人交代的情况可以明显看出，他们的婚姻不是"标准婚姻"。根据《公祷书》的规定，结婚前他们应连续 3 个星期日宣读结婚公告。他们当然没有这样做，没有任何人送新娘出嫁，新娘和新郎也没有举行圣餐仪式，但这些都是小问题。根据教会法律，合法婚姻必须是有证人在场的情况下，新娘和新郎同意结婚。而简·西摩的去世和主持他们婚礼的牧师的失踪使得教会委员会很容易判决这二人的婚姻无效。

罗伯特·达德利对此早有预料，当然，他也希望看到这样的结果。他对《高布达克》表现出的热情不会让他付出代价，反而会为他赢得朋友，他东山再起了。在 4 月的嘉德勋章授勋仪式上，曾最爱和罗伯特·达德利较劲的年轻气盛的诺福克公爵请嘉德骑士支持罗伯特·达德利向女王求婚。他们都同意这么做，唯独北安普顿侯爵威廉·帕尔和阿伦德尔伯爵不同意这么做。在埃米·罗布萨特被发现死亡两天后，他们成为出席伊丽莎白·霍比晚宴的两名议员，这当然不是巧合，因为他们都与格雷家族关系密切。

支持凯瑟琳·格雷获得王位继承权的威廉·塞西尔同样对罗伯特·达德利未能维护凯瑟琳·格雷的儿子的利益而感到愤怒。但很快，威廉·塞西尔就给了他一个沉重的打击。威廉·塞西尔一直贿赂阿尔瓦罗·德拉·夸德拉主教的秘书监视这位西班牙大使。4月28日，秘书向威廉·塞西尔汇报自己的发现，描述了他的上级与罗伯特·达德利的交往，以及西班牙大使对伊丽莎白一世与罗伯特·达德利之间关系的看法。这一看法展现了一个蠢女人深陷爱情不能自拔的形象。当威廉·塞西尔告知伊丽莎白一世这一发现时，她意识到，如果她嫁给罗伯特·达德利，自己的名誉会受到极大的损害。罗伯特·达德利迎娶女王的希望再次破灭，而伊丽莎白一世则忧心忡忡，她必须为挑选王位继承人做些什么。

伊丽莎白一世非常希望能将王位托付于苏格兰玛丽女王。与自己一样，苏格兰玛丽女王作为女王储，经历了各种磨难才最终走上王座。伊丽莎白一世确信，只要她们能见面，定然会相互支持。对外界来说，这次会面对王国之间的友谊起着象征性作用，王国之间的联盟类似于两位女王和两个王国之间的联姻。

1562年5月在诺丁汉城堡，伊丽莎白一世参加了为期3天的假面舞会，其间，她向苏格兰玛丽女王发出信息，介绍娱乐活动的内容。15世纪，苏格兰国王詹姆斯一世就是在这里被监禁的。伊丽莎白一世想将世仇就此了结。第一夜的表演开始了，英雄帕拉斯骑着独角兽（苏格兰的象征）进入宫殿，高举一面大旗，上面的图案是紧握在一起的两位女性的手。两位女性紧随其后，一位骑着红狮（英格兰的象征），头戴节制王冠；一位骑着金狮，头戴理智王冠。在第二夜的表演中，友谊使者骑着大象进场，大象身后拉着一辆战车，车上坐着和平使者。最后一夜，邪恶女妖以蛇的形态被踩在脚下。假面舞会以一首"尽可能和谐的"歌曲圆满谢幕。这首歌宣告：不列颠的和平取决于王朝（而非议会）君主政体。[27]苏格兰玛丽女王对这一愿景充满热情。令两位女王都欢欣鼓舞的是，双方商定于1562年9月在诺丁汉举行第一次会晤。

然而，凯瑟琳·格雷和赫特福德伯爵无意让他们的儿子一直被当作私生子，并被排除在王位继承人之外。赫特福德伯爵决定上诉，同时他成功贿赂了两名伦敦塔的守卫——"一名叫乔治，另一名叫道尔顿"，这两人允许他去看望妻子。5月25日晚11点左右，凯瑟琳·格雷兴奋地将丈夫迎进自己的房间。他们只有大约1小时在一起。卧室里有一张精致舒适的大床，周围挂着真丝印花锦缎，床上铺了一床红色条纹的丝绸被——这与女王加冕礼上马车上的坐垫没什么两样。他们好不快活！5月29日，赫特福德伯爵再次来访，他们又倒在了床上。[28]但到了第3个晚上，两名守卫有点害怕，所以当赫特福德伯爵来到凯瑟琳·格雷的门口时，他发现门被从外面锁上了。凯瑟琳·格雷能听到丈夫在屋外，但她从里面开不了门。但正如她事后回忆的那样，她渴望能再次和"温柔的丈夫"同床。[29]日子一天天过去，她对赫特福德伯爵越发想念。她怀疑"淘气先生"又让她怀孕了，当凯瑟琳·格雷把这个消息传给赫特福德伯爵后，他欣喜若狂。伊丽莎白一世指派的教会委员会委员认为，他们的第一个孩子是私生子，理由是他们结婚宣誓时没有证人。如果他们有了第二个孩子，这些家伙再用这套诡辩就行不通了。因为在这么长时间的审讯中，无论是当着坎特伯雷大主教的面，还是当着其他审讯人员的面，夫妻俩都宣誓他们已婚，并深爱着对方，半个英格兰都知道这是事实。

一边是喜出望外的凯瑟琳·格雷和赫特福德伯爵，另一边，苏格兰玛丽女王和伊丽莎白一世捐弃前嫌的希望再次被阴云笼罩——法国爆发了一场血雨腥风的宗教战争。一直以来，威廉·塞西尔都将"苏格兰玛丽女王和吉斯家族的执念与秉性"同推翻欧洲的新教联系在一起，他担心欧洲大陆的教友们将大难临头。[30]吉斯家族对法国新教徒展开了大屠杀的消息传到英格兰后，威廉·塞西尔和许多人担心的事还是发生了。苏格兰玛丽女王立即写信给伊丽莎白一世撇清自己与所发生事件的关联。然而，当"邪恶女妖"在法国得逞时，不列颠群岛两位女王建立友谊的希望也随之破灭了。1562 年 7 月 15 日，就在伊丽莎白一世发出 9 月诺丁汉会晤的正式
228　邀请仅仅 9 天后，她向苏格兰玛丽女王传话说，见面不得不推迟了。苏格兰玛丽女王流下了失望的泪水，伊丽莎白一世也同样苦恼不已。她与罗伯特·达德利的婚姻无法实现，而她与苏格兰玛丽女王的"政治婚姻"也同样希望渺茫。她依然十分孤独，而不久之后她与死神的擦肩而过又将迫使她指定凯瑟琳·格雷为王位继
229　承人。

第二十章

议会与凯瑟琳·格雷的王位继承权

　　1562 年 10 月 10 日，在汉普顿宫的伊丽莎白一世开始感到不适。她莫名其妙地周身乏力，头痛欲裂，腰酸背疼。她决定先洗个澡，然后散散步。然而，当她回到自己的房间时，感到一阵热一阵冷，就像发烧一样。御医被传唤进宫，诊断后说，女王可能是得了致命的天花。伊丽莎白一世不敢相信，毕竟她还没有起水疱。她同父异母的弟弟（爱德华六世）的死状很可怕，这使她后来都很不信任这些医官。但很快，她开始上吐下泻，并且变得神志不清。罗伯特·达德利的妹妹玛丽·西德尼（Mary Sidney），也是简·格雷最亲密的大姑子精心照料伊丽莎白一世。然而，到了第 7 天，女王烧得很厉害，已经不省人事了。

　　伊丽莎白一世陷入昏迷后，枢密院召开紧急会议，讨论王位继承人问题。但就像托马斯·诺顿和托马斯·萨克维尔的戏剧《高布达克》中的贵族一样，议会无法就候选人达成一致。一些议员希望遵循亨利八世的遗嘱，宣布凯瑟琳·格雷为伊丽莎白一世的继承人。另一些议员则声称该遗嘱具有欺骗性。他们指出，这不是国王亲笔签署的，而只盖了一个章。还有几位议员支持亨廷顿伯爵亨利·黑斯廷斯获得候选人资格。彭布罗克伯爵就在其中，他对凯瑟琳·格雷羞辱他儿子的事仍耿耿于怀。罗伯特·达德利是亨廷顿伯爵妻子的哥哥，所以也算一个支持者。但亨廷顿伯爵的优势也只限于性别（男性）以及他已成年这两点。在继承权方面，反对凯瑟琳·格雷的人当中有更多的人支持苏格兰玛丽女王，或在英格兰出生的伦诺克斯伯爵夫人玛格丽特·道格拉斯。还有人建议"让王国里最有声望的法学家来筛选候选人"。[1]女王随时可能驾崩，没时间这么做了。

议会的争论越来越激烈，此时伊丽莎白一世醒了。她认为自己快死了，于是请求议会赐予罗伯特·达德利护国公头衔，每年发 2 万英镑俸禄。她发誓说，尽管"她一直深爱着罗伯特·达德利，但他们没有发生过任何不正当的关系，上帝可以为她作证"。议员们表面承诺会履行女王的遗愿，但他们心中压根没有这种打算。

当晚，围绕继承问题的争论不断白热化。伊丽莎白一世身上开始出现水疱，水疱首先在她的喉咙和口腔里破裂，然后向外扩散到她的脸和身体。她开始感觉好些了，天花最严重的阶段已经过去了。一周后，水疱开始愈合，令她大为宽慰的是，伤疤并没有使她毁容。而罗伯特·达德利的妹妹玛丽·西德尼就没那么幸运了。两周后她病倒了，虽然也活了下来，但她丈夫在日记中写道："天花已经把她弄得面目全非。"

虽然伊丽莎白一世的气力日渐恢复，但议会仍下定决心要一劳永逸地解决王位继承权争议。解决争议的理想平台是议会，而伊丽莎白一世的处境迫使她召集议会，她也需要为英格兰干预法国内战筹集资金。

11 月初，当令状发出时，西班牙大使阿尔瓦罗·德拉·夸德拉主教收到报告，说英国议会的大人物正召开秘密会议，以举办晚宴为由，商讨如何支持他们各派心中的候选人。[2]诺福克公爵参加了阿伦德尔伯爵所设的晚宴，直到凌晨 2 点才结束，他再次表示支持凯瑟琳·格雷获得王位继承权。阿尔瓦罗·德拉·夸德拉主教认为，诺福克公爵希望凯瑟琳·格雷的儿子能与他幼女中的一个成婚。当时，约翰·福克斯正抓紧审稿，准备在诺福克家族的出版社出版第 4 版的英文版《殉道者之书》。它每日提醒人们诺福克公爵格雷（家族）这个名字在新教徒心目中圣像般的地位。伊丽莎白一世得知这些王公搞秘密会议后，眼泪都被气出来了，即刻叫人把阿伦德尔伯爵带到殿前。虽然女王大发雷霆，言辞激烈，但阿伦德尔伯爵不为所动，反而义正词严地告诉女王，如果她意气用事，他确保其他王公不会让她任性地统治下去。正如人们常说的那样，女性受感性而非理性支配，这种侮辱给了伊丽莎白一世当头一棒。

　　对于支持亨廷顿伯爵做王位继承人的主张，阿伦德尔伯爵也愤怒地向伊丽莎白一世提出抗议。罗伯特·达德利是亨廷顿伯爵的大舅子，所以有人认为，罗伯特·达德利如果成功将亨廷顿伯爵推上王位继承人的位置，那么他自己迎娶女王也会变得名正言顺。到时罗伯特·达德利可以诡辩，他和女王的结合可以巩固亨廷顿伯爵的王位继承权。伊丽莎白一世让阿伦德尔伯爵放心，她也不赞成亨廷顿伯爵继承王位，但为了削弱亨廷顿伯爵，她需要推举另一位男性继承人。由于伊丽莎白一世无意帮助凯瑟琳·格雷或她儿子继位，现在她将目光放在玛格丽特·都铎第二次婚姻中生的女儿——信奉天主教的伦诺克斯伯爵夫人身上。她有两个儿子，其中大儿子亨利是娇生惯养但长相俊俏的少年，受封为达恩利勋爵。自从弗朗索瓦二世死后，伦诺克斯伯爵夫人一直在敦促达恩利勋爵和苏格兰玛丽女王成婚。达恩利勋爵不仅是苏格兰王位的第二顺位继承人，而且拥有在英格兰出生的优势。在英格兰出生却可以继承苏格兰王位，这在一定程度上也反驳了不能让苏格兰玛丽女王继承英格兰王位的观点。在英格兰，从爱德华三世统治时期起就有成文法规定，

231

出生在英格兰境外的人被排除在王位继承人之外。但是，伦诺克斯伯爵夫人居住在信奉天主教的约克郡中心，她平日针对新教的一些小把戏也没逃过威廉·塞西尔的眼睛。1561 年冬天，她的丈夫被送进伦敦塔，而她和家人则被软禁。[3]伊丽莎白一世后来释放了他们，青春年少的达恩利勋爵还被邀请入宫。

232

伊丽莎白一世对达恩利勋爵的到来大做文章，还如痴如醉地听这位美少年弹奏鲁特琴。然而，转眼到了新年，凯瑟琳·格雷已经怀孕 8 个月了，而威廉·塞西尔正准备为了帮她争取王位继承权展现议会的力量。1563 年 1 月 12 日，伊丽莎白一世宣布议会开幕。她看上去气度非凡，头戴金色发套，身着猩红色天鹅绒质地长袍，脖子上还围着白鼬皮。伊丽莎白一世明显倾向于由苏格兰玛丽女王来做她的王位继承人，但她的新议员基本上是新教徒，对这位斯图亚特家族的后裔不感兴趣。由于威廉·塞西尔及其盟友的精心安排，只有 27 名天主教徒成功获得了议席。大部分来自英格兰北部、西部以及威尔士的议员在宗教方面较为保守，但这影响不大。下议院几乎立即开始讨论王位继承权问题，并计划向女王请愿。1 月 26日，当着全体议员的面，作为威廉·塞西尔的代理人，托马斯·诺顿宣读了请愿书。请愿书回顾了伊丽莎白一世近期的病情，并提醒人们注意苏格兰玛丽女王可能对宗教造成的危险。请愿书肯定了爱情与亲情的重要性，并谦恭地请求女王结婚。然而，它也清楚地表明，即使女王真的结婚了，按目前的情况看也不足以满足国家安全的需要。

请愿书要求将王位继承权交给指定的继承人。下议院承诺坚持1544 年的《继承法》。该法提名当时还是公主的玛丽和伊丽莎白为爱德华六世的继承人，尽管她们的身份不合法。作为回报，议会要求对亨利八世遗嘱的有效性做出声明。一旦这样做了，议会就可以宣布合法的王位继承人。托马斯·诺顿还用戏剧《高布达克》中熟悉的情节，向女王描述了令人痛心的内战、异族入侵、宫殿楼宇被摧毁、生灵惨遭涂炭。请愿书宣称："我们害怕在您的王国，出现一小撮争强好胜、内心邪恶的天主教徒。如果这些人在我们中间，新教信仰以及和平都岌岌可危。"[4]

当下议院将请愿书提交给伊丽莎白一世时，她只告诉议员，她需要时间考虑他们的要求。然而，在那些因世袭身份而被视为"天生议员"的近臣面前，女王则表现出愤怒。难道他们不知道"在她脸上看到的不是皱纹而是痘印吗？"她提醒他们，自己虽已29岁，但上帝仍然可以赐予她孩子，就像上帝的妻子圣伊丽莎白一样。议员最好考虑清楚所提的要求，如果她宣布王位继承人，那么英格兰可能出现可怕的局势。[5]伊丽莎白一世拼命挣扎，拒绝被逼着说出自己的王位继承人，可就在这个关键时刻，她才和其他人一同知道22岁的凯瑟琳·格雷即将产下第二个孩子。伊丽莎白一世立即下令，将伦敦塔的副塔监爱德华·华纳爵士关进了伦敦塔，因为他的玩忽职守导致塔内安全措施失效，并使凯瑟琳·格雷和赫特福德伯爵得以享受他们的婚姻权利。然而，伦敦人对于此事表现得很高兴。年迈的约翰·梅森爵士向威廉·塞西尔报告："无论在城市还是王国的其他地方，人们都在发表有利于这对夫妇的'正义之声'，他们质疑：'为什么要棒打鸳鸯，拆散一对夫妻？'"[6]

在大众眼里，当孩子的父母已经宣布自己结婚了，孩子被视为私生子显然有失公允。如果不是出于政治考虑，这一切本不会发生。但某些位高权重的人，比如约翰·梅森爵士，则认为赫特福德伯爵"自以为是、肆无忌惮、令人发指"。他对这个欺君罔上的年轻人深恶痛绝。但别忘了，在1553年，正是这个约翰·梅森爵士带头在枢密院背叛简·格雷。他还怒气冲冲地对威廉·塞西尔说：

"再找不出比赫特福德伯爵更令人难以容忍的年轻人了,再没有比他更自恋、更痴心妄想的人了。"他还说,一定要给赫特福德伯爵更厉害的教训:"之前把他关在伦敦塔,非但没有管教好他,反而让他更胆大了,还方便他干了坏事。"[7]

伊丽莎白一世下令,要求这对夫妇再接受一次审判。他们1562年5月深夜幽会的细节随之浮出水面。但无论伊丽莎白一世和约翰·梅森爵士有多么气急败坏,也无法阻止凯瑟琳·格雷孩子出生。1563年2月10日上午10点15分,凯瑟琳·格雷在伦敦塔生下了第二个儿子托马斯,他的哥哥博尚勋爵还不到18个月。赫特福德伯爵在他的家庭《圣经》中写道:"请上帝赐予孩子来自父亲的祝福。"在洗礼仪式上,两名狱吏充当了教父的角色。但他们还没有时间好好庆祝一番,就在当天的晚些时候,赫特福德伯爵被带到星室法庭接受审判。

大批贵族前来观看,但因为位置有限,所以他们不得不把平时坐的位置让给枢密院议员。大多数贵族还是留下来站着旁听。赫特福德伯爵详细坦白了他在伦敦塔内是如何与凯瑟琳·格雷幽会的。最后他被判处3项罪行。第一,让女王的亲属凯瑟琳·格雷怀上第一个孩子;第二,贿赂并串通伦敦塔守卫获得接触凯瑟琳·格雷的机会,导致她再次怀孕;第三,他自己没有好好坐牢,随意跑出来。上述每项罪行均使赫特福德伯爵被处以5000英镑的巨额罚款;按女王的旨意,被告该坐牢多久就坐多久。[8]在严密监押下,赫特福德伯爵被送回了伦敦塔,但他仍无悔意。他相信会有办法证明他和凯瑟琳·格雷的婚姻是合法的。他也知道,有很多有权有势的人是站在他们这边的。

对凯瑟琳·格雷的支持可能还与以下因素相关。首先,简·格雷的故事引起了人们的强烈兴趣;其次,约翰·福克斯出版的

《殉道者之书》广受欢迎；再次，一首写于 1560 年的民谣再版，
简·格雷在其中哀叹她和吉尔福德·达德利是如何因他们父亲的野
心而丧命的；[9]最后，罗杰·阿斯卡姆的作品《教师》描述了他在
布拉德盖特与简·格雷的会面，以及她对其专横父母的抱怨。另
外，托马斯·查洛纳（Thomas Chaloner）爵士也发表了一首挽歌，
歌颂简·格雷学识过人，并声称她被处决时已经怀孕。托马斯·查
洛纳爵士是威廉·塞西尔的朋友，也是《高布达克》的创作者之
一托马斯·萨克维尔的朋友。尽管后面提到的这两部作品完成的时
间不长，但它们的主题——对天真无邪的简·格雷以及她肚中孩子
的惩罚——与凯瑟琳·格雷的处境产生了共鸣。除此以外，凯瑟
琳·格雷和赫特福德伯爵也得到了更为直接的支持。当她在伦敦塔
里努力照顾刚出生的幼子和蹒跚学步的长子时，议会正采取行动，　235
反对她在继承之路上的主要对手——苏格兰玛丽女王。

　　阿尔瓦罗·德拉·夸德拉主教得到消息，上议院有人提议，将
继承权限定在凯瑟琳·格雷、她的堂姐玛格丽特·斯特伦奇夫人、
亨廷顿伯爵和伦诺克斯伯爵夫人 4 个人之中。苏格兰玛丽女王的特
使威廉·梅特兰匆忙从苏格兰赶来，维护他主人的利益免受此类行
动的进一步损害，但他很快发现伊丽莎白一世正是他最好的盟友。
她向枢密院争辩，任何行动都不应该将苏格兰玛丽女王推向欧洲天
主教国家的怀抱。然而，将王位继承权限定在 4 个英格兰家族的想
法刚一落空，另一个想法就产生了。伊丽莎白一世和枢密院就未来
的一项议会法案进行了讨论。该法案提议，在伊丽莎白一世遗嘱中
增加数名委任者，在女王驾崩后的权力真空期枢密院代替国王或女
王统治王国，直至议会重启，并宣布王位继承者。这项新共和政体
的提案超越了——但可能也受到了——爱德华六世最初遗嘱中提议
的启发，即萨福克公爵夫人弗朗西丝在国王诞生之前以摄政者的身

份与枢密院共同管理国家。而且这项提案上也布满了曾为爱德华六世国务大臣的威廉·塞西尔爵士的指纹。[10]尽管塞西尔对新教君主制深信不疑，但他也认为，这一制度不能放心大胆地交由女王来把控。当然，这个提案将向神秘的王权阴影中射入夺目的光芒，揭露王权的本来面目——不是什么超自然的存在，君主也是凡人。君主制就是一种功能性的制度，即使没了君主，它也可以继续存在。令伊丽莎白一世如释重负的是，该提案早就落空了，据说是被凯瑟琳·格雷的竞争对手否决了。[11]但还有其他一些对凯瑟琳·格雷有利的计划正在暗地里实施，而伊丽莎白一世却被蒙在鼓里。

　　议员约翰·黑尔斯（John Hales）是威廉·塞西尔的老朋友，他打算写一本讨论凯瑟琳·格雷继承权的小册子。他是个阅历丰富但颇具争议的人，自护国公萨默塞特公爵时代起就认识威廉·塞西尔了。在下议院，人们可以很容易认出他，因为他的腿是跛的（他的绰号是"跛子黑尔斯"）。他曾在伊丽莎白一世加冕礼上的演讲中向女王力荐"混合君主制"的好处。在这种政体中，王室权力由政府机构共享。约翰·黑尔斯的研究首先从接近凯瑟琳·格雷的叔叔约翰·格雷勋爵开始，约翰·黑尔斯曾询问约翰·格雷勋爵凯瑟琳·格雷的母亲弗朗西丝的出生是否合法。凯瑟琳·格雷的祖父老萨福克公爵有几段曲折的婚史。当发现有更好的人选时，他总是抛弃已有的妻子。事实上，当他和凯瑟琳·格雷的祖母结婚时，他已经和一个不幸的王位继承人订婚了。约翰·格雷勋爵向他保证，弗朗西丝出生的合法性已经被古代的大主教法院和当时的星室法庭证明了。赫特福德伯爵的继父弗朗西斯·纽迪盖特还为约翰·黑尔斯提供了进一步的证据。接着，约翰·黑尔斯开始调查亨利八世的遗嘱。多亏一位不知名的朋友的帮助，他才有机会接触爱德华六世统治时期盖有王国玺印、经大法官登记在册的亨利八世的遗嘱原件。[12]该遗嘱有力地支持了凯瑟琳·格雷的王位继承权。同时，约翰·黑尔斯提醒人们注意爱德华三世统治时期就出台的一项法律，它将所有出生在英格兰境外的人排除在王位继承人之外，因此约翰·黑尔斯指出苏格兰玛丽女王没有王位继承权。

当约翰·黑尔斯完成这本小册子后，他把它拿给约翰·格雷勋爵、弗朗西斯·纽迪盖特以及至少其他两名议员过目。议会正密谋提名凯瑟琳·格雷为伊丽莎白一世的继承人，这本小册子就成了一个纲领性文件。然而，弗朗西斯·纽迪盖特还是担心，即使有了这本小册子，有些议员还是不愿支持凯瑟琳·格雷做王位继承人，因为她的儿子是私生子。几个人商量一番后决定，他们需要"来自欧洲大陆的法学家的裁定和咨询"，这些人可以确认凯瑟琳·格雷夫妇婚姻的合法性。[13]虽然这个艰巨的任务从一开始就获得了赫特福德伯爵财力上的支持，但伊丽莎白一世也提出了自己的计划，她仍迫切希望与苏格兰玛丽女王建立互信的基础。她的解决办法是让苏格兰玛丽女王嫁给一个她完全信任的男人——罗伯特·达德利。她首先向威廉·梅特兰提出了这个想法。伊丽莎白一世腼腆地告诉他，如果他的女王希望婚姻平安幸福，那么她力荐罗伯特·达德利。人们没有理由怀疑伊丽莎白一世的诚意，她的提议与后来新教徒撮合苏格兰玛丽女王和诺福克勋爵联姻的初衷相同，即鼓励苏格兰玛丽女王成为新教徒，并确保英格兰王朝的王位。但伊丽莎白一世爱罗伯特·达德利爱得头脑发昏，她认识不到罗伯特·达德利其实不适合做王室配偶。

威廉·梅特兰很清楚，伊丽莎白一世的提议会使苏格兰玛丽女王惊恐万分。她的婆婆凯瑟琳·德·美第奇曾嘲笑伊丽莎白一世竟考虑嫁给自己的"马夫"。她可以嫁给欧洲任何一个国王，她为什么要下嫁呢？威廉·梅特兰对伊丽莎白一世说："听到您的推荐，

237

苏格兰玛丽女王肯定会非常感动，因为您愿意送出一件您自己非常珍视的宝物。但苏格兰玛丽女王可能不会嫁给罗伯特·达德利，因为她不愿夺人所爱，毕竟罗伯特·达德利带给您太多的欢乐和慰藉。"[14] 然而，伊丽莎白一世仍然一味地推动她的提议。为此，她首先必须暂停议会，这样议会就不会妨碍斯图亚特王室成员成为王位继承人。她暂停了议会，而非结束议会。在 1563 年 4 月 10 日议会解散之前，她还承诺会就议员们的请愿书向下议院做出答复。她面无表情地告诉议员们，王位继承问题非常棘手，她需要进一步考虑。这种回答令议员们深感失望。然而，伊丽莎白一世希望，当议会再次召开时，她能向议员们摆出苏格兰玛丽女王与罗伯特·达德利已婚的既成事实。与此同时，伊丽莎白一世要让凯瑟琳·格雷知道，如果惹怒女王，后果会多么严重。

238

第二十一章

"约翰·黑尔斯掀起的风暴"

1563 年夏天，伦敦暴发了瘟疫。伊丽莎白一世迁至温莎城堡，并在小镇边缘设置了绞刑架，任何被怀疑从首都带来疾病的人都会被绞死。与此同时，凯瑟琳·格雷以及她的丈夫和孩子们仍被困在伦敦塔里，无助地看着疾病就要冲破堡垒的围墙。8 月，在伦敦每周有 1000 人因疫情死亡。整座城市几近瘫痪，1/10 的人死于瘟疫。凯瑟琳·格雷的朋友们恳求女王允许凯瑟琳·格雷一家人搬到别处去，以保全这家人的性命。最终，伊丽莎白一世同意了，但这家人将被分开软禁，大部分生活费由他们的亲属承担。

凯瑟琳·格雷的大儿子博尚勋爵将与赫特福德伯爵一起被送到汉沃斯，她婆婆萨默塞特公爵夫人的宅第就在那里。与此同时，凯瑟琳·格雷和幼子托马斯将被送到埃塞克斯郡的皮尔戈庄园，由她的叔叔约翰·格雷勋爵看护。伊丽莎白一世义正词严地提醒约翰·格雷勋爵，他应该"搞清楚"，他现在是看守凯瑟琳·格雷的人，而她"所指的自由仅限于将凯瑟琳·格雷从瘟疫的危险中解救出来"。女王不许凯瑟琳·格雷"与任何不属于格雷勋爵家的人会面"，[1]甚至不许凯瑟琳·格雷联络她的丈夫以及她的妹妹玛丽·格雷，后者仍在宫中。尽管玛丽·格雷后来的行为表明这位 19 岁的姑娘暗自钦佩姐姐在婚姻方面的大胆行为，并相信女王的愤怒终究会过去，但两姐妹之间的信件没有留存下来。她很难相信，她和姐姐仅仅因为身份就会对伊丽莎白一世构成实质性的威胁。

凯瑟琳·格雷于 9 月 3 日抵达皮尔戈庄园，带着她的幼子托马斯、女保育员、3 名侍女和 2 名男仆。她做的第一件事就是给威廉·塞西尔写信，感谢他把她一家人从瘟疫中解救出来。她让威廉·塞西尔相信，"我亲爱的勋爵，赫特福德伯爵也同样对您十分感激"。她恳请威廉·塞西尔继续代为寻求伊丽莎白一世的赦免，"我最谦卑地伸出双手，俯身跪地祈求女王的宽恕"。[2]

伦敦塔里，凯瑟琳·格雷的空房间呈现一幅悲凉的景象："可更换锦缎"的床"全破了，连 10 便士都不值"；其他大部分家具被她的猴子和狗撕破了。[3]但她知道自己曾在那里拥抱过幸福。凯瑟琳·格雷刚来皮尔戈庄园时，约翰·格雷勋爵对威廉·塞西尔说，她是一个"因令女王不悦而忏悔和悲伤的女人"。但没过多久，她就意识到她已经离丈夫和大儿子很远了。她陪托马斯玩，给他穿赤褐色天鹅绒小夹克，搭配银色丝质帽子；在冬天，她给他做了厚厚的红色衬裙，还为自己买了新皮草。然而，日子很快就开始慢下来了。她没有食欲，心情抑郁，这是许多都铎宫廷妇女有的心理疾病。在她离开伦敦塔不到一个月后，约翰·格雷勋爵表达了对凯瑟琳·格雷健康状况的担忧：

> 塞西尔兄弟，我向你保证，（我写信跟罗伯特·达德利也这么说），凯瑟琳·格雷因得不到陛下的宽恕，忧心忡忡、憔悴不堪：当着上帝的面，我要说的是，如果女王的宽恕不早点到来，她恐怕活不了多久。她每顿吃不了几口。如果我说"夫人啊，吃点东西，善待自己吧"，她就会哭着回到她楼上的房间；如果我问她原因，她回答我："唉，叔叔，在女王的

愤恨中生活是多么悲惨啊。要不是有我的伯爵和孩子，我会向上帝祈祷，求他将我埋葬。"

凯瑟琳·格雷的痛苦令她的叔叔很悲伤，"甚至心痛"。[4] 但他的信寄出才 4 天，凯瑟琳·格雷的大儿子博尚勋爵就要过 2 岁生日了，可她却不能陪伴他，这令她愈发痛苦。

威廉·塞西尔向他的老朋友约翰·格雷勋爵提出了切实可行的建议。他是约翰·格雷勋爵儿子的教父，而约翰·格雷勋爵的女儿是他妻子的小姑子。威廉·塞西尔说，凯瑟琳·格雷可以尝试给伊丽莎白一世写一封请愿信，并且他向她建议可以使用的措辞。他甚至主动提出可以帮忙修改信的内容，最终修改好的版本将由罗伯特·达德利代为呈递给女王，因为罗伯特·达德利帮助传信，不会有失宠的风险。11 月 7 日，请愿信的草稿准备就绪，凯瑟琳·格雷的叔叔将其转交给威廉·塞西尔修改，并附上他和凯瑟琳·格雷两人的信件。约翰·格雷勋爵言辞恳切地说："请在你觉得任何不妥的地方加以斧正，我会叫手下把修改稿带回来。我希望信中每个字都用得准确妥当、万无一失。"[5] 在请愿信中，凯瑟琳·格雷反复表达了她以及"我的好伯爵"对女王的感激之情，并表达了她的遗憾，因为"我们所能做的，就是向您表达我们真挚的善意，为您祈祷，并祝您健康"。[6]

不到一周，最终的请愿信就准备好了，由罗伯特·达德利交给了伊丽莎白一世。在女王面前，凯瑟琳·格雷尽可能地表现得卑微。她不敢"向陛下请求赦免，因为自己违背圣意、擅自做主成婚"，她只能乞求宽恕，同时承认自己也不配得到宽恕。信末，她向伊丽莎白一世表示："陛下的统治千秋万代，我们将永远臣服于您。"[7]

凯瑟琳·格雷希望这封请愿信能达到她所期待效果，她有这个

241　信心，所以她写信给赫特福德伯爵，希望很快能与他团聚。这封感人至深的情书更多包含激情的段落从未发表。维多利亚时期，一位牧师在印刷这封信的部分内容时，被其中流露的情话吓到，但是这封信从那时起就被遗忘了。①

　　我最亲爱的伯爵，听到你身体健康，我感到非常高兴。我请求上帝赐予你力量，我相信他会的。在这可悲的时刻，当我们可怜巴巴地不能相见时，再没有什么能比彼此问候、聆听和知道对方都好更能安慰我们的了。虽然最近我身体不太好，但我现在感觉很好，感谢上帝！我渴望和你开心地在一起，我知道你一定也这么想。就像 5 月 25 日和 29 日在伦敦塔时，我们可爱的儿子们就陪伴在我们身边，那是多么幸福！第三次你来到我的房门口，我们都满心期待，可是门被锁了，我们都很难过。我不会忘记我们之间发生的事。我记得的比你认为的要多。我有充分的理由这么做，尤其是当我想到有你这样一个好丈夫。你这么好的人被从我身边夺走，是很难接受的命运。好吧，我说你很好，但其实你也很淘气。我刚生了第一个孩子，你又让我这么快怀上第二个孩子。

　　虽然我也想让疲惫的身子休息一下……但是我知道我们的孩子是上帝赐予我们的祝福。我愿意再次承受分娩的痛苦，这就是我对你无尽的爱。我曾经满心欢喜地躺在你的身边，我相信还会再次陪伴你……因此，我诚挚地感谢你，我亲爱的伯爵，感谢你作为丈夫，关心、问候我，还寄钱给我。我最深情

_____

① 为便于理解，笔者用现代英语翻译了这封信。

地向你道别：我特别感谢你送我的书，它可是一个宝贝，我不会忘记。我能透彻地理解这本书，因为我一收到它，就开始既用眼睛去读，也用心去理解书的内容。摸着这本书，我再次向你道别，祝你身体健康，我的好内德！

一生中最爱你、最忠贞的妻子

凯瑟琳·赫特福德[8]

然而，凯瑟琳·格雷与赫特福德伯爵重逢的希望很快就破灭了。消息传来，女王不会宽恕他们。凯瑟琳·格雷开始怀疑自己是否还有机会见赫特福德伯爵和长子。12 月 13 日，她绝望地给威廉·塞西尔写信："长期以来，我得不到女王的恩泽，而这是我之前一直都习惯得到的。我已经心力交瘁，只有上帝了解我的状况。出于对上帝的信仰和敬畏，我宁愿他速速将我埋葬，也不愿继续痛苦地苟活。"

她的叔叔约翰·格雷勋爵几天后也写信给威廉·塞西尔，他担心凯瑟琳·格雷正处于不可逆转的绝望状态。他告诉威廉·塞西尔，她好几天都不肯起床，"我没办法靠近她，但当我看见她时，她不是正在哭，就是刚哭过"。她的仆人们害怕晚上离开她太久，担心"早上找不到她。她总是黯然神伤，掩面抽泣或坐着发呆"。约翰·格雷勋爵说，如果这些侍女不密切关注她，"我告诉你，塞西尔兄弟，我睡不了安稳觉"。[9]

凯瑟琳·格雷的请愿失败令格雷和西摩两个家族都沮丧至极，而且发生了争执。赫特福德伯爵的继父弗朗西斯·纽迪盖特将所发生的一切归咎于约翰·格雷勋爵，并告诉凯瑟琳·格雷的远亲克林顿夫人，凯瑟琳·格雷的叔叔不应该越俎代庖，担任凯瑟琳·格雷丈夫的角色。当约翰·格雷勋爵听到这种说法时，他向威廉·塞西

242

尔表达了愤怒之情。他说，他必须为凯瑟琳·格雷和她的孩子提供一切，否则他们就得喝西北风。其实，凯瑟琳·格雷非常缺钱，以至于克林顿夫人不得不替她为女王的表姐诺里斯夫人购买一件新年礼物，她是帮助凯瑟琳·格雷夫妇的重要盟友。[10]约翰·格雷勋爵接着说，直到他写信给待在汉沃斯的赫特福德伯爵，凯瑟琳·格雷也才收到了区区 20 英镑，而且还未收到承诺的床单和床垫。[11]这封信附上了凯瑟琳·格雷的私佣、洗衣女工和照看婴儿的老妇人的全部费用清单，以及为凯瑟琳·格雷和托马斯制作衣服的衣料清单，243 其中包括：

> 托马斯的两件外套的衣料分别是赤褐色绸缎和深红色天鹅绒；
>
> 两码白布，用来做衬裙；
>
> 两码红布，用来做衬裙；
>
> 给托马斯买的两顶天鹅绒帽子；一顶黄褐色塔夫绸帽子……
>
> 为凯瑟琳夫人做了一套礼服，用了 10 码黑色天鹅绒，整套衣服还配有貂皮；
>
> 赤褐色天鹅绒，用来做一件礼服和一条短裙，它们都有黑褐色花边……
>
> 为凯瑟琳夫人做了一套锦缎睡袍，用深红色的缎子做了一个装饰衬裙；
>
> 为凯瑟琳夫人做了一套深红色天鹅绒衬裙；
>
> 为凯瑟琳夫人做了一件天鹅绒风帽；
>
> 为凯瑟琳夫人做了两条黑色丝绸紧身裤；
>
> 两码长的黑布，用来做一件斗篷。

用于制作工作服的亚麻布、用于制作头巾和手帕的麻布（也是亚麻布的一种）也都被列在清单上。[12]威廉·塞西尔将账目转交给赫特福德伯爵，赫特福德伯爵立即支付了相关费用。他不希望再发生争吵，因为他在寻求赦免方面已经运气不佳了。他一直在给伊丽莎白一世送小礼物，并请求罗伯特·达德利继续帮忙，但罗伯特·达德利直截了当地回复说，尽管"他已经说动了女王陛下，但她目前没有心情答应赫特福德伯爵的请求"。[13]两个家庭很痛苦，后来这两个家庭转而认为伊丽莎白一世很残忍。赫特福德伯爵的继父弗朗西斯·纽迪盖特将伊丽莎白一世的无情归因于她希望与苏格兰玛丽女王达成和解。[14]而约翰·格雷勋爵则愤怒地说，现在是四旬斋，这是一个"仁慈和宽恕的时节"。他希望自己能化身为女王的忏悔者，劝她宽恕凯瑟琳·格雷夫妇，并让她忘记不愉快的事情。或者，他希望自己"能走上布道坛，告诉女王陛下，除非她能有仁慈之心，否则上帝不会宽恕她"。[15]然而，约翰·格雷勋爵非但未等来女王的宽恕，反而很快被关进了伦敦塔。这个地方他再熟悉不过了，1554年暴乱后，他曾被玛丽一世关进这里，整日面对冰冷的墙壁。

与此同时，伊丽莎白一世发现有人正努力澄清凯瑟琳·格雷拥有王位继承权的理由，并欲对教会委员会做出的"非法婚姻"裁决加以破坏。所以，哪怕她曾有过一丝释放凯瑟琳·格雷和赫特福德伯爵的念头，面对这种形势，她也打消了这个念头。女王已经获悉约翰·黑尔斯关于王位继承权的小册子，他力推凯瑟琳·格雷为女王的合法继承人。伊丽莎白一世还知道，有人接触了欧洲天主教的神职人员，借他们之口，宣称这二人的婚姻是合法的，这种求助外援的方法以前倒是非常奏效的。天主教神职人员得出结论，既然婚姻是两个人的事，而凯瑟琳·格雷和赫特福德伯爵都宣告了白头偕老的意愿，并以圆房的形式履行了婚誓，那么他们的婚姻就是合法的，他们的孩子也是合法的。伊丽莎白一世大发雷霆。布拉德盖特已故牧师詹姆斯·哈登的兄弟沃尔特·哈登将女王的愤怒称为"约翰·黑尔斯掀起的风暴"。一个臣子胆敢将目光投向国外，就英国国教已经解决的问题再去征求外国神职人员的意见，这便是大逆不道。而且这种做法还进一步影响到王位继承，更让女王难以接受。她尤其憎恶约翰·黑尔斯的小册子"精准打击苏格兰玛丽女王，反对其继承王位"。这危及了她想让苏格兰玛丽女王和罗伯特·达德利结婚的计划，并可能进一步威胁她与苏格兰远亲的关系。

凯瑟琳·格雷和她的孩子托马斯被匆匆打发走了，他们离开皮尔戈庄园，并被软禁在埃塞克斯郡英加泰斯顿的一栋宅子里，接受主人威廉·皮特（William Petre）爵士的监督。同时，凯瑟琳·格雷的叔叔、赫特福德伯爵的继父弗朗西斯·纽迪盖特和他的仆人们都受到了审讯。伊丽莎白一世对审讯中出现的几个名字都很熟悉，他们要么是威廉·塞西尔的朋友，要么是他的委托人，[16] 其中包括威廉·塞西尔重量级的妹夫——掌玺大臣尼古拉斯·培根（Nicholas Bacon），他似乎给了约翰·黑尔斯司法方面的建议。西班牙大使阿尔瓦罗·德拉·夸德拉主教称，罗伯特·达德利认为威廉·塞西尔实际上是这本小册子的作者。但令罗伯特·达德利恼火的是，伊丽莎白一世只是让威廉·塞西尔知道，她注意到了那些"在他们各自家中接触过威廉·塞西尔"的人的名字，然后，她就不再追究约翰·黑尔斯的事了。阿尔瓦罗·德拉·夸德拉主教说，她觉得"此事涉及人数众多，必须要大事化小"。

威廉·塞西尔被允许负责调查，但从结果看，他的调查不是很深入。伊丽莎白一世不想为那些可能出现的名字感到尴尬，这会凸显她的弱点。但她对背叛的愤怒必须以某种方式得到平复。"跛子"约翰·黑尔斯将在伦敦塔里待一年，另有 4 人被软禁，而尼古拉斯·培根则被逐出宫廷和枢密院数月，他的身体未从耻辱的打击中恢复。伦敦塔的恐怖也对约翰·格雷勋爵产生了毁灭性的影响。1564 年 11 月 19 日，他去世了。朋友们说，约翰·格雷勋爵死于"抑郁情绪"，但威廉·塞西尔更愿意相信他死于痛风。[17]

　　"戏剧中心"的主角也很糟罪。3 岁的博尚勋爵仍与萨默塞特公爵夫人在一起，而赫特福德伯爵则被从汉沃斯带走交给了年迈的约翰·梅森爵士监督。约翰·梅森爵士最讨厌的就是赫特福德伯爵，此前他曾向威廉·塞西尔抱怨，监狱对这小子来说太舒服了。凯瑟琳·格雷和托马斯一起被软禁在英加泰斯顿，孤独且痛苦。她觉得自己可能再没机会见丈夫和长子。接下来轮到她妹妹跟随她走上这条常有人走的悲剧之路。

第四部分

失去的爱

……请把这个高贵的故事里的人物当作真人看待；

你看他们身居显位，

从者如云，

友朋摩肩接踵，

然而，顷刻之间，

山颓木坏，

堕入悲惨的深渊。

列位看过这戏，

如果还觉快活，

那么洞房花烛之夜，

也不妨痛哭。

——威廉·莎士比亚的作品《亨利八世》，

开场白

第二十二章

玛丽·格雷小姐和托马斯·凯斯先生

　　19岁的玛丽·格雷长成了聪明且意志坚定的少女。她博览群书，并见证了两个姐姐的人生。然而，尽管她有很多高贵的品质，但是人们并没有认真考虑过她能继承王位。人们一般认为，漂亮的人和服饰至少在某种程度上会反映社会地位。社会秩序反映了一种神圣旨意，在这种旨意中，善良就是美的，丑陋和畸形则意味着罪恶和卑劣。因此，英国人非常重视外表，而玛丽·格雷的外表不讨人喜欢。她是宫廷里个子最矮的人，西班牙大使认为她"驼着背，丑陋无比"。确切地说，玛丽·格雷没达到未来君主的身高，但她试图将这一点转化为自己的优势。

　　玛丽·格雷钦佩姐姐简·格雷，并保存了一本约翰·福克斯的《殉道者之书》，该书描述了简·格雷英勇牺牲的过程。她也羡慕凯瑟琳·格雷和赫特福德伯爵在一起时的幸福，尽管它是短暂的。此时她也坠入了爱河，她喜欢的对象是一个名叫托马斯·凯斯（Thomas Keyes）的鳏夫，比她年长一辈，而且有几个孩子。他负责宫殿的安保工作。这个职位只授予忠诚可靠、体格魁梧的人，而托马斯·凯斯在这两方面都很出名。他曾是一名士兵，享有"宫廷里最高大的人"的盛名，能够处理酒后口角或者更严重的骚乱。玛丽·格雷几乎每天都在宫殿门口见到他。他和卫兵站在一起，这些卫兵受他指挥，每个人都携带一根黑色的棍子，用以确保宫殿入口处保持畅通。他在那里以传统的方式取悦活泼娇小的玛丽·格雷，并表达爱意。一天，他把自己的红宝石戒指给了她，另一天又给了她一条金项链，上面挂着一小瓶珍珠母。和外表上的差异相比，年龄和地位上的差距似乎更困扰他们，在伊丽莎白一世不知情的情况下谈恋爱是潜在的危险，令他们十分困扰。

玛丽·格雷可能已经说服自己，如果和托马斯·凯斯结婚，人们会看到类似于她母亲与出身低微的阿德里安·斯托克斯的婚姻，这将确保她不会对伊丽莎白一世构成任何进一步的威胁。她明白，时机对这样的婚姻来说至关重要。然而，令这对恋人沮丧的是，合适的时机似乎从未到来。在约翰·黑尔斯写了一本关于王位继承权的小册子之后，伊丽莎白一世陷入了复仇的情绪。此时，凯瑟琳·格雷继续忍受在埃塞克斯郡被软禁的乏味和痛苦，宫中的生活似乎危机不断。

1564年秋，伊丽莎白一世将罗伯特·达德利升为莱斯特伯爵，使他成为苏格兰玛丽女王更合适的配偶。然而，面对可能永远失去他的陪伴这一事实，伊丽莎白一世犹豫了。就在她犹豫不决的时候，苏格兰玛丽女王宣布打算嫁给她的堂弟亨利·达恩利勋爵，他信奉天主教。这对伊丽莎白一世来说是一场灾难，枢密院也大为震惊。苏格兰玛丽女王和亨利·达恩利勋爵结婚产生的威胁可以说比她嫁入哈布斯堡王朝或瓦卢瓦王朝的威胁更大，这将使全部欧洲天主教徒团结起来支持她的主张。亨利·达恩利勋爵在英格兰长大，甚至可以在他的出生地——信奉天主教的英格兰北部地区——组建一支英国军队。如果玛丽·格雷和托马斯·凯斯想告知女王结婚的念头，现在还不是时候，因为议会刚提出的一个提案惹怒了伊丽莎白一世。在她看来，这个提案又在为凯瑟琳·格雷争取王位继承权。但这对恋人对他们漫长的恋爱越来越不耐烦，在爱情面前，最聪明的人甚

250

至都会变成傻瓜。因此，尽管人们仍然将政治注意力集中在苏格兰玛丽女王的婚姻意图上，但玛丽·格雷和托马斯·凯斯已经开始制订自己的计划。这对恋人选择 1565 年 7 月 16 日作为秘密婚期，原定于在河岸街上的达勒姆宫举行的盛大宫廷婚礼也在这一天。这场联姻盛大非凡，新郎是玛丽·博林的外孙亨利·诺利斯（Henry Knollys），新娘是玛格丽特·凯夫（Margaret Cave），她是有惊人财富的朝臣安布罗斯·凯夫（Ambrose Cave）爵士的继承人。[1]伊丽莎白一世被邀请出席婚礼，玛丽·格雷和托马斯·凯斯的计划是当女王和大部分宫廷成员在达勒姆宫时，他们会和几个朋友待在白厅宫，享受一个属于自己的朴素典礼。

然而，当达勒姆宫举行盛大婚礼这一天到来时，事情并没有如预期的那样发展。玛丽·格雷和其他宫廷侍女正在白厅宫的私家花园里等待女王，以便在女王动身时侍奉在旁。这时，西班牙大使唐·迭戈·古兹曼·德席尔瓦（Don Diego Guzman de Silva，下称德席尔瓦）到了，他看起来很慌张，花园里的人很快就其原因议论纷纷。这位大使说，当新娘的父亲安布罗斯·凯夫出现时，他正准备离家前往白厅宫。先前在舞会上，伊丽莎白一世曾掉了一条黄色吊袜带，而西班牙大使的胳膊上正戴着一条一样的，所以他立刻就被认出来了。安布罗斯·凯夫问西班牙大使是否可以晚点来参加婚礼，而不是和女王一同抵达。安布罗斯·凯夫解释说，他邀请了法国大使参加他女儿的婚礼，并希望他用完餐后离开，以免因为优先权发生冲突。每位大使都是他们各自国家的代表，自然会要求拥有高于对方的地位，因此女王最好不要让西班牙大使与法国大使同时待在一个房间。然而，法国大使拒绝离席。德席尔瓦愤怒地对安布罗斯·凯夫说，他无意让位给一个法国人。"好吧，"安布罗斯·凯夫怒气冲冲地说，"如果你真的去了，我不知道你怎样才能挤走他，除

251 非你把他抱起来，扔出窗外。"[2]

为了避免外交冲突，伊丽莎白一世可能不得已错过婚宴。但是，正如玛丽·格雷所知，伊丽莎白一世非常倚重新郎的母亲诺利斯夫人，她会尽其所能避免这种情况发生。伊丽莎白一世到达花园时，玛丽·格雷看见她把西班牙大使叫到一旁。伊丽莎白一世解释说，如果不能参加婚宴，她会非常遗憾。诺利斯夫人是她的表亲，也是她的姨妈玛丽·博林的女儿。德席尔瓦不肯让步，因此伊丽莎白一世派威廉·塞西尔和尼古拉斯·斯罗克莫顿爵士前去说服法国大使离开婚宴。令玛丽·格雷无比欣慰的是，他们很快就成功了，女王带着德席尔瓦和大多数宫廷侍女前往达勒姆宫。在达勒姆宫举行的盛大婚礼持续到凌晨 1 点 30 分，婚宴结束后有一场舞会、一场马上比武和两场假面舞会。这给玛丽·格雷和托马斯·凯斯举行自己的婚礼留出了充足的时间。

宫廷中还有一些人正在赶去参加盛大的婚宴，这时，玛丽·格雷和她的 3 个表姐妹在白厅宫的房间里吃晚饭。其中一位是专横的玛格丽特·威洛比，她在 1549 年的诺福克叛乱中成了孤儿，那时她还是个小女孩。1554 年，她与格雷姐妹住在一起，得到了她们母亲的庇护。她嫁给了另一位远房表亲马修·阿伦德尔（Matthew Arundell）爵士[①]。另外两人是斯塔福德夫人的女儿，斯塔福德夫人的哥哥曾在 1554 年中部地区的叛乱中支持玛丽·格雷的父亲，并在 1557 年进入斯卡伯勒后被处决。[3] 她们吃完饭后聊了大约一刻钟。玛丽·格雷随后派人去请一名女仆，她的雇主是诺利斯夫人的姐姐埃芬厄姆的霍华德夫人。她是个可爱的乡下姑娘，名叫弗朗西丝·戈德威尔（Frances Goldwell），玛丽·格雷很喜欢她。玛丽·

---

① 马修·阿伦德尔爵士不是阿伦德尔伯爵。阿伦德尔伯爵姓菲查伦。

格雷打算让她做婚礼的见证人，对任何一个地位较高的人来说，这一角色都意味着巨大的风险。玛丽·格雷来信时，弗朗西丝·戈德威尔正在和朋友们吃晚饭。弗朗西丝·戈德威尔轻快地沿着长满灯芯草的通道走向会议厅附近的房间，她将在那里见到玛丽·格雷，她一定觉得非常浪漫和激动。然而，一想到她的女主人会对她即将做的事感到愤怒，她便异常紧张，霍华德夫人最近解雇了一名伺候晚餐的侍女。

252

　　会议厅旁边的房间没有点蜡烛，但是夏日的阳光还没有消失。弗朗西丝·戈德威尔发现玛丽·格雷和托马斯·凯斯的手下琼斯在一旁等待。他要传递的信息是，她们已经准备好了，等着托马斯·凯斯来接她们。送信人传递消息后不久，托马斯·凯斯的巨大身影隐约出现在小房间里。他陪着这些侍女沿着走廊走，这条走廊通往张伯伦勋爵的房间，他们走下蜿蜒的楼梯，一直走到他的私人房间，这些房间位于伦敦塔的水门上方。当时是晚上9点，大约11位亲朋好友和一位身穿黑色斗篷、满头银发的牧师聚在一起，准备参加玛丽·格雷的婚礼。玛丽·格雷向托马斯·凯斯的兄弟和他的一个儿子、来自剑桥的朋友和格洛斯特主教理查德·切尼（Richard Cheyney）的仆人表示感谢。[4]弗朗西丝·戈德威尔站在玛丽·格雷身边，玛格丽特·威洛比，也就是阿伦德尔夫人，站在门口。玛格丽特·威洛比希望自己看不到邪恶，也不能忍受邪恶。高大的新郎和矮小的新娘在烛光下宣誓，托马斯·凯斯送给玛丽·格雷一枚小小的金戒指。大约一刻钟后，他们正式结婚了。然后，朋友们喝酒、吃肉庆祝，聚会结束后，玛丽·格雷和托马斯·凯斯休息去了。

　　不到两周后的7月29日，另一场更令人期待的王室婚礼举行了，苏格兰玛丽女王在爱丁堡霍利罗德宫的私人教堂与亨利·达恩利勋爵结婚了。她向伊丽莎白一世保证，她和她的亲王丈夫不会采取任何行动来强制执行他们的王朝主张，也不会试图破坏英格兰的法律、自由或宗教。作为回报，他们要求通过一项议会法案，以有利于他们的方式解决英格兰的王位继承权问题。然而，伊丽莎白一世知道，她曾推迟的议会会支持凯瑟琳·格雷的主张。在现阶段，伊丽莎白一世最不想从格雷姐妹那里惹上任何麻烦，但 1565 年 8 月21 日，就在女王从苏格兰获悉消息的时候，有关玛丽·格雷结婚的流言蜚语传出。威廉·塞西尔和一位朋友说："这个时机很不恰当。托马斯·凯斯是宫廷中最高大的绅士，他秘密迎娶了玛丽·格雷——宫廷中最矮小的人……这是非常大的冒犯。"[5]

伊丽莎白一世怒不可遏，下令将这对夫妇分别关押在不同城镇的不同监狱里，玛丽·格雷被关押在温莎，托马斯·凯斯被关押在伦敦。专横的霍华德夫人教训了她的女仆弗朗西丝·戈德威尔。这个乡下女孩对她记得的内容撒了弥天大谎，声称她没有听到流言或不明白发生了什么事情。幸运的是，霍华德夫人一直认为她很愚蠢。弗朗西丝·戈德威尔唯一得到的惩罚可能是被解雇。玛丽·格雷有很多朋友可以照顾她。玛丽·格雷和托马斯·凯斯陷入了更大的困境。伊丽莎白一世一弄清楚他们求爱和结婚的细节后，他们就注定要像凯瑟琳·格雷和赫特福德伯爵那样在监狱里受苦受难。

看管玛丽·格雷的人至少是个仁慈的人，他是白金汉郡的高级治安官威廉·霍特里（William Hawtrey）爵士。他刚刚重建完在契克斯舒适的房子，对玛丽·格雷的家人有着感情上的依恋。他是玛格丽特·威洛比的叔叔休·威洛比（Hugh Willoughby）的朋友，休·威洛比是一名探险家，死得很惨，他受一群商人委托，于1553 年 5 月 10 日离开英格兰，去探索一条通往东方的北海航线。玛丽·格雷记得曾看过休·威洛比指挥 3 艘船。当休·威洛比和船

253

员沿着泰晤士河航行时，所有宫廷人员（除了病得太重的爱德华六世）都从格林尼治宫出来挥手欢呼。然而，当船只在俄罗斯海岸搁浅时，探险就结束了。休·威洛比就活了几个星期，最终与几乎所有船员一起被冻死，但有一名船长成功抵达莫斯科。随后通过与俄罗斯的贸易，威廉·霍特里爵士成为一个非常富有的人。[6]因此，威廉·霍特里爵士愿意在伊丽莎白一世施加的限制下尽可能慷慨地对待玛丽·格雷。

与凯瑟琳·格雷一样，玛丽·格雷被禁止与任何人见面，也被禁止去任何地方，她甚至不能进入花园。她只能留下一个马夫和一个侍女。与凯瑟琳·格雷一样，她作为因犯的基本费用将由伊丽莎白一世支付。这意味着监狱里的食物"足以维持她的生计和健康，前提是不考虑她的地位"。[7]现在轮到玛丽·格雷写信给威廉·塞西尔——就像她姐姐一样——请求威廉·塞西尔帮忙让女王赦免她。一封留存的信写于 1565 年 11 月。这封信的内容是感谢威廉·塞西尔做出的努力，并请求他再接再厉。玛丽·格雷于 12 月写的信则对伊丽莎白一世还没有宽恕她表示惊讶。玛丽·格雷写道："我是一个不幸的人，祈求上帝让女王陛下发自内心地宽恕我犯下的滔天罪行。"[8]数不清的信紧随其后，每封信都署名为"玛丽·格雷"，好像她从未结过婚一样。她听说威廉·塞西尔并不认为她是真心为冒犯伊丽莎白一世而感到抱歉，但她保证，她确实很抱歉。她宁愿赴死，也不愿进一步引起女王的不满。然而，伊丽莎白一世的愤怒没有丝毫减弱的迹象。

苏格兰玛丽女王怀孕了，她在英国的敌人比以往任何时候都更加不顾一切地反对她继承伊丽莎白一世的王位。一系列关于王位继承权的宣传册相继出版。就像玛丽一世时期的新教流亡者写的那样，许多宣传册威胁说要削弱君主制的权威和伊丽莎白一世的神圣统治权。这些宣传册认为，出于宗教原因，君主可以被排除在继承权之外；英格兰享有"混合君主制"，最高权威不仅根植于王室，也根植于议会，专制主义者伊丽莎白一世憎恨这些观点。[9]伊丽莎白一世是一位不折不扣的王朝正统派，而格雷姐妹则代表了她厌恶和害怕的事物——议会的侵蚀性权力。几个月过去了，玛丽·格雷被关在契克斯庄园的一间 12 平方英尺的房间里，这个房间仍然被称为"监狱"。当时，契克斯庄园是首相的乡间别墅，她通过东北角的两扇窗户，可以欣赏茂密的榆树林和美丽的花园。花园里诸如"银泉"和"天鹅绒草坪"等名字让玛丽·格雷浮想联翩，但她不敢走进花园。褪色的碑文和刻在墙壁上的涂鸦证明了她所忍受的沉闷和痛苦，涂鸦中有一个被画得很潦草的人物，他的手臂似乎变成了翅膀。然而，托马斯·凯斯需要忍受更大的痛苦。

托马斯·凯斯曾被委以重任，负责女王的个人安全，因此他在背叛伊丽莎白一世后也受到了相应的惩罚。他没有被安置在乡间别墅，而是被安置在弗利特监狱，这是伦敦的一座臭名昭著的监狱，建于 1197 年，位于法灵顿的弗利特河东岸。典狱长接到命令，将他单独监禁。他庞大的身躯挤进一间狭小的牢房，这让他痛苦不堪。托马斯·凯斯提出，如果他能在家乡肯特郡隐居，他将同意解除这段婚姻关系。可能是玛丽·格雷建议他这么做，因为她在信上签上了自己的娘家姓，这一点与凯瑟琳·格雷不同。但不幸的是，伦敦主教没有理由宣布这对夫妇的婚姻无效。太多的证人导致玛丽·格雷和托马斯·凯斯的计划失败，正如凯瑟琳·格雷和赫特福德伯爵的婚礼证人太少一样。然而，伦敦主教确实同情托马斯·凯斯，并请求"允许这个可怜的人离开他居住了 12 个月的喧闹、狭小的牢房，到乡下透透气"。当这一请求被

255

拒绝时，伦敦主教向女王建议，允许他在弗利特花园散步，"他的体型很高大，被囚禁在弗利特监狱给他带来了极大的不便"。[10]伊丽莎白一世同意了，但仅仅几周后，许可就被撤销了，他的痛苦还在继续。

第二十三章

明确的选择

1566 年 5 月，凯瑟琳·格雷和她 3 岁的儿子托马斯从埃塞克斯郡的英加泰斯顿搬走，当时看管她的威廉·皮特爵士病倒了。他们不需要走很远的路，向东北方向走几英里就可以到达戈斯菲尔德，这是一位名叫约翰·温特沃思（John Wentworth）的老骑士的宅第。对凯瑟琳·格雷来说，短暂旅途中不断变化的风景让她想起已经失去的自由。但当她到达戈斯菲尔德时，曾经的家在她脑子里一闪而过。新的乡村别墅与她在布拉德盖特庄园的家有许多相似之处，比如说庭院和让屋子里充满光线的大窗户。凯瑟琳·格雷的小家庭有了足够的空间。但伊丽莎白一世给约翰·温特沃思的命令是完全孤立凯瑟琳·格雷。

约翰·温特沃思告诉枢密院，他和妻子老了，他们的身体虚弱，不能看管凯瑟琳·格雷，他的房子也不安全。他警告枢密院，人们到别墅里任何一间房的窗前跟凯瑟琳·格雷说话都很容易，"或者给她送信，如果她想的话，可以让他们进入自己的房间，或者她可以从环孔窗钻出去找他们——窗上的圆环又宽又大"。他担心如果不履行职责，他的家人会受到惩罚，他说："我宁可自己上伦敦负荆请罪，也不愿公事公办地严苛对待凯瑟琳·格雷，这会让我有负罪感。"[1] 枢密院对这位老人的警告置若罔闻。[2] 他不是一位非常严格的看管者，威廉·塞西尔可能对此很满意。凯瑟琳·格雷很笃定地要与丈夫和长子保持联系，并设法隐瞒约翰·温特沃思，通过仆人与丈夫联系。但除此以外，她在软禁期间还算安分，这令约翰·温特沃思开始放松警惕。

她给赫特福德伯爵的信送到了约翰·梅森爵士的遗孀在伦敦的住宅里。约翰·梅森爵士曾建议将赫特福德伯爵带到星室法庭，因为赫特福德伯爵与凯瑟琳·格雷在伦敦塔发生过关系。约翰·梅森爵士已于1566年4月去世，新的监视赫特福德伯爵的人还未确定。[3]赫特福德伯爵在给凯瑟琳·格雷回信时寄了礼物，并送给她金项链和其他小饰物。与此同时，4岁的博尚勋爵仍然与赫特福德伯爵的母亲萨默塞特公爵夫人生活在一起，远离双亲。他是一个充满活力、情感丰富的孩子，有与凯瑟琳·格雷类似的性格，但在让他和父母团聚这件事情上，他的祖母深感绝望。她曾多次写信给威廉·塞西尔，抱怨"这对年轻夫妇在监狱里终老是多么不合适"，但正如威廉·塞西尔所解释的那样，他本人"因为在女王面前充当他们的辩护人而受到了一定的羞辱"。[4]然而，他将对伊丽莎白一世施加新的压力，要求她重新承认被自己破坏的王室家族。

1566年6月19日，苏格兰玛丽女王在爱丁堡城堡生下一个儿子，取名詹姆斯。对于这位斯图亚特女王来说，这本该是胜利的时刻，从政治层面来说确实如此。但她21岁的丈夫亨利·达恩利勋爵已经显露出他所有的本性——软弱、虚荣、娇生惯养和心肠歹毒。显然，做妻子的副手对他来说压力太大，由于愤怒和沮丧，他在苏格兰宫廷中与她的敌人结盟。他们抓住亨利·达恩利勋爵软弱这一点，利用苏格兰玛丽女王对她的意大利助理大卫·里奇奥（David Riccio）的信任让他嫉妒。在1566年3月的某天晚上，苏格兰玛丽女王正在她的私人房间里与大卫·里奇奥和阿盖尔伯爵夫人共进晚餐，这时亨利·达恩利勋爵带着一群人出现，并要求大卫·里奇奥和他们一起走。苏格兰玛丽女王曾试图阻止他们带走大卫·258 里奇奥，但亨利·达恩利勋爵用手枪指着她的肚子（当时她已经怀孕了），从她的裙子下摆强行掰开大卫·里奇奥的手指，并在大卫·里奇奥被推出房间时阻止她出去。人们在大卫·里奇奥的尸体上发现了55处刺伤，他的体内还留有亨利·达恩利勋爵的匕首。但苏格兰玛丽女王后来与丈夫和好如初，至少在公开场合是这样。她提醒亨利·达恩利勋爵，他是她儿子的父亲。

听到詹姆斯出生的消息，凯瑟琳·格雷在英格兰的支持者们惶恐不安。但他们知道伊丽莎白一世缺钱，不得不召集自1563年起休会的议会来提高财政补贴。她曾希望，当这一刻到来时，苏格兰玛丽女王能安全地嫁给罗伯特·达德利。然而，这并没有发生，当议员们重新集会时，他们很可能会寻求王位继承问题的解决办法，他们于1563年在这一问题上受到欺骗。伊丽莎白一世尽她所能防患于未然，但是这些事情无法避免。她要求她最忠诚的同僚利用他们的任免权，以确保议员们不会讨论王位继承问题，他们包括彭布罗克伯爵威廉·赫伯特、北安普顿侯爵威廉·帕尔、诺福克公爵和莱斯特伯爵罗伯特·达德利。她还命令威廉·塞西尔，不要让财政补贴的发放与王位继承或者她的婚姻扯上关系。但追随她的贵族和议员都认为，解决王位继承问题至关重要。

威廉·塞西尔对枢密院应努力实现的目标和面临的困难进行了评估，并暗中记录下来。他写道，要求现年33岁的女王结婚将是她最能接受的选择。然而，要求她决定王位继承人才是大多数人想要的。因此，要求她结婚似乎是最好的选择，如果她不立刻结婚，最好就坚持由她决定王位继承权。威廉·塞西尔还准备争辩说，议会中的下议院、上议院和主教这3个部门有义务在女王选择王位继承人这件事上给女王建议。西班牙大使德席尔瓦认为，新教徒中最受欢迎的候选人仍然是凯瑟琳·格雷和亨廷顿伯爵。事实上，亨廷顿伯爵的支持率已经有所下降。自约翰·黑尔斯的小册子出版后，形形色色和王位继承权相关的印刷品涌现出来，亨廷顿伯爵的困境一定与之相关。没有人为他的主张找到任何法律依据。然而，并非所有亨廷顿伯爵的支持者都支持凯瑟琳·格雷。

亨廷顿伯爵的大舅子罗伯特·达德利已经改旗易帜，转而效忠苏格兰玛丽女王。尽管苏格兰玛丽女王是一名天主教徒，但她已经证明自己有能力统治一个新教国家，并愿意接纳拥有不同信仰的臣民。她有一个儿子，也不是一位理论家（这与她的对手形成鲜明对比），罗伯特·达德利确信她可以与伊丽莎白一世结盟。苏格兰玛丽女王在上议院获得了一些额外的支持，但在上议院，凯瑟琳·格雷的地位很稳固，特别是受到神职人员的支持。

1566 年 10 月，议会一召开，首都的气氛就活跃起来，各种活动相继展开，敦促议员们决定王位继承事宜。一大堆小册子出版了。[5]如果伊丽莎白一世出现意外，普通人以及那些有权势的人都希望和平移交权力。在林肯旅馆，年轻的律师还举行了一场辩论，他们得出的结论是，任何在英格兰以外出生的人都不应该继承王位，"即使她是血缘最近、最有能力的人"。[6]与此同时，在下议院，凯瑟琳·格雷的支持者们在赞成继承权辩论上表现得最为激烈。到了辩论那天，一些议员试图离开会议厅，他们不想因讨论这个问题激怒女王，但他们发现下议院的门是关上的，凯瑟琳·格雷的支持者们手脚并用，决心阻止那些议员离开。辩论一结束，下议院的议员就做了让伊丽莎白一世担心的事情，他们同意建立一个委员会起草一份关于王位继承的请愿书，并说服上议院的议员加入他们的行列。西班牙大使评论道："这些异教徒既不敬畏上帝，也不服从上级。"[7]伊丽莎白一世将受到掣肘。

在戈斯菲尔德，凯瑟琳·格雷兴高采烈地给丈夫的仆人安东尼·佩恩（Anthony Penne）写了一封信，请他让佩恩夫人放心，她会尽快过来看她。[8]然而，玛丽·格雷有特别的理由希望女王能尽快释放他们，她之前请求在女王夏季出行的途中与她在温莎勋爵家会面，却被断然回绝。那年夏天，弗利特监狱里一个虐待狂般的新的看管者接管了托马斯·凯斯，禁止他准备自己的食物。他没收了托马斯·凯斯的弹弓，托马斯·凯斯原来用弹弓捕捉从窗口看到的小鸟，现在只有腐坏的肉吃。"如果我戴上铁镣能让陛下和阁下高兴，那我会心甘情愿地接受，"托马斯·凯斯告诉威廉·塞西尔，"但是无缘无故地忍受这个看管者的囚禁，对我来说是不小的痛苦。"[9]有一次，他发现自己的食物沾了毒药，这种毒药是用来清理弗利特监狱里的疯狗的。玛丽·格雷不确定他受到这样的对待后能活多久，她的丈夫是个大块头，但已不再年轻。

10月22日，一个来自上议院的代表团抵达，向伊丽莎白一世解释与下议院议员就请愿书达成的一致意见。但她激烈地反驳，在她父亲统治的日子里，下议院不敢这样做。她对上议院议员说："你们想怎么做就怎么做，就我自己而言，我做所有的事情都出自己的意愿。没有我的同意和授权，你们做的所有决议都是无效的。"上议院的存在提醒人们绝对王权的意义。伊丽莎白一世同意她父亲的观点，认为国王"在上帝之下，但不在法律之下，因为国王制定法律"。[10]她轻蔑地告诉那些议员，王位继承问题太重要了，不是"几个臭皮匠聚在一起就能解决的"。她会接受"适当"的建议，在接受这些建议后，她会让他们知道她的意愿。[11]伊丽莎白一世因拒绝做决定而声名狼藉，在她后来的生活中，这种行为被谴责为女性的犹豫不决。实际上，这是一种拒绝的手段，同时能避免冲突。这位都铎女王是作家萨莉·肯普顿（Sally Kempton）笔下的一个例子，她写道，女性是"天生的游击队员"，在敌后策划，"避免发生公开战争，观察选项，玩弄小把戏"。[12]伊丽莎白一世要求通过好的建议来统治国家，她利用这一要求达到自己的目的。这种方法通常是有效的，但这次它行不通。

261

　　3 天后，伊丽莎白一世得知追随她的贵族和主教已经同意下议院的请愿书。她怒火中烧，斥责背叛她的贵族和主教。她用"反叛者、阴谋家或其他类似的词"指责诺福克公爵。彭布罗克伯爵试图为他辩护，说他只是在尽自己的责任提供建议，伊丽莎白一世则不留情面地回击道，他说话像个"大摇大摆的士兵"。然后她开始斥责罗伯特·达德利，就算全世界都与她作对，她本以为他会站在自己这一边，他曾发誓会死在她的脚下。她厉声问："你的誓言和这件事有什么关系？"[13]随后，她禁止这 3 个男人和北安普顿侯爵威廉·帕尔出现在她面前。她希望她能让上议院议员感到惊恐，好让王位继承请愿书被撤销，但事实并非如此。1566 年 11 月 4 日，下议院和上议院完成谈判，并决定"以一致同意的方式向女王请愿，以处理王位继承事宜"。[14]当时，伊丽莎白一世召集了上议院和下议院的 30 人代表团，演讲者被禁止发言，第二天，代表团将听取她的意见，而不是发表自己的意见。

　　伊丽莎白一世首先训斥给她提意见的人，尤其对下议院议员和主教恶语相向。她希望将后者与世俗的贵族分开，并痛苦地回忆起她弟弟去世后的那个时期，当时主教们"公开宣扬我和姐姐都是私生女"。随后，伊丽莎白一世向众人说明她拒绝接受王位继承权请愿书的理由，并提醒众人在针对玛丽一世的种种阴谋中，她是如何被推到风口浪尖的；谁又知道，现在提名的王位继承人，有朝一日又会如何被用来牵制她。她承诺会指定王位继承人，但得是在她自己觉得合适的时候，因为"头如果受脚的支配，我想想都不寒而栗"。伊丽莎白一世还发誓要结婚："为了我的名誉，作为王室成员，我会说话算数。因此我再说一遍，我会在方便的时候尽快结婚。"[15] 这是一次精彩的讲话。但 11 月 6 日，伊丽莎白一世的话没有在下议院引起反响。11 月 8 日，下议院再次开始就王位继承问题提交请愿书。[16]

伊丽莎白一世的王室遗嘱受到攻击，她对此做了回应，颁布了一项法令，禁止进一步讨论王位继承问题。据西班牙大使德席尔瓦说，伊丽莎白一世相信这样做会平息这件事。然而，他并不确定"这是否能充分约束这些傲慢无礼的异教徒"。[17] 他的不祥预感是完全正确的。议会开始就言论自由权展开辩论，并印制了新的小册子谴责女王的行为。最后，伊丽莎白一世受到了威胁。11 月 11 日，一份报纸被扔进议事厅，宣称如果她继续禁止议会讨论王位继承问题，"她就会看到一些她不想看到的事情"。[18] 威廉·塞西尔在这场危机中非但不支持伊丽莎白一世，反而在起草议会的请愿书。但由于所有的人和事似乎都对她不利，伊丽莎白一世选择战术性撤退。她撤回命令，没有让议会停止讨论王位继承问题，而是礼貌地请求他们这样做。然后，她削减了拟议财政补贴的 1/3。税收负担的减轻使下议院议员表达了"最衷心的感谢"，他们因此被收买，下议院议员再也没有在议会中提出王位继承问题。

伊丽莎白一世的做法让威廉·塞西尔心服口服，他只剩下一张牌。她明确要求他确保补贴与王位继承问题没有任何联系。然而，他在财政补贴法案的序言中并未这样写明。他将这笔钱与女王不久将宣布王位继承人的承诺挂钩，并指出议会有责任敦促女王这样做。[19] 伊丽莎白一世则只是强迫他再写一篇。1567 年 1 月 2 日，伊丽莎白一世解散了议会，并向下议院议员发出了明确的信息，王位继承权一事应由"激情澎湃的君主考虑，而非由臣子妄议"，她才是女王，决不会把大权交给这些臣子。伊丽莎白一世私下不打算任命她的继承人。但她仍然坚持认为苏格兰玛丽女王是王位继承者的合适人选，为了实现这一目的，伊丽莎白一世认为只要确保格雷姐妹继续落魄就行了。面对伊丽莎白一世为她做的一切努力，苏格兰玛丽女王却即将自毁前程。

263

❖

　　赫特福德伯爵不应该有访客。贪得无厌、不受欢迎的商人理查德·斯宾塞（Richard Spencer）爵士是他的看管者，伊丽莎白一世希望他确保没人看望赫特福德伯爵。但是，1567 年 2 月中旬，罗伯特·达德利的长兄登门造访，他不是理查德·斯宾塞的仆人可以轻易打发的人。赫特福德伯爵知道，达德利一家原本支持苏格兰玛丽女王，一定发生了什么戏剧性的事情。确实如此，亨利·达恩利勋爵被谋杀的消息传到英格兰，他的妻子苏格兰玛丽女王涉嫌下令暗杀他。在别处，威廉·塞西尔的妻子向正在哭泣的伦诺克斯伯爵夫人通报她儿子惨死的消息。

　　消息在伦敦传得沸沸扬扬，2 月 10 日凌晨 2 点，爱丁堡市发生了一场剧烈的爆炸。很显然，爆炸的源头位于科克修道院，人们向那里跑去，发现老教区长的住所成了一堆瓦砾，这也是亨利·达恩利勋爵睡觉的地方，他及其贴身男仆的尸体在附近的果园被发现。他穿了一件睡袍，部分肢体裸露在外，虽然尸体没有任何标记，但似乎有人精心摆放过。达德利一家确信苏格兰玛丽女王与亨利·达恩利勋爵的死有关，决定立即改变阵营。西班牙大使德席尔瓦说，罗伯特·达德利派他的长兄"到凯瑟琳·格雷的丈夫赫特福德伯爵那里，在王位继承权事务方面为他效劳"，而他"带着同样的目的去见萨默塞特公爵夫人，也就是赫特福德伯爵的母亲"。[20]
伊丽莎白一世震惊不已，她给苏格兰玛丽女王发了一封私人信件，
敦促她尽快为被谋杀的丈夫伸张正义，并澄清她参与谋杀的谣言。
威廉·塞西尔终于有了一个绝佳的机会，取消苏格兰玛丽女王的王
位候选资格。

4月底，凯瑟琳·格雷的支持者传出了一些直接指控苏格兰玛
丽女王谋杀亨利·达恩利勋爵的谣言。有人认为苏格兰玛丽女王是
为她的助理大卫·里奇奥报仇。1567年5月，苏格兰玛丽女王嫁
给了谋杀她丈夫的主要嫌疑人博思韦尔伯爵，这对诽谤者的谣言产
生了极大的推波助澜的作用。她可能认为他是唯一能保护她的人，
避免让她成为下一个被暗杀的对象。但她的行为在其他新教贵族中
引起了叛乱，叛乱由博思韦尔伯爵的昔日盟友和同谋领导。博思韦
尔伯爵很快成了逃犯，苏格兰玛丽女王则被囚禁在位于一个小岛的
利文湖城堡中。她的儿子詹姆斯接替她于7月24日被加冕为苏格
兰国王。约翰·诺克斯厌恶女人，他在加冕礼上布道，提醒人们伊
丽莎白一世长期以来一直担心会被男性继承人取代。正如在1561
年伊丽莎白一世曾向苏格兰玛丽女王的遣使坦言的那样，就连一国
之君都不会完全信任继承自己王位的子嗣。

伊丽莎白一世担心自己现在的处境也很危险。得知她成功地让
凯瑟琳·格雷的儿子们成为被公开宣布的私生子，她松了一口气，
但西班牙大使警告她，凯瑟琳·格雷的阵营"很强大，可能会引
起麻烦"。[21]伊丽莎白一世希望苏格兰玛丽女王尽快夺回王位。她传
唤威廉·塞西尔，用"一次极具攻击性的讲话"给他上了一课，
指责他对苏格兰玛丽女王见死不救，并要求他立即派遣一支英格兰
军队帮她的表亲复位。[22]威廉·塞西尔当机立断，警告伊丽莎白一
世，战争可能会让这位被废黜的女王遭到暗杀。伊丽莎白一世后来

让步了，但她向西班牙大使德席尔瓦承认，她仍然担心自己的安全。她下令把通往她房间所有门的钥匙藏起来，只留下一把。赫特福德伯爵的监禁条件也变得更加严格。德席尔瓦通报说："她可能担心会有一些举动让赫特福德伯爵受益，因为我确信，关于王位继承权的谈判正在进行中。"[23]

格雷姐妹具有继承王位的候选人资格，虽然伊丽莎白一世知道必须遏制她们带来的任何潜在威胁，但她认识到，她们个人对她并没有威胁。当可怜的托马斯·凯斯还在弗利特监狱时，8月，玛丽·格雷从白金汉郡的契克斯庄园搬到了她的继祖母凯瑟琳·萨福克那里，得到了她的照顾。与此同时，她的姐姐却被迫滞留在埃塞克斯郡，几乎被人遗忘。1567年9月下旬，凯瑟琳·格雷的看管者约翰·温特沃思爵士去世，他的遗孀和遗嘱执行人罗克·格林（Roke Green）先生没有收到关于如何处置她的命令。在整台政治剧中，凯瑟琳·格雷被缩小到只剩下一个名字，几乎是一个可有可无的人。温特沃思一家非常喜欢凯瑟琳·格雷和她的小儿子。但温特沃思夫人已经71岁，又因为丈夫的去世而痛不欲生，罗克·格林提醒威廉·塞西尔说她活不了多久。他主动提出把凯瑟琳·格雷和托马斯接到自己家里，但他提醒威廉·塞西尔，"我在很多方面不能满足这样一位人物的需求"。他是个可怜的鳏夫，没有妻子，就没有人管理他的房子。他几乎买不起家具，自己也有几个孩子。但他承诺，他会尽全力帮助凯瑟琳·格雷：

> 塞西尔先生，我向您交个底，如果让我来照看凯瑟琳·格雷，我没有任何不满，无论是对她还是她的儿子。说实话，在对夫人的待人接物方面有了深度了解后，我们都觉得照看她是一件非常荣幸和惬意的事，而且她的仆人们也挺守规矩。[24]

　　这封写给威廉·塞西尔的感人的信出自一位正派的平民之手，他身陷残酷且非同寻常的事件之中。然而，伊丽莎白一世了解了情况，她命令道，凯瑟琳·格雷和她的孩子要受到更严格的看守。凯瑟琳·格雷将搬到离宫廷更远的地方，位于萨福克郡的考克菲尔德庄园，这是欧文·霍普顿（Owen Hopton）爵士的宅第，欧文·霍普顿爵士是之后负责看守伦敦塔的中尉。[25]伊丽莎白一世最新的指示信重申，要将凯瑟琳·格雷完全孤立。如果主人有客人来访，或者她自己有客人，她就不能和主人一起吃饭。对于女王赋予他的责任，欧文·霍普顿爵士很不满，但与之前的温特沃思夫妇一样，他会发现很难不喜欢凯瑟琳·格雷。他看管的"囚犯"在伊普斯威奇过夜。1561 年，凯瑟琳·格雷被迫承认自己已婚并怀孕时就住在伊普斯威奇。[26]第二天，他们来到考克菲尔德庄园的砖房里，这是他们 7 年来的第 5 间被囚之所。

　　考克菲尔德庄园保留着一个木制的 16 世纪的旅行箱，上面有一层皮革，内衬是亚麻布，据说这只旅行箱是凯瑟琳·格雷的。旅行箱两侧装饰着《圣经》中浪子的故事画，宽容的父亲欢迎他回家。在接下来的一个世纪，世人描述凯瑟琳·格雷在考克菲尔德庄园的卧室是"一个相当漂亮的房间"。[27]我们甚至知道里面有些什么。当时的房主罗伯特·布鲁克（Robert Brooke）爵士列了一份家具清单，包括一个巨大的用木条封住的箱子、一个"高床架"和一个供仆人使用的"硬板床架"。[28]

　　欧文·霍普顿爵士看到脸色苍白、身材瘦削的凯瑟琳·格雷时大为震惊。这个女人位于女王和议会权力斗争的中心，她纤细的肩膀弯成弓形，她看起来孤独且沮丧。她想见丈夫和 6 岁的长子，然而，希望一再破灭。很明显，伊丽莎白一世目前不打算释放她。凯瑟琳·格雷作为伊丽莎白一世继承人的地位似乎很稳固，但政治上的成功给她个人带来了灾难。面对此情此景，凯瑟琳·格雷虽已改过自新，但还是永远别想被女王接纳。凯瑟琳·格雷已然绝望，她再也不可能和她的赫特福德伯爵同床共枕了，也不可能和可爱的儿子们嬉戏玩耍了。

然而，凯瑟琳·格雷在考克菲尔德庄园停留的时间不会太长，她对伊丽莎白一世的威胁将永远结束。

267

第二十四章

"爱君之心，至死不渝"

　　刚发现凯瑟琳·格雷病了，欧文·霍普顿爵士就派人去伦敦请女王的御医西蒙德斯医生前来。御医来过两次，凯瑟琳·格雷似乎也暂时恢复了精神。但1568年1月11日，欧文·霍普顿爵士写信给威廉·塞西尔，恳求再派这位医生过来。西蒙德斯医生离开后，她的病情恶化了，欧文·霍普顿爵士在信中写道，最糟糕的是，她已放弃了康复的意愿。欧文·霍普顿爵士希望，如果西蒙德斯医生能再来，"那么他就能施展妙手回春之术，而上帝就会治愈凯瑟琳·格雷"。[1]

　　按欧文·霍普顿爵士的请求，西蒙德斯医生来了。但在1月26日晚，凯瑟琳·格雷告诉身边的人她长期以来的怀疑——也许也是她满心向往的——她即将死亡。在随后漫长的阴郁时光里，她念着悼诗，或让人把悼诗念给她听，尽可能地重复这些内容。有五六次，她说了她认为这是临死前最后一次祈祷的话。一个只有27岁的人竟然如此心灰意冷，欧文·霍普顿爵士、他的家人和凯瑟琳·格雷的仆人深感震惊。霍普顿夫人和凯瑟琳·格雷床边的女佣试图给她打气："夫人，请放心……在上帝的帮助下，你会再活很多年，幸福美满。"然而，凯瑟琳·格雷只是说："不，不，此生我已没有希望，但我希望来生能永生。因为此生我只有忧愁痛苦，

而来世却有永恒的生命。"[2] 她的话与她姐姐简·格雷给她们父亲最
后一封信中的话相呼应。弥留之际，凯瑟琳·格雷的一些祷告和观
点也会让人想起简·格雷在断头台上的遗言："向死生而……"
简·格雷曾对她这么说，而当她在等待痛苦结束时，又想起了姐姐
的话。[3]

　　凯瑟琳·格雷去世的那天凌晨，她昏迷前喊道："上帝保佑
我！"女佣们立即开始在她身上使劲拍打抚摸，试图让她活下去。
当凯瑟琳·格雷祈祷时，霍普顿夫人再次说："夫人，放心吧，有
上帝的护佑，你会活下来并摆脱一切痛苦。""不，不，我的霍普
顿夫人，"凯瑟琳·格雷坚持说，"我的时间到了，上帝也不希望
我再活下去。他的意愿将实现。"

　　凯瑟琳·格雷叫来欧文·霍普顿爵士。他一来就问："夫人，
你好吗？""欧文·霍普顿爵士，我要尽快到上帝身边去。"她答
道，"我也请你和所有其他与我有关的人作证，我是一个忠贞的基
督徒。我相信我会因基督的死而得救。"她说，关于她的丈夫和孩
子，想请欧文·霍普顿爵士帮个忙，她需要传递一些信息，其中第
一条是给伊丽莎白一世的。"我恳请你向我保证，你将代我向女王
陛下提出我谦卑的请求。"这是一个垂死之人的请求，请求女王宽
恕她未经同意就结婚。凯瑟琳·格雷不曾忘记，在父亲被处决前，
母亲曾成功说服玛丽一世宽恕他的叛国行为，从而使整个家族免于
毁灭。所以凯瑟琳·格雷恳求伊丽莎白一世也能这样做。[4] 凯瑟
琳·格雷的话表明了伊丽莎白一世的原谅对她有多重要。她恳求女
王"善待我的孩子，不要把我的错归咎于他们"。她想，现在她的
朋友不多了，等她死后，她的朋友会更少，所以她需要得到女王的
宽恕。最后，她恳求女王"善待我的丈夫，因为我知道我的死对
他来说是噩耗"。凯瑟琳·格雷希望他能获得自由，"在天之灵，

愿看到他悲伤的心融化"。[5]

269 　　凯瑟琳·格雷向欧文·霍普顿爵士提出的第二个请求是，托他给自己的丈夫带去几件遗物。凯瑟琳·格雷叫来侍女，"把我装婚戒的盒子给我"。她打开盒子，拿出那枚镶有尖钻石的戒指，这是赫特福德伯爵送给她的订婚戒指。"欧文·霍普顿爵士，请将这个交给我丈夫。这是我将自己交给他时，他赠送给我的戒指。"欧文·霍普顿爵士吓了一跳，他问凯瑟琳·格雷："夫人，你是说，这是你的婚戒吗？"这枚戒指的存在表明她和赫特福德伯爵确实结婚了，就像这对伉俪一直坚称的那样。她答道："不，霍普顿爵士，这是我们的订婚戒指。这个才是我的婚戒。"说着这话，她将五链成环的金戒指递给了惊愕的欧文·霍普顿爵士。"请你也将这个交给我的丈夫。请告诉他，我对他的爱至死不渝，也希望他能做一个慈爱的父亲，照顾好孩子们。"最后，她拿出第3枚戒指，上面刻着一个死神头像，这类戒指被称为死亡纪念物。她说："这是我今生送给丈夫的最后一件遗物，也是对我自己一生的刻画。"她还说，戒指上刻着她丈夫的名字和一句话"爱君之心，至死不渝"。

　　当凯瑟琳·格雷递上最后一枚戒指时，她注意到自己的指甲已经变紫了。"快看，死神来了。"她说。她开始用拳头捶胸，祷告说："耶稣，求您用您的宽容之心，将我的一切罪从您的册子上抹去。"欧文·霍普顿爵士命令凯瑟琳·格雷的女仆冲向教堂敲丧钟，以便村民们为将死的伯爵夫人祈祷。"好的，欧文·霍普顿爵士，就是这样。"凯瑟琳·格雷感激地告诉他，但已经没有时间再祈祷了。"耶稣，接受我的灵魂吧。"凯瑟琳·格雷突然说，并用自己的双手蒙上了眼睛。[6]她在星期二早上9点去世。

　　人有一千种死法，凯瑟琳·格雷本可以选择其中任何一种，但有迹象表明她是饿死的。凯瑟琳·格雷不知所措的儿子托马斯·西摩离开考克菲尔德庄园，与他的哥哥一起接受奶奶萨默塞特公爵夫人的照顾，而有人留下来对他母亲最后几小时的情况以及她虔诚的新教信仰结局做了记录。欧文·霍普顿爵士可能将这份记录连同凯瑟琳·格雷要转交的戒指一起送到了赫特福德伯爵手中，他可能也拜访过玛丽·格雷。凯瑟琳·格雷死后，欧文·霍普顿爵士和妻子与格雷姐妹中唯一健在的玛丽·格雷更为亲近。[7]

托马斯·丘奇亚德（Thomas Churchyard）是赫特福德伯爵最喜欢的一位诗人，借助对凯瑟琳·格雷之死的描述，几年后他出版了一首长诗。但诗人为了避免王室震怒，修改了这对命运多舛的恋人的名字。尽管凯瑟琳·格雷在临终前提出了请求，但伊丽莎白一世从未真正认可她擅自结婚生子的做法。女王命令欧文·霍普顿爵士"负责安排凯瑟琳·格雷的葬礼。凯瑟琳·格雷刚去世，她是我们深爱的萨福克公爵夫人弗朗西丝的女儿"。但凯瑟琳·格雷并没有被称为"深爱的"。当伊丽莎白一世作为一名亲属在公开场合表示悲痛时，西班牙大使说，很明显她并没有感到悲伤。他补充道："伊丽莎白一世害怕凯瑟琳·格雷。"[8]

凯瑟琳·格雷被安葬在约克斯福德当地一座简陋的小教堂里，而不像她母亲和王室亲属那样被安葬在威斯敏斯特大教堂里。但礼节不能忽视，由于她也算都铎王朝的一位公主，葬礼按礼节进行。凯瑟琳·格雷的遗体被外科医生仔细地防腐，并由她的仆人看护到2月21日，也就是她下葬的那天。王室派出了77名官方哀悼者、1名传令官、2名纹章官和4名仆人，他们全都穿着特制的制服。教堂里有一辆灵车，上面覆盖着珍贵的布料。在科克菲尔德教堂，有一座已备好的墓。

参加葬礼的人很多，有"许多人前来感受葬礼的庄严"。[9]到处都是凯瑟琳·格雷的纹章。人们可以看到72个精致的纹章、1条

270

大横幅、4 条短横幅、画在浆纸上的 6 个盾形饰牌、画在巴可兰亚麻布上的 24 个盾形饰牌、为短帷幔制的 12 个盾徽，以及 24 个用于装饰房屋的教堂的带金属框的纸币纹章。这些象征了凯瑟琳·格雷作为伊丽莎白一世的英国新教继承人身份。在凝视的人群和身着黑衣的官方哀悼者队伍背后是真正的悲痛的家人。当地一直有一个传说，即使是凯瑟琳·格雷的小狗也悲伤不已，拒绝吃肉，"躺在她的墓前死去"。[10]

271

葬礼后的几十年里，科克菲尔德教堂的圣坛一直有传令官默默维护着。即使到了 1594 年，旗帜仍然挂着，上面有以"凯瑟琳夫人为中心的英格兰小圆盾，四边是标准划分的纹章，英法纹章各占两个 1/4 格，纵横划分的两条线有一条是银白色，另一条是蔚蓝色"。[11]当然旗帜的颜色已褪去，但人们对凯瑟琳·格雷的追思没有停止。

272

第二十五章

最后一个姐妹

姐姐凯瑟琳·格雷去世时，玛丽·格雷和继祖母凯瑟琳·萨福克在一起。早在 1567 年 8 月 7 日，在之前看管过她的威廉·霍特里爵士的陪同下，玛丽·格雷就来到了伦敦塔阴影笼罩下的米诺里宅第，那时距离凯瑟琳·格雷去世还有将近半年光景。玛丽·格雷对这所宅第了如指掌。这是 1553 年 1 月爱德华六世送给她父亲的一座旧修道院的一部分，可就在那年，灾难降临了。凯瑟琳·萨福克正要前往格林尼治宫[1]，她惊讶地看到了她的孙女。虽然她收到了女王要求照顾玛丽·格雷的命令，但她没有料到威廉·霍特里爵士会如此迅速地把她带过来。她跟玛丽·格雷打招呼，命令下人将行李卸下，并对她说第二天她们将一起去格林尼治宫。凯瑟琳·萨福克问玛丽·格雷行李在哪里，威廉·霍特里爵士解释说，玛丽·格雷的处境艰难。他提醒凯瑟琳·萨福克，玛丽·格雷的私人物品很少，他已经自费在契克斯庄园为她布置好了房间。

凯瑟琳·萨福克确信威廉·霍特里爵士一定夸大其词。玛丽·格雷是在极其富足的环境中长大的，她总会有一些值钱的东西，凯瑟琳·萨福克要求威廉·霍特里爵士把玛丽·格雷所有的东西都送往新住处，以"布置她的房间"。很快，玛丽·格雷的物品就被运到了格林尼治宫。众人打开行李一看，继祖母才明白威廉·霍特里爵士说的是实话。凯瑟琳·萨福克写信给她多年来最亲密的朋友威廉·塞西尔，描述了箱子开启那一刻自己的震惊："天呐，你相信我看到的东西吗？玛丽·格雷只有一张破旧的下人用的羽毛床，上面满是补丁，既没有靠垫也没有床垫，只有两个旧枕头，一个比另一个长，床上有一条旧丝绸被子，而且被子破烂不堪！"箱子里还有一个被称为萨索内的红色床上丝绸顶篷，但"已经破旧不堪，挂在厕所门上还差不多"。此外，箱子里还有"两小块很旧的帷幔，都不到 7 码宽"。[2]这便造成了一个问题。在玛丽一世统治期间，凯瑟琳·萨福克颠沛流离，许多私人物品丢失了。她向威廉·塞西尔坦白："事实上，我自己的生活物品也不多。"

凯瑟琳·萨福克希望威廉·塞西尔能说动伊丽莎白一世借给玛丽·格雷一些生活必需品。他们需要足够的钱来布置一个房间，这样玛丽·格雷可以和她的女仆合住，她们就能一起"扮演好家庭主妇"的角色，而玛丽·格雷的旧床可以留给她的男仆。此外，她还需要"一些旧的银罐来装酒，以及两个小杯子，一个用来盛啤酒，另一个用来盛葡萄酒"。玛丽·格雷其实还需要一个可以用来擦洗的盆和一个盛水的大罐，但凯瑟琳·萨福克担心这些要求太过分，但她说："所有这些东西都是玛丽·格雷缺少但确实需要的。"她向威廉·塞西尔保证，女王借给她们的所有东西都将完璧归赵。至于玛丽·格雷，"我相信她现在很高兴能和我在一起"。但就在她姐姐去世之前，她还似乎很伤心，茶饭不思，"两天都吃不了一个鸡腿"。凯瑟琳·萨福克承认，她甚至担心玛丽·格雷的身体。[3]然而，人们希望，在慈爱的继祖母的关怀下，玛丽·格雷会重新焕发活力。尤其是当她听到关于凯瑟琳·格雷的消息时，她急需这种力量。

玛丽·格雷和她的继祖母一家的关系还不错，尤其是凯瑟琳·

萨福克的孩子们——佩雷格林·伯蒂和苏珊·伯蒂。她们仍然享受
着玛丽·格雷在布拉德盖特庄园与她的姐妹们熟悉的那种无忧无虑
的简单生活。但随着凯瑟琳·格雷的去世，玛丽·格雷在王位继承
人中的地位变得愈发突出。凯瑟琳·格雷的两个姓西摩的儿子之前
已被宣布为非婚生子。因此，根据英国法律，玛丽·格雷是伊丽莎
白一世的继承人。所以，伊丽莎白一世觉得她必须认真对待玛丽·
格雷的王位继承权，尽管已经很明显的是，她支持的苏格兰玛丽女
王的王位继承权在未来几年将备受关注。1568 年 5 月，苏格兰玛
丽女王从苏格兰的岛上监狱逃亡，乘渔船抵达英格兰。威廉·塞西
尔成功说服伊丽莎白一世把苏格兰玛丽女王关进监狱。虽然他同时
劝谏伊丽莎白一世释放玛丽·格雷，但没有成功，她甚至不允许被
继续留在凯瑟琳·萨福克的家里。1569 年 6 月，玛丽·格雷被迫
转移到别处。她被转移到前市长富商托马斯·格雷沙姆（Thomas
Gresham）爵士在伦敦的家。他能承担女王不愿承担的玛丽·格雷
的生活费用。[4]

　　托马斯·格雷沙姆爵士的宅第位于主教门，坐落于克罗斯比宫
和温彻斯特宫之间的一块广阔的场地上。宅第中有一个开阔的花
园，玛丽·格雷在监视下可以在花园里散步。花园里还有一个小礼
拜堂，她可以在那里为自己重获自由而祈祷。然而，玛丽·格雷很
快发现，托马斯·格雷沙姆爵士并不幸福。他年轻时英俊潇洒，蓄
着整齐的胡须，黑色的眼睛炯炯有神，但现在他已年过半百，视力
很不好，断腿的旧伤时而复发，他被疼痛折磨。他的独生子在
1564 年去世，他的婚姻状况很糟糕。他的妻子安妮痛恨他在儿子
死后还从事慈善事业，而玛丽·格雷来到他们家，成为她与丈夫发
生冲突的新导火索。她坚持认为，正是玛丽·格雷的出现，使她不
能去诺福克探望自己 90 岁的母亲。她把玛丽·格雷视为"她的心

病和悲伤之源"。只要一有机会，她就会在丈夫耳边喋喋不休，说玛丽·格雷的坏话。无奈的托马斯·格雷沙姆爵士只能定期给威廉·塞西尔写信，恳请他让玛丽·格雷搬走。

玛丽·格雷大部分时间被锁在房间里看书。她有 1 本《公祷书》、1 本《诗篇》和至少 3 个版本的《圣经》——日内瓦版、官方版和法语版。她的姐夫赫特福德伯爵在伦敦塔中记录他儿子出生日期的那本《圣经》就是法语版。她的其他几本书也是用法语或意大利语撰写的，其中包括一本意大利语语法书，很可能就是 1553 年米开朗琪罗·弗洛里奥献给简·格雷的那本，她还有一本她父亲的一位年迈的老师用法语写的书，以及希腊修辞学家伊索克拉底（Isocrates）3 本专著的法语译本。[5]伊索克拉底在 16 世纪备受关注，因为他对人如何"在时代和风暴中"行事提出了切实可行的建议，就玛丽·格雷当时所处的环境来看，这本书是有用的。伊索克拉底最受欢迎的经典作品是他对德摩斯梯尼（Demosthenes）演讲内容的英译本。他写道："没有什么比自欺欺人更容易。"因为每个人都相信自己能美梦成真。玛丽·格雷是否会愚蠢到相信自己的愿望也能实现呢？

玛丽·格雷的姐夫赫特福德伯爵已从监狱获释，并获准住在西摩家的宅第，这座朴素的宅子坐落于威尔特郡的伍尔夫霍尔。这是在赫特福德伯爵的姑姑简·西摩嫁给亨利八世之前，也就是西摩家还是贵族时拥有的最早的房子。赫特福德伯爵获释后过着朴素的生活，但至少他能够随心所欲地走在自家的院子里，自由地给孩子们写信，就像孩子们也能和他通信一样。孩子们留在汉沃斯，与赫特福德伯爵的母亲萨默塞特公爵夫人住在一起。8 岁的博尚勋爵已经可以用拉丁语写信描述他的日常学习情况了，而 6 岁的托马斯精通法语。玛丽·格雷不时地了解他们的进步，并关注政治动态。从这些消息中，她可以尽力判断自己的处境可能会发生什么变化。伊丽莎白一世的另一个皇家俘虏苏格兰玛丽女王由什鲁斯伯里伯爵和他的妻子照顾。这是一种奇怪的命运交错。什鲁斯伯里伯爵夫人曾是布拉德盖特庄园最受欢迎的侍女贝丝·哈德威克。

贝丝·哈德威克已经结了 4 次婚，但玛丽·格雷还记得她在布拉德盖特庄园举行的婚礼。那是在 8 月一个凌晨的 2 点，在烛光映照下，她与第二任丈夫威廉·卡文迪什爵士结婚。就在同一年夏天，玛丽·格雷的姐姐简·格雷离开了布拉德盖特庄园，接受赫特福德伯爵的叔叔托马斯·休德利的监护。玛丽·格雷的父母和姐姐先后成为卡文迪什 4 个孩子的教父和教母。[6] 贝丝·哈德威克仍然珍藏着简·格雷的肖像和凯瑟琳·格雷的来信。奇怪的是，曾经如此敬佩、爱戴玛丽·格雷一家人的人却成了看管与玛丽·格雷共同竞争王位继承权的苏格兰玛丽女王的人。枢密院在下一步如何处理苏格兰玛丽女王的问题上存在分歧。尽管凯瑟琳·格雷的长子博尚勋爵是"私生子"，但威廉·塞西尔希望他成为伊丽莎白一世的继承人。然而，两个男孩尚年幼，可能无法活到成年。因此，彭布罗克伯爵、阿伦德尔伯爵和罗伯特·达德利认为，王室应促成苏格兰玛丽女王与诺福克公爵结婚，并指定她为王位继承人，从而将她与新教事业关联起来。此刻，苏格兰玛丽女王急着表现出她在宗教信仰上的灵活性，她已经在用新教的《公祷书》来沉思。但此时的伊丽莎白一世不再受凯瑟琳·格雷的威胁，也不打算把玛丽·格雷发展为一个更强大的对手。在这方面，威廉·塞西尔全力支持伊丽莎白一世的想法。

伊丽莎白一世反对苏格兰玛丽女王与诺福克公爵联姻，很快导致了推动这一宫廷叛乱背后势力的土崩瓦解，但同时也导致了可怕的流血事件。当诺福克公爵在北方的强大的盟友、信奉天主教的威斯特摩兰伯爵和诺森伯兰伯爵被女王召见时，他们确信宫廷内有阴谋，伊丽莎白一世要把他们投入伦敦塔并处死他们。[7]这些北方势力领袖的妻子不是女王内室的女官，而且由于远离皇宫，两位伯爵无法了解女王的真实想法。因此，他们开始相信，是女王的国务大臣在背后做出决定，他们非常清楚，威廉·塞西尔有多么痛恨天主教徒。因此在1569年冬天，当玛丽·格雷静静地待在位于主教门的宅第时，英国北方却见证了伯爵们发起的一场叛乱，这场叛乱标榜"为了宗教改革和保护苏格兰玛丽女王的尊严"。他们打着"基督圣五伤"的旗号行军南下，而在1536年，天主教求恩巡礼骚乱也使用了这一旗号。在伍尔夫霍尔，赫特福德伯爵写信给一位朋友，随信附上了他的老师托马斯·诺顿写的一本书。该书声称，天主教徒推翻其君主的历史由来已久。赫特福德伯爵推荐了托马斯·诺顿的论著，他对朋友说："我知道你会喜欢这本书，你越读它，就会越觉得它有道理。"[8]

11月，叛军占领了杜伦。在市中心的中世纪大教堂，诺森伯兰伯爵非但没有用双手虔诚地触摸新教的圣餐台，反而一脚踢翻了整张桌子。在教堂宏伟的拱顶下，古老的天主教弥撒仪式再次开启，拉丁语也在教堂回荡。然而，当叛军入侵南方时，伯爵们明显感受到巨大的风险，失去了前进的勇气。仅仅不到6周，叛乱就虎头蛇尾地结束了。但此时，如果这些叛乱分子希望伊丽莎白一世这位女性能给他们更多的怜悯（与她父亲亨利八世给予求恩巡礼者的同情相比），他们定然会失望。在威廉·塞西尔的指导下，伊丽莎白一世的复仇行动将达到与其父亲的行动同样的力度。她下令，参与叛乱的每个村庄至少得有一名男子被绞死。那些被要求执行命令的人，也被要求三缄其口。然而，这场血腥复仇行动足以令人难忘，这样英国就不会再有针对女王的叛乱了。这次叛乱令伊丽莎白一世大为惊恐，然而令威廉·塞西尔沮丧的是，伊丽莎白一世拒绝将北方叛乱归咎于苏格兰玛丽女王。正因如此，苏格兰玛丽女王仍被监禁，留了一条命，但威廉·塞西尔想置她于死地。也许是为了安抚威廉·塞西尔和他的盟友，伊丽莎白一世准许赫特福德伯爵重返宫廷。玛丽·格雷也得到好消息，她的长期受苦受难的丈夫托马斯·凯斯已从弗利特监狱中获释，并在其家乡肯特郡的桑德盖特堡任职。

　　玛丽·格雷可以想象丈夫和孩子们在一起，呼吸着带有咸味的海边空气。托马斯·凯斯当然也经常想起玛丽·格雷。1570 年 5 月，他甚至鼓起勇气，央求帕克大主教"帮他向女王求情，希望根据上帝的法律，他可以被允许与妻子生活在一起"。[9]可叹的是，伊丽莎白一世不打算仁慈地对待格雷家剩下的最后一个女人。寒来暑往，在托马斯·格雷沙姆爵士的宅第，人们感受不到伊丽莎白一世有赦免玛丽·格雷的意思。1571 年新年伊始，托马斯·格雷沙姆爵士决定直接请求伊丽莎白一世让玛丽·格雷搬走，即使她不能获释。伊丽莎白一世已经接受了与他共进晚餐的邀请。届时，伊丽莎白一世还将参观他创建的商业中心，即商品交易所。

　　商品交易所是一座壮观的两层砖石结构的方形建筑，方形的四角各装饰着一只蚱蜢雕像。蚱蜢形象是格雷沙姆家族的徽章形象。建筑内部带有带顶棚的步行道，建筑由大理石柱子支撑。然而，其中的店铺基本还是空空荡荡的。或许创建商品交易所的想法对保守的伦敦人来说还是太新奇了，又或许是蚱蜢雕像把客人们吓走了，不管怎样，女王的来访可能改变这一切。为了迎接女王莅临，托马斯·格雷沙姆爵士两次来到商品交易所，拜托为数不多的店主尽可能在商店里多摆放商品，并用小小的蜡灯装饰摊位。作为回报，他答应免收一年租金。1571 年 1 月 23 日伊丽莎白一世来访时，现场的布置令她印象深刻。

女王莅临的日子到了。在贵族的簇拥下，女王的车队从河岸街的萨默塞特宫出发，经坦普尔酒吧街进入伦敦市中心，沿着齐普赛街，穿过舰队街，途经商品交易所北面，最终抵达托马斯·格雷沙姆爵士在主教门的宅第。擅长攀富求贵的格雷沙姆夫人激动不已。此时，玛丽·格雷被锁在远远的房间里，而距离她的房间很远的地方在举办隆重的欢迎宴会。玛丽·格雷的仆人倒是可以自由出入，他们能把一切细节告诉玛丽·格雷，比如，戏剧中的主人公与托马斯·格雷沙姆爵士长得很像，他对着女王好一番阿谀奉承。伊丽莎白一世就喜欢听别人恭维自己，因此宴会上的表演获得了巨大成功。宴会后，伊丽莎白一世如约参观了商品交易所，在拱廊里几乎每走一步就会驻足欣赏，对"城里的这些最好的商品大为赞叹"。16世纪后期的一篇诗文记载，托马斯·格雷沙姆爵士在商品交易所中的一家商店里购买了一颗巨大的珍珠，令人将其碾成粉末，并在向伊丽莎白一世敬酒时当众撒在酒里，一饮而尽。参观结束前，托马斯·格雷沙姆爵士的商品交易所被女王赐名为"皇家交易所"。

正如托马斯·格雷沙姆爵士所希望的那样，皇家交易所一夜出名。随着女帽店、服装店、军械店、药店、书店、金店、铁制品店和玻璃制品店纷纷入驻，原本门可罗雀的商品交易所很快就挤满了顾客。店铺租金先是翻了一番，然后又翻了三四番。同时，托马斯·格雷沙姆爵士希望将玛丽·格雷安置到其他地方的想法似乎也有实现的可能。1571年2月，威廉·塞西尔被伊丽莎白一世赐予"伯格利男爵"的爵位。7月，托马斯·格雷沙姆爵士给威廉·塞西尔写信，感谢他帮忙"转移玛丽夫人"。尴尬的是，感谢信写得太早了，到了8月，玛丽·格雷还留在他家里。托马斯·格雷沙姆爵士只得继续恳求"鲍利勋爵"（他是这样称呼威廉·塞西尔的），一定别忘了帮忙让玛丽·格雷搬走。[10]伊丽莎白一世又改变了主意。一个可能的原因是威廉·塞西尔为了揭露和消灭威胁女王的敌人，对第一起所谓的"天主教阴谋"欲擒故纵。早在1571年4月，辛克港监狱长兼多佛城堡警员科巴姆勋爵[11]秘密拆开了一位名叫罗伯托·迪·里多尔菲（Roberto di Ridolfi）的佛罗伦萨银行家兼奸细的信件，当时这伙人正准备离开英国。这些信揭露了一个惊天密谋，即他们准备在同年女王夏游时，伙同6000名入侵英国的西班牙士兵绑架伊丽莎白一世，扶植苏格兰玛丽女王登上英国王位。科巴姆勋爵后来声称，他的兄弟托马斯·布鲁克曾请求他不要将这些信交给枢密院，"因为这些信将毁掉诺福克公爵和科巴姆勋爵"。科巴姆勋爵确实没有把事情抖搂出去，但有证据表明，他这样做得到了威廉·塞西尔的同意。威廉·塞西尔希望敌方的通信能继续下去，以便收集证据将诺福克公爵和苏格兰玛丽女王一网打尽。9月5日，随着公众"发现"这些信件，威廉·塞西尔开始收网，诺福克公爵因涉嫌叛国罪而被关进伦敦塔。玛丽·格雷从小就认识诺福克公爵，他的前两任妻子都是她的表亲。约翰·福克斯住在诺福克公爵家时出版了他的第一本英文版《殉道者之书》。但是，当诺福克公爵即将接受审判时，玛丽·格雷却为其他事惆怅。

　　由于之前长期被囚禁在弗利特监狱，以及再也见不到妻子的绝望，托马斯·凯斯的身体状况每况愈下，最终含恨离世。9月5日，也就是诺福克公爵被捕的同一天，科巴姆勋爵听到了这一消息，他立即写信给威廉·塞西尔，询问他的兄弟能否得到托马斯·凯斯以前的职位。[12]然而，玛丽·格雷对此仍一无所知。3天后，玛丽·格雷的御医史密斯医生来到托马斯·格雷沙姆爵士家，并告知她托马斯·凯斯的死讯。他被派来的目的就是，如果玛丽·格雷得知丈夫去世而精神崩溃，他可以现场提供救助。正如他们担心的那样，她"悲痛万分地"接受了这一消息。[13]玛丽·格雷请求托马斯·格雷沙姆爵士代表她写信给威廉·塞西尔，请求伊丽莎白一世允许她抚养丈夫的遗孤。她还恳请穿孝服，托马斯·格雷沙姆爵士询问威廉·塞西尔的意见，因为他不确定官方是怎样认定玛丽·格雷与托马斯·凯斯的婚姻的。

没过多久，玛丽·格雷就从主教门搬走了，住进了托马斯·格雷沙姆爵士位于米德尔塞克斯郡奥斯特利的一处乡村庄园里，在那可以呼吸新鲜的乡村空气。这座宅子很美，"砖瓦结构的建筑庄严典雅"，位于一个美丽的公园中。这座乡村庄园里面有平静的池塘，玛丽·格雷可以观赏天鹅、翠鸟，还有一只优雅的苍鹭。这个庄园给格雷沙姆爵士一家添色不少。[14]玛丽·格雷在这休养了一个月才恢复健康，可以给威廉·塞西尔写亲笔信。她再次请求获准自由，也请求女王原谅她。但在前不久的一次去信中，玛丽·格雷用了一句刻薄甚至蔑视的话，来请求王室重新接纳她："女王陛下对我的不悦，上帝已经帮她消除了。"[15]也正是在这封信上，她第一次签上"玛丽·凯斯"的名字。她的泄愤使她成了一个问题更大的囚犯。接下来的几个月里，托马斯·格雷沙姆爵士苦苦恳求让玛丽·格雷搬走，已经到了有点神经错乱的地步。1571年11月，他在一天内给威廉·塞西尔写了两封信；在1572年1月，他又专门写了一封信请求将玛丽·格雷搬到别处去，这样才能让"他可怜的妻子安静下来"。[16]玛丽·格雷似乎经常和格雷沙姆夫人吵架。到了3月，托马斯·格雷沙姆爵士逢人就说"现在为了让玛丽·格雷离开，我的妻子苦苦哀求，这3年来她受尽束缚，苦不堪言"。[17]但直到1572年5月，伊丽莎白一世才最终同意释放玛丽·格雷。

罗伯托·迪·里多尔菲的阴谋被揭露后，周围人要求处死苏格兰玛丽女王和诺福克公爵，伊丽莎白一世因此面临巨大的舆论压力。至少此时，伊丽莎白一世终于可以顺应民意，安抚那些叫嚣着想见苏格兰玛丽女王血溅刑场的人，但仍有一些具体细节有待厘清。 281

伊丽莎白一世还没有把玛丽·格雷应继承的财产拨给她，所以玛丽·格雷没有足够的钱养活自己。正如这名穷困的囚犯提醒威廉·塞西尔的那样："我一年从女王那里得到的补助只有 80 英镑，我自己只有 20 英镑。正如您所知，我只有这么一点收入，没人愿意为我提供食宿。"[18] 她的堂弟弗朗西斯·威洛比在诺丁汉郡有自己的豪宅，每个月的开销远远超过她的年收入。托马斯·格雷沙姆爵士建议把玛丽·格雷送到她继父阿德里安·斯托克斯那里。但阿德里安·斯托克斯刚刚与尼古拉斯·斯罗克莫顿爵士的遗孀安妮·卡鲁（Anne Carew）结婚。[19] 玛丽·格雷告诉威廉·塞西尔，她担心阿德里安·斯托克斯既要照顾她，还要照顾安妮·卡鲁的孩子，经济负担太大。就这样，伊丽莎白一世极不情愿地又给自己的表妹拨了点零用钱。几天后，玛丽·格雷终于带着"她所有的书和垃圾"离开了格雷沙姆爵士家。

1572 年 6 月 2 日，诺福克公爵被处决。他所有的财富、青春和声望都无法使他逃脱与他之前的叛国者付出同样的代价，这些人也与王室婚姻有牵连。玛丽·格雷在被囚禁 7 年后终于重获自由。 282

第二十六章

重返伊丽莎白一世的王宫

在莱斯特郡的博马诺，玛丽·格雷与阿德里安·斯托克斯以及他的新家庭度过了她自由生活的最初几个月。在父亲和姐姐简·格雷被处决后，凯瑟琳·格雷与母亲曾在这所宅子生活过。此处离布拉德盖特庄园只有几英里远，但像往昔的布拉德盖特庄园一样，这里到处都是孩子的欢声笑语。阿德里安·斯托克斯有一个9岁的继女贝丝〔沃尔特·罗利（Walter Raleigh）爵士未来的妻子〕，还有不少于6个继子。阿德里安·斯托克斯的妻子斯罗克莫顿夫人是格雷家的表亲。她在简·格雷统治的最后一天曾代替她做吉尔福德·安德希尔的教母。玛丽·格雷还是婴儿时，斯罗克莫顿夫人就认识玛丽·格雷，并对她倾注了极大的感情。玛丽·格雷在博马诺的旧卧室以及凯瑟琳·格雷的卧室里仍然能找到有斯罗克莫顿夫人名字的物品。然而，27岁的玛丽·格雷刚重获自由后，发现很难依赖别人。1573年2月，她已筹集到足够的资金，想在伦敦圣波托尔夫教区建造自己的房子。

"既然我现在已经有了自己的房子，"玛丽·格雷自豪地在给她的姐夫赫特福德伯爵的信中写道，"我很想有一个值得信任的仆人。"她希望赫特福德伯爵能推荐这样一个人。玛丽·格雷后来在给赫特福德伯爵的信中写道："我听说哈里·帕克曾为我姐姐效劳，他为人真诚，现在仍在你身边做事。看在姐姐的面子上，请把他让给我。"[1]赫特福德伯爵没有流露出想要再婚的意愿。虽然有传言说，当他在北方叛乱后第一次被接受重返王宫时，他对丧偶的霍比夫人很感兴趣，但他们之间的亲密交谈只不过是那些有很多回忆的老友间的对话。罗伯特·达德利的妻子被发现死亡时，赫特福德伯爵和凯瑟琳·格雷曾参加过一个晚宴，霍比夫人是当时晚宴的女主人。我们不知道凯瑟琳·格雷的仆人哈里·帕克是否到玛丽·格雷家工作，但我们知道她雇用的其他几个仆人，包括凯瑟琳·杜波特[2]，一位来自莱斯特郡谢普希德的远亲；以及弗朗西丝·戈德威尔的亲戚亨利·戈德威尔和安妮·戈德威尔，他们曾参加了玛丽·格雷的婚礼；还有一位马夫罗伯特·萨维尔。

　　玛丽·格雷在朴素的新家的生活与她在布拉德盖特庄园里享受的奢华生活相去甚远，但她把房子布置得很舒适。她有一张很好的羽毛床和床垫，有布料包裹的凳子，还有放置银碗、银勺和银盘的架子，一个上等镀银的锅，一个酒杯和一个带盖的镀银碗。[3]这些器具用来请客肯定是不够的，而玛丽·格雷常坐马车去看望她的亲朋好友。她仍去看望继祖母凯瑟琳·萨福克和她的孩子们、佩雷格林·伯蒂和肯特伯爵夫人苏珊。她与自己的玩伴阿伦德尔夫人（曾经专横的小玛格丽特·威洛比）和斯塔福德夫人保持着密切的关系。斯塔福德夫人的女儿们在玛丽·格雷与托马斯·凯斯结婚前曾与玛丽·格雷共进晚餐。尽管王室不许玛丽·格雷抚养亡夫的孩子，但她与托马斯·凯斯的女儿简·梅里克的关系愈发密切，她还成了简·梅里克孩子的教母。同时，玛丽·格雷与赫特福德伯爵以及赫特福德伯爵的妹妹伊丽莎白·西摩夫人保持联系。玛丽·格雷从他们那里了解了自己侄子们的境况，她的侄子们在拉丁语和算术方面都取得了很大进步，但12岁的博尚勋爵可能有点懒，这让他的音乐老师感到失望。音乐老师后来抱怨："如果我可以教他的弟弟托马斯，那么托马斯一节课便可以学会我小主人两节课的内容。"[4]

在家族之外，玛丽·格雷最亲密的朋友和倾诉对象是一位低调的女性，她被称为莫里森夫人。然而，这位夫人小心翼翼地建立自己与宫廷的联系，尤其是以前曾经在女王内室服侍的侍女中也有她的朋友。凯特·阿斯特利于1565年去世，也就是玛丽·格雷与托马斯·凯斯结婚的两天后，但玛丽·格雷与布兰奇·帕里（Blanche Parry）仍是朋友。布兰奇·帕里自伊丽莎白一世还是婴儿时就开始为她服侍。[5]布兰奇·帕里说上几句好话便可以帮助玛丽·格雷重获王室的宠爱，这一点在1574年新年就已有了暗示。当时伊丽莎白一世接受了玛丽·格雷送的礼物——"一对带有香囊和玛瑙珠子的手镯"。第二年，玛丽·格雷从母亲以前的土地上获得的收入便增加了，有了这笔钱，她便能购买时尚的宫廷服装。她只继承了几件属于她母亲的珠宝，比如一对镶有红橙色宝石的漂亮手镯。后来她也买得起金店里的精美腰带，那些腰带上镶着珍珠和金纽扣，与黑色天鹅绒长袍相得益彰。

然而，玛丽·格雷在穿衣打扮方面也存在一些失误。她有一条鲜艳的黄色短裙，本来是用作外衬裙。但是，如果这条黄色短裙和她的黑色长袍搭配在一起，那么这位身材矮小的女士定然有些像大黄蜂。她很明智，通常穿黑色的短裙，把鲜艳的色彩限制在隐藏的红色棉质衬裙里，衬裙外套着黑色天鹅绒，上面绣有金色花边，当她托着裙子走进马车时，花边闪闪发光。[6]

玛丽·格雷的精气神还在，所以她的头脑仍像以前一样活跃。在英国国内，一场针对天主教徒的战争一触即发。1569年北方发生叛乱后，教皇皮亚斯五世将伊丽莎白一世逐出教会，并释放其曾拘押的英国臣民，让他们不再服从伊丽莎白一世。这样做的后果对英国国内的天主教徒来说是灾难性的。他们仅仅因为信仰，就会被贴上反叛者的标签。正如 1553 年至 1558 年新教徒被与叛国罪联系在一起一样，天主教徒也落得如此下场，他们开始受迫害。玛丽·格雷的藏书馆里至少有两本书是威廉·福尔克（William Fulke）写的，他把宗教改革视为基督徒和反基督人士之间的最后一战，用一种启示录的形式解释英国宗教改革。在这场邪恶的战争中，对像威廉·福尔克这样的人来说，10 年之内，天主教牧师及其支持者就应该在公共场合被阉割和剖腹，这似乎是完全合理的。同时，威廉·塞西尔确保每个教区都有约翰·福克斯的《殉道者之书》（玛丽·格雷也有一本）的最新两卷本。

285

　　然而，玛丽·格雷最关注的还是"前卫的"新教徒（后被称为"清教徒"）和伊丽莎白一世青睐的保守派之间的神学辩论。这场辩论由 1572 年发表的所谓《议会训诫》引发，它抨击了伊丽莎白一世的宗教和解政策。[7]玛丽·格雷得到了长老会成员托马斯·卡特赖特（Thomas Cartwright）的几部作品，此人支持并推荐《议会训诫》。之后成为坎特伯雷大主教的约翰·惠特吉夫（John Whitgift）此时也对英国的宗教现状进行了辩护，玛丽·格雷也有相关作品。玛丽·格雷对伦敦一些激进的传教士很感兴趣，这表明了她自己的宗教倾向。比如，玛丽·格雷收藏了一套爱德华·德林（Edward Dering）的《关于希伯来人的告训》（*Lectures Upon the Hebrews*），这部作品集的内容都是 1572 年作者在圣保罗大教堂发表的。伊丽莎白一世不喜欢爱德华·德林，因为他曾斥责伊丽莎白一世纵容他在英国教堂看到的腐败行为。玛丽·格雷还有一些清教徒约翰·克努斯图布（John Knewstub）写的宗教文献读本。当时，约翰·克努斯图布翻译了加尔文主义有关上帝"选民"的读物。[8]

　　然而，格雷家族里的几位老友却支持保守派。其中，也许最令人惊讶的是简·格雷的导师约翰·艾尔默。最初，此人言行和蔼，对简·格雷循循善诱，可后来他深陷世俗，逐渐有了野心。他背弃了在布拉德盖特的好友，如牧师约翰·沃洛克，以便"逐渐赢得"伊丽莎白一世和宗教保守派的青睐。在谈到他曾向简·格雷灌输的观点时，他引用了圣·保罗的话："当我还是孩子时，我说话就像个孩子……但当我长大后，我摆脱了孩子气。"1576年，埃德蒙·斯宾塞（Edmund Spenser）的诗作《牧羊人月历》（*The Shepheards Calendar*）将约翰·艾尔默描述为羊倌，而不是田园牧羊人，他趋炎附势，顺着油腻的杆子往上爬。终于在1577年，约翰·艾尔默的巴结得到了回报，他成了法定意义上的伦敦主教。正是他在这个职位上的所作所为令他声名狼藉，他贪得无厌、脾气暴躁，无论对天主教徒、清教徒还是宗教异见者都很恶毒。

玛丽·格雷小心翼翼地避免让自己卷入有争议的事件，无论涉及宗教问题还是继承问题。然而，她母亲以前的侍女贝丝·哈德威克当时是什鲁斯伯里伯爵夫人，与她的孩子一起重蹈覆辙，走上了格雷一家曾走过的末路。看到这些，玛丽·格雷一定会倍感惊讶。

1574年，贝丝·哈德威克将她的女儿伊丽莎白·卡文迪什（Elizabeth Cavendish）——凯瑟琳·格雷的教子——嫁给了伦诺克斯公爵夫人的小儿子查尔斯·斯图亚特（Charles Stuart）。而查尔斯·斯图亚特正是被谋杀的亨利·达恩利勋爵的弟弟。伦诺克斯公爵夫人曾为此被关在伦敦塔里几个月，总想着向苏格兰玛丽女王报仇。两位母亲（贝丝·哈德威克和伦诺克斯公爵夫人）确保有足够的人来见证她们孩子的婚姻。虽然她们的冒险未换来一个男性王位继承人，但一个1576年生于英格兰的女孩阿尔贝拉·斯图亚特（Arbella Stuart）比其表兄苏格兰詹姆斯六世更有可能继承英格兰王位。贝丝·哈德威克为她口中的"我的心肝宝贝阿尔贝拉"感到非常自豪。而同时，苏格兰玛丽女王一定为自己的未来感到不寒而栗。

1577 年底，玛丽·格雷在宫中得到了重用，被任命为伊丽莎白一世的荣誉侍女，这在宫中已经算是一个非常受人尊敬的职位。但这一任命也相当于给了伊丽莎白一世一记耳光，因为这相当于承认了玛丽·格雷婚姻的合法性。而玛丽·格雷之前因所谓的"私下通婚"被软禁了长达 7 年。[9]玛丽·格雷在汉普顿宫过了圣诞节，汉普顿宫是伊丽莎白一世的宫殿中最宏伟壮丽的一座。"大殿金碧辉煌，"一位外国游客描述道，"许多大厅装饰着精美的画作，摆放着珍珠母写字台和各式乐器。"在玛丽·格雷被软禁的几年里，汉普顿宫被改造过。沿着亨利八世长廊走到尽头就是天堂房，里面的天花板已被重新粉刷和镀金，而伊丽莎白一世的卧室则有一扇可以俯瞰花园的窗户。但总体上说，整个宫殿还是玛丽·格雷熟悉的样子。与以往一样，1577 年的圣诞节庆祝活动还是以戏剧和假面舞会为主。大部分活动在主厅里举行，主厅被布置得富丽堂皇，玛丽·格雷和其他宫廷女士表演的舞台已搭建起来。主厅上空悬挂着小小的油灯，看起来神奇而梦幻。[10]

新年时，玛丽·格雷送给伊丽莎白一世两副手套，上面装饰着 4 对金纽扣和千颗芥子珠。作为回报，伊丽莎白一世回赠给她一个"带盖子的杯子"。1558 年，当伊丽莎白一世登基时，人们将她誉为《圣经》中的女先知狄波拉，狄波拉从异教徒迦南国王手中拯救了以色列。狄波拉是一位贤妻良母，所以有些人仍然希望已经 44 岁的伊丽莎白一世能结婚，从而为英国的外交利益服务。但有些人，如赫特福德伯爵则更愿意维持现状，希望伊丽莎白一世由于没有自己的孩子，最终会将他的儿子指定为她的继承人，并且他不希望女王的婚姻问题复杂化。在此背景下，宫廷要求画师画一幅新的肖像画，在同年8月，"贞洁女王"一词也被创造出来，它巧妙地传承了英国对圣母玛利亚的传统信仰。[11]

但"贞洁女王"一词可是以伊丽莎白一世个人的巨大牺牲换来的。她曾说，罗伯特·达德利的陪伴是她的唯一幸福。然而在9月，就在"贞洁女王"刚被使用几周后，罗伯特·达德利就准备与伊丽莎白一世年轻的表妹莱蒂丝·诺利斯（Lettice Knollys）结婚。莱蒂丝·诺利斯与年轻时的伊丽莎白一世长得很像，不禁让人想起曾发生的故事。当然，伊丽莎白一世此时已经有了新宠，她把自己精心打造成骑士贵族很难追求的梦中情人。宫中的爱情表达使这些男人能以传统的男欢女爱角色向他们的女王致敬。但以爱情、青春和多子多福为主题的戏剧和假面舞会都在嘲弄女王的未来；这位曾经年轻、身陷爱情的公主，穿着朴素的新教服装蹒跚迈向晚年。如今的她打扮得像宗教节日上的石膏圣母。

1578年，玛丽·格雷33岁，比伊丽莎白一世小约10岁，但她并不一定能目睹女王统治的最后一幕。1578年新年，一个熟悉的阴影——瘟疫再次笼罩英国。伦敦的1月天气严寒，此时疫情其实是最弱的，但即便如此，也有人病倒。春天来临前，死亡人数不断增加。一般情况下，疫情出现在哪里，哪里的富人就会逃离。但玛丽·格雷4月生病时就在她的圣波托尔夫的家里。可能她认为自己受到了"神秘红宝石"的特别保护。据说，这种"神秘红宝石"是由非常长寿和睿智的独角兽的血液结晶而成的，出现在它们角的底部，是它们生命的精髓。简·格雷被关押在伦敦塔时随身登记的财物中就有这样一块红宝石。玛丽·格雷也有这么一块，它如此明亮，甚至可以透过衣服发光，同时它有很大的作用，甚至关乎生死。根据中世纪炼金术士阿尔伯特·马格纳斯（Albertus Magnus）的说法，"神秘红宝石"可以抵御瘟疫。[12]也许玛丽·格雷没有死于瘟疫——

瘟疫的症状多种多样，所以我们没办法确定玛丽·格雷的死因。但到了 4 月 17 日，玛丽·格雷确定自己时日不多了，便起草了遗嘱。

在遗嘱中，她称自己为"玛丽·格雷夫人……寡妇"。在宫中，她不得不用自己的婚前姓氏，但在遗嘱中，她提及守寡的事实，这清楚地表明她坚决要保留与托马斯·凯斯已婚的回忆。与她的两个姐姐一样，玛丽·格雷也想表明自己将在新教信仰中死去，相信她的灵魂只能通过耶稣的"受难和死亡而得到救赎，此外别无他法"。接着在遗嘱中，她将自己微薄的财产分给朋友、亲戚和仆人。她把母亲的珠宝连同那颗"神秘红宝石"一起留给了继祖母凯瑟琳·萨福克，并请继祖母将一些东西传给她的养女苏珊·伯蒂——现在是肯特伯爵夫人。她把自己攒的一罐金币和银币留给了表妹阿伦德尔爵士夫人（她儿时的玩伴玛格丽特·威洛比）。阿德里安·斯托克斯的现任妻子在简·格雷统治的最后一天，曾代表简·格雷在伦敦塔里的小教堂为吉尔福德·安德希尔进行洗礼。玛丽·格雷留给阿德里安·斯托克斯的现任妻子一个带盖子的镀银碗。她将自己的一匹黑色阉马和一匹栗色马分别送给了仆人罗伯特·萨维尔和亨利·戈德威尔，将自己的床给了继女简·梅里克，大部分钱给了简·梅里克的女儿玛丽，玛丽是她的教女，也是已故丈夫的外孙女。甚至连一个伺候他的小童，她都想办法为他谋了一份学徒的好差事。最后，玛丽·格雷选择了她的亲戚爱德华·霍尔先生和托马斯·杜波特先生为她办理后事，这两位绅士谦逊低调，值得信赖，分别来自莱斯特郡和林肯郡。[13]"至于我死后葬在哪里，"玛丽·格雷表示，"我承诺遵从女王陛下的心意，她认为哪里最合适，我就葬在哪里。"[14]遗嘱立下 3 天后，玛丽·格雷便去世了。

伊丽莎白一世下令将玛丽·格雷安葬在威斯敏斯特大教堂。[15]

289

她的葬礼细节遗失了 4 个世纪。而碰巧的是，当我在伦敦纹章院做与写书相关的研究时，意外找到了相关资料。这些资料一直被束之高阁，被误以为是肯特伯爵一个名不见经传的女儿的葬礼资料。[16] 1578 年 5 月 14 日，送葬队伍将玛丽·格雷的遗体运往威斯敏斯特大教堂，这是最后一位格雷姐妹的葬礼。12 位身着黑衣的贫穷妇女陪伴着灵柩走在最前面，在宗教改革之前，这些传统的送葬队收一些费用，为死者的灵魂祈祷。传令官已准备好了玛丽·格雷的纹章旗，这是她伟大血统的标志。玛丽·格雷小小的灵柩被放在马车上，周围跟着 4 位抬棺人。走在灵车后面的是主哀悼者——肯特伯爵夫人苏珊·伯蒂。她的身旁跟着 4 位绅士、4 位淑女和 4 位自耕农。其他官方有记载的哀悼者都是与格雷姐妹的生活和家庭交织在一起的人：伊丽莎白·蒂尔尼，来自蒂尔尼家族，她在断头台上服侍过简·格雷；伊丽莎白·西摩夫人，凯瑟琳·格雷的丈夫赫特福德伯爵 28 岁的妹妹；凯瑟琳·格雷临刑前的看管人霍普顿爵士及其夫人。哀悼者名单中还有玛丽·格雷遗嘱中那些熟悉的名字：戈德威尔、杜波特、霍尔、萨维尔以及阿伦德尔夫人。1565 年托马斯·凯斯与玛丽·格雷结婚时，阿伦德尔夫人在托马斯·凯斯房间外随时待命。[17]

尽管男性精英反对国家由女性统治，但在伊丽莎白一世一生的大部分时间里，英国王位都依靠女性，英国民众视她们为王位继承人和未来国王的母后，后一种身份是人们最为重视的都铎公主的身份。但伊丽莎白一世深知这些公主的婚姻可能带来的危险和付出的代价，她唯恐会做出错误的决定，导致王国分裂，而这种担忧最终导致她自己终生未婚、未育。只有那些在王室圈以外结婚的人才有可能得到一定的幸福。最后，玛丽·格雷那副小灵柩被送入她母亲的墓中。她静静躺在那里，默默无闻，没有任何标记或纪念碑。但与她的姐姐们不同的是，她在生命的最后时刻获得了自由，也许还有内心的平和。

格雷姐妹相继死亡，而凯瑟琳·格雷的儿子也被官方宣布为私生子。在此背景下，格雷姐妹的表妹玛格丽特·克利福德（埃莉诺·布兰登唯一幸存的孩子）当时是德比伯爵夫人，根据亨利八世的遗嘱成为伊丽莎白一世的继承人。但没过多久，玛格丽特·克利福德也明白了这种特权的代价。没过几周，她就被指控雇用法师施咒伤害女王。这个被质疑的法师是一位叫兰德尔的知名医生，他受到审判，并被绞死。玛格丽特·克利福德被怀疑对天主教存有同情心，和格雷姐妹一样，她一直被拘押软禁，虽然中间换过地方，但直到 18 年后她去世那年（1596 年），玛格丽特·克利福德从未获释。

291

第二十七章

凯瑟琳·格雷的儿子们
以及伊丽莎白一世驾崩

威廉·塞西尔还是希望凯瑟琳·格雷的某个儿子有一天能成为国王。伊丽莎白一世的出生也不合法，但这并没有阻碍她登上王位。事实上，不管凯瑟琳·格雷的儿子们的出生是否合法，给他们戴上"私生子"帽子的做法都值得怀疑。然而，当凯瑟琳·格雷的长子博尚勋爵在 1581 年的夏天坠入爱河时，他继承王位的可能性似乎注定为零。那时博尚勋爵 20 岁左右，与他父亲赫特福德伯爵爱上他母亲时一样大。他们坠入爱河的地点也一样，都是萨默塞特公爵夫人在汉沃斯的宅邸。博尚勋爵爱上的霍诺拉·罗杰斯（Honora Rogers）出生于一个受人尊敬的清教徒家庭，但要成为未来的英国王后，她的气质和修养还有欠缺。对赫特福德伯爵来说，博尚勋爵的恋情背叛了对凯瑟琳·格雷的记忆并且影响了他儿子们的王室遗产。他痛斥霍诺拉·罗杰斯为"*Onus Blowse*"（可被粗略地译为"恶心的骚货"），并命令博尚勋爵远离她。[1]

起初，博尚勋爵试图让父亲放心，他对霍诺拉·罗杰斯不是认真的。但他一边否认自己动了真情，另一边写信给她哀叹他们的分离。[2]到了第二年，博尚勋爵已经卸下所有伪装，称自己是真的爱她。他父亲的朋友写信给他，引用《诗篇》中的相关内容，敦促博尚勋爵遵从父亲的意愿。就连伊丽莎白一世的情报头目弗朗西斯·沃尔辛厄姆（Francis Walsingham）爵士也进行了干预，试图解决父子关系破裂的问题，但没有成功。1585 年 8 月，赫特福德伯爵绝望透顶，叫人把不孝子抓回来关了禁闭。博尚勋爵以自杀相威胁，誓不与霍诺拉·罗杰斯分手，并恳求伊丽莎白一世支持他们结婚。这真是上天赐给伊丽莎白一世的好机会，来进一步阻碍博尚勋爵成为王位继承人。她表示很愿意解救这对恋人，她一贯以嫉妒别人的恋情而出名，所以她的这一举动异乎寻常。后来，赫特福德伯爵被迫接受了儿子的婚姻。与此同时，女王同意46 岁的赫特福德伯爵与埃芬厄姆勋爵霍华德的女儿弗朗西丝·霍华德（Frances Howard）结婚。10 年来，她一直是赫特福德伯爵的情妇。[3]

威廉·塞西尔已经上了年纪，他对博尚勋爵的婚姻深感失望。但他还想着让博尚勋爵的弟弟成为王位继承人，同时想置苏格兰玛丽女王于死地。就在前一年（1584 年），他和弗朗西朗·沃尔辛厄姆爵士起草了一份所谓的"结社契约"，他们决定在伊丽莎白一世的生命受到威胁时处决苏格兰玛丽女王。威廉·塞西尔希望以一项新共和法律来确保这一契约，这项法律的作用类似于他在 1563 年组织牵头的"大议会"的作用。如果那年伊丽莎白一世死于天花，该议会就有权选出她的继任者。可伊丽莎白一世让这个"结社契约"化为泡影，但第二年（1586 年），苏格兰玛丽女王就被发现与一位名叫安东尼·巴宾顿（Anthony Babington）的年轻天主教叛国者通信。最关键的是，安东尼·巴宾顿及其同谋被指控策划了天主教叛乱，并得到西班牙和教皇资助的军队的支持。这是以诺福克公爵被处决而告终的罗伯托·迪·里多尔菲阴谋的翻版。然而这次，苏格兰玛丽女王并没有逃脱起诉。她因参与叛乱而受到审判和被定罪。伊丽莎白一世不愿意以国家授权的名义实施英格兰的首例弑君处决，于是她试图劝说她的手下在"结社契约"下处决她的表妹。然而，威廉·塞西尔挫败了伊丽莎白一世的计划，并向议会递交了死刑令。正如他曾经说的，套用玛丽·格雷最喜欢的作家德摩斯梯尼的话，"没有决心和执行力的劝谏是纯粹的风"。[4]

1587 年 2 月 3 日，苏格兰玛丽女王被斩首，简·格雷被斩首也是在 2 月，只不过相隔了 33 年。同样，苏格兰玛丽女王也是一副殉道者的样子，但是为了天主教事业。她的去世是伊丽莎白一世统治的分水岭。苏格兰玛丽女王的儿子苏格兰詹姆斯六世是一名新教徒。由于伊丽莎白一世不再支持天主教徒成为王位继承人，同时还要提防西班牙入侵的企图，她的朝臣劝她扮演一个新角色——格洛丽安娜。格洛丽安娜是英国新教民族主义的伟大象征，从此伊丽莎白一世与之联系在一起。然而，威廉·塞西尔意识到詹姆斯六世将他母亲的死归咎于自己。所以，他继续支持赫特福德伯爵的儿子获得王位继承权，将希望寄托在凯瑟琳·格雷的小儿子、24 岁的托马斯·西摩勋爵身上。1589 年，托马斯·西摩勋爵就自己的私生子身份提起上诉，大肆宣称他父母在伦敦塔生他之前就已经在审讯中宣布了两人的婚姻合法。他的申诉很快被驳回。然而，显而易见的是，16 世纪 90 年代，像托马斯·西摩勋爵这样在伊丽莎白一世统治下成长起来的一代人渴望改变。那些在宫廷中举行各类仪式的人都知道格洛丽安娜神圣形象背后那张布满皱纹的脸。他们本来就对女性统治怀有偏见，而年轻人对老年人的不屑，尤其是对年老女性的不屑，更使这种偏见变得明显。人们逐渐开始将伊丽莎白一世的贞洁归因于她生理上的缺陷，而不是美德，她的装束也越来越引起朝臣的反感，而这种情绪正是赫特福德伯爵打算利用的。1591年，在位于汉普郡埃尔维瑟姆的一个小庄园里，赫特福德伯爵应邀作为东道主款待夏游的伊丽莎白一世一行。人们在庄园里忙着准备，期待王室成员来访，建造了一片令人叹为观止的景观带。在景观带中，有一个巨大的半月形人工湖，湖上漂浮着模型船，湖中间还有一个人工岛，面积足以建一座20平方英尺的堡垒。周围有几十间临时搭建的房间，正中间的国务室挂着挂毯，墙壁上布满"树枝和成串成熟的榛子"，餐厅的餐桌长达23码。[5] 9月20日，伊丽莎白一世的车队抵达庄园，迎接伊丽莎白一世一行的是赫特福德伯爵和300名骑兵。每个士兵都戴着金链子，帽子上插着黄色和黑色的羽毛，这种装束展示了贵族的财富和权力，也表示对女王的尊敬。[6] 娱乐活动的主题包括季节更替、爱情和生育，表面看上去是对女王统治的歌颂，实则是在提醒众人——伊丽莎白一世是个不婚不育的女性。随后的3天，表演、宴会和焰火令人眼花缭乱。可以说在整个伊丽莎白一世统治时期，只有莱斯特伯爵罗伯特·达德利于1575年7月在凯尼尔沃思城堡安排的活动能与这次的活动相提并论。此外，赫特福德伯爵小心翼翼地为这些活动的主题做了宣传，远不只是让目睹活动的人受到冲击。他将活动内容仔细地写成一本书并出版，这本书还印了他的家族纹章。通过这样做，他向受众传达了有关新旧时代交替的信息。

在埃尔维瑟姆主办的这场轰动的娱乐活动结束后的几个月内，赫特福德伯爵的小儿子托马斯·西摩再次就父母婚姻的合法性提出上诉。而当这些措施不比他先前的尝试更成功时，他就开始考虑采取更直接的措施。人们预计老女王随时可能去世，而在王位继承问题上的分歧也在不断加深。有几个潜在的王位继承权竞争者：威廉·塞西尔的小儿子［他的政治继承人，身材矮小的罗伯特·塞西尔（Robert Cecil）爵士］，以及伊丽莎白一世最后的男宠［英俊的埃塞克斯伯爵罗伯特·德弗鲁克斯（Robert Devereux）］。这两

294

人是赫特福德伯爵的儿子和苏格兰詹姆斯六世的主要竞争对手。1594年，玛格丽特·克利福德的独子——35岁的德比伯爵费迪南多（埃莉诺·布兰登的孙子）在剧烈呕吐后去世。有人认为是塞西尔家族的人毒死了他，因为他是博尚勋爵和托马斯·西摩的王位继承人竞争对手。然后在1595年秋天，伦敦塔塔监迈克尔·布朗特（Michael Blount）爵士被发现为赫特福德伯爵秘密储备武器，赫特福德伯爵因此又被关进了伦敦塔。塞西尔家族努力使赫特福德伯爵获释，几周后他就被释放了。但威廉·塞西尔认为反正要冒巨大风险，不如放弃赫特福德伯爵，为自己的子嗣争夺王位继承权。1598年，赫特福德伯爵父亲之前的仆人——斯图亚特家族的死敌——威廉·塞西尔去世了。1600年，赫特福德伯爵的儿子托马斯·西摩也先于他去世，年仅37岁。然而，对赫特福德伯爵政治野心的最后一击是在1601年，埃塞克斯伯爵在一场迫使伊丽莎白一世任命苏格兰詹姆斯六世为继承人的叛乱失败后被处决。这让罗伯特·塞西尔得以自由地与詹姆斯六世秘密恢复友好关系。1602年的圣诞节，伊丽莎白一世的健康状况急转直下，赫特福德伯爵和宫廷中大多数有权势的人支持詹姆斯六世登基。然而，在格雷姐妹和英格兰王室希望由英格兰人来当英格兰国王的这部剧还有最后一幕。

1602年12月30日，当宫廷人士在白厅宫欢庆圣诞节假日时，什鲁斯伯里伯爵夫人（贝丝·哈德威克）的一名仆人来到赫特福德伯爵在托特纳姆的家，并要求单独会见赫特福德伯爵。作为一个下人，提出这个要求极不寻常，所以赫特福德伯爵猜疑背后的原因。在罗伯特·塞西尔与詹姆斯六世和解之前，赫特福德伯爵曾考虑过一个计划，这个计划以他的长孙博尚勋爵十几岁的儿子爱德华·西摩为中心。虽然一场糟糕的婚姻剥夺了博尚勋爵的王位继承权，但赫特福德伯爵曾希望，一场美满的婚姻能让他的孙子重获王位继承权。最合适的新娘人选被认为是什鲁斯伯里伯爵夫人的孙女阿尔贝拉·斯图亚特。阿尔贝拉·斯图亚特是玛格丽特·都铎的曾孙女，由于她和她的父母都出生在英格兰，一些人认为她比在苏格兰出生的詹姆斯六世更优秀。然而，她的性别相对不利。

伊丽莎白一世还是深得民心，因为 1601 年埃塞克斯伯爵发动的叛乱并没有得到民众的支持。然而宫廷人士却将过去 10 年里所有政治和社会弊端都归咎于一个事实：英国是由一名女性统治的，而这可能将女性性情的弱点带入治国理政的过程中。朝臣经常告诉外国大使英格兰不会容忍出现另一位女王，这也就排除了阿尔贝拉·斯图亚特成为伊丽莎白一世继承人的可能性。但朝臣也不看好外国人（苏格兰人）继位，赫特福德伯爵于是希望阿尔贝拉·斯图亚特和年轻的爱德华·西摩之间的婚姻能够团结亨利八世姐妹的阵线，创造一个能够吸引广泛支持的联合候选人资格。直到罗伯特·塞西尔和詹姆斯六世登门拜访时，赫特福德伯爵才放弃了他的计划。而且，当他接见要私会他的下人时，很明显，阿尔贝拉·斯图亚特已经知道他想促成的婚姻关系。

10 多年来，阿尔贝拉·斯图亚特几乎没有在公众场合露面。伊丽莎白一世确保她从 18 岁到 28 岁的成年生活都在乡下度过，不准她回宫。赫特福德伯爵印象中的阿尔贝拉·斯图亚特是个有大圆脸和深金色头发、受过良好教育的女孩。她的父母在她很小的时候就去世了，她的祖母将她抚养成人，她的祖母也曾看着格雷姐妹长大。然而，住在德比郡哈德威克庄园的阿尔贝拉·斯图亚特陷入了"永远的童年"。她不想成为人妻，却越来越痴迷于祖母讲述的关于她父母的秘密婚姻以及她母亲的教母凯瑟琳·格雷的婚姻故事。她决心挣脱束缚，于是她让祖母的仆人给赫特福德伯爵捎口信，警告说除非有伊丽莎白一世的允许，否则她祖母不会采取任何行动。

而且阿尔贝拉·斯图亚特建议赫特福德伯爵让他的孙子扮成"某个死了很久的人"的儿子或侄子来哈德威克庄园。由于她从未见过赫特福德伯爵,她让仆人告诉他,让他的孙子带一张简·格雷夫人的照片或者有简·格雷笔迹的物品作为身份证明,这两样东西她都熟悉。阿尔贝拉·斯图亚特还建议他的孙子带上简·格雷临刑前留给凯瑟琳·格雷的那本希腊语版《圣经》。然而,当仆人转达完口信后,赫特福德伯爵叫来手下,把那名仆人押去见罗伯特·塞西尔。

当伊丽莎白一世知道发生了什么事时,40多年前凯瑟琳·格雷和赫特福德伯爵结婚带来的恐惧感又回来了。她很想知道谁在阿尔贝拉·斯图亚特的背后出谋划策。几个月来一直有传言,少数朝臣为了阻止苏格兰人继承王位,正在策划一场西摩家族与斯图亚特家族联姻的阴谋。沃尔特·罗利爵士就是这少数人中的一个。他娶了阿德里安·斯托克斯的继女贝丝·斯罗克莫顿(Bess Throckmorton)。然而,当阿尔贝拉·斯图亚特被审问时,只有几名仆人和几个亲密家属被点名,阿尔贝拉·斯图亚特深陷痛苦之中。阿尔贝拉·斯图亚特开始绝食,给女王写了一些妄想偏执、杂乱无章的信,内容涉及赫特福德伯爵和罗伯特·塞西尔的恶行,她认为他们背叛了女王。

与此同时,伊丽莎白一世也出现了精神病迹象。自从她最喜爱的埃塞克斯伯爵在1601年发动叛乱被处决以来,她一直深度抑郁。她的健康状况每况愈下,她越来越担心自己任何虚弱的样子都可能导致政权被推翻。她的牙齿状况一直很差,她似乎因为感染而患上了一种叫路德维希咽峡炎的致命疾病。[7]伊丽莎白一世几个月来一直感到身体不适。到了1603年3月中旬,舌下和喉咙的脓肿使她难以吞咽、说话和呼吸,她担心自己也不可能平静地死去。

从3月20日上午到22日晚上,这位垂死的女王坐在里士满宫

297

内室的坐垫上，非常害怕，不敢上床睡觉。人们完全预料到她死后会爆发内战，许多贵族增加了武装力量，包括赫特福德伯爵家。尽管罗伯特·塞西尔和枢密院一致支持苏格兰詹姆斯六世继承王位，但众所周知，亨利八世的遗嘱是得到了议会批准的，遗嘱排除了斯图亚特家族的王位继承权，这个遗嘱仍然有效。3 月 23 日星期三，伊丽莎白一世的生命之火即将熄灭。枢密院议员决定最后一次问她，她是否想提名一位王位继承人。伊丽莎白一世同意见他们，但她已经说不出话来了。她想喝点水清清嗓子，但议员们看到她痛苦不堪，建议她在听到"喜欢的继承人"时伸伸手指。按一位 16 岁宫女的说法，沉默只被打破了一次，而且伊丽莎白一世没有说出她的继任者的名字。当议员们问凯瑟琳·格雷的儿子博尚勋爵能否继位时，伊丽莎白一世痛苦地低声说道："贱人的儿子不配坐我的王座。"[8] 这是她最后说的话。

伊丽莎白一世从未点名詹姆斯六世为"配坐王座的人"，但正如她曾希望的那样，斯图亚特家族的继任之路已经明朗。第二天早上，时年 69 岁的女王在睡梦中去世，几个小时后，罗伯特·塞西尔站在白厅宫外的草坪上，宣布苏格兰的詹姆斯六世为新的英格兰国王。直到生命的终点，伊丽莎白一世决定，王朝的合法性和君主的神圣统治权将压倒议会规约的世俗权力。对詹姆斯六世来说，这似乎已经实现了，但时间不能回到 1533 年，也不能回到英格兰宫廷与罗马教廷决裂的时刻。当时亨利八世宣布他是在上帝的旨意下统治王国，而非法律，因为法律是由他制定的。人们产生了无法想象的思想，而这些思想破坏了新国王的专制主义。

伊丽莎白一世在 1558 年成为女王前，她的新教支持者已经看到了亨利八世的帝制连续被一个国王和两个短命女王的脆弱形式取代。人们曾将亨利八世对教会和国家的"统治权"或"指挥权"

视为确保新教安全的必要条件，但伊丽莎白一世支持者中的政治精英试图不仅将女王当作一个女人来重新认同。1559年他们就是这么做的，将君主权力定义为"混合型"君主权——女性统治者受到议会和男性的约束。然而，伊丽莎白一世的理解是，即使她最亲密的支持者也将她视为二流统治者（因为她的性别），这导致她后来未能通过结婚或提名一位新教继承人来确保新教控制下的英格兰的未来，这一被提名者可能会取代她的位置。伊丽莎白一世希望自己的王冠被一位外国天主教徒继承的意愿反过来鼓励了她最重要的臣民发展一种新的、保守的共和制形式。威廉·塞西尔的盟友和政治继承人不自觉地反对君主制，但他们对新教国家的责任感超越了单一君主的统治。

299　　　尽管表面上看，当伊丽莎白一世去世时，詹姆斯六世并没有简单地按照传统的长子继承制和上帝的意愿取得成功，但正如从前威廉·塞西尔经常建议的那样，枢密院有权将王冠给予自己选出来的国王。1604年3月24日，王公、绅士和议员都签署了宣布詹姆斯六世为国王的公告。这一程序沿用至今，与1553年爱德华六世临终时为支持简·格雷而收集签名的程序遥相呼应。但当1604年通过的法律废除亨利八世的遗嘱和有关外国人继承王位的条例时，詹姆斯六世登基才得到了正式确认。英国政治精英此后终于有了他们盼望已久的成年男性君主，而且这位君主还有几个儿子可以确保今后有男性继承人。然而，詹姆斯六世的统治很快就令人失望了。甚至在1603年7月加冕之前，他就已经暴露了许多他特有的缺点：他对金钱的贪得无厌、他的同性恋倾向、他的苏格兰式喜好和习惯等。

　　政治精英从未信任詹姆斯六世，短短几年间，遭人鄙夷的伊丽莎白一世就被遗忘了，而穿着充满寓意的服装、围着围脖、身材丰满的格洛丽安娜的雕像又重新被民众想起。美化伊丽莎白一世成为批评她的斯图亚特继承人的一种流行手段，而在伊丽莎白一世统治时期培养起来的公民意识给她的男性继承人行使王权带来了困难。詹姆斯六世和他的儿子查理一世将严格奉行亨利八世的主张，即国王在上帝之下，但不在法律之下，因为国王制定了法律。然而，这种偏执最终造成了灾难性后果。

300

第二十八章

故事的尾声

也许只是出于纠正过去错误的意愿，赫特福德伯爵在 1608 年开始寻找那位主持他婚礼的牧师，并不知何故真的找到了 48 年前主持他与凯瑟琳·格雷婚礼的匿名牧师。但詹姆斯六世只是勉强同意给予他和凯瑟琳·格雷的儿子继承赫特福德伯爵爵位的权利，并谨慎地故意不消除私生子的污点，这被证明是一个明智的决定。两年后，博尚勋爵的二儿子——22 岁的威廉·西摩——未经王室许可与阿尔贝拉·斯图亚特结婚了。[1]

伊丽莎白一世死后，阿尔贝拉·斯图亚特被邀请回到宫廷，但用威尼斯大使的话说，她"没有朋友，也没有财产"，与威廉·西摩的婚姻是她的还击。人们只能猜测她丈夫的动机，但无论如何，他们结婚的事很快就被发现了。不出所料，詹姆斯六世将阿尔贝拉·斯图亚特软禁起来，而威廉·西摩则被关进了伦敦塔。让人匪夷所思的是，威廉·西摩逃到了法国，但阿尔贝拉·斯图亚特在逃往法国与他相会的途中被抓了，并于 1615 年死在伦敦塔里。人们认为她是绝食而亡的，据说凯瑟琳·格雷在 1568 年也是这么做的。[2]

威廉·西摩一直流亡在外，由祖父提供经济支持，直到 1616 年返回英国。渐渐地，他在宫廷中改过自新，但在赫特福德伯爵于

1621 年去世之前，他没有得到詹姆斯六世明显的恩宠。赫特福德 301
伯爵享年 82 岁，在那个时代算是长寿的。[3] 威廉·西摩作为唯一幸
存的男性继承人，继承了赫特福德伯爵的爵位。他迅速令人将他祖
母凯瑟琳·格雷的灵柩从萨福克郡约克斯福德的墓中挖出，带到索
尔兹伯里大教堂与她的丈夫老赫特福德伯爵葬在一起。[4] 他们宏伟的
陵墓仍然在南唱诗班通道的东角。老赫特福德伯爵的雕像很优雅，
腿也显得很长，老赫特福德伯爵静静地躺在他的石棺中。凯瑟琳·
格雷的石棺则在他的上方，显示了她的王室地位。拉丁文题词是为
了庆祝这对恋人终于团聚：

> 琴瑟之好，
>
> 历尽沧桑，
>
> 平和终至，
>
> 安息成双。[5]

　　新的赫特福德伯爵从未表现出任何谋取王位的野心，如果真有
的话，那就体现在他之前与阿尔贝拉·斯图亚特的婚姻。1625 年
查理一世成为国王时，新的赫特福德伯爵维护法治和宪法，反对查
理一世日益专制的统治。威廉·西摩是 1640 年 "12 位王公请愿
书" 的签字人之一，该请愿书要求国王在专制统治 11 年后重新召
集议会。虽然其他的签字者后来变得越来越激进，但威廉·西摩始
终与较温和的君主支持者站在一起。出于感激，查理一世将他的爵
位提升为侯爵。内战爆发时，他选择了保皇党一方，而格雷家族则
相反。

　　自伊丽莎白一世统治后期起，格雷家族就在布拉德盖特渐渐恢
复势力。1642 年 8 月 22 日，查理一世在诺丁汉郡举起王旗，发动

内战，仅 4 天后，格雷家族的庄园就被保皇党洗劫一空。格雷家族首领斯坦福德伯爵亨利·格雷是皮尔戈的约翰·格雷勋爵的后裔，
302 当时在议会里担任职务。他率领家族奋起抗争，在大小战事后，有人在战斗中丧生，还有数万人死于疾病。内战导致英国满目疮痍、社会动荡、激进思想层出不穷，其中一些思想吸引了斯坦福德伯爵的儿子托马斯（格罗比的格雷勋爵）。当内战以保皇党的失败和查理一世被判犯叛国罪而结束时，一些王公齐聚一堂，签署国王死刑令，只有托马斯以贵族长子身份签字。他的签名"Tho Grey"（托·格雷）排在第二位，在约翰·布拉德肖（John Bradshawe）和奥利弗·克伦威尔（Oliver Cromwell）的签名之间。与此同时，威廉·西摩在战争中试图在国王和议会之间斡旋，但还是在 1649 年 1 月 30 日目睹了查理一世被处决。谈起民众，查理一世在临刑前对周围的人说：

> 我真的和其他人一样渴望他们能自由自在。但我得告诉你们，他们的自由取决于对政府的拥护……而不是分庭抗礼。君臣有别，毋庸置疑……也正因如此，我才走上了断头台。[6]

议会选择温莎城堡的圣乔治教堂作为查理一世的安葬地，这是一个远离伦敦的地方，安全地隐匿于城堡的高墙后，不易成为保皇党的集会点。1649 年 2 月 7 日晚，威廉·西摩和其他 3 位将要参加查理一世葬礼的王公一起在教堂里寻找一座适合安葬查理一世的墓地。他们穿着皮靴，踩着唱经楼的地板，用棍子敲击，直到听到一个空洞的声音。当他们打开墓穴时，发现里面有亨利八世和他的王后简·西摩的灵柩。灵柩上覆盖着保存相当完好的天鹅绒布，其中一面被描述为"相当大"。

亨利八世的遗嘱受亨利八世法令的支持。在这份遗嘱中，本应成为国王的不是詹姆斯六世的儿子查理一世，而是凯瑟琳·格雷的孙子和继承人威廉·西摩。当时，却是威廉·西摩即将埋葬被斩首的查理一世。查理一世的头被粗糙地接回身体，以在下葬时给他留些尊严。然而，都铎王朝继承的故事即将结束。

1649 年 2 月 8 日，新下的雪反射出诡异的白光。雪越下越大，温莎城堡卫戍部队的士兵抬着查理一世的灵柩缓缓前行，威廉·西摩则与其余 3 位有爵位的人步调一致，每人手握灵柩上覆盖着的黑色天鹅绒的一角。朱克逊主教跟在后面，带领查理一世的大臣们从圣乔治教堂前的广场走到皇家墓地。当他们进入教堂时，灵柩上的天鹅绒已被白雪覆盖。有参加葬礼的人回忆起查理一世加冕时也是身披白袍，同他下葬时一样。哀悼者聚集在敞开的墓旁，一言不发。当时不允许主教用斯图亚特时期的《公祷书》做祷告。在生命即将结束之时，伊丽莎白一世热衷于一种保守的新教形式，这为英国国教赢得了皈依者。而在斯图亚特时期开始之时，这些皈依者进一步战胜了宗教方面更为激进的清教徒。然而事实证明，在内战结束后，获胜的是更为激进的清教徒。因此，伴着这种沉默，查理一世的灵柩被放入墓中，与亨利八世和简·西摩葬在一起。

随后几年里，保皇党多次策划，支持流亡海外的查理二世。威廉·西摩的长子也参与其中，并领导了 1650 年 5 月保皇党成立的"西方协会"。然而不久，政府的奸细就打入了这个组织，1651 年 4 月，威廉·西摩的长子被关进伦敦塔。他的父亲（曾因与阿尔贝拉·斯图亚特结婚而被囚禁在塔里）悲痛地宣称，这座监狱似乎就是给他家族建立的，"因为目前，我们五代人都有人被关进过伦敦塔"。威廉·西摩的儿子于 1651 年 9 月获释，但身体一直没有恢复，于1654年3月去世。威廉·西摩于1660年5月26日与其他王公一起迎接查理二世回到英国。那年9月，他被封为萨默塞特公爵，上一次家族里拥有这一爵位的人是他的曾祖父护国公萨默塞特公爵。

此时的威廉·西摩已病入膏肓。1660年10月，在被赐予公爵爵位后仅仅几个星期，他便去世了。威廉·西摩的小儿子于是成为第三代萨默塞特公爵，但他在1671年去世时并没有留下子嗣，威廉·西摩的女儿安妮成为凯瑟琳·格雷的继承人。她得到的遗产包括"简·西摩王后睡过的一张华丽的床"，这是查理一世送给她父亲的礼物。[7] 1676年，安妮嫁给了第二代艾尔斯伯里伯爵托马斯。他们的后代仍然是萨福克公爵夫人玛丽·都铎家族的重要继承人。

格雷家族的弑君者托马斯未能活着看到查理二世复辟，但他的父亲斯坦福德伯爵得到了赦免。这位弑君者的孙子，另一位托马斯继承了他的伯爵爵位。他曾参与查理二世的私生子蒙茅斯公爵发起的叛乱，这次叛乱针对的是查理二世的天主教继承人和同父异母的弟弟詹姆斯二世，因此他被关进伦敦塔里一段时间。在1688年所谓的"光荣革命"中，格雷家族的命运似乎发生了变化。当时詹姆斯二世下台，取而代之的是他的女儿玛丽和她的新教丈夫威廉三世。威廉三世在荷兰和英国的双重君主制下加冕，如果西班牙费利佩二世还在世，他肯定会非常羡慕。1694年11月，托马斯伯爵在布拉德盖特庄园热情款待威廉三世，但这位国王并没有恢复格雷家族的权势和财富。1705年，托马斯伯爵变得"穷困潦倒"，在后来的几代人中，布拉德盖特庄园发生了火灾，并被废弃，今天只剩废墟。

布拉德盖特庄园仍是莱斯特郡最浪漫的地方之一，来到这里，人们仿佛陷入都铎王朝过去的回忆里。如果格雷家族的宅邸被保留下来，它将是一座丰富的历史宝库。它曾保存 18 世纪戴假发的贵族的肖像画、第一次世界大战逝者的纪念品、在这里长大的孩子们逐渐褪色的照片。可惜的是，此处只剩格雷姐妹才能认出的断壁残垣，以及林子里那些像精灵一样安静觅食的鹿。

305

后　记

　　格雷姐妹去世后，历史与虚幻融为一体。斯图亚特家族成员不希望他们曾经的英国王位竞争者被人记住，于是凯瑟琳·格雷和玛丽·格雷的故事逐渐被人遗忘。然而，简·格雷的名声从未黯然失色。在她去世那年，约翰·戴伊出版机构将她宣传成新教殉道者，经过几代人的塑造，简·格雷成了纯洁无瑕的少女化身。简·格雷的传奇在保罗·德拉罗什（Paul Delaroche）19 世纪的历史肖像画《简·格雷的处刑》（*The Execution of Lady Jane Grey*）中达到顶峰，这幅画具有处女献祭的所有情感色彩。[1]身着白衣、被蒙上双眼的简·格雷在断头台上，将女性的无助表现得淋漓尽致。她在青少年时期的叛逆和伶牙俐齿在画作中被淡化了，正如 1554 年的简·格雷在生活中一样。

　　历史上许多关于简·格雷的虚构类作品是从她的出生谈起。21 世纪，传记作家[2]费思·库克（Faith Cook）在最近写的关于简·格雷的传记里重复了一个古老的谎言，即她于 1537 年 10 月出生在布拉德盖特庄园，与未来登基的爱德华六世在同月出生。这些细节来源于文学而非历史，这是一种强调简·格雷与世俗宫廷分离的手段，同时也预示了她的命运——成为无法控制的权力的受害者。简·格雷与爱德华六世处于同一时代，他们命运交织。爱德华六世临终前决定将她定为自己的继承人，这也导致了后面发生的一切故事。

相比这些口口相传的故事，16 世纪的简·格雷是一个更有趣、更矛盾的人物。作为亨利八世外甥女弗朗西丝的继承人，简·格雷实际上出生在宫廷，并最终成长为一名领袖，站在一场致命的意识形态斗争的一边。当时，人们肯定既有宗教信仰，又有世俗观念。都铎王朝的理念不容置疑，这个王朝的等级森严。社会秩序反映了神圣秩序，简·格雷从小就意识到，她是国家政治舞台上一个大家族的重要代表，肩负着重要责任。

约翰·戴伊出版机构深度挖掘简·格雷临终前的几封信，以及她在断头台上有准备的言行，集结成册，它们是当时反对玛丽一世统治最有力的舆论基础。它们使人们了解到简·格雷的毅然赴死，她不仅是一名受害者，而且是一位领袖。在伊丽莎白一世的统治开始时，简·格雷临终前的话以及对她处决的描述在约翰·福克斯的《义举与丰碑》（*Acts and Monuments*）中被人铭记，它就是人们熟知的《殉道者之书》，但关于她的虚构作品没过多久就出现了。这些早期作品，包括 1560 年的一首民谣和 1563 年前后用拉丁语写的一首挽歌，都聚焦她自称的清白，声称她的死完全是 1554 年她父亲的行为和玛丽一世残暴统治的结果。[3] 由托马斯·查洛纳爵士创作的拉丁语挽歌在围绕简·格雷的荒诞描述中尤其具有影响力。托马斯·查洛纳是威廉·塞西尔和沃尔特·哈登（他的兄弟曾在布拉德盖特庄园任牧师），以及《高布达克》的合著者托马斯·萨克维尔的密友。托马斯·查洛纳形容简·格雷学识渊博，她不仅精通拉丁语、希腊语、法语和意大利语，而且精通希伯来语和阿拉伯语。她是一位形体和灵魂都很美的女性，面对死亡时的沉着冷静可与苏格拉底媲美。托马斯·查洛纳拿苏格拉底与简·格雷做对比，特别有趣。1563 年，罗杰·阿斯卡姆也完成了他的《教师》。在这本书中，他回忆起有一次在布拉德盖特庄园，他发现简·格雷正在读柏拉图

307

的《斐多》中关于苏格拉底之死的对话。托马斯·查洛纳可能通过与罗杰·阿斯卡姆共同的朋友听说简·格雷对柏拉图的《斐多》感兴趣，但事实和虚构的边界已变得模糊。其实在这之前，出版审查已经开始，官方要求仔细删减不光彩的事实、夸张的描述，以及偶尔出现的赤裸裸的谎言——以无中生有创造所谓"基于实际事件的历史"。最值得注意的是，在挽歌中，简·格雷去世时怀孕的说法，将天主教女王的邪恶和不近人情烘托得淋漓尽致。

308

17世纪，简·格雷的"纯真"越来越等同于"被动"，约翰·福克斯《殉道者之书》中那绝不屈服的简·格雷开始淡出历史舞台。最初，人们对约翰·福克斯关于简·格雷描写内容的删改是为了描述简·格雷的博学和气度。针对简·格雷这类信奉新教的女英雄，托马斯·德克尔（Thomas Dekker）和约翰·班克斯（John Banks）等剧作家将她们塑造成随波逐流、浪漫天真的女性角色。比如，简·格雷就与吉尔福德·达德利热恋，而吉尔福德·达德利曾在1560年的民谣中被描绘成与简·格雷共同慷慨赴死的人。与此同时，雅各布夫人这个角色的出现也凸显了简·格雷孩童般的品质。当然，有时雅各布夫人被与简·格雷的教师"艾琳"混为一谈。

在接下来的一个世纪和启蒙运动时代，人们对女性的认识仍然固执、狭隘。作家和历史学家继续强调简·格雷是个可怜无助的受害者，这个形象被那个时代的人们所接受。就连历史学家大卫·休谟也声称，正是因为吉尔福德·达德利的一再恳求，简·格雷才勉强接受王位。爱德华·杨（Edward Young）的诗《宗教的力量，或被征服的爱》（*The Force of Religion*; *or Vanquished Love*, 1714）在描写顺从、贞洁的简·格雷时暗示了性的因素，诗句激发男性读者想象她私人衣柜里跪着的"那个可爱之人"的形象，并思考她精致的纯洁。[4]

19世纪，简·格雷在女性读者中也大受欢迎，她被认为代表了"家庭生活中一切美好事物"。[5]历史学家阿格尼斯·斯特里克兰（Agnes Strickland）直言，简·格雷所受的教育是值得效仿的。然而，即使是她描写的简·格雷，本质上也是甜美温婉的。19世纪，研究者使用了意大利语的文献，这类文献引用了一封丢失的简·格雷给玛丽·格雷的信。这些资料被用来强调简·格雷作为受害者的另一面：她还受到丈夫、婆婆、自己的父母和叛变的诺森伯兰公爵的欺负。简·格雷接受王位传统上归因于诺森伯兰公爵的野心。

与简·格雷作为一个理想化女性平行发展的，是对她母亲形象的重塑。自18世纪初开始，弗朗西丝就成了邪恶女性的原型，在汉斯·艾沃斯创作的双人肖像画中，达克尔夫人那肥头大耳的样子最能让人回忆起弗朗西丝的脸。20世纪和21世纪对简·格雷的描写，无论是历史著作、电影还是小说都借用了对弗朗西丝的这种描述。很多传记将弗朗西丝描述为"一个块头比她丈夫还要大的人"，费思·库克的传记也是这样写的："弗朗西丝粗鲁专横……与她舅舅亨利八世一样，是个坚定的机会主义者。"[6]在简·格雷妹妹们的生活中，这样的弗朗西丝的形象难以为继。但同样，现代传记作家在描写简·格雷及其妹妹们时，也仅用几页纸描写她的妹妹们。大部分有关凯瑟琳·格雷和玛丽·格雷生活的书尘封已久。

有一本专门描写玛丽·格雷的书，作者是弗洛拉·怀尔德（Flora Wylde），她的舅舅弗洛拉·麦克唐纳（Flora MacDonald）曾救过英俊王子查理。19世纪，弗洛拉·怀尔德创作了一本虚构的回忆录，名为《玛丽·凯斯夫人的小册子》（*The Tablette Book of Lady Mary Keyes*）。这本书经常被归为非虚构类作品，但创作它的初衷显然是重复有关简·格雷的荒诞说法。凯瑟琳·格雷本应是三姐妹中最重要的一位。但之后没有西摩家族的人成为国王或女王，所以只有为数不多的浪漫剧、诗歌和通俗史提到凯瑟琳·格雷和赫特福德伯爵的爱情故事。[7]此外，故事的重点不是她婚姻的意义，而是所谓的伊丽莎白一世的残忍。伊丽莎白一世在简·格雷的生活中扮演了弗朗西丝的角色。

令人瞠目结舌的是，用来描述"颐指气使和心术不正"的弗朗西丝的那些男性化气质的词也被用来描述伊丽莎白一世。1985年，一位叫巴肯（Bakan）的医生更过分，声称伊丽莎白一世患有"睾丸女性化"疾病，他认为伊丽莎白一世从基因上看是男性。他强调，伊丽莎白一世刚强的意志支持这一论断。[8]因此，故事从亨利八世拒绝其女儿玛丽公主成为英国未来君主开始，一直表达人们对于女性和权力的偏见。曾经支持这些传统偏见的古老信念已不复存在，但新的荒诞说法层出不穷，支持这些偏见，这些说法有时还打着"科学"的旗号。

然而，即使除去这些文学碎片，格雷姐妹的故事仍像其他悲剧小说一样令人扼腕叹息。简·格雷——一位信仰新教的"圣女贞德"——在议员背叛自己时召集新军与玛丽一世作战；凯瑟琳·格雷在伦敦塔里与赫特福德伯爵相聚，与他们的孩子一起被囚禁多年，最后留给赫特福德伯爵一枚戒指，上面写着"爱君之心，至死不渝"；还有身材矮小的玛丽·格雷，她在烛光下嫁给自己的护卫，最后却死在伦敦的一间普通的房间里，远离姐妹们长大的王宫。

致　谢

　　本书是我研究都铎王朝 8 年的最终成果。我的另一本书《伊丽莎白之后的英国王位之争》（*After Elizabeth：How James，King of Scots Won the Crown of England in 1603*）是关于 1603 年詹姆斯六世争夺王位的斗争。亨利八世坚持要找一名男性继承人，这令人印象深刻。我正是在写这本书时对格雷姐妹产生了好奇心。然而，当时我没有充分认识到都铎王朝的种种执念在多大程度上影响了王朝后来的发展。

　　辉格党对历史的传统阐释依然牢牢控制着我们的想象力。我们可以看到作为进步的排头兵——新教徒和自由主义者——与天主教徒和保守主义者的激烈对抗。但是，亨利八世与罗马教廷决裂，随后剥夺女性继承者的专制权力，所有这些努力的背后并没有自由主义的冲动——这些努力为英国播下了君主立宪制的种子。格雷姐妹与表亲玛丽一世、伊丽莎白一世都是英国公民意识发展的推动者。一系列不太受欢迎的女性统治者催生了这种公民意识。然而，到了奉行专制主义的斯图亚特王朝时期，这种公民意识却不为统治者接受。

　　格雷姐妹在 16 世纪很有影响力，这是因为亨利八世将斯图亚特家族排除在英格兰王位继承者之外。根据他的遗嘱，1603 年伊丽莎白一世去世后，继承人应该是凯瑟琳·格雷的儿子。而凯瑟琳·格雷的一生如同她的妹妹玛丽·格雷的一样，在某种程度上有一种悲剧式的浪漫。凯瑟琳·格雷的故事是关于情人离散的故事。然而，这些悲惨往事揭示了一段尘封的历史，反映了伊丽莎白一世与新教民族主义形象"格洛丽安娜"之间的戏剧性矛盾。在开始撰写这本书时，我希望具有偶像气质和青春气息的简·格雷能够引出被人们遗忘的"格雷家其他两姐妹"。但我担心围绕简·格雷之前的研究太多，自己无法获得新的研究成果。然而，当我从研究简·格雷的生平传记过渡到研究当代史料时，我意识到自己低估了整个故事的规模。关于简·格雷与她父母的文字记录很少，且多半值得怀疑。将谎言与真相分开是一个至关重要的过程。简·格雷生活中的重大事件对玛丽一世和伊丽莎白一世统治时期的政治与文化产生了巨大影响，这有助于解释伊丽莎白一世对凯瑟琳·格雷和玛丽·格雷的态度及其产生的后果。

同时，在本书中，我还展示了之前未公开的凯瑟琳·格雷与爱德华·西摩的情书，以及有关他们秘密结婚的审问记录。赫特福德伯爵爱德华·西摩是护国公萨默塞特的儿子。他与英国第一部采用无韵诗风格的戏剧作者之间存在关联，这部戏剧曾试图向伊丽莎白一世施压，以解决王位继承问题。关于这些方面，我提供了新的信息。在这场围绕王位继承权的持续斗争中，威廉·塞西尔远不只是一个沉闷、忠诚的传统臣子。他努力控制伊丽莎白一世有关王室未来的决定。这都体现了关于王室权威和议会重要性等极其重要思想的发展。然而，在这一时期重大事件中不幸纠缠着的，正是格雷姐妹的悲哀。最终，只有玛丽·格雷从王室出身的重担中脱身，获得了一定程度的自由。

本书的书名对玛丽·格雷来说似乎不公平。简·格雷还未举行加冕礼，其统治就被推翻了。凯瑟琳·格雷也因为没有被当作伊丽莎白一世的继承人而倍感沮丧。相比之下，玛丽·格雷似乎从未认为自己是王位继承人的有力竞争者。她被形容为宫廷中最矮的人，却嫁给了最高大的人——这种结合被认为是荒诞可笑的，也很容易被解释为"侏儒嫁给巨人"。伊丽莎白一世认真对待玛丽·格雷的婚姻带来的威胁，给格雷家最小的妹妹和她的丈夫造成了悲惨的结局。然而，玛丽·格雷幸存下来。对其丢失手稿的罕见发现，也让她的经历一直享有很高的地位，与英国伟大君主的故事齐平。这些君主中有些是格雷姐妹的前辈，有些则将她们当作争夺王位的对手。玛丽·格雷虽然是格雷姐妹中最微不足道的一位，但她是我的最爱。

在我引用当代文献的地方，我对当时的拼写进行了现代化处理，以便现在的读者能更流利地阅读文本。为了避免读者对许多同名的人产生混淆，我用了各种技巧。例如，我将"凯瑟琳"（在16世纪都用"K"开头，拼写成 Katherine）用"C"开头，拼写成 Catherine，并将继位前的玛丽·都铎和伊丽莎白·都铎都称为公主，这是17世纪之前英国官方没有使用过的称呼。最后，我对日期进行了现代化处理，使一年从1月1日开始，而不像当时那样从3月25日开始。

如果没有肯尼斯·芬查姆等学者的慷慨帮助和建议，我甚至不可能开始这个项目。我要感谢肯尼斯·芬查姆在回答我的问题时表现出的极大耐心，从始至终，他一遍遍仔细地阅读全稿，并就如何改进提出了宝贵意见。苏·多兰在忙于自己写书的同时，还帮我阅读有关简·格雷章节的草稿。毋庸置疑，书中出现的任何错误都是我的责任。其他学者，包括迈克尔·怀亚特和托马斯·梅耶，耐心听取我提出的一些令人头疼的问题，我与他们讨论了有关简·格雷章节的意大利语文献来源。我也非常感谢约翰·盖伊、汤姆·弗里曼、埃里克·艾夫斯、斯蒂芬·阿尔福德、大卫·斯塔基、拉尔夫·霍尔布鲁克、迪亚迈德·麦克库洛赫、马克·尼科尔斯、卡罗尔·莱文和彭里·威廉姆斯等同事对我的大力帮助。我与维多利亚和阿尔伯特博物馆的苏珊·诺斯讨论了人物服饰，例如凯瑟琳·格雷新婚之夜戴的头饰。我还与同样来自该馆的凯蒂·库姆斯讨论了人物肖像。参与我们讨论的还有国家肖像馆的坦娅·库珀和大卫·斯塔基。关于医学方面的问题，我咨询了克里斯托弗·萨顿和尼古拉斯·罗维，尼古拉斯·罗维帮我鉴定出菲茨威廉创作的一幅肖像画中的人物是玛丽一世。之前，围绕画作中这位 38 岁左右的女性究竟是谁，人们众说纷纭，认为她可能是玛丽一世、简·格雷或简·多默。

我得到了伦敦纹章院档案管理员罗伯特·约克的慷慨帮助。我也非常感谢契克斯阁的罗德尼·梅尔维尔、大英图书馆和英国国家档案馆的工作人员以及威斯敏斯特大教堂图书馆的克里斯汀·雷诺兹。没有伦敦图书馆的工作人员，尤其是戈西亚·拉维克的耐心帮助，我不可能写好这本书。我要感谢尼里·莫雷·菲利普森，他为我提供了有关蒂尔尼家族的信息。当我在写作中卡壳时，我的公公杰拉德·德·利斯出手相助，慷慨地为我提供了转写文本，我对此深表谢意。我还要感谢斯蒂芬·爱德华兹和齐亚·索西尔，斯蒂芬·爱德华兹从他自己准备发表的一组关于布拉德盖特的照片中，选出一些好的发给我，而齐亚·索西尔则对照片进行了处理，使其色彩更加鲜艳。另外，我的教女莱蒂西亚·坎贝尔用她的专长，帮我做了些有用的研究；我的 3 个从事史学工作的儿子也给了我不小的帮助。几位朋友就本书的结构和语言表达给我提出了建议。亨丽埃塔·乔伊和多米尼克·皮尔斯对全稿提出了宝贵意见，而在写作初期，同为历史作家的丹尼尔·琼斯和罗兰·曼索普也给我提出了宝贵意见。这本书的编辑阿拉贝拉·派克一直都很热情，给予我大力支持，我也很感谢安娜贝尔·赖特和凯特·约翰逊。最后，我很幸运，乔治娜·卡佩尔能当我的经纪人，我每次都与她相谈甚欢。

注　释

第一部分　教育简·格雷

第一章　开篇

1. 弗朗西丝没有留存下来的肖像，我们只能看到她墓中的雕像。人们常说的弗朗西丝和她的第二任丈夫阿德里安·斯托克斯的肖像实际上是达克尔夫人和她儿子的肖像。

2. 密友们都称他为"哈里"，例如，Jonathan North（ed.），*England's Boy King，the Diary of Edward VI 1547-1553*（Welwyn Garden City，2005），p. 107。

3. J. S. Brewer（ed.），*Calendar of Letters and Papers，Foreign and Domestic，of the Reign of Henry Ⅷ*，Vol. ⅩⅢ，p. 280.

4. J. S. Brewer（ed.），*Calendar of Letters and Papers，Foreign and Domestic，of the Reign of Henry VIII*，Vol. VI，p. 142.

5. 1533 年 3 月 24 日，弗朗西丝和多塞特侯爵结婚，签订监护关系。J. S. Brewer（ed.），*Calendar of Letters and Papers，Foreign and Domestic，of the Reign of Henry VIII*，Vol. VI，p. 142.

6. J. S. Brewer（ed.），*Calendar of Letters and Papers，Foreign and Domestic，of the Reign of Henry VIII*，Vol. VI，pp. 62，63. 16 世纪的婚姻是一个人生过程，而不是一个单一的事件。"我现在就告诉

你"这个短语用来标记过程结束的时间；就多塞特侯爵而言，这似乎发生在 1533 年 7 月 28 日至 1534 年 2 月 4 日。

7. 关于简·格雷的出生日期，有很多说法。简·格雷的导师约翰·艾尔默在一封可能写于 1551 年 5 月 29 日的信中提到了她的年龄。在信中，他形容简·格雷"只有 14 岁"（Hastings Robinson, *Original Letters Relative to the Reformation*, Vol. Ⅰ, p. 276）。尽管这些日期只是编辑的猜测，但他们的推断参考了不少资料，包括马丁·布瑟于 1551 年 2 月 28 日去世时的信件、海因里希·布林格于 1551 年 3 月出版的第 5 版《十年》、关于多塞特侯爵爵位的记录（多塞特侯爵于 1551 年 10 月成为萨福克公爵）以及关于布兰登兄弟（简的舅舅们）在 7 月份去世的记录。这封信提到了多塞特侯爵的客人约翰·乌尔米斯于 5 月 29 日访问了布拉德盖特庄园，有力地表明这封信是在这个时候写的。苏黎世的原始信件显示，有人对数字"14"做了一些改动，但这些改动似乎出自约翰·艾尔默之手。我认为，这一数字并没有被人修改过。1550 年 4 月下旬，瑞士人约翰·乌尔默又写了一封信，他在信中还是将简·格雷描述为"大约 14 岁"，暗示她出生于 1536 年。然而，约翰·乌尔默对简·格雷和约翰·艾尔默都不太了解，而"大约"一词表明了他不确定简·格雷的年龄。这封信还证明了简·格雷于 5 月出生这一说法。米开朗琪罗·弗洛里奥后来也声称简·格雷去世时 17 岁，但他是在简·格雷去世后才这么说的，而约翰·艾尔默在写这封注明她年龄的信时，与简·格雷住在同一屋檐下。

8. 多塞特侯爵当时正在伦敦接受叛国罪审判，他是求恩巡礼骚乱的领导人。

9. John Ponet, *A Shorte Treatise of Politike Pouuer 1556*, in Winthrop

Still Hudson, *John Ponet*(Chicago,1942), p. 134.

10. David Loades, *Politics, Censorship and the English Reformation* (London and New York, 1991), pp. 1, 3, 4, 5. D. MacCulloch, *Reformation, Europe's House Divided 1490 – 1700* (London, 2003) pp. 76–87, 99–104.

11. 弗朗西丝可能还有一个女儿，但没有任何留存下来的相关资料。另一个女儿可能于 1539 年失踪。

12. 有关这一行为的详细讨论，请参阅埃里克·艾夫斯（Eric Ives）的《重新讨论都铎王朝问题》（*Tudor Dynastic Problems Revisited*）。

13. 王室教父、教母是家族成员。

14. Eric Ives, *The Life and Death of Anne Boleyn*(Oxford,2004), p. 44.

15. Charles Wriothesley and William Douglas Hamilton (eds.), *A Chronicle of England during the Reign of the Tudors, 1485–1559*, Vol. I(London,1875), p. 64.

16. Barbara J. Harris, *English Aristocratic Women 1450–1550*(Oxford, 2002), p. 106.

17. J. S. Brewer (ed.), *Letters and Papers*, Vol. XII (London, 1894 – 1910), pt. ii, p. 311, also Vol. XIII, pt. I, pp. 81, 515, 567. Hastings Robinson, *Original Letters Relative to the English Reformation*, Vol. I (Cambridge, 1846–1847), p. 276。和弗朗西丝在一起的朋友是德比夫人。

18. Charles Wriothesley and William Douglas Hamilton (eds.), *A Chronicle of England during the Reign of the Tudors, 1485–1559*, Vol. I (London,1875), pp. 66, 67.

19. J. S. Brewer, (ed.), *Letters and Papers*, Vol. XII(London,1894–1910),

pp. ii , 311.

20. Ibid. , Vol. XII, p. 340.

21. John Strype, *Ecclesiastical Memorials Relating Chiefly to Religion*, Vol. II , pt. 1(Oxford, 1882), p. 12. J. S. Brewer (ed.), *Letters and Papers*, Vol. XII (London, 1894-1910), pp. 311, 372-374.

22. E. M. W. Tillyard, *The Elizabethan World Picture*(London, 1976), p. 18.

第二章　第一堂课

1. J. S. Brewer (ed.), *Letters and Papers*, Vol. XII (London, 1894-1910), pp. 81, 515, 567. Barbara J. Harris, *English Aristocratic Women 1450-1550* (Oxford, 2002), pp. 115, 116, 281.

2. R. Wingfield, "Vitae Mariae Reginae" in Camden Miscellany XXVIII, 4th series, 29(London, 1984), p. 286.

3. 凯瑟琳·格雷出生的时候，国王与他的第五任妻子陷入热恋，第五任妻子凯瑟琳·霍华德十几岁，很会调情。她与格雷家族有很多联系，因此，凯瑟琳·格雷很可能和简·格雷一样，是以王后的名字命名的。这位年轻王后的姐姐嫁给了多塞特侯爵的表亲兼地产经理托马斯·阿伦德尔爵士，王后最喜欢的侍女凯瑟琳·蒂尔尼因为她母亲伊丽莎白·杰弗里与布兰登夫妇算得上亲戚。其他可能的教父、教母包括多塞特侯爵的妹妹凯瑟琳·菲扎兰，或者弗朗西丝的继母凯瑟琳·萨福克，但格雷一家对王室教父、教母情有独钟。他们的儿子亨利以国王的名字命名，弗朗西丝以弗朗索瓦二世的名字命名，简·格雷以简·西摩王后的名字命名。

4. 玛丽·格雷很可能是以玛丽公主的名字命名的。她出生于第 3 版《继承法》颁布之后，该法恢复了玛丽一世的继承权。在请她做教母这件事上，弗朗西丝处于有利地位，因为她们不仅是表亲，她们的母亲也是朋友，1538 年，弗朗西丝曾是她家的一员。

5. William Shakespeare, *As You Like It*, Act Ⅱ, scene i.

6. 1540 年，多塞特侯爵送给国王两只格雷伊犬作为新年礼物。

7. *HMC Salisbury*, Vol. Ⅰ, p. 131.

8. 格雷家的这位朋友是托马斯·霍比爵士。

9. Charlotte Isabelle Merton, "The Women Who Served Queen Mary and Queen Elizabeth"（Trinity College Cambridge, 1992）, p. 236. R. A. Houlbrooke, *The English Family 1450—1700*（London and New York, 1984）, pp. 140, 141, 144, 145.

10. 在 1995 年的电影《六度分离》（*Six Degrees of Separation*）中，威尔·史密斯扮演的主角提出了一个关于现代美国上层阶级道德观的问题："富人喜欢送给对方什么礼物？""果酱！"他答道。都铎王朝时期，英格兰人将果酱作为礼物。弗朗西丝给朋友们留了信，感谢他们送的果酱。

11. 我没有发现 1554 年以前的证据表明简·格雷学过托马斯·查洛纳的挽歌中所说的西班牙语。那本意大利语语法书可能是 1553 年米开朗琪罗·弗洛里奥献给简·格雷的。

12. Thomas Becon, *The Catechism of Thomas Becon*（Cambridge, 1844）, p. 348. Lacey Baldwin Smith, *Treason in Tudor England*（London, 2006）, p. 72.

13. "新教徒"这个词最初用来形容一群德国王公贵族，他们在 1529 年的一次议会上起草了一份抗议书，反对在立法会上支持传统宗教的其他贵族。

14. James Kelsey McConica, *English Humanists and Reformation Politics under Henry Ⅷ and Edward Ⅵ*（Oxford, 1965）, p. 227. 这句话提

及的耶稣会士是罗伯特·佩森斯。

15. Conyers Read, *Mr Secretary Cecil and Queen Elizabeth* (London, 1955), p. 41。

16. Jessie Childs, *Henry Ⅷ's Last Victim*, *The Life and Times of Henry Howard*, *Earl of Surrey*(London, 2006) p. 260.

17. 大约在 1549 年，尼古拉斯·斯罗克莫顿娶了安妮·卡鲁，她是弗朗西丝的表亲，也是简·格雷未来的朋友。成为寡妇后，安妮·卡鲁嫁给了弗朗西丝的鳏夫阿德里安·斯托克斯，并成为玛丽·格雷的继母。

18. John Foxe/Stephen Reed (ed.), *Acts and Monuments*, Vol. Ⅵ (London, 1838).

19. 约翰·贝尔记录了安妮·艾斯丘的生活，把她描述为一位年轻、温柔的女性，这与她所表现出的自信、机智和好辩完全不同。简·格雷脾气暴躁，她的命运掌握在未来的崇拜者手中。

第三章 简·格雷的监护权

1. 1524 年，亨利八世在比武中遇到了他的朋友及妹夫萨福克公爵查尔斯·布兰登，当时的人们普遍认为君主制是上帝建立的，国王凭借上帝的恩典，为了社会的利益而统治王国。在加冕宣誓中，他的职责包括保卫王国、维护法律和秩序、公正地伸张正义以及维护教会，特别是反对异端。他拥有"普遍"和"绝对"的王室特权。前者是他作为封建领主的普通法特权，包括发布赦免令的权力。后者是他的应急权力。例如，他可以在战时中止法律，给士兵安排住宿；如果一条街上的房屋都被烧毁，他可以下令拆除私人房屋；他可以提高税收。英国的君主制在很大程度上是一个自我限制的君主制，亨利八世在与罗马教廷决裂时把这些抛诸脑后。亨利八世的研究团队由坎特伯雷大主

教托马斯·克兰麦领导，团队成员"重新发现"了王室在"各
种古老且真实的历史和编年史"中具有至高无上的地位。关键的
摘录部分涉及神话中的国王卢修斯一世，他在 187 年使英国皈依
基督教。根据克兰麦大主教及其团队的说法，卢修斯一世本想了
解罗马法的细节，但教宗义禄（也译为埃留提利乌斯）告诉他，
在他自己的王国，他是"上帝的牧师"，因为他已经有了《旧
约》和《新约》，他拥有制定法律所需的一切。从这一点来看，
亨利八世坚持认为他是"颁布"法律并对教会和国家行使统治权
或"命令"的最高立法者。他的"绝对"特权不再局限于战争
或紧急情况。1533 年 4 月，安妮·博林加冕前的一个月，《上诉
法案》成为这一政治神学的标志。John Guy, "The Tudor Monarchy
and Its Critiques", www. tudors. org.

2. Roy Strong, *Artists of the Tudor Court*, *The Portrait Miniature
Rediscovered*, *1520 - 1620* (London, 1983) pp. 201 - 203. Dale Hoak,
"The Coronations of Edward Ⅵ, Mary Ⅰ, and Elizabeth Ⅰ", in
C. S. Knighton and Richard Mortimer(eds.), *Westminster Abbey Reformed*
(Aldershot, 2003) pp. 147 - 149.

3. R. Wingfield, "Vita Mariae Reginae", translated by D. MacCulloch,
Camden Miscellany XXVIII, 4th series, 29 (London, 1984), p. 245.
J. S. Brewer (ed.), *Letters and Papers*, Vol. ⅩⅢ (London, 1894 -
1910), pp. 81, 280. John Gough Nichols, *The History and Antiquities
of the County of Leicester*, Vol. Ⅲ, pt. 2(Wakefield, 2002), p. 673.

4. J. S. Brewer (ed.), *Letters and Papers*, Vol. ⅩⅢ, pt. 1, p. 81 and pt.
Ⅱ (London, 1894 - 1910), p. 280. John Gough Nichols, *The History
and Antiquities of the County of Leicester*, Vol. Ⅲ, pt. 2 (Wakefield,
2002), p. 673. 亨利八世还拒绝了 1547 年 2 月授予多塞特侯爵

嘉德勋章。

5. G. W. Bernard, "The Downfall of Sir Thomas Seymour", in G. W. Bernard (ed.), *The Tudor Nobility* (Manchester, 1992) p. 226.

6. Henry Clifford, *The Life of Jane Dormer*, *Duchess of Feria* (London, 1887), p. 60. 我认为,"国王"暗示了 1547 年 1 月之后的一段时期。简·多默的祖父威廉·西德尼爵士是弗朗西丝的父亲萨福克公爵查尔斯·布兰登的表亲,1547 年担任王宫管家。

7. *HMC Salisbury*, Vol. I , p. 70.

8. *HMC Salisbury*, Vol. I , p. 63. Patrick Fraser Tytler (ed.), *England under the Reigns of Edward VI and Mary*, Vol. I (London, 1839), p. 138.

9. Patrick Fraser Tytler(ed.), *England under the Reigns of Edward VI and Mary*, Vol. I (London, 1839), p. 138. Samuel Haynes (ed.), *A Collection of State Papers Relating to Affairs in the Reigns of King Henry VIII , King Edward VI , Queen Mary and Queen Elizabeth From the Years 1542 – 1570, Left by William Ceiil Lord Burghley*, Vol. VI (London, 1740), p. 838.

10. John Gough Nichols, *Chronicle of the Grey Friars of London* (London, 1852), p. 55.

第四章 凯瑟琳·帕尔做出的榜样

1. Barbara J. Harris, *English Aristocratic Women 1450 – 1500* (Oxford, 2002), pp. 40, 41.

2. 凯瑟琳·阿斯特利的叔叔加文·卡鲁爵士是简·格雷的外祖父萨福克公爵查尔斯·布兰登的妹夫。1565 年 7 月 18 日,凯瑟琳·阿斯特利去世,随后,约翰·阿斯特利娶了简·格雷的叔叔托马斯·格雷的私生女玛格丽特·兰顿。

3. Henry Clifford, *The Life of Jane Dormer*, *Duchess of Feria* (London, 1887), p. 86.

4. 《新约释义》第一卷于 1547 年 1 月印刷, 2 万册在接下来的 3 年中售出。

5. www. oxforddnb. com/Katherine Parr.

6. 王后的牧师约翰·帕克赫斯特 (John Parkhurst) 以前是简·格雷的外祖父萨福克公爵的牧师, 也是她的导师约翰·艾尔默的朋友。简·格雷很可能读过《一个罪人的哀歌》。

7. *CSPS*, Vol. Ⅸ, p. 50.

8. John Gough Nichols, *Chronicle of the Grey Friars of London* (London, 1852), p. 55.

9. John Strype, *Ecclesiastical Memorials Relating Chiefly to Religion*, Vol. II, pts. 1 and 2(Oxford, 1822), p. 13.

10. Samuel Haynes (ed.), *A Collection of State Papers Relating to Affairs in the Reigns of King Henry VIII, King Edward VI, Queen Mary and Queen Elizabeth From the Years 1542 - 1570, Left by William Cecil Lord Burghley*, Vol. VI (London, 1740), p. 75.

11. Mary Bateson, *Records of the Borough of Leicester*, Vol. III (Cambridge, 1905), p. 57.

12. Samuel Haynes(ed.), *A Collection of State Papers Relating to Affairs in the Reigns of King Henry VIII, King Edward VI, Queen Mary and Queen Elizabeth From the Years 1542-1570, Left by William Cecil Lord Burghley*, Vol. VI (London, 1740), p. 100.

13. John Strype, *Ecclesiastical Memorials Relating Chiefly to Religion*, Vol. II, pts. 1 and 2 (Oxford, 1822), p. 196. 这项指控包含在他 1549 年的起诉书中。

14. 给凯瑟琳·帕尔写传记的作者苏珊·E. 詹姆斯认为，这起事件发生在 1 月 6 日的主显节。该传记是《凯瑟琳·帕尔王后的诞生》(*Kathryn Parr, The Making of a Queen*)。然而，我认为这是对原始资料的错误解读。凯瑟琳·阿斯特利于 1549 年 1 月 6 日向伊丽莎白一世的保险箱保管员托马斯·帕里描述了这一事件，这并不表明这一事件发生在这一天。

15. Susan E. James, *Kathryn Parr, The Making of a Queen* (Aldershot, 1999), pp. 412, 413.

16. John Strype, *Ecclesiastical Memorials Relating Chiefly to Religion*, Vol. II, pts. 1 and 2 (Oxford, 1822), pt I, p. 201

17. 凯瑟琳·萨福克的宗教顾问休·拉蒂默如是说。萨福克公爵夫人可能与他合作，从 1548 年开始支付他的布道出版费。

18. Charles Wriothesley and William Douglas Hamilton (eds.), *A Chronicle of England during the Reign of the Tudors, 1485 - 1559*, Vol. I (London, 1875), p. 5.

19. 对新教来说，圣礼不是不可侵犯的，所以离婚是很有可能实现的。但萨默塞特公爵担心，允许离婚的行为过于革新。实际上，英格兰在 16 世纪仍然是欧洲唯一一个没有离婚制度的新教国家。然而，这也可能不是巧合，在这种情况下，萨默塞特公爵的妻子和安妮·布奇是表亲，北安普顿侯爵还是孩子的时候就和她结婚了，并且希望离婚。

20. *HMC Salisbury*, Vol. I, p. 70.

21. Patrick Fraser Tytler(ed.), *England under the Reigns of Edward VI and Mary*, Vol. I (London, 1839), p. 140.

22. Susan E. James, *Kathryn Parr, The Making of a Queen* (Aldershot, 1999), p. 332.

23. 多塞特侯爵的表亲兼财产管理人托马斯·阿伦德尔爵士是凯瑟琳·霍华德的姐夫，他有能力为伊丽莎白·蒂尔尼在太后那里谋一个职位。伊丽莎白·蒂尔尼是诺福克公爵夫人阿格尼斯·蒂尔尼的侄女，她的母亲——也叫伊丽莎白——通过布兰登家族与简·格雷的母亲有亲戚关系。Cyril Bristow' *Tilney Families*（printed and published by the author，1988）。

24. 制作香料酒的方法是："取精选的肉桂两盎司、细姜一盎司、谷物半盎司，将它们全部磨碎。然后在 24 小时内，用 3 品脱或 4 品脱上好的香味四溢的葡萄酒和一磅白糖将它们搅拌在一起，然后把它们装进一个伊波克拉斯毛毡袋，这样就可以得到香料酒。最方便和最好的方法是在香料中放半磅糖，和酒一起放进一个陶罐或石头罐里，关上罐子，密封 23 个小时，然后把一块薄薄的亚麻布或粗棉布放在罐口，把液体倒进来，迅速灌满容器，再把容器盖紧，因为它能很好地保存葡萄酒和香料的精髓、气味和风味。"〔引自 www. tudorhistory. org；参见 Agnes Strickland，*Lives of the Tudor Princesses*（London，1868），p. 96。〕

第五章　处决休德利男爵

1. 埃莉诺·布兰登一直在抱怨她的尿液中有血，背部也有疼痛感。克里斯托弗·萨顿教授认为她可能患有肾结石。

2. Susan E. James，*Kathryn Parr*，*The Making of a Queen*（Aldershot，1999），p. 48.

3. Samuel Haynes（ed.），*A Collection of State Papers Relating to Affairs in the Reigns of King Henry VIII*，*King Edward VI*，*Queen Mary and Queen Elizabeth From the Years 1542 – 1570*，*Left by William Cecil Lord Burghley*，Vol. VI（London，1740），pp. 77，78.

4. Patrick Fraser Tytler（ed.），*England under the Reigns of Edward VI*

and Mary, Vol. Ⅰ (London, 1839), p. 133.

5. Samuel Haynes(ed.), *A Collection of State Papers Relating to Affairs in the Reigns of King Henry VIII, King Edward VI, Queen Mary and Queen Elizabeth From the Years 1542－1570, Left by William Cecil Lord Burghley*, Vol. Ⅵ(London, 1740), p. 78.

6. Samuel Haynes(ed.), *A Collection of State Papers Relating to Affairs in the Reigns of King Henry VIII, King Edward VI, Queen Mary and Queen Elizabeth From the Years 1542－1570, Left by William Cecil Lord Burghley*, Vol. Ⅵ(London, 1740), p. 79.

7. 1547 年 4 月，枢密院禁止铸造旧式硬币或先令，其中 2/3 是合金硬币。尽管如此，威廉·谢灵顿还是从萨默塞特郡的村民那里购买了大量的教堂器皿，并在 5 月、6 月和 7 月将其制成旧式硬币。他在 3 年内还通过剪切硬币赚了 4000 多里弗。为了掩盖他的欺诈行为，他伪造了铸币厂的账簿，并销毁了原件。

8. Patrick Fraser Tytler(ed.), *England under the Reigns of Edward VI and Mary*, Vol. Ⅰ (London, 1839), p. 140.

9. *CSPD*, Vol. Ⅰ, p. 88.

10. Samuel Haynes(ed.), *A Collection of State Papers Relating to Affairs in the Reigns of King Henry VIII, King Edward VI, Queen Mary and Queen Elizabeth From the Years 1542－1570, Left by William Cecil Lord Burghley*, Vol. Ⅵ(London, 1740), pp. 68, 95.

11. 安妮·博林的舅舅托马斯·霍华德于 1537 年在伦敦塔去世，他未经国王允许与玛格丽特·道格拉斯小姐订婚。1538 年，德文郡伯爵因密谋让他的儿子爱德华·考特尼与亨利八世的女儿玛丽公主联姻而被处决。当时 12 岁的爱德华·考特尼是爱德华四世的后裔，他还待在伦敦塔，部分原因可能是他仍然是玛丽公主可能的新郎：他们在一起可能会对爱德华构成威胁。天主教国家认为爱德华没有合法身份，因为他出生于英格兰与罗马教廷分裂时期。

12. John Strype, *Ecclesiastical Memorials Relating Chiefly to Religion*, Vol. II, pts. 1 and 2(Oxford, 1822), p. 430.

13. Samuel Haynes(ed.), *A Collection of State Papers Relating to Affairs in the Reigns of King Henry VIII, King Edward VI, Queen Mary and Queen Elizabeth From the Years 1542 – 1570, Left by William Cecil Lord Burghley*, Vol. VI(London, 1740), p. 198. Patrick Fraser Tytler (ed.), *England under the Reigns of Edward VI and Mary*, Vol. (London, 1839), p. 141.

14. John Strype, *Ecclesiastical Memorials Relating Chiefly to Religion*, Vol. II, pts. 1 and 2 (Oxford, 1822), p. 198. G. W. Bernard, "The Downfall of Sir Thomas Seymour", in G. W. Bernard (ed.), *The Tudor Nobility* (Manchester, 1992), p. 150. Simon Adams and G. W. Bernard, "A Journal of Matters of State", in Ian W. Archer, with Simon Adams, G. W. Bernard, Mark Greengrass, Paul E. J. Hammer and Fiona Kisby (eds.), *Religion, Politics and Society in Sixteenth Century England*, Camden 5th series, Vol. 22(London, 2003), p. 57. 1544 年的《继承法》在 1547 年的《叛国法》中得到确认。然而，萨默塞特公爵当时仍然希望玛丽公主遵守她弟弟的宗教法令，就如同他遵守他们父亲的那样。从那时起，这种希望迅速幻灭。因此，她在继承王位中被忽略可能是一种未来的选择——这也许就是休德利男爵所暗示的。对这些信息发表评论的人是休·拉蒂默。

15. 我从尼科尔斯的《格雷修士》中得知这个日期。不同的原始资料提供的日期似乎略有不同。

16. Lacey Baldwin Smith, *Treason in Tudor England* (London, 2006), pp. 476, 477, 491.

17. G. W. Bernard, "The Downfall of Sir Thomas Seymour", in G. W. Bernard(ed.), *The Tudor Nobility* (Manchester, 1992), p. 231.

第六章 与诺森伯兰公爵为伍的人

1. *CSPD*, Vol. I, p. 110.

2. A. J. Fletcher and D. MacCulloch, *Tudor Rebellions* (London, 1997), p. 11.

3. *CSPD*, Vol. I, p. 131.

4. *HMC Middleton*, p. 519. Alice Friedman, *House and Household in Elizabethan England* (Chicago and London, 1989), p. 15. 然而, 暴力事件爆发了。例如, 仅仅两年后, 莱斯特郡就于1551年8月发生了骚乱。

5. Margie Mae Hankinson, "William Thomas, Italianate Englishman" (Columbia University, 1967), p. 30.

6. 约翰·福克斯描述, 简·格雷和安妮·帕尔以及赫伯特夫人一起, 在凯瑟琳·帕尔前面拿着蜡烛, 陪同凯瑟琳·帕尔进入亨利八世的房间。

7. 这次拜访的年份通常被认为是1550年。这是对原始资料的错误解读。接下来的2月被描述为爱德华统治的第四年——1550年——所以访问时间应该是1549年11月。(*HMC Middleton*, p. 520)

8. Giovanni Michieli, Venetian Ambassador, 1557 (see www.tudorplace. com.ar/Documents/description_of_mary_i.htm).

9. *CSPS*, Vol. X, 1550-1552, p. 6.

10. Ibid. , Vol. Ⅸ, p. 489.

11. Ibid. , Vol. Ⅹ, 1550–1552, p. 6.

12. *HMC Middleton*, pp. 520, 521.

13. John Strype, *Ecclesiastical Memorials Relating Chiefly to Religion*, Vol. Ⅱ, pts. 1 and 2(Oxford, 1822), pp. 485, 486.

14. John Gough Nichols(ed.), *The Literary Remains of Edward Ⅵ*, Vol. Ⅰ(London, 1857), p. ccxxvii.

15. *CSPD*, Vol. Ⅰ, p. 163. 威廉·塞西尔的大舅子威廉·库克和弗朗西丝·格雷结婚，她是皮尔戈的约翰·格雷勋爵的女儿，也是格雷姐妹的表亲。

16. 从 1549 年 8 月起，多塞特侯爵每年向约翰·乌尔默支付 20 克朗的津贴。英格兰的宗教激进主义主要来自宗教流亡者——像约翰·乌尔默这样的人，他们的主要赞助人与格雷姐妹关系密切。在枢密院，他们的主要赞助人是多塞特侯爵和北安普顿侯爵；在枢密院之外他们的主要赞助人是凯瑟琳·萨福克、爱德华的导师约翰·切克爵士（以前是凯瑟琳·帕尔的委托人）和威廉·塞西尔的岳父安东尼·库克爵士。

第七章　愤怒的简·格雷

1. Lacey Baldwin Smith, *Treason in Tudor England*(London, 2006), p. 84.

2. See Plato, *Phaedo*, edited by C. J. Rowe(Cambridge, 1993).

3. Roger Ascham, *The Whole Works*, edited by the Rev Dr Giles, Vol. Ⅲ (London, 1864), pp. 118, 119.

4. Hastings Robinson, *Original Letters Relative to the English Reformation*, Vol. I(Cambridge, 1846–1847), p. 276.

5. Henry Ellis, *Original Letters Illustrative of English History*, First Series, Vol. Ⅱ (London, 1825), p. 430.

6. Heinrich Bullinger, *The Decades of Heinrich Bullinger*, *Fifty Sermons Divided into Five Decades Containing the Chief and Principal Points of Christian Religion* (1587 English translation), Vol. IV(Grand Rapids MI,2004),pp. 528,544. 该书于 1551 年 3 月出版，但多塞特侯爵 4 月仍在莱斯特[Mary Bateson, *Records of the Borough of Leicester*, Vol. III(Cambridge,1905）] 。

7. Mary Bateson, *Records of the Borough of Leicester*, Vol. III (Cambridge, 1905),p. 68. 玛丽·格雷原本打算把这瓶酒与约翰·格雷勋爵的妻子分享。

8. Hastings Robinson, *Original Letters Relative to the English Reformation*, Vol. I(Cambridge,1846-1847),pp. 9-11.

9. Hastings Robinson, *Original Letters Relative to the English Reformation*, Vol. I(Cambridge, 1846 - 1847), pp. 4, 5, 6. Also see note 16, chapter 6.

10. Ibid.

11. Henry Ellis, *Original Letters Illustrative of English History*, First Series, Vol. II(London,1825), p. 430.

12. Agnes Strickland, *Lives of the Tudor Princesses* (London,1868),p. 120.

13. Ibid. , p. 110.

14. Jonathan North(ed.), *England's Boy King*, *the Diary of Edward VI 1547-1553* (Welwyn Garden City,2005),pp. 92, 93.

15. Thomas Wilson, quoted in Cecilie Goff, *A Woman of the Tudor Age* (London,1930), p. 195.

16. Ibid. , p. 197.

17. 多塞特侯爵似乎曾聘请威尔逊为托马斯·威洛比做过一段时间的家庭教师。

第八章　简·格雷和玛丽公主

1. www. hrionline. shef. ac. uk/foxe/1563 edition，Bk 12，p. 1746. 约翰·福克斯没有提供日期。据记录，简·格雷最后一次访问比尤利宫是在 1549 年 11 月，当时这起事件可能已经发生了，尽管第二年，即 1550 年，她的父亲在枢密院任职的可能性似乎更大。

2. Diarmaid MacCulloch，*The Boy King：Edward VI and the Protestant Reformation*（London，2001），p. 134. Michael Wyatt，*The Italian Encounter with Tudor England*（Cambridge，2005），pp. 83，84.

3. *CSPS*，Vol. Ⅹ，pp. 205，206.

4. Henry Clifford，*The Life of Jane Dormer，Duchess of Feria*（London，1887），p. 63.

5. 圣诞聚会后，爱德华紧接着写了一封信，警告他的姐姐，她与他血浓于水，这会使她的错误更加严重。他在信的附言里写道："你是我的姐姐。我不会说更多、更难听的话，因为我的职责会迫使我用更严厉、更愤怒的语言。但是现在，我想告诉你，我将看到人们严格遵守法律，那些违反法律的人将受到监视和谴责。"（*CSPS*，Vol. Ⅹ，p. 212）福音派教徒后来断言，议员有时不得不克制爱德华让玛丽公主停止做弥撒的决心。事实也许是这样。对于像爱德华和简·格雷这样的 13 岁孩子，他们的道德世界里几乎没有灰色地带，但与他送出愤怒的信相比，爱德华和玛丽公主在一起时更容易和解，也许并不是所有支持他的议员都如此热衷于约束他。1550 年 2 月 13 日，就在玛丽公主收到爱德华的信一周后，有些人在格林尼治宫表现出了明显的攻击性。一群农民被带到枢密院，他们被指控违反宗教条例。惊恐万分的朝臣和外交官在隔壁房间里可以听到这些人正在遭到殴打和威胁。最响亮的喊声是"我的沃里克勋爵（约翰·达德利）和两位侯爵（多塞特侯爵和北安普顿侯爵）!"（*CSPS*, Vol. Ⅹ, p. 223）

6. *CSPS*, Vol. Ⅸ, p. 407.

7. Jonathan North(ed.), *England's Boy King, the Diary of Edward VI 1547-1553*（Welwyn Garden City, 2005）, p. 76.

8. Henry Ellis, *Original Letters Illustrative of English History*, First Series, Vol. II(London, 1825）, pp. 176-181.

9. Patrick Fraser Tytler(ed.), *England under the Reigns of Edward VI and Mary*, Vols I-II(London, 1839）, p. 3.

10. 这使英格兰的公爵数量翻了一番——另外两位是萨默塞特公爵和老诺福克公爵。亨利八世的统治结束后，老诺福克公爵就一直被关在伦敦塔里。他的罪行在于，他的儿子争辩说诺福克公爵的王室血统意味着他应该在爱德华未成年时期担任摄政者。他的儿子亨利·霍华德是萨里伯爵，因犯罪被处决。1530 年，弗朗西丝的父亲曾试图安排她与萨里伯爵结婚，但老诺福克公爵以弗朗西丝的嫁妆不丰厚为由拒绝了他。

11. "The Pomp of English Ladies Abated by the Queen's Example", John Aylmer, *An Harbrowe for Faithful and Trew Subjects*(London, 1559; reprinted Netherlands, 1972）, margin reference.

12. Hastings Robinson, *Original Letters Relative to the English Reformation*, Vol. Ⅰ (Cambridge, 1846-1847）, p. 4.

13. Simon Thurley, *The Royal Palaces of Tudor England*(New Haven and London, 1993）, pp. 48, 74.

14. John Gough Nichols, *The Diary of Henry Machyn* (London, 1848）, pp. 13, 14.

15. Hastings Robinson, *Original Letters Relative to the English Reformation*, Vol. Ⅰ(Cambridge,1846–1847), p. 277.

16. Ibid. , pp. 285, 286.

17. "A Young Lady's Answer", John Aylmer, *An Harbrowe for Faithful and Trew Subjects* (London, 1559; reprinted Netherlands, 1972), margin reference.

18. *CSPS*, Vol. Ⅹ, p. 453. Patrick Fraser Tytler(ed.), *England under the Reigns of Edward VI and Mary*, Vol. II(London,1839),pp. 71, 72.

19. Michael Wyatt, *The Italian Encounter with Tudor England* (Cambridge, 2005), p. 79.

第二部分　女王和殉道者

第九章　垂死的国王

1. 1553 年，米开朗琪罗·弗洛里奥把《托斯卡纳语言规则》献给了简·格雷。

2. Agnes Strickland, *Lives of the Tudor Princesses* (London, 1868), pp. 133, 134.

3. Ibid.

4. 托马斯·查洛纳爵士发表于 1563 年的挽歌暗示，简·格雷会说阿拉伯语。然而，我们必须谨慎对待这一消息来源。除了阿拉伯语译本外，西奥多·比布兰德还撰写了一本著名的希伯来语语法书和《圣经》评注，这些可能正是简·格雷感兴趣的内容。

5. John Strype, *Ecclesiastical Memorials Relating Chiefly to Religion*, Vol. II,pts. 1 and 2(Oxford,1822), pt 2, p. 39.

6. 罗伯特·斯金纳是约翰·乌尔默和约翰·沃洛克的密友，有时也会侍奉国王。

7. 赫伯特勋爵在 1561 年给凯瑟琳·格雷的第一封信中明确表示，他们订婚的时候还"非常年轻"，即 1552 年 8 月她 12 岁之前，然后他们在"合法年龄"结婚，后来离婚。

8. 在这个问题上，公爵夫人唯一记录在案的话就是坚持说，她最爱丈夫（参见 S. J. Gunn, "A Letter of Jane, Duchess of Northumberland", *English Historical Review*, Nov. 1999, p. 1270）。

9. 同一天，爱德华见了诺森伯兰公爵的密友、兰开斯特公爵的领地大臣约翰·盖茨爵士，参见 John Gough Nichols(ed.), *The Literary Remains of Edward VI*, Vol. I(London, 1857), p. clxv。

10. *CSPD*, Vol. I, p. 254.

11. Chris Skidmore, *Edward Ⅵ, The Lost King of England*(London, 2007), p. 235.

12. John Strype, *Ecclesiastical Memorials Relating Chiefly to Religion*, Vol. II, pt. 2(Oxford, 1822), p. 30.

13. Cecilie Goff, A *Woman of the Tudor Age*(London, 1930), p. 179.

14. Antonio de Guaras, *The Accession of Queen Mary*, edited by Richard Garnett(London, 1892), p. 89.

15. Henry Ellis, *Original Letters Illustrative of English History*, First Series, Vol. II(London, 1825), pp. 145, 146n. 这封信没有注明日期。大卫·斯塔基认为，这封信是圣烛节（2 月）前后写的 [David Starkey, *Elizabeth*(London, 2001), p. 108], 甚至可能略微早一些, 参见 Patrick Fraser Tytler(ed.), *England under the Reigns of Edward VI and Mary*, Vol. I(London, 1839), pp. 161, 162。

16. 这是 1547 年的一段时期，当时人们仍然希望玛丽公主会遵守她弟弟的宗教法令，就像她最终遵守她父亲颁布的法令一样。

17. S. T. Bindoff, "A Kingdom at Stake 1553", *History Today*, Vol. 3,

1953，p. 645.

18. 根据稍晚一点的消息来源，诺森伯兰公爵向爱德华的医生咨询他对病情的判断，并被告知爱德华有致命的消耗性疾病，但应该能活到 9 月［Estienne Perlin, *Description des Royaulmes d'Angleterre et d'Escosse 1558*（London，1775），pp. ⅲ，ⅳ］。诺森伯兰公爵希望爱德华能召回议会，以便议会批准国王和枢密院做出的任何决定。他还希望 1551 年做出的决定，即国王不再需要和议会共同签署文件，实际上承认他 14 岁的法定的独立执政年龄。

19. Eric Ives, "Tudor Dynastic Problems Revisited", *Historical Research*, Vol. LXXXI, no. 212, May 2008, p. 14 n56.

20. 托马斯·古德里奇于 1549 年与亨利·格雷一起加入议会。

21. 这一"方法"并不能解释爱德华的决定，但夏天晚些时候起草的任命状和为爱德华的遗嘱起草的会议记录使我们对他的想法有一些了解。

22. 根据同时代的罗伯特·温菲尔德的说法，爱德华特别提醒人们注意安妮·博林的通奸和叛国行为，原因是当他试图为自己的遗嘱获得法律支持时可以排除伊丽莎白公主［参见 R. Wingfield, "Vita Mariae Reginae", translated by D. MacCulloch, Camden Miscellany XXVIII, 4th series, 29（London, 1984），p. 247］。这在爱德华的任命状中有所反映，他赞扬格雷姐妹的教养和家庭背景，暗示她们在道德上比他的两个姐姐都优越。

23. 亨利二世的母亲莫德皇后就是这样一个人。约翰·切克一直认为，他教给爱德华的一切都是通过言传身教。

24. John Gough Nichols（ed.），*The Diary of Henry Machyn*（London, 1848），pp. 33，34.

25. Conyers Read, *Mr Secretary Cecil and Queen Elizabeth*（London,

1955），pp. 94，95.

26. *CSPS*，Vol. Ⅺ，p. 169.

27. 这体现在她 1548 年写给休德利男爵的信中。Samuel Haynes（ed.），*A Collection of State Papers Relating to Affairs in the Reigns of King Henry VIII，King Edward VI，Queen Mary and Queen Elizabeth From the Years 1542 - 1570，Left by William Cecil Lord Burghley*，Vol. VI（London，1740），p. 79.

28. 国王——诺森伯兰公爵和萨福克公爵的孙子——将会是个姓达德利的人。

29. R. Wingfield，"Vita Mariae Reginae"，translated by D. MacCulloch，Camden Miscellany ⅩⅩⅧ，4th series，29（London，1984），p. 245.

30. C. V. Malfatti（trans.），*The Accession，Coronation and Marriage of Mary Tudor as Related in Four Manuscripts of the Escorial*（Barcelona，1956），p. s. 乔瓦尼·弗朗切斯科·康莫多用形容简·格雷对婚姻的抵制的话和朱利奥·拉维利奥·罗索说的相同："……尽管受到母亲的逼迫和父亲的殴打，索福克公爵的女族长吉安娜仍然强烈反对这场婚姻……萨福克公爵的第一个女儿，名叫简·格雷，尽管她强烈贬低这种婚姻，但在母亲的坚持和父亲的威胁下，她不得不屈服……"后来，有人对这一故事添油加醋，说简·格雷被殴打后才屈服，这一故事应该出自一个叫巴亚多的人［参见 Agnes Strickland，*Lives of the Tudor Princesses*（London，1868），p. 136］。巴亚多应该是一个原名叫巴多罗或巴多尔的威尼斯人（这个名字在威尼斯历法中是英国化的）。阿格尼斯·斯特里克兰认为这个故事出自巴亚多之手，然而，他并不是作者。简·格雷引用的这本书是朱利奥·拉维利奥·罗索的《英国史》的匿名、残缺和盗版版本，出版于 1558 年。朱利奥·拉维利奥·罗索在 1560 年的序言中只说巴亚多读过他的书并十分认可它。

31. *CSPS*, Vol. XI, p. 35.

32. John Strype, *Ecclesiastical Memorials Relating Chiefly to Religion*, Vol. II, pts. 1 and 2 (Oxford, 1822), p. 117.

33. *CSPS*, Vol. XI, p. 35. 威尔顿的格雷是萨福克公爵的亲戚，也是亨利·丹尼的岳父，亨利·丹尼的姐姐嫁给了约翰·盖茨。

第十章 一个已婚女人

1. 这个日期几乎总是被认定为 1553 年 5 月 21 日，但这一结论来自乔瓦尼·弗朗切斯科·康莫多在事件发生后的相关记录。这场联合婚礼预计发生在周四。我根据其他已知的日期计算，比如简·格雷进入伦敦塔的日期，来猜测那场联合婚礼的日期。我的猜测得以证实，那天是 1553 年 5 月 25 日。

2. R. Wingfield, "Vita Mariae Reginae", translated by D. MacCulloch, Camden Miscellany XXVIII, 4th series, 29 (London, 1984), p. 245. Albert Feuillerat (ed.), *Documents Relating to the Revels at Court in the Time of King Edward VI and Queen Mary* (Louvain, 1914), p. 306. *CSPS*, Vol. XI, pp. 45, 46.

3. Estienne Perlin, *Description des Royaulmes d'Angleterre et d'Escosse 1558* (London, 1775), pp. iii, iv.

4. *CSPS*, Vol. XI, p. 47.

5. E. Harris Harbison, *Rival Ambassadors at the Court of Queen Mary* (London, 1940), pp. 44, 45. 关于米开朗琪罗·弗洛里奥的书 *Storia della vita e della morte di Jane Grey*, 参见 www. riforma. net/ libri/micheflorio/index. htm。

6. *CSPS*, Vol. XI, p. 117.

7. *CSPS*, Vol. XI, p. 53.

8. Eric Ives, "Tudor Dynastic Problems Revisited", *Historical Research*, Vol. LXXXI, no. 212, May 2008, pp. 15-16.

9. Ibid. , p. 55.

10. Antonio De Guaras, *The Accession of Queen Mary*, edited by Richard Garnett(London, 1892), p. 89.

11. www. tudorplace. com. ar/documents/EdwardWill. htm.

12. David Loades, *John Dudley, Duke of Northumberland 1504 - 1533* (Oxford, 1996), p. 241.

13. *CSPS*, Vol. XI, p. 70.

14. John Gough Nichols, *The Diary of Henry Machyn* (London, 1848), p. 34.

15. R. Wingfield, "Vita Mariae Reginae", translated by D. MacCulloch, Camden Miscellany XXVIII, 4th series, 29(London, 1984), p. 262.

16. *CSPS*, Vol. XI, pp. 77, 106.

17. C. V. Malfatti (trans.), *The Accession, Coronation and Marriage of Mary Tudor as Related in Four Manuscripts of the Escorial* (Barcelona, 1956), p. 46.

18. E. Harris Harbison, *Rival Ambassadors at the Court of Queen Mary* (London, 1940), p. 45.

19. 第十一章涉及乔瓦尼·弗朗切斯科·康莫多或吉罗拉莫·波里尼版本的简·格雷写给玛丽公主的信,这是本书的基础。这些信相似但不完全相同,似乎是近似译本,原文写于 1553 年 8 月,乔瓦尼·弗朗切斯科·康莫多有可能见过它们。它们的内容与 6 月和 7 月事件的细节非常吻合。例如,乔瓦尼·弗朗切斯科·康莫多的信准确地提到了当时西班牙外交信函中记录的切尔西中毒事件(*CSPS*, Vol. XI, p. 53)。

20. *CSPS*, Vol. Ⅺ, p. 106.

21. 这在很大程度上反映了我们对性别的期望，温柔、善良的爱德华因为冷漠而声名狼藉，因为他被迫在两位最亲近的男性亲属的死亡令上签字，而简·格雷则以世俗的讨人喜欢而被人们铭记，这一点在她的生活中没有任何证据可以表明。

22. 这一内容出自乔瓦尼·弗朗切斯科·康莫多，但这一时期的匿名编年史也提到了类似的誓言和简·格雷不愿意接受王位。当诺森伯兰公爵面临与玛丽一世的战斗时，他提醒他的议员们：“你们自由地向这位贤淑的女王陛下宣誓效忠，这是神圣的誓言。女王陛下在我们的引诱下接受王位，与其说是由于她自己的争取和请求，不如说是由于我们对她的强制。”〔John Gough Nichols, *The Chronicle of Queen Jane and Two Years of Queen Mary* (London, 1850), pp. 6, 7. *CSPS*, Vol. Ⅺ, p. 106〕

23. 1547 年，宣布爱德华登基的公告里说，爱德华“完全履行国王的职责并在王室立足”。我们没有必要用加冕来证实这一事实〔Dale Hoak, “The Coronations of Edward Ⅵ, Mary Ⅰ, and Elizabeth Ⅰ, and the Transformation of the Tudor Monarchy”, in C. S. Knighton and Richard Mortimer (eds.), *Westminster Abbey Reformed* (Aldershot, 2003)〕。因此，简·格雷完全是女王。

24. John Gough Nichols, *Chronicle of the Grey Friars of London* (London, 1852) p. 78.

第十一章　女王简·格雷

1. *CSPS*, Vol. Ⅺ, pp. 82, 83.

2. Charles Wriothesley and William Douglas Hamilton (eds.), *A Chronicle of England during the Reign of the Tudors*, 1485 – 1559, Vol. Ⅰ (London, 1875), p. 87.

3. Henry Ellis, *Original Letters Illustrative of English History*, First Series, Vol. II (London, 1825), pp. 184, 185.

4. Nicholas Harris, *The Literary Remains of Lady Jane Grey* (London, 1825), p. lxv.

5. BL Harl 611, f. 1A.

6. *CSPS*, Vol. XI, p. 83.

7. 托马斯·富勒后来评论道，玛丽一世和伊丽莎白一世"把她们的王位归功于（温彻斯特的）建议：他的建议是罗伯特·达德利继承王位失败的主要原因"。

8. C. V. Malfatti (trans.), *The Accession, Coronation and Marriage of Mary Tudor as Related in Four Manuscripts of the Escorial* (Barcelona, 1956), p. 48.

9. *CSPS*, Vol. XI, p. 113. 值得注意的是，这份报告是在简·格雷下台后立即发布的，可能是一次推卸责任的早期尝试。萨福克公爵曾与阿伦德尔伯爵和彭布罗克伯爵共事，如果他们需要的话，他们会把这件事讲清楚。

10. *CSPS*, Vol. XI, p. 86.

11. *CSPS*, Vol. XI, p. 71.

12. 亨利·达德利也是萨福克公爵的姑姑塞西莉的儿子，塞西莉是第一代多塞特侯爵托马斯的女儿。

13. E. Harris Harbison, *Rival Ambassadors at the Court of Queen Mary* (London, 1940), p. 45.

14. John Gough Nichols, *Chronicle of the Grey Friars of London* (London, 1852) pp. 119, 120.

15. John Gough Nichols, *The Diary of Henry Machyn* (London, 1848), p. 34.

16. R. Wingfield, "Vita Mariae Reginae", translated by D. MacCulloch, Camden Miscellany XXVIII, 4th series, 29(London, 1984), p. 262.

17. John Gough Nichols, *The Chronicle of Queen Jane and Two Years of Queen Mary* (London, 1850), p. 5.

18. Ibid., pp. 5, 6.

19. Ibid., pp. 6, 7.

20. Ibid., p. 8.

21. Bryson Alan, "The Speciall Men in Every Shere, 1547−1553"(University of St. Andrews, 2001), p. 280.

22. R. Wingfield, "Vita Mariae Reginae", translated by D. MacCulloch, Camden Miscellany XXVIII, 4th series, 29(London, 1984), p. 265.

23. Nicholas Harris, *The Literary Remains of Lady Jane Grey* (London, 1825), p. lvi.

24. Ibid., pp. lvii, lviii.

25. R. Wingfield, "Vita Mariae Reginae", translated by D. MacCulloch, Camden Miscellany XXVIII, 4th series, 29(London, 1984), p. 265.

26. 安妮·卡鲁是格雷家的老朋友。她的父亲尼古拉斯·卡鲁爵士是萨福克公爵查尔斯·布兰登的盟友和亲戚。成为寡妇后，她嫁给了弗朗西丝的鳏夫阿德里安·斯托克斯。

27. 目前有一种观点，即尼古拉斯·斯罗克莫顿爵士希望由他本人宣布玛丽一世为女王。这个观点出自他的侄子，他的侄子后来认为尼古拉斯·斯罗克莫顿爵士一直反对简·格雷登基。在我看来，这种可能性极小。在伊丽莎白一世统治期间，尼古拉斯·斯罗克莫顿爵士对简·格雷的支持让他的侄子难堪，因此侄子有充分的理由掩盖此事。值得一提的是，他关于叔叔生平的诗体传记是《尼古拉斯·斯罗克莫顿传奇》（*The Legend of*

Nicholas Throckmorton）。

28. 拜约翰・福克斯所赐，里奇勋爵声名狼藉，因为他亲手给安妮・艾斯丘戴上刑具。近年来，在罗伯特・博尔特的剧本和弗雷德・津内曼 1966 年的电影《四季之人》（*A Man for All Seasons*）中，里奇勋爵是一位雄心勃勃的年轻人，他背叛了托马斯・摩尔并"为威尔士"出卖了灵魂。

29. David Loades, *John Dudley, Duke of Northumberland 1504 - 1553* (Oxford, 1996), p. 265.

30. Patrick Fraser Tytler(ed.), *England under the Reigns of Edward VI and Mary*, Vol. II (London, 1839), p. 207. Giulio Raviglio Rosso edited by Luca Contile, *Historia delle cose occorse nel regno d'Inghilterra, in materia del duca di Notomberlan dopo la morte di Odoardo VI* (Venice, 1558), pp. 15, 16.

31. C. V. Malfatti (trans.), *The Accession, Coronation and Marriage of Mary Tudor as Related in Four Manuscripts of the Escorial* (Barcelona, 1956), p. 19.

32. J. G. Nichols(ed.), *Narratives of the Days of the Reformation*, Camden Society 77 (1859), pp. 151, 152, 153, 226. Estienne Perlin, *Description des Royaulmes d'Angleterre et d'Escosse 1558* (London, 1775), pp. vi, vii. *CSPS*, Vol. XI, p. 113. *CSPD*, Vol. I, p. 344.

33. N. A. Sil, *Tudor Placemen and Statesmen* (London, 2001), p. 86.

34. Julius Ternetianius to Ab Ulmis in Robinson, *Original Letters*, Vol. I, p. 367.

第十二章　伦敦塔里的囚犯

1. *CSPS*, Vol. XI, p. 113.

2. John Gough Nichols, *The Diary of Henry Machyn* (London, 1848),

pp. 37, 38. Charles Wriothesley and William Douglas Hamilton (eds.), *A Chronicle of England during the Reign of the Tudors, 1485– 1559*, Vol. Ⅰ (London, 1875), pp. 90, 91. R. Wingfield, " Vita Mariae Reginae ", translated by D. MacCulloch, Camden Miscellany ⅩⅩⅧ, 4th series, 29 (London, 1984), p. 168. *CSPS*, Vol. Ⅺ, pp. 419, 420.

3. John Gough Nichols, *The Diary of Henry Machyn* (London, 1848), p. 37.

4. E. Harris Harbison, *Rival Ambassadors at the Court of Queen Mary* (London, 1940), p. 67.

5. Mary Bateson, *Records of the Borough of Leicester*, Vol. Ⅲ (Cambridge, 1905), p. 71.

6. *CSPS*, Vol. Ⅺ, p. 151.

7. Antonio De Guaras, *The Accession of Queen Mary*, edited by Richard Garnett(London, 1892), p. 138n.

8. *HMC Salisbury*, Vol. Ⅰ, p. 131.

9. David Loades, *Mary Tudor, A Life* (Oxford, 1992), p. 196. John Gough Nichols, *The Chronicle of Queen Jane and Two Years of Queen Mary* (London, 1850), p. 24.

10. 这些证人包括诺森伯兰公爵的兄弟安德鲁·达德利爵士和约翰爵士的兄弟亨利·盖茨。

11. John Gough Nichols, *The Chronicle of Queen Jane and Two Years of Queen Mary* (London, 1850), p. 17.

12. Barrett L. Beer, *Northumberland, The Political Career of John Dudley, Earl of Warwick and Duke of Northumberland* (Kent OH, 1974), p. 160.

13. 这是简·格雷的信指出的。C. V. Malfatti(trans.) , *The Accession*, *Coronation and Marriage of Mary Tudor as Related in Four Manuscripts of the Escorial* (Barcelona, 1956) , p. 48.

14. John Gough Nichols, *The Chronicle of Queen Jane and Two Years of Queen Mary* (London, 1850) , pp. 20, 21.

15. Barrett L. Beer, *Northumberland, The Political Career of John Dudley, Earl of Warwick and Duke of Northumberland* (Kent OH, 1974) , p. 160. 诺森伯兰公爵从未声称遗嘱完全符合爱德华的意愿，尽管这样做肯定符合他的利益。

16. Antonio De Guaras, *The Accession of Queen Mary*, edited by Richard Garnett(London, 1892) , p. 107.

17. John Gough Nichols, *The Chronicle of Queen Jane and Two Years of Queen Mary* (London, 1850) , pp. 23, 24.

18. *CSPS*, Vol. XI, p. 168.

19. Ibid. , Vol. XI, pp. 168, 169.

20. 迈尔斯·帕特里奇爵士也是爱德华·安德希尔的朋友。迈尔斯·帕特里奇爵士去世后，他的财产都归亨利·盖茨所有。也有人认为迈尔斯·帕特里奇就是女王的金匠纳撒尼尔·帕特里奇，但我不明白他们为什么这么想[Richard Davey, *The Nine Days Queen*(London, 1909) , p. 291]。

21. 几位简·格雷的传记作家认为雅各布夫人是艾伦·雅各布，并将她描述为简·格雷的护士，但这是把一个真实人物和一个虚构人物混为一谈。简·格雷还有一位侍女，人们称这位侍女为"艾琳教师"，她可能和简·格雷的叔叔阿伦德尔伯爵是亲戚，姓菲茨兰。简·格雷的另一位侍女伊丽莎白·蒂尔尼是弗朗西丝·布兰登的亲戚，甚至还有可能和她的女儿玛丽有亲属关系。"护士"的说法似乎是 17 世纪末由菲利帕·德·克利福德提出的，可能是受莎士比亚的《罗密欧与朱丽叶》中的护士启发。关于真正的"雅各布夫人"，我们可以肯定的是，她有一个犹太名字。由于犹太人在中世纪早期被驱逐出英格兰，犹太人的名字很不寻常。然而，宫廷音乐家中有 7 名犹太人，简·格雷可能在凯瑟琳·帕尔的家中见过雅各布夫人。

22. 在信中，简·格雷告诉玛丽公主，她含泪接受了王位，枢密院向她保证这是她应得的。此后，诺森伯兰公爵和他的家人滥用简·格雷的权力，给她施加压力，让吉尔福德·达德利成为国王，并试图毒害她，就像他们毒害她父亲一样。简·格雷信上的内容似乎很快就被散布到了天主教外交官那里，他们不属于西班牙阵营。他们包括教皇特使乔瓦尼·弗朗切斯科·康莫多，他在当月会见了玛丽公主和威尼斯外交官。这封信由乔瓦尼·弗朗切斯科·康莫多和朱利奥·拉维利奥·罗索记录，在细节上与当时描述的事件相吻合，比如切尔西中毒事件。和乔瓦尼·弗朗切斯科·康莫多的信接近的一个文本由吉罗拉莫·波里尼于 16 世纪 90 年代出版，吉罗拉莫·波里尼将该信的撰写时间定为 8 月。然而，简·格雷提到约翰·盖茨是第一个向爱德华建议让她成为继承人的人，也暗示了这封信的撰写时间。（感谢埃里克·艾夫斯为我提供了吉罗拉莫·波里尼的信函的译文。）吉罗拉莫·波里尼的历史书是献给主教威廉·艾伦的，威廉·艾伦在英格兰有很多人脉，是尼古拉斯·桑德的密友。尼古拉斯·桑德也是乔瓦尼·弗朗切斯科·康莫多的委托人。埃里克·艾夫斯在 2009 年就吉罗拉莫·波里尼的信件的重要性发表了一篇评论。

23. 简·格雷可能认识托马斯·沃森，他是莱斯特郡巴克敏斯特牧师会的赞助人。

24. John Gough Nichols, *The Chronicle of Queen Jane and Two Years of Queen Mary* (London, 1850), pp. 25, 26.

25. 试图阻止废除法案的人还包括尼古拉斯·斯罗克莫顿爵士和她母亲的亲戚彼得·卡鲁爵士。*CSPS*, Vol. XI, p. 332.

26. *CSPS*, Vol. XI, pp. 334, 359.

27. 西班牙人听说萨福克公爵的兄弟托马斯·格雷勋爵讨厌玛丽公主的英格兰丈夫人选爱德华·考特尼, 这对他们来说不无道理。

28. J. A. Wagner, *The Devon Gentleman, The Life of Peter Carew* (Hull, 1998), p. 164.

29. Henry Ellis, *Original Letters Illustrative of English History*, First Series, Vol. II (London, 1825), pp. 187, 188.

30. *Calendar of State Papers Domestic, 1553–1558, of the Reign of Mary I*, edited by C. S. Knighton (London, 1998), p. 42.

第十三章　一场致命的反抗

1. 1553 年 12 月 15 日, 根据王室公告弥撒被重启。

2. Hastings Robinson, *Original Letters Relative to the English Reformation*, Vol. I (Cambridge, 1846–1847), p. 365.

3. www. hri. shef. ac. uk.

4. 托马斯·格雷勋爵后来被指控在叛乱前不久向伊丽莎白传递信息, 而帮助休德利男爵安排简·格雷的监护权的仆人约翰·哈林顿也代表萨福克公爵这样做, 尽管当时人们没有发现伊丽莎白有罪。简·格雷可能与叛军失去联系, 当她得知叛乱的消息时, 她相信她的父亲希望让她回到王位上。当时的资料就是这么表明的。在简·格雷临死前, 她对她的妹妹说, 如果她们的父亲成功了，她（也就是凯瑟琳·格雷）就会继承她们父亲的土地。简·格雷作为女王会拥有王室土地。但她这么说很可能是因为她认为无论她的父亲是赢还是输，她都会死。她可能认为她的父亲太鲁莽了。她给父亲的最后一封信在这一点上模棱两可。这封信指出，上帝已经决定加速她的死亡，将她交到"一个本可延长她生命的人手中"【Agnes Strickland, *Lives of the Tudor Princesses*（London, 1868）, p. 176】。

5. D. M. Loades, *Two Tudor Conspiracies*（Cambridge, 1965）, p. 26.

6. *Calendar of State Papers Domestic, 1553–1558, of the Reign of Mary I*, edited by C. S. Knighton（London, 1998）, p. 42.

7. John Gough Nichols, *The Chronicle of Queen Jane and Two Years of Queen Mary*（London, 1850）, p. 25.

8. *CSPD*, Vol. I, p. 28.

9. Ibid., p. 44.

10. 这位地方长官是北安普顿侯爵之前的一名密友，名叫罗伯特·帕尔默。

11. D. M. Loades, *Two Tudor Conspiracies*（Cambridge, 1965）, pp. 28, 29.

12. 这位秘书是托马斯·兰普顿。

13. Charlotte Isabelle Merton, "The Women Who Served Queen Mary and Queen Elizabeth"（Trinity College Cambridge, 1992）, p. 85.

14. John Gough Nichols, *The Diary of Henry Machyn*（London, 1848）, p. 54.

15. H. W. Chapman, *Lady Jane Grey*（Boston, 1962）, p. 190. 根据米开朗琪罗·弗洛里奥的说法，简·格雷用拉丁语、希腊语和英语写了3句格言。它们是："如果我的身体受到公正的对待，我的灵魂就会得到上帝的怜悯。死亡必因我的罪孽让我的身体疼痛，但我的灵魂必在上帝面前称义。如果我因过错而受惩罚，至少我的青春和轻率值得原谅，上帝和子孙后代会给我恩惠。"

16. Agnes Strickland, *Lives of the Tudor Princesses*（London, 1868）, p. 179.

17. John Gough Nichols, *The Chronicle of Queen Jane and Two Years of Queen Mary*（London, 1850）, p. 42.

18. Ibid., p. 49.

19. www. hrionline. shef. ac. uk/foxe.

20. 相关争论由辩论家约翰·贝尔记录。

21. John Foxe, *Acts and Monuments*, Vol. VI, edited by Rev Stephen Reed（London, 1838）, pp. 415, 416, 417. www. hrionline. shef. ac. uk/foxe.

22. John Ponet, *A Shorte Treatise of Politike Pouuer 1556*, in Winthrop Still Hudson, *John Ponet*（Chicago, 1942）, p. 134.

23. John Gough Nichols, *The Chronicle of Queen Jane and Two Years of Queen Mary*（London, 1850）, p. 54. John Ponet, *A Shorte Treatise of Politike Pouuer 1556*, in Winthrop Still Hudson, *John Ponet*（Chicago, 1942）, p. 134.

24. Agnes Strickland, *Lives of the Tudor Princesses*（London, 1868）, p. 177.

25. Ibid., pp. 187-189. 这封信和简·格雷曾经收到的一封信中的内容相呼应。她随信收到了礼物，它们包括该撒利亚的巴西流的一本书，以及她寄出去的信，尤其是给托马斯·哈丁的信，还有她年轻时受过的训诫。

26. 这件事可能发生了，也可能没有发生，但这件事表明的情况肯定与我们所知道的简·格雷和吉尔福德·达德利的情况相符。

27. C. V. Malfatti（trans.）, *The Accession, Coronation and Marriage of*

Mary Tudor as Related in Four Manuscripts of the Escorial（Barcelona,
1956）, pp. 48, 49.

28. John Gough Nichols, *The Chronicle of Queen Jane and Two Years of
Queen Mary*（London, 1850）, pp. 56, 57. www. bl. co. uk/onlinegallery.
Nicholas Harris, *The Literary Remains of Lady Jane Grey*（London,
1825）, pp. 58, 59. 这页祈祷文可以在本书的结尾部分看到，是
《赞美颂》，根据相关传说这页祈祷文是由圣安布罗斯为圣奥古
斯丁的洗礼所作。

29. Nicholas Harris, *The Literary Remains of Lady Jane Grey*（London,
1825）, pp. 58, 59.

第三部分　伊丽莎白一世的继承人

第十四章　劫后余生

1. John Ponet, *A Shorte Treatise of Politike Pouuer 1556*, in Winthrop
Still Hudson, *John Ponet*（Chicago, 1942）, p. 61.

2. John Ponet, *A Shorte Treatise of Politike Pouuer 1556*, in Winthrop
Still Hudson, *John Ponet*（Chicago, 1942）, p. 62. C. V. Malfatti
（trans.）, *The Accession, Coronation and Marriage of Mary Tudor as
Related in Four Manuscripts of the Escorial*（Barcelona, 1956）, p. 55.

3. J. H. Baker（ed.）, *Reports from the Lost Notebooks of Sir James Dyer*,
Vol. I（London, 1994）, p. 10.

4. D. M. Loades, *Two Tudor Conspiracies*（Cambridge, 1965）, p. 103.

5. D. M. Loades, *Two Tudor Conspiracies*（Cambridge, 1965）, p. 30.

6. John Gough Nichols, *The Chronicle of Queen Jane and Two Years of
Queen Mary*（London, 1850）, p. 60.

7. Hastings Robinson, *Original Letters Relative to the English Reformation*,

Vol. I(Cambridge, 1846-1847), p. 305.

8. 在亨利八世时期，类似的布道在对异教徒和宗教异见者的处决中司空见惯。这一场景并没有出现在约翰·高夫·尼克拉斯（John Gough Nicols）撰写的《女王简·格雷纪事与女王玛丽一世纪事》（ *Chronicle of Queen Jane and Two Years of Queen Mary* ）中。然而，接下来关于混战的介绍出自约翰·福克斯的记录。

9. www. hrionline. ac. uk/foxe/single/book10/101570 _ 1637. John Gough Nichols, *The Chronicle of Queen Jane and Two Years of Queen Mary* (London, 1850), pp. 63, 64.

10. D. M. Loades, *Two Tudor Conspiracies* (Cambridge, 1965), p. 104.

11. David Starkey, *Elizabeth*(London, 2001), pp. 145, 146, 147.

12. Hastings Robinson, *Original Letters Relative to the English Reformation*, Vol. I(Cambridge, 1846-1847), pp. 304, 365.

13. 约翰·戴伊这家出版机构声称，它有介绍这些信件的印刷品原件。

14. Elizabeth Evendon, "The Michael Wood Mystery, William Cecil and the Lincolnshire Printing of John Day", *Sixteenth Century Journal*, XXXV/2(2004), pp. 383-394. www. hrionline. shef. ac. uk/foxe.

15. David Loades (ed.), *John Foxe and the English Reformation* (Aldershot, 1997), p. 18.

16. Evelyn Read, *Catherine*, *Duchess of Suffolk* (London, 1962), pp. 99-100.

17. *CPR*, 1553-1554, p. 106.

18. Herrick MSS, Leicester, DG9/79, Misc 4th series, 1980, Vol. 2, p. 215.

19. Charlotte Isabelle Merton, "The Women Who Served Queen Mary and

Queen Elizabeth" (Trinity College Cambridge, 1992), pp. 19, 80, 81.

20. A. Carter, "Mary Tudor's Wardrobe", *Costume*, 18 (1984), p. 15. Charlotte Isabelle Merton, "The Women Who Served Queen Mary and Queen Elizabeth" (Trinity College Cambridge, 1992), p. 67.

21. John Gough Nichols, *The Chronicle of Queen Jane and Two Years of Queen Mary* (London, 1850), p. 166.

22. 理查德·戴维的《简·格雷夫人的姐妹》 (*The Sisters of Lady Jane Grey*) 对凯瑟琳·格雷出席这场婚礼的描述是不准确的, 其作者可能混淆了有关伊丽莎白一世加冕礼的文献。

23. John Gough Nichols, *The Chronicle of Queen Jane and Two Years of Queen Mary* (London, 1850), p. 166.

24. Ibid. , p. 169.

25. C. V. Malfatti (trans.), *The Accession, Coronation and Marriage of Mary Tudor as Related in Four Manuscripts of the Escorial* (Barcelona, 1956), pp. 85-88. *CSPS*, Vol. XII, p. 297.

26. *CSPS*, Vol. XIII, p. 33.

27. David Loades, *Intrigue and Treason, The Tudor Court 1547-1558* (London, 2004), p. 189.

28. 这可能指的是另一个简, 她是诺森伯兰公爵夫人。但我倾向认为这位女士是简·格雷。达德利兄弟知道她将被处死, 他们曾奉她为女王, 并为她服务。

29. 当简·西摩王后在生爱德华六世时, 弗朗西丝与斯特伦奇勋爵的母亲住在一起。爱德华六世的外祖母是艾格尼斯·蒂尔尼, 她是简·格雷的女官伊丽莎白·蒂尔尼的姑姑。

30. 年长的兄弟约翰·达德利在获释后不久就去世了。

31. C. C. Stopes, *Shakespeare's Environment* (London, 1918), p. 254. Alan Young, *Tudor and Jacobean Tournaments* (London, 1987), p. 31.

32. *CSPS*, Vol. XIII, p. 166.

33. Devon Record Office, Petre 123M/TP22, TP24 and TP25 – 26. Leicester, *Commonwealth*, p. 75 (www. oxfordshakespeare. com/new _ files_dec_21/Leicesters Commonwealth. pdf).

34. 西班牙人曾评论弗朗西丝与爱德华·考特尼结婚的可能性，该评论写于 1555 年 4 月 22 日。由于帝国大使西蒙·雷纳德与玛丽一世关系密切，相关的王室传言可信度较高。很有可能的情况是，弗朗西丝是在这天之后与阿德里安·斯托克斯结婚，而根本不是在 3 月。我所看到的当代手稿都没有提到 1555 年 3 月，但许多二手资料引用了 3 月的日期（尽管它们在确切的日子上有所不同）。

35. 1519 年 3 月 4 日阿德里安·斯托克斯出生，1517 年 7 月 16 日弗朗西丝出生。1546 年，阿德里安·斯托克斯曾与约翰·格雷勋爵搭班子担任纽黑文市法官随员。1547 年，因有人非法入侵布里格斯托克大公园，阿德里安·斯托克斯出庭成为原告。他结交的朋友中不乏名人，如古文物研究者、盎格鲁-撒克逊人劳伦斯·诺威尔。后来，他又因为成了较为激进的新教徒而声名大噪（*Notes and Queries*, March 2000, p. 28; *Notes and Queries*, 11th series, Vol. V, p. 26）。

36. 围绕弗朗西丝的所谓评论，实则是关于 1560 年凯瑟琳·德·美第奇对伊丽莎白一世的评论。当时的情形表明，伊丽莎白一世似乎可能嫁给罗伯特·达德利。伊丽莎白一世对弗朗西丝婚姻的唯一评论是在 1561 年春天发表的。彼时，伊丽莎白一世问西班牙大使："如果我像两位萨福克公爵夫人（弗朗西丝和

凯瑟琳）和萨默塞特公爵夫人那样，下嫁他人，费利佩二世会
怎么想？"（*CSPS*，Vol. I，1558-1567，p. 182)围绕阿德里安·
斯托克斯入赘莱斯特郡，人们议论纷纷，有不少势利的评价。
但鉴于这是一场天主教的争论，其作者对弗朗西丝不太可能说
出什么好话。1553 年流传着一个谣言，简·格雷曾与加德纳家
族中一个地位卑微的男性订婚。而此时弗朗西丝与阿德里安·
斯托克斯的婚姻表明，她可能在这段谣言中起了作用。

第十五章 长大

1. Additional MSS 33749, f. 84.

2. A. Carter, "Mary Tudor's Wardrobe", *Costume*, 18(1984), p. 18.

3. Sir John Hayward, *Annals of the First Four Years of the Reign of Queen Elizabeth*, edited by John Bruce, Camden Society(London, M. DCCC. XL), p. 7.

4. *CSPV*, Vol. VI, p. 107.

5. 这场阴谋的策划者是诺森伯兰公爵的亲属亨利·达德利，实际上他与格雷一家关系更为密切，他是萨福克的表亲。

6. www. tudorplace. co, . ar/documents/Dudley_conspiracy.

7. Michael Wyatt, *The Italian Encounter with Tudor England*(Cambridge, 2005), pp. 122, 123.

8. *HMC Salisbury*, Vol. I, p. 139n, at Christmas 1555.

9. 1555 年 3 月。

10. 托马斯·斯塔福德的妹妹多萝西在玛丽·格雷的遗嘱中被提到，当时她正在流亡。

11. 16 世纪后期，安插奸细揭露敌方阴谋的方法被用来对付天主教徒，也许这正是新教徒从对手那里学来的方法。

12. 1557~1558 年，18%的人口病死或饿死，这是 1540~1740 年英

格兰有记录以来的最高死亡率[R. A. Houlbrooke, *Death, Religion and Family in England 1480-1750* (Oxford, 1998), p. 6]。

13. Stephen Alford, *Burghley: William Cecil at the Court of Elizabeth I* (New Haven CT, 2008), p. 80.

14. BL Additional MSS 33749, ff. 47, 66.

15. Ibid., f. 47.

16. Henry Clifford, *The Life of Jane Dormer, Duchess of Feria* (London, 1887), p. 70.

17. 甚至在贵族和主教的葬礼上也出现过这种雕像，比如在斯蒂芬·加德纳主教的葬礼上。

18. John Strype, *Ecclesiastical Memorials Relating Chiefly to Religion*, Vol. II, pts. 1 and 2 (Oxford, 1822), pp. 141-142.

19. Winthrop S. Hudson, *The Cambridge Connection and the Elizabethan Settlement of 1559* (Durham NC, 1980), p. 18.

第十六章　西班牙人的阴谋

1. Michael Wyatt, *The Italian Encounter with Tudor England* (Cambridge, 2005), p. 123. *CSPV*, Vol. Ⅶ, p. 12.

2. Dale Hoak, "The Coronations of Edward VI, Mary I, and Elizabeth I, and the Transformation of the Tudor Monarchy", in C. S. Knighton and Richard Mortimer (eds.), *Westminster Abbey Reformed* (Aldershot, 2003), p. 131.

3. J. R. Planche, *Regal Records, or a Chronicle of the Coronations of the Queen Regnants of England* (London, 1838), p. 35.

4. 这是贝丝·哈德威克的后裔、纽卡斯尔公爵给复辟的查理二世的建议[Andy Wood, *Riot, Rebellion and Popular Politics in Early Modern England* (Ebbw Vale, 2002), p. 27]。

5. *CSPV*, Vol. Ⅶ, p. 12.

6. J. R. Planche, *Regal Records, or a Chronicle of the Coronations of the Queen Regnants of England* (London, 1838), p. 35.

7. *CSPV*, Vol. Ⅶ, p. 14.

8. Margaret J. Beckett, "The Political Works of John Leslie Bishop of Ross 1527-1596" (University of St Andrews, 2002), p. 147.

9. 约翰·艾尔默的《忠诚的臣民》由约翰·戴伊出版机构于 1559 年 4 月出版。1554 年，隐匿在塞西尔庄园里的约翰·戴伊出版机构出版了关于简·格雷的作品。

10. Dale Hoak, "The Coronations of Edward VI, Mary I, and Elizabeth I, and the Transformation of the Tudor Monarchy", in C. S. Knighton and Richard Mortimer(eds.), *Westminster Abbey Reformed* (Aldershot, 2003), pp. 139, 140, 141.

11. 值得注意的是，在玛丽一世统治时期，两拨英格兰的叛军领导人都是格雷家的近亲或密友。

12. Jennifer Loach, "The Function of Ceremonial in the Reign of Henry VIII", *Past and Present*, 142(1994), p. 44.

13. *CSPV*, Vol. Ⅶ, p. 17.

14. 人们认为伊丽莎白一世宣读的誓言与爱德华六世的版本相同或相似(Stephen Alford, "The Political Creed of William Cecil: A Paper Read to the Reformation Studies Institute", University of St Andrews, 2 March 2006, p. 9)。

15. Ibid.

16. *CSPS*, Vol. Ⅰ, p. 45.

17. *CSPF*, Vol. Ⅱ, p. 2.

18. *CSPS*, Vol. Ⅰ, p. 45; *CSPF*, Vol. Ⅱ, p. 2.

19. *HMC Bath*, Vol. Ⅳ, p. 131.

20. Henry Clifford, *The Life of Jane Dormer, Duchess of Feria* (London, 1887), pp. 108, 109.

21. *CSPF*, Vol. Ⅱ, p. 422.

22. Additional MSS 37749, f. 83.

23. Ibid., f. 56.

24. John Nichols, *The Progresses and Public Processions of Queen Elizabeth*, Vol. Ⅰ (London, 1828), p. 74.

25. 约翰·福克斯一直与诺福克公爵住在一起。诺福克公爵娶了凯瑟琳的侄女玛格丽特·奥德利。

26. Additional MSS 37749, f. 57. 阿德里安·斯托克斯回忆说事情是发生在 1559 年 10 月，这当然不是艾格尼丝·斯特里克兰、理查德·戴维及其追随者们所说的 3 月（Additional MSS 37749, ff. 57, 75）。

第十七章 订婚

1. *CSPD*, Vol. Ⅰ, p. 254.

2. Additional MSS 37749, f. 75.

3. Additional MSS 37749, f. 74.

4. Additional MSS 37749, f. 57.

5. *Miscellanea Genealogica et Heraldica*, 4th Series, Vol. 2(London, 1908), pp. 215, 216 (1908). 弗朗西丝的遗嘱于 1559 年 11 月 28 日被证实。

6. Nicholas Harris, *The Literary Remains of Lady Jane Grey* (London, 1825), p. cxvii (note).

7. Roger Bower, "The Chapel Royal, the First Edwardian Prayer Book, and Elizabeth's Settlement of Religion, 1559", *Historical Journal*, 43, 2

（2000），p. 342.

8. 在 16 世纪 60 年代的神学辩论中，托马斯·哈丁仍是天主教最能言善辩的人物之一。即使在流亡期间，他也与牛津大学的同窗约翰·朱厄尔展开了一场文字激战。托马斯·哈丁始终坚持以人为本的观念，他的论点以《圣经》和早期教会的实践为基础。他甚至请求罗马教廷允许英国天主教徒用方言阅读圣经。

9. John Gough Nichols, *The Diary of Henry Machyn*（London, 1848）, p. 217.

10. Arundel, No. 35, ff. 5-9：“主哀悼者，凯瑟琳·格雷是已逝公爵夫人的女儿。”由家族中的直系亲属充当主哀悼者的情况并不常见，但其他王室成员玛格丽特·伦诺克斯和玛格丽特·斯特伦奇都是天主教徒。

11. John Nichols, *The Progresses and Public Processions of Queen Elizabeth*, Vol. Ⅰ（London, 1828）, pp. 80, 81.

12. *HMC Bath*, Vol. Ⅳ, p. 178.

13. *CSPS*, Vol. Ⅰ, 1558-1567, p. 122.

14. 反叛的领主希望保留封建领主的权力和私人军队，不受中央集权君主制的限制，这在很大程度上推动了内战。在一些反叛者看来，新教使他们师出有名，而对另一些反叛者而言，新教确实是他们义无反顾的精神追求。

15. Stephen Alford, “The Political Creed of William Cecil：A Paper Read to the Reformation Studies Institute”, University of St Andrews, 2 March 2006, p. 13.

16. Additional MSS 37749, ff. 57, 73, 76.

17. *CSPS*, Vol. Ⅰ, p. 122. *HMC Salisbury*, Vol. Ⅰ, p. 197.

18. *CSPF*, Vol. Ⅲ, p. 312.

19. M. Le Baron Kervyn de Lettenhove, *Relations Politiques Des Pays-Bas et de L'Angleterre…*, Vol. II (Brussels, 1883), p. 608n.

20. *CSPS*, Vol. I, p. 175.

21. 1549 年，当凯瑟琳·格雷的父亲加入枢密院时，菲利普·霍比爵士欢呼道，枢密院全体成员都希望能齐心协力，共同维护上帝的旨意。

22. Thomas Hoby, *A Booke of the Travaile and Lief of Me*, Thomas Hoby, Camden Miscellany X (London, 1902), p. 128.

23. *CSPS*, Vol. I, 1558–1567, p. 176.

24. *CSPS*, Vol. I, 1558–1567, p. 176. 威廉·塞西尔试图诱使西班牙人重新打凯瑟琳·格雷的算盘，暗示他们给凯瑟琳·格雷找个丈夫是多么好的主意，因为她"将凭借亨利八世的遗嘱继承王位"。但阿尔瓦罗·德拉·夸德拉主教故意激将威廉·塞西尔，反问"伊丽莎白一世是否会提名凯瑟琳·格雷为她的继承人，并结束所有围绕继承之事的争论？""她当然不会，"威廉·塞西尔被迫承认，"因为俗话说得好，英国人寄希望的总是王位继承者，而非现任的国王或女王。"1561 年，在围绕继承权所做的重要讲话中，伊丽莎白一世也提到了这一说法。

25. 弗朗西丝·梅塔斯是彼得·梅塔斯爵士的女儿。彼得·梅塔斯爵士一直热心支持简·格雷于 1553 年登基。

26. Additional MSS 37749, ff. 58, 49.

27. Additional MSS 37749, f. 49.

28. BL Harl 611, f. 1A. 当女王简·格雷被关进伦敦塔时，这样的一枚戒指确实是列为她所拥有的珠宝之一，其中也包括萨默塞特公爵夫人之前佩戴的许多珠宝。这枚款式别致、"镶尖钻

石的金戒指"可能已被还给萨默塞特公爵夫人，然后被传给了
她的儿子赫特福德伯爵。

第十八章 心手相连

1. 有趣的是，约翰·福蒂斯丘曾是主教波尔的仆人。

2. Additional MSS 37749, f. 40.

3. 万圣节当时被称为"Allhallowtide"。在天主教信仰中，它是所
有灵魂的节日。

4. 实际上，克里斯托弗·巴纳比可能被派去领取戒指，但随后不
愿承认自己在二人婚礼中扮演了如此直接的角色。

5. Additional MSS 37749, f. 52.

6. Additional MSS 37749, f. 43.

7. 赫特福德伯爵和凯瑟琳·格雷在伦敦塔受审中所提及的这个头
饰有多重意义。非常感谢在维多利亚和阿尔伯特博物馆工作的
苏珊·诺斯帮我一一澄清。

8. Additional MSS 37749, ff. 41, 50, 58.

9. Norman Jones, *The Birth of the Elizabethan Age* (Oxford, 1995), p. 104.

10. Additional MSS 37749, f. 59.

11. 人们将简·西摩的年龄刻在墓碑上，但这么做似乎有些随意，
这显示她年轻时就取得了纳瓦拉王后死后取得的业绩。葬礼上
的致辞是由威廉·塞西尔的一位朋友彼得伯勒主教埃德蒙·斯
坎布勒发布的。

12. John Gough Nichols, *The Progresses and Public Processions of Queen Elizabeth*, Vols. I and II (London, 1828), p. 88.

13. Additional MSS 37749, ff. 42, 50.

14. Additional MSS 37749, ff. 63.

15. 事情正如凯瑟琳·格雷在后来的证词中所回忆的那样。

16. *CSPF*, Vol. Ⅳ, p. 113.

17. Ibid. , p. 299.

18. *CSPF*, Vol. IV. ,p. 152.

19. John Guy, *My Heart Is My Own, The Life of Mary Queen of Scots* (London,2004), p. 131.

20. *CSPF*, Vol. Ⅳ, p. 159.

21. 简·西摩确信女王不会允许赫特福德伯爵这么做。

22. Additional MSS 37749, f. 51.

23. *CSPF*, Vol. Ⅳ, p. 159.

24. Ibid. , p. 160.

25. Tanner MS 193, f. 224. 尽管信上的日期是 1559 年，但这封信似乎是一份写错日期的抄本。

26. Lord Hardwicke, *Hardwicke, Miscellaneous State Papers*, Vol. I (London,1778), p. 172. Additional MSS 37740, f. 63.

27. Tanner MSS 193, f. 227.

28. John Gough Nichols, *The Progresses and Public Processions of Queen Elizabeth*, Vols I and II(London,1828), p. 96.

29. "女主人"通常指已婚女性，但威廉·塞西尔后来坚称，调查发现知道凯瑟琳·格雷与赫特福德伯爵关系的人只有侍女和他们的仆人。此外，贝丝·哈德威克在圣诞节得到女王的恩宠，可以与女王交换新年礼物。

30. Sir John Harington, *Nugae Antiquae*, Vol. Ⅱ (London, 1804), p. 391. Additional MSS 37749, f. 83.

31. Additional MSS 37749, f. 59.

32. Additional MSS 37749, f. 43.

33. M. Le Baron Kervyn de Lettenhove, *Relations Politiques Des Pays-*

Bas et de L'Angleterre…, Vol. II(Brussels, 1883), p. 608n.

34. Samuel Haynes(ed.), *A Collection of State Papers Relating to Affairs in the Reigns of King Henry VIII, King Edward VI, Queen Mary and Queen Elizabeth From the Years 1542 – 1570, Left by William Cecil Lord Burghley*, Vol. VI(London, 1740), p. 370.

35. M. Le Baron Kervyn de Lettenhove, *Relations Politiques Des Pays-Bas et de L'Angleterre…*, Vol. II(Brussels, 1883), p. 608n.

36. *CSPD*, Vol. Ⅰ, p. 184.

第十九章 第一个男婴诞生

1. 这些订货清单是女王在斯莫尔布里奇写的，它是伊普斯威奇附近的一所宅邸，属于之前玛丽女王的宠儿爱德华·瓦尔德格拉夫爵士。显然，招待这位正生气的君主对他而言压力太大，他于 1561 年 9 月 1 日去世。

2. *CSPF*, Vol. Ⅳ, p. 262.

3. Ibid., p. 281.

4. *CSPR*, Vol. Ⅰ, p. 46. Agnes Strickland, *Lives of the Tudor Princesses* (London, 1868), p. 210.

5. 托马斯·萨克维尔写了一首十四行诗，在托马斯·霍比翻译的《廷臣论》中发表。我们可能还记得，托马斯·霍比是威廉·塞西尔的姐夫，也是在埃米·罗布萨特被发现死亡后邀请赫特福德伯爵和凯瑟琳·格雷参加晚宴的男主人。

6. John Gough Nichols, *The Diary of Henry Machyn* (London, 1848), p. 266.

7. Additional MSS 37749, f. 43.

8. 赫特福德伯爵的城堡位于撒克逊要塞的遗址上，该要塞由阿尔弗雷德国王修建，以抵御丹麦人，并在 1066 年后不久，由征服者威廉重建为莫特城堡或贝利城堡。从那以后，许多国王对它进行了修缮，但它并不是伊丽莎白一世觉得较为惬意的住所。

9. *CSPS*, Vol. I, 1558-1567, p. 214.

10. John Hungerford Pollen (ed. and trans.), "Lethington's Account of Negotiations with Elizabeth Edinburgh in September and October 1561", *Scottish History Society*, Vol. XLIII (Jan 1904), p. 39. John Spottiswoode, *History of the Church of Scotland* (Edinburgh, 1848 - 1851), pp. 11-30.

11. Ibid. , p. 39.

12. Ibid.

13. John Gough Nichols, *The Diary of Henry Machyn* (London, 1848), p. 267.

14. 罗伯特·温菲尔德是弗朗西丝·布兰登遗嘱的见证人。他可能来自米德兰兹·温菲尔德家族。

15. J. E. Jackson, "Wulfhall and the Seymours", *Wiltshire Archaeological and Natural History Magazine*, Vol. XV (1875), p. 154.

16. *CSPR*, Vol. I, 1558-1571, p. 51.

17. Agnes Strickland, *Lives of the Tudor Princesses* (London, 1868), pp. 226, 227.

18. J. H. Baker, (ed.), *Reports from the Lost Notebooks of Sir James Dyer*, Vol. I (London, 1994), p. 81.

19. 这名游客叫杰拉德·利。

20. John Gough Nichols, *The Progresses and Public Processions of Queen Elizabeth*, Vol. I (London, 1828), pp. 133, 134, 135, 139.

21. 这个说法出自薇塔·萨克维尔-韦斯特（Vita Sackvill-West）。

22. Greg Walker, *The Politics of Renaissance Drama* (Cambridge, 1998),

p. 202. Mortimer Levine, *The Early Elizabethan Succession Question* (Stanford CA,1966), p. 43.

23. 赫特福德伯爵 1568 年 2 月 10 日至 1 月 27 日的开支清单详见 "Th. Norton 6l"(*HMC Bath*, Vol. Ⅳ, p. 178)。

24. N. Jones, and P. W. White, "Gorboduc and Royal Marriages", *in English Literary Renaissance*, Vol. 26(1971), pp. 3-16.

25. 大卫·斯塔基认为这是一幅关于简·格雷的素描。他宣称这位画中人已 18 岁，而不是 17 岁，而我认为简·格雷是 17 岁时去世的。但我认为这并不重要，例如，凯瑟琳·格雷墓上的死亡日期比实际日期推迟了几年。至少有两个稍微了解简·格雷的人认为她去世时只有 17 岁。这两个人是约翰·乌尔默和米开朗琪罗·弗洛里奥。我也不认为围绕简·格雷的眼睛到底是蓝色还是棕色的讨论有多重要。艺术家拉维尼娅·蒂尔林克习惯给画中人画蓝色的眼睛。而大卫·斯塔基用不同的树叶来象征吉尔福德·达德利和罗伯特·达德利，我觉得这种观点很有说服力，简·格雷去世的日期让这两位艺术家产生了联系。因此，这幅画应该是在简·格雷去世后画的，但这也是我们所拥有的最接近简·格雷本人的肖像画。拉维尼娅·蒂尔林克应该很了解简·格雷，她还画了凯瑟琳·格雷。她不仅可以根据自己对简·格雷的回忆，还能以当时存在但后来丢失的画作为参考。我们知道贝丝·哈德维克和赫特福德伯爵至少有一张简·格雷的肖像画。阿尔贝拉·斯图尔特在 1603 年对他们的画进行了评价。赫特福德伯爵收藏的肖像画应该不大，因为阿尔贝拉·斯图亚特说它易于搬运。

26. Samuel Haynes(ed.), *A Collection of State Papers Relating to Affairs in the Reigns of King Henry VIII,King Edward VI,Queen Mary and*

Queen Elizabeth From the Years 1542 – 1570, Left by William Cecil Lord Burghley, Vol. I(London, 1740), p. 378.

27. Stephen Alford, The Early Elizabethan Polity, William Cecil and the British Succession Crises, 1558–1569 (Cambridge, 1998), pp. 92, 93.

28. J. H. Baker(ed.), Reports from the Lost Notebooks of Sir James Dyer, Vol. I(London, 1994), p. 82; Longleat PO/I/93.

29. Longleat PO/I/93.

30. Stephen Alford, The Early Elizabethan Polity, William Cecil and the British Succession Crises, 1558–1569 (Cambridge, 1998), p. 94.

第二十章 议会与凯瑟琳·格雷的王位继承权

1. CSPS, Vol. I, 1558–1567, p. 263.

2. 这一描述令人想起霍比家举办的晚宴,这次晚宴是在埃米·罗布萨特死后举办的。这次晚宴上的一位客人阿伦德尔伯爵在1563 年也举办了一次类似的家庭宴会。

3. 伦诺克斯伯爵夫人及其家人在西恩,接受《高布达克》的创作者之一托马斯·萨克维尔的父亲理查德·萨克维尔爵士的照料。

4. J. E. Neale, "Parliament and the Succession Question in 1562/3 and 1566", English Historical Review, Jan. -Oct. 1921, pp. 497 – 519, pp. 124, 125. Mortimer Levine, Tudor Dynastic Problems 1460–1571 (London and New York, 1973), pp. 106, 107. Mortimer Levine, The Early Elizabethan Succession Question (Stanford CA, 1966), p. 49.

5. CSPS, Vol. I, 1558–67, p. 296.

6. Mortimer Levine, The Early Elizabethan Succession Question (Stanford CA, 1966), p. 28; HMC Salisbury, Vol. I, p. 396.

7. Samuel Haynes(ed.), A Collection of State Papers Relating to Affairs in the Reigns of King Henry VIII, King Edward VI, Queen Mary and

Queen Elizabeth From the Years 1542 – 1570, *Left by William Cecil Lord Burghley*, Vol. Ⅺ（London, 1740）, p. 396. 理查德·戴维（Richard Davey）的著作提供的 1562 年这个日期是不正确的。

8. J. H. Baker(ed.), *Reports from the Lost Notebooks of Sir James Dyer*, Vol. I(London, 1994）, pp. 81, 82.

9. 这首民谣由约翰·蒂斯代尔于 1562 年 7 月 22 日至 1563 年 7 月 22 日创作。

10. 1584~1585 年, 威廉·塞西尔爵士将尝试采取类似的措施。

11. 根据阿尔瓦罗·德拉·夸德拉主教的说法, 凯瑟琳·格雷的竞争对手不喜欢威廉·塞西尔的建议, 即她们（或她们的丈夫）若进入委员会, 将有助于选出女王的继承人。她们担心, 为了自己的小算盘而策划的阴谋非但不会使她们在乡村庄园中安逸地生活, 反而可能会使她们选择凯瑟琳·格雷为继承人, 然后惹怒女王而被投入监狱。话说回来, 她们也不能被排除在这样一个委员会之外, 而让其他人掌管她们的利益, 因此, 这种委员会就不应成立。

12. *HMC Salisbury*, Vol. Ⅰ, p. 294.

13. Henry Ellis, *Original Letters Illustrative of English History*, First Series, Vol. Ⅱ(London, 1825）, p. 285.

14. *CSPS*, Vol. Ⅰ, 1558–1567, p. 313.

第二十一章　"约翰·黑尔斯掀起的风暴"

1. *HMC Salisbury*, Vol. Ⅰ, pp. 179, 280.

2. Henry Ellis, *Original Letters Illustrative of English History*, First Series, Vol. Ⅱ(London, 1825）, pp. 177, 278.

3. Agnes Strickland, *Lives of the Tudor Princesses* (London, 1868）, pp. 225, 226.

4. Henry Ellis, *Original Letters Illustrative of English History*, First Series, Vol. II (London, 1825), pp. 279, 280.

5. Ibid., p. 281.

6. Landsdowne 6, f. 36.

7. Henry Ellis, *Original Letters Illustrative of English History*, First Series, Vol. II (London, 1825), pp. 281, 282.

8. *Longleat* MSS, Portland, Vol. I, ff. 92, 93., ff. 92, 93.

9. Henry Ellis, *Original Letters Illustrative of English History*, First Series, Vol. II (London, 1825), pp. 283, 284, 285.

10. 诺利斯夫人是伊丽莎白的姨妈玛丽·博林的女儿。

11. Landsdowne MS 7, ff. 110, 119.

12. Agnes Strickland, *Lives of the Tudor Princesses* (London, 1868), p. 239.

13. Ibid., p. 241.

14. *HMC Salisbury*, Vol. I, p. 294.

15. Henry Ellis, *Original Letters Illustrative of English History*, First Series, Vol. II (London, 1825), p. 273.

16. 约翰·黑尔斯在欧洲的代理人罗伯特·比尔写道，赫特福德伯爵的仆人安东尼·潘恩作证说，威廉·塞西尔的远亲托马斯·丹内特向他讲述了二人的婚姻。托马斯·丹内特是一位老道的同谋者，曾参与 1554 年由凯瑟琳·格雷的父亲在米德兰兹领导的起义。他让安东尼·潘恩向赫特福德伯爵的律师展示这份证词，"以让他们快想办法" [Mortimer Levine, *The Early Elizabethan Succession Question* (Stanford CA, 1966), p. 73]。被点名的威廉·塞西尔的委托人包括律师威廉·弗利特伍德，他是《高布达克》的创作者之一托马斯·萨克维尔的朋友。16 世纪 80 年代，威廉·塞西尔计划在伊丽莎白一世死后成立"大议会"，而这名律师则与这一计划有关。此时，他领着安布罗斯·凯夫爵士的资助，而他的女儿同时也是继承人，她将于 1565 年与玛丽·博林的孙子亨利·诺利斯结婚。后来，玛丽·格雷将这一联姻作为自己婚姻的掩护。这里值得回忆的是，凯瑟琳·格雷在 1564 年新年送给亨利的母亲诺利斯夫人一双长筒袜。威廉·塞西尔的另一位委托人是福音派传教士大卫·怀特黑德，他曾是凯瑟琳·萨福克的神父［Henry Ellis, *Original Letters Illustrative of English History*, First Series, Vol. II（London, 1825），p. 285］。1551 年 11 月，大卫·怀特黑德在家中举办转物质论辩论，当时众多新教神学家会聚一堂，威廉·塞西尔一直强烈支持大卫·怀特黑德成为主教。

17. 约翰·格雷勋爵的儿子亨利·格雷是威廉·塞西尔的教子，以他已故叔叔的名字命名，詹姆斯一世将他封为格罗比的亨利·格雷男爵。他的后代包括第一代斯坦福德伯爵亨利·格雷。而这位伯爵的儿子托马斯，也就是格罗比的格雷勋爵，是一名弑君者。

第四部分　失去的爱

第二十二章　玛丽·格雷小姐和托马斯·凯斯先生

1. 正如前几位传记作家所说，亨利·诺利斯的婚礼并没有在 8 月或在白厅宫举行。

2. *CSPS*, Vol. I, 1558-1567, p. 451.

3. 阿伦德尔夫人和斯塔福德夫人都会在玛丽·格雷的遗嘱中被铭记。

4. 托马斯·凯斯的兄弟名叫爱德华·凯斯，是马丁·考斯利的朋友。

5. Henry Ellis, *Original Letters Illustrative of English History*, First Series, Vol. II(London, 1825), p. 299.

6. 霍特里爵士创立了伦敦的莫斯科公司，垄断了英俄贸易。

7. Norma Major, *Chequers*(London, 1996), p. 27.

8. Agnes Strickland, *Lives of the Tudor Princesses* (London, 1868), p. 269. *CSPD*, Vol. Ⅰ, p. 263.

9. 《对苏格兰玛丽女王的指控》发表于 1565 年 12 月，这篇文章要求出于宗教上的原因，将苏格兰玛丽女王排除在王位继承人之外，这一论点甚至可以成为推翻在位君主的理由。与此同时，威廉·塞西尔的朋友托马斯·史密斯爵士撰写了一部关于英国"混合君主制"的重要著作，名为《英格兰共和国》。

10. *CSPD*, Vol. Ⅰ, p. 277. Agnes Strickland, *Lives of the Tudor Princesses* (London, 1868), p. 271.

第二十三章　明确的选择

1. *Notes and Queries*, Vol. Ⅰ, June 1995, p. 423.

2. 约翰·温特沃思的独生女马尔特拉沃斯夫人是凯瑟琳·格雷的表亲、马尔特拉沃斯勋爵亨利·菲茨兰的遗孀。因此，约翰·温特沃思可能与凯瑟琳·格雷的姑父和盟友阿伦德尔伯爵关系密切。这表明他被认为是至少会善待凯瑟琳·格雷的人。经过改造的戈斯菲尔德庄园后来成为流亡的路易十八的家。

3. 约翰·梅森爵士于 1566 年 4 月 20 日去世。6 月 24 日，赫特福德伯爵在写"到访伦敦梅森夫人的家"时，仍与他的遗孀在一起(*Notes and Queries*, 1 June 1995, p. 423)。

4. Henry Ellis, *Original Letters Illustrative of English History*, First Series, Vol. II(London, 1825), p. 286.

5. Mortimer Levine, *The Early Elizabethan Succession Question* (Stanford

CA,1966），pp. 168，170.

6. Ibid.

7. *CSPS*, Vol. I , 1558-1567, p. 589.

8. 这封信标明的日期是 10 月 16 日，来自戈斯菲尔德庄园。

9. J. W. Burgon, *The Life and Times of Sir Thomas Gresham*, Vol. II（London,1981），pp. 398，399.

10. John Guy(ed.), *The Tudor Monarchy*（London,1997），p. 6.

11. Mortimer Levine, *The Early Elizabethan Succession Question*（Stanford CA, 1966），p. 176.

12. Sally Kempton, "Cutting Loose", *Esquire*, New York, July 1970.

13. *CSPS*, Vol. I , 1558-1567, pp. 587, 588.

14. Mortimer Levine, *The Early Elizabethan Succession Question*（Stanford CA,1966），p. 181.

15. Ibid. , pp. 184, 185. Susan Doran, *Monarchy and Matrimony, the Courtships of Elizabeth I*（London and New York,1996），p. 87.

16. 这一次，下议院议员从博学的演讲开始，继续讨论威廉·兰巴德提出的话题。威廉·兰巴德是威廉·塞西尔的亲戚安布罗斯·凯夫的一位委托人。这里值得回顾一下安布罗斯·凯夫与约翰·黑尔斯的传单之间的联系。

17. *CSPS*, Vol. I , 1558-1567, p. 595.

18. Ibid. , p. 596.

19. 尽管与 6 名议员合作，但是威廉·塞西尔仍是主要的起草人 [Stephen Alford, *The Early Elizabethan Polity, William Cecil and the British Succession Crises,1558-1569*（Cambridge,1998），pp. 155,156]。

20. *CSPS*, Vol. I , 1558-1567, p. 618.

21. Ibid. , p. 620.

22. John Guy, *John Guy*, *My Heart Is My Own*, *The Life of Mary Queen of Scots*(London, 2004), p. 365.

23. *CSPS*, Vol. Ⅰ, 1558-1567, p. 69.

24. *Notes and Queries*, 8th series, 1895, p. 2.

25. 阿格尼斯·斯特里克兰和从她身上获得大量启发的现代传记作家错误地说欧文·霍普顿已经是"中尉"。然而，直到 1570 年或 1571 年，欧文·霍普顿才获得这一职位。

26. 欧文·霍普顿向枢密院提交了凯瑟琳·格雷中途停留的账单，账单包括"一顿普通晚餐的费用、一顿晚宴的费用、烤火费、住宿费、养马费。账单的英国邮寄地址是 7SH 15D"（*Notes and Queries*, 8th series, 1895, p. 82）。

27. *Notes and Queries*, 7th series, 1995, p. 162.

28. James A. Yorke,"A Chest from Cockfield Hall", *Burlington Magazine*, Vol. 128, no. 995(Feb 1986), p. 84. 这栋房子的北翼是都铎式的，同门楼和马厩一起被保留下来。

第二十四章　"爱君之心，至死不渝"

1. *Notes and Queries*, 8th series, 1895, pp. 82, 233.

2. Cotton Titus MS, no. 107, ff. 124, 131.

3. 我们当然不可能知道临终前这一幕有多少归因于凯瑟琳·格雷。凯瑟琳·格雷是新教的继承人，重要的是，她被认为是高贵圣洁的。然而，我已经删去了很多宗教言辞。

4. Cotton Titus MS, no. 107, ff. 124, 131.

5. Ibid.

6. Cotton Titus MS, no. 107, ff. 124, 131.

7. 欧文·霍普顿爵士及妻子于 1578 年出席了玛丽·格雷的葬礼。

8. Nicholas Harris, *The Literary Remains of Lady Jane Grey*（London, 1825）, p. cxx.

9. *Notes and Queries*, 8th series, 1895, pp. 82, 83.

10. Nicholas Harris, *The Literary Remains of Lady Jane Grey*（London, 1825）, p. cxx.

11. *Notes and Queries*, 7th series, 1995, p. 161.

第二十五章　最后一个姐妹

1. Evelyn Read, *Catherine*, *Duchess of Suffolk*（London, 1962）, p. 144. *CSPD*, Vol. Ⅰ, pp. 294, 297.

2. Ibid., pp. 144, 145; *CSPD*, Vol. Ⅰ, p. 297.

3. 托马斯·格雷沙姆爵士是威廉·塞西尔的朋友和亲戚。托马斯·格雷沙姆爵士的妻妹嫁给了威廉·塞西尔的姐夫尼古拉斯·培根爵士，他的私生女安妮嫁给了尼古拉斯·培根爵士的儿子纳撒尼尔。托马斯·格雷沙姆爵士也是赫特福德伯爵最喜欢的诗人托马斯·丘奇亚德的共同赞助人。

4. 伊索克拉底作品的译本可能是传承下来的。1551年，爱德华六世收到了伊索克拉底作品的法文译本，同时也可以向玛丽·格雷的父亲或简·格雷赠送类似的礼物［Chris Skidmore, *Edward VI*, *The Lost King of England*（London, 2007）, p. 212］。围绕意大利语语法，我们可以参考1553年米开朗琪罗·弗洛里奥献给简·格雷的书。

5. 1548年，玛丽·格雷的母亲是第一个孩子弗朗西斯的教母，1549年，简·格雷成为第二个孩子的教母。这个孩子是个名叫坦珀伦斯的小女孩，可惜不久夭折了。1553年秋，玛丽·格雷的父亲是第三个孩子（儿子）的教父，1555年，凯瑟琳·格雷是第四个孩子（女儿）的教母。

6. 这两位是诺森伯兰第七代伯爵托马斯·珀西和威斯特摩兰第六代伯爵查尔斯·内维尔。

7. J. E. Jackson, "Wulfhall and the Seymours", *Wiltshire Archaeological and Natural History Magazine*, Vol. XV (1875), p. 195.

8. *CSPD*, Vol. I, p. 377. 桑德盖特堡提供的具体时间是 1570 年 5 月 7 日。

9. J. W. Burgon, *The Life and Times of Sir Thomas Gresham*, Vol. II (London, 1839), pp. 349, 350, 351.

10. 科巴姆勋爵是北安普顿侯爵威廉·帕尔的姐夫。

11. 这一事实支持威廉·塞西尔欠科巴姆勋爵一个人情的说法。

12. J. W. Burgon, *The Life and Times of Sir Thomas Gresham*, Vol. II (London, 1839), pp. 409, 410.

13. Ibid., Vol. II, pp. 410, 444. 1576 年, 伊丽莎白一世造访了这座宅邸, 观看为其上演的一部戏剧, 这是赫特福德伯爵最喜欢的诗人托马斯·丘奇亚德的作品。

14. *CSPD*, Vol. I, p. 425.

15. Ibid., p. 433.

16. J. W. Burgon, *The Life and Times of Sir Thomas Gresham*, Vol. II (London, 1839), pp. 144-413.

17. Agnes Strickland, *Lives of the Tudor Princesses* (London, 1868), p. 288.

18. 1571 年的 2 月, 尼古拉斯·斯罗克莫顿爵士因肺炎死于其位于莱斯特的宅邸。

第二十六章 重返伊丽莎白一世的王宫

1. *HMC Bath*, Vol. IV, pp. 138, 139.

2. 凯瑟琳·杜波特可能是玛丽·格雷的遗嘱执行人托马斯·杜波

特和他的妻子科妮莉亚的 7 个孩子之一。

3. Landsdowne 27, no. 31, ff. 60, 61.

4. *HMC Bath*, Vol. Ⅳ, pp. 141, 145, 146.

5. 同样重要的还有玛丽·格雷父亲的表妹林肯伯爵夫人，她在博
   马诺长大，名叫伊丽莎白·菲茨杰拉德，被诗人亨利·霍华德
   （萨里伯爵）称为"美丽的杰拉尔丁"。

6. Landsdowne 27, no. 31, ff. 60, 61.

7. 《议会训诫》由伦敦牧师约翰·菲尔德和托马斯·威尔科克斯
   撰写。

8. 1579 年，约翰·克努斯图布获得了萨福克郡科克菲尔德的住所，
   凯瑟琳·格雷就葬在那里，他自己也将葬在那里。1604 年，他在
   汉普顿宫廷会议上发言，支持清教徒思想（*CSPD*, Vol.Ⅰ, p. 591）。

9. 托马斯·凯斯可能有一个儿子或侄子，后来也被迎接回宫。参
   见 *HMC Salisbury*, Vol. Ⅱ。这篇文献记录了 1578 年 11 月 20 日
   中的一个有趣的"里士满礼物"列表。人们纷纷进贡了各种美
   味，进贡的人包括赫特福德伯爵和阿德里安·斯托克斯。另外
   还有一个叫托马斯·凯斯的人赠送了"1 只灶鸡、1 只肥滋滋的
   小母鸡、1 只山鹬、6 只千鸟、4 只沙锥和 12 只云雀"。

10. Simon Thurley, *Hampton Court*, *A Social and Architectural History*
    （London, 2003）pp. 86, 87.

11. 在对圣母玛利亚的论述中，很明显的一点是，人们非常关注这
    位杰出女性的思想，她是唯一合规的。作为天后，圣母玛利亚
    虽是处女，但成了人母。在人类中，只有圣母玛利亚在出生时
    不带有原罪。同样值得注意的是，在人世间，成功的男性统治
    者被认为是男性中的豪杰，而成功的女性统治者则被认为是出
    类拔萃的女性。

12. BL Harl 611, f. 1A.

13. 在谢普希德教堂，有纪念托马斯·杜波特的黄铜纪念牌。他在谢普希德的地产包括谢普希德庄园、40 个礼拜堂、2 个水磨坊、3 个鸽子房、30 个花园、500 英亩土地、100 片草场、200 片牧场、200 片林子、300 个金雀花和杜鹃花花棚、100 片桤木林，以及对谢普希德、索普、朗沃顿、海明顿、查恩伍德森林牧场抽取的租金（The Rev Harold Mack，“Shepshed Parish Church”，1947）。1578 年 9 月，威廉·塞西尔那越轨的儿子托马斯在前往凯瑟琳·萨福克住所的路上，曾在 25 日与一位霍尔先生同住，我怀疑此人正是爱德华·霍尔（HMC Salisbury，Vol. Ⅱ，p. 227）。此人一定还与约翰·霍尔有亲戚关系。约翰·霍尔是 1549 年亨利·威洛比的遗嘱执行人，亨利·威洛比的儿子约瑟夫后来成了诺维奇主教（HMC Middleton，p. 396）。

14. Landsdowne 27, reel 10, 31.

15. 威斯敏斯特大教堂收藏的 6406 号档案和 1600 年公布的威廉·卡姆登对大教堂的介绍都提及玛丽·格雷的埋葬地点。

16. 在这项工作中，我非常感谢伦敦纹章院的档案管理员罗伯特·约克的耐心帮助和大力支持。

17. MS Dethick's Funerals, Vol. 2：f. 455 recto：things to be prepared；f. 455 verso：fees appertaining；f. 502 verso：rough scheme of procession；f. 503recto：list of mourners；f. 503 verso：continuation of above（12 poor women only）；f. 517 recto & verso：list of mourners；MS R. 20；f. 429 recto：list of mourners.

第二十七章　凯瑟琳·格雷的儿子们以及伊丽莎白一世驾崩

1. HMC Bath, Vol. Ⅳ, pp. 190-193.

2. HMC Bath, Vol. Ⅳ, pp. 190-193.

3. 除了怨恨，女王没有理由阻止赫特福德伯爵再婚。

4. 德摩斯梯尼说："所有的言论都是徒劳空洞的，除非它伴有行动。"

5. John Gough Nichols, *The Progresses and Public Processions of Queen Elizabeth*, Vol. II(London, 1828), pp. 2, 3.

6. Ibid., p. 5.

7. Leanda de Lisle, *After Elizabeth: The Rise of James of Scotland and the Struggle for the Throne of England*(London, 2007)

8. Ibid., p. 113.

第二十八章 故事的尾声

1. 与 1600 年去世的叔叔托马斯一样，威廉·西摩在家中是弟弟，但志向更高。与托马斯不同的是，威廉·西摩比他哥哥赫特福德伯爵活得更长。

2. 亨利七世和约克的伊丽莎白的女性后代会出现抑郁、过度消瘦和饮食失调的症状。玛丽·都铎和简·格雷一样消瘦，玛丽·都铎的假孕可能有精神方面的原因。伊丽莎白一世和苏格兰玛丽女王都患有抑郁症。伊丽莎白一世不高兴时就吃不下饭。凯瑟琳·萨福克说，玛丽·格雷在抑郁时也不吃东西。

3. 自从凯瑟琳·格雷死后，赫特福德伯爵结了两次婚。弗朗西丝·霍华德于 1598 年去世，没有留下子嗣。3 年后，他娶了一位年轻貌美的寡妇，名叫弗朗西丝·普拉内尔，但与她一起生活并不幸福。

4. 凯瑟琳·格雷的内脏仍保存在牛津，直到 19 世纪，存放的地点一直用一块黑色的石头做标记。

5. 在碑文中，"内德"·赫特福德伯爵被誉为"宗教的狂热拥护者"，而凯瑟琳·格雷不仅在她所处的时代被誉为"一位品质卓越、虔诚、美丽、坚贞不渝的女性，而且是最优秀、最杰出的女性"。凯瑟琳·格雷的第一任丈夫亨利·赫伯特，即第二代彭布罗克伯爵，曾指责凯瑟琳·格雷是妓女。他也被安葬在同一所大教堂里，但没有纪念碑。

6. Robert Partridge, "O Horrable Murder", *The Trial, Execution and Burial of King Charles I* (London, 1998), p. 91.

7. J. E. Jackson, "Wulfhall and the Seymours", *Wiltshire Archaeological and Natural History Magazine*, Vol. XV (1875), p. 163.

后　记

1. *The Letters of Nancy Mitford*, edited by Charlotte Mosley, p. 259.

2. Faith Cook, *Lady Jane Grey* (New York, 2005).

3. 这首民谣由约翰·蒂斯代尔于 1560 年和 1562~1563 年发表。

4. Faith Cook, *Lady Jane Grey* (New York, 2005), p. 21.

5. Agnes Strickland, *Lives of the Tudor Princesses* (London, 1868), p. 94.

6. Agnes Strickland, *Lives of the Tudor Princesses* (London, 1868), p. 21.

7. 读者可参考 G. 林利（G. Linley）的《凯瑟琳·格雷》，这是一部写于 19 世纪的戏剧（BL Additional MSS 42942：6）。

8. R. Bakan, "Queen Elizabeth I: A Case of Testicular Feminisation?", *Medical Hypotheses*, July 1985. 几年后的 1992 年，在德里克·贾曼所导演的电影《奥兰多》中，伊丽莎白一世由男演员昆汀·克里斯普饰演。

参考文献

注释中使用了以下缩写：

CSPD	*Calendar of State Papers Domestic*
CSPF	*Calendar of State Papers Foreign*
CSPR	*Calendar of State Papers Rome*
CSPS	*Calendar of State Papers Spanish*
CSPV	*Calendar of State Papers Venetian*
CPR	*Calendar of the Patent Rolls, Philip and Mary*
HMC Bath	*Historical Manuscripts Commission, Calendar of the Manuscripts of the Marquess of Bath . . . Preserved at Longleat, Wiltshire*
HMC Middleton	*Historical Manuscripts Commission, Report on the Manuscripts of Lord Middleton . . . Preserved at Wollaton Hall, Notts*
HMC Rutland	*Historical Manuscripts Commission, The Manuscripts of His Grace the Duke of Rutland, KG . . . Preserved at Belvoir Castle*
HMC Salisbury	*Historical Manuscripts Commission, Calendar of the Manuscripts of the Most Honourable the Marquess of Salisbury . . . Preserved at Hatfield House, Hertfordshire*

未出版的文献

手稿

Bodleian Library
Tanner 193 f. 224, 227

British Library
Additional MSS 33749; Add 63543; Add 10617, 195–225v; Add 26748 ff.13v and 15v; Add 35327; Add 35830 f. 104, 183, 185, 189v, 191–191v; Cotton Titus CVII f. 11v and 122; Cotton Titus MS no. 107 f. 124, 131; Cotton Vitellius C XVI (Vol. 2) f. 413, 459–62, 517, 523; Harley 611; Landsdowne 27, 31 (reel 10 of microfilm); Landsdowne 6, 27, 32, 33, 36, 37, 38, 43, 44 (reel 3 of microfilm);

Landsdowne 81/13 f. 108, 109; Landsdowne 8, 43; Landsdowne 102, 62; Landsdowne 103, 1; Landsdowne 104, 1

武器学院

Arundel 35 ff. 5–9; MS Dethick's Funerals 2: f. 455, 502, 503, 517; MS R.20 f. 429; (MS Dethick's Funerals 2: f. 455 recto, things to be prepared [file 1]; f. 455 verso, fees appertaining [file 2]; unnumbered leaf immediately following, painters' or painter's bill [file 3]; f. 502 verso, rough scheme of procession [file 4]; f. 503 recto, list of mourners [file 5]; f. 503 verso, continuation of above (12 poor women only) [file 6]; f. 517 recto and verso, list of mourners [files 7–8]; MS R.20 f. 429 recto, list of mourners [file 9])

德文档案室

Petre MSS 123M/TP22; 123M/TP24; 123M/TP25–26

莱斯特和拉特兰档案室

Herrick MSS DG9/79

Longleat MSS
Portland papers I ff. 92, 93

英国国家档案馆

C 1/1469/75; SP 46/10; SP 13/E

沃里克郡档案室

CR 1998/EB/20

博士论文

Beckett, Margaret J., 'The Political Works of John Leslie Bishop of Ross 1527–96' (University of St Andrews, 2002)

Bryson Alan, 'The speciall men in every shere, 1547–1553' (University of St Andrews, 2001)

Hankinson, Margie Mae, 'William Thomas, Italianate Englishman' (Columbia University, 1967)

Harkrider, Melissa Franklin, 'Faith in a Noble Duchess, Piety, Patronage, and Kinship in the Career of Katherine Willoughby, Duchess of Suffolk, 1519–1580' (University of North Carolina at Chapel Hill, 2003)

Merton, Charlotte Isabelle, 'The Women Who Served Queen Mary and Queen Elizabeth' (Trinity College Cambridge, 1992)

Swenson, Patricia Cole, 'Noble Hunters of the Romish Fox, Religious Reform at the Tudor Court, 1543–1564' (University of California, Berkeley, 1981)

文件

Alford, Stephen, 'The Political Creed of William Cecil: A Paper Read to the Reformation Studies Institute', University of St Andrews, 2 March 2006

Levin, Carole, 'Lady Jane Grey on Film' (for forthcoming publication *The Tudors and Stuarts in Film*, ed. Susan Doran and Thomas Freeman)

已出版文献

Adams, Simon, 'The Dudley Clientele', in G. W. Bernard (ed.), *The Tudor Nobility* (Manchester, 1992)
——'Favourites and Factions at the Elizabethan Court', in John Guy (ed.), *The Tudor Monarchy* (London, 1997), pp. 253–77
——*Leicester and the Court* (Manchester, 2002)
Adams, Simon and G. W. Bernard, 'A Journal of Matters of State', in Ian W. Archer, with Simon Adams, G. W. Bernard, Mark Greengrass, Paul E. J. Hammer and Fiona Kisby (eds.), *Religion, Politics and Society in Sixteenth-Century England*, Camden 5th series, Vol. 22 (London, 2003)
Adams, Simon and Rodriquez-Salgado, M. (eds and translators), *Count of Feria's dispatch to Philip II of 14 November 1558*, Camden Miscellany XXVIII Camden 4th series (London, 1984), pp. 302–44
Alford, Stephen, *Kingship and Politics in the Reign of Edward VI* (Cambridge, 2002)
——*The Early Elizabethan Polity, William Cecil and the British Succession Crises, 1558–1569* (Cambridge, 1998)
——*Burghley: William Cecil at the Court of Elizabeth I* (New Haven CT, 2008)
——'Reassessing William Cecil in the 1560s', in John Guy (ed.), *The Tudor Monarchy* (London, 1997), pp. 233–53
Archer, Ian W. (ed.), *Religion, Politics and Society in Sixteenth-Century England* (Cambridge, 2003)
Archer, Jayne Elisabeth, Elizabeth Goldring and Sarah Knight (eds.), *The Progresses, Pageants and Entertainments of Queen Elizabeth I* (Oxford, 2007)
Ascham, Roger, *The Whole Works*, edited by the Rev Dr Giles, Vols I–III (London, 1864)
Auerbach, Erna, *Tudor Artists, A Study of Painters in the Royal Service, from the Accession of Henry VIII to the Death of Elizabeth* (London, 1954)
Aylmer, John, *An harbrowe for faithful and trew subjects* (London, 1559; reprinted Netherlands, 1972)
Bakan, R., 'Queen Elizabeth I: a case of testicular feminisation?', *Medical Hypotheses*, July 1985
Baker, J. H. (ed.), *Reports from the Lost Notebooks of Sir James Dyer*, Vol. I (London, 1994)

Baldwin Smith, Lacey, *Treason in Tudor England* (London, 2006)

Bann, Stephan, *Paul Delaroche, History Painted* (London, 1997)

Bateson, Mary, *Records of the Borough of Leicester*, Vol. III (Cambridge, 1905)

Becon, Thomas, *Works* (Cambridge, 1843)

———*Prayers and Other Pieces* (Cambridge, 2004)

———*The Catechism of Thomas Becon* (Cambridge, 1844)

Beer, Barrett L., *Northumberland, The Political Career of John Dudley, Earl of Warwick and Duke of Northumberland* (Kent OH, 1974)

Bergeron, David M., 'The "I" of the Beholder: Thomas Churchyard and the 1578 Norwich Pageant', in Jayne Elisabeth Archer, Elizabeth Goldring and Sarah Knight (eds.), *The Progresses, Pageants and Entertainments of Queen Elizabeth I* (Oxford, 2007), pp. 142–62

Bernard, G. W., 'The Downfall of Sir Thomas Seymour', in G. W. Bernard (ed.), *The Tudor Nobility* (Manchester, 1992)

———*The King's Reformation* (London, 2005)

———*Power and Politics in Tudor England* (London, 2000)

Bindoff, S. T., 'A Kingdom at Stake 1553', *History Today*, vol. 3, 1953

Bower, Roger, 'The Chapel Royal, the First Edwardian Prayer Book, and Elizabeth's Settlement of Religion, 1559', *Historical Journal*, 43, 2 (2000), pp. 317–44

Breight, Curt, 'Realpolitik and Elizabethan Ceremony, The Earl of Hertford's Entertainment of Elizabeth at Elvetham, 1591', *Renaissance Quarterly*, Vol. 45, pt I (1992), pp. 20–48

Brewer, J. S. (ed.), *Calendar of Letters and Papers, Foreign and Domestic, of the Reign of Henry VIII*, Vols VI, XII (pt II), XIII (pt I); XIV (pt I); XV, XVI, IX, XX (pt II): XXI (London, 1894–1910)

Brigden, Susan, 'Youth and the English Reformation', in P. Marshall (ed.), *The Impact of the English Reformation 1500–1640* (London, 1997), pp. 55–84

———(ed.), *The Letters of Richard Scudmore to Sir Philip Hoby, September 1549–March 1555*, Camden Miscellany XXX (Camden 4th series, 39 (London, 1990)

Bristow, Cyril, *Tilney Families* (printed and published by the author, 1988)

Bullinger, Heinrich, *The Decades of Heinrich Bullinger, Fifty Sermons Divided into Five Decades Containing the Chief and Principal Points of Christian Religion* (1587 English translation), Vol. IV (Grand Rapids MI, 2004)

Burgon, J. W., *The Life and Times of Sir Thomas Gresham*, Vols I and II (London, 1839)

Burnet, Gilbert, *The History of the Reformation*, 2 vols (London, 1841)

Byrne, Muriel St Clare (ed.), *The Lisle Letters*, Vols III and IV (Chicago and London, 1981)

Calendar of the Patent Rolls Philip and Mary, Vol. I (London, 1937)

Calendar of State Papers Domestic, 1547–1625, 12 vol, edited by Robert Lemon (London, 1856–1872)

Calendar of State Papers Domestic, 1547–53, of the Reign of Edward VI, edited by C. S. Knighton (London, 1992)

Calendar of State Papers Domestic, 1553–58, of the Reign of Mary I, edited by C. S. Knighton (London, 1998)

Calendar of State Papers Foreign, Vols I–VIII (London, 1865)

Calendar of State Papers Rome, Vol. I, 1558–71 (London, 1916)

Calendar of State Papers Spanish, Vol. IX, 1547–49 (London, 1912); Vol. X, 1550–52 (London, 1914); Vol. XI, 1553 (London, 1916); Vol. XII, Jan–Jul 1554 (London, 1949); Vol. XIII, Jul 1554–Nov 1558 (London, 1954); Vol. I, 1558–67 (London, 1971)

Calendar of State Papers Venetian, 1864–98, Vol. V (1534–54), Vol. VI.i (1555–56), Vol. VI.ii (1556–57), Vol. VI.iii (1557–58), Vol. VII (1578–80) (London, 1873–1890)

Carrington, Laurel, 'Women, Rhetoric and Letter Writing', in Molly Meijer Wertheimer (ed.), *Listening to Their Voices, The Rhetorical Activities of Historical Women* (Columbia SC, 1997), pp. 215–32

Carter, A., 'Mary Tudor's Wardrobe', *Costume*, 18 (1984), pp. 9–28

Castiglione, Baldassare, *The Book of the Courtier*, translated by Sir Thomas Hoby (London, 1900)

Chapman, H. W., *Lady Jane Grey* (Boston, 1962)

————*Two Tudor Portraits* (London, 1960)

Childs, Jessie, *Henry VIII's Last Victim, The Life and Times of Henry Howard, Earl of Surrey* (London, 2006)

Clifford, Henry, *The Life of Jane Dormer, Duchess of Feria* (London, 1887)

Collinson, Patrick, 'The Monarchical Republic of Queen Elizabeth I', in John Guy (ed.), *The Tudor Monarchy* (London, 1997), pp. 110–35

————'Religion and Politics in the Progress of 1578', in Jayne Elisabeth Archer, Elizabeth Goldring and Sarah Knight (eds.), *The Progresses, Pageants and Entertainments of Queen Elizabeth I* (Oxford, 2007), pp. 122–41

Cook, Faith, *Lady Jane Grey* (New York, 2005)

Crawford, Patricia, *Women and Religion in England 1500–1720* (London and New York, 1993)

Cross, Claire, *The Puritan Earl, The Life of Henry Hastings, Third Earl of Huntingdon* (London, 1966)

Dasent, J. (ed.), *Acts of the Privy Council*, Vol. II, 1547–1550 (London, 1890)

Davey, Richard, *The Sisters of Lady Jane Grey and Their Wicked Grandfather* (London, 1911)

————*The Nine Days Queen* (London, 1909)

Daybell, James (ed.), *Women and Politics in Early Modern England, 1450–1700* (Aldershot, 2004)

De Guaras, Antonio, *The Accession of Queen Mary*, edited by Richard Garnett (London, 1892)

Dickens, A. G. (ed.), *Clifford Letters of the Sixteenth Century* (London, 1962)

Doran, Susan, *Monarchy and Matrimony, the Courtships of Elizabeth I* (London and New York, 1996)

Doran, Susan and Thomas Freeman (eds), *The Myth of Elizabeth* (Basingstoke, 2003)

Dowling, Maria, *Humanism in the Age of Henry VIII* (London, 1986)

Duffy, Eamon, *The Stripping of the Altars, Traditional Religion in England c.1400–1580* (London, 1992)

Durant, David, *Bess of Hardwick* (London, 1999)

Ellis, Henry, *Original Letters Illustrative of English History*, First Series, Vol. II (London, 1825); Second Series, Vol. II (London, 1827); Third Series, Vol. III (London, 1826)

Elton, G. R., *The Parliament of England 1559–81* (Cambridge, 1986)

Erlanger, Philippe, *The Age of Courts and Kings 1558–1715* (London, 1967)

Evendon, Elizabeth, 'The Michael Wood Mystery, William Cecil and the Lincolnshire Printing of John Day', *Sixteenth Century Journal*, XXXV/2 (2004)

Feuillerat, Albert (ed.), *Documents Relating to the Revels at Court in the Time of King Edward VI and Queen Mary* (Louvain, 1914)

Fincham, K. and N. Tyacke, *Altars Restored, the Changing Face of English Religious Worship 1547–c.1700* (Oxford, 2007)

Fletcher, A. J. and D. MacCulloch, *Tudor Rebellions* (London, 1997)

Florio, Michel Angelo, *Historia de la vita e de la morte de l'Illustrissima Signora Giovanna Graia, gia regina eletta a publicata d'Inghilterra* (Middelburgh, Zeeland, 1607)

Foxe, John, *Acts and Monuments*, Vol. VI, edited by Rev Stephen Reed (London, 1838)

———*Acts and Monuments*, The Variorum Edition, hrionline (Sheffield, 2004); www.hrionline.shef.ac.uk/foxe

Friedman, Alice, *House and Household in Elizabethan England* (Chicago and London, 1989)

Fuller, Thomas, *Church History of Britain*, Vol. IV, edited by J. S. Brewer (Oxford, 1845)

Gardiner, James (ed.), *Letters and Papers, Foreign and Domestic, of the Reign of Henry VIII*, Vols I–XXI (London, 1886)

Giry-Deloison, Charles, 'France and Elizabethan England', *Transactions of the Royal Historical Society*, 14 (2004), pp. 223–42

Goff, Cecilie, *A Woman of the Tudor Age* (London, 1930)

Grafton, Richard, *A Chronicle at Large and Mere History*, Vol. II, edited by H. Ellis (London, 1809)

Graves, Michael A. R , *The House of Lords in the Parliaments of Edward VI and Mary I* (Cambridge, 1981)

Gunn, S. J., *Charles Brandon, Duke of Suffolk 1484–1545* (Oxford, 1998)

———'A Letter of Jane, Duchess of Northumberland in 1553', *English Historical Review*, Nov 1999, pp. 1267–71

Guy, John, *Tudor England* (Oxford, 1998)

———*My Heart Is My Own, The Life of Mary Queen of Scots* (London, 2004)

————(ed.), *The Tudor Monarchy* (Cambridge, 1995)

————'The Tudor Monarchy and its Critiques', www.tudors.org

Hallowell Garrett, Christina, *The Marian Exiles* (Cambridge, 1938)

Harbison, E. Harris, *Rival Ambassadors at the Court of Queen Mary* (London, 1940)

————'French Intrigue at the Court of Queen Mary', *American Historical Review*, Vol. 45, no. 3 (April 1940), pp. 533–51

Hardwicke, Lord, *Hardwicke, Miscellaneous State Papers*, Vol. I (London, 1778)

Harington, Sir John, *Nugae Antiquae*, Vol. II (London, 1804)

Harris, Barbara J., 'The View From My Lady's Chamber, New Perspectives on the Early Tudor Monarchy', in *Huntingdon Library Quarterly*, Vol. 60 (1998), pp. 215–47

————'Women and Politics in Early Tudor England', *Historical Journal*, 33, 2 (1990), pp. 259–81

————*English Aristocratic Women 1450–1550* (Oxford, 2002)

Harris, Nicholas, *The Literary Remains of Lady Jane Grey* (London, 1825)

Haynes, Alan, *Sex in Elizabethan England* (Somerset, 1999)

Haynes, Samuel (ed.), *A Collection of State Papers Relating to Affairs in the Reigns of King Henry VIII, King Edward VI, Queen Mary and Queen Elizabeth From the Years 1542–1570, Left by William Cecil Lord Burghley*, Vol. VI (London, 1740)

Hayward, Sir John, *Annals of the First Four Years of the Reign of Queen Elizabeth,* edited by John Bruce, Camden Society (London, M.DCCC.XL)

Hickerson, Megan L., *Making Women Martyrs in Tudor England* (Chippenham, 2005)

Hickman, Rose, 'The Recollections of Rose Hickman', *Bulletin of the Institute of Historical Research*, Vol. 55 (1982), pp. 94–102

Historical Manuscripts Commission, Calendar of the Manuscripts of the Marquess of Bath . . . Preserved at Longleat, Wiltshire, Vol. I (London, 1968); Vol. I (London, 1883); Vol. II (London, 1888); Vol. IV, 'Seymour Papers, 1532–1686', edited by Marjorie Blatcher

Historical Manuscripts Commission, Calendar of the Manuscripts of the Most Honourable the Marquess of Salisbury . . . Preserved at Hatfield House, Hertfordshire, Vol. I (London, 1883); Vol. II (London, 1888)

Historical Manuscripts Commission, Report on the Manuscripts of Lord Middleton . . . Preserved at Wollaton Hall, Notts (London, 1911)

Historical Manuscripts Commission, The Manuscripts of His Grace the Duke of Rutland, KG, . . . Preserved at Belvoir Castle, Vol. I (London, 1888)

Hoak, Dale, 'The Coronations of Edward VI, Mary I, and Elizabeth I, and the Transformation of the Tudor Monarchy', in C. S. Knighton and Richard Mortimer (eds), *Westminster Abbey Reformed* (Aldershot, 2003)

Hoak, D. E., *The King's Council in the Reign of Edward VI* (Cambridge, 1976)

Hoby, Thomas, *A Booke of the Travaile and Lief of Me, Thomas Hoby*, Camden Miscellany X (London, 1902)

———(trans.), *The Book of the Courtier, With an Introduction by Walter Ralegh* (London, 1900)

Houlbrooke, R. A., *The English Family 1450–1700* (London and New York, 1984)

———*Death, Religion and Family in England 1480–1750* (Oxford, 1998)

———(ed.), *English Family Life, An Anthology of Diaries 1576–1715* (Oxford, 1988)

Hudson, Winthrop S., *The Cambridge Connection and the Elizabethan Settlement of 1559* (Durham NC, 1980)

Hughey, Ruth, 'A Ballad of Lady Jane Grey', *Times Literary Supplement*, 7th Dec 1933

Hume, M. A. S. (ed.), *Chronicle of King Henry VIII of England* (London, 1889)

Hutchinson, Robert, *The Last Days of Henry VIII* (London, 2005)

Ives, E. W., 'Henry VIII's Will – A Forensic Conundrum', *Historical Journal*, 35, 4 (1992), pp. 779–804

———'Henry VIII's Will – The Protectorate Provisions of 1546–7', *Historical Journal*, 37, 4 (1994), pp. 901–14

Ives, Eric, *The Life and Death of Anne Boleyn* (Oxford, 2004)

———'Tudor Dynastic Problems Revisited', *Historical Research*, Vol. LXXXI, no. 212, May 2008

Jack, S. M., 'Northumberland, Queen Jane and the Financing of the 1553 Coup', *Parergon*, New Series 6 (1988), pp. 137–48

Jackson, J. E., 'Wulfhall and the Seymours', *Wiltshire Archaeological and Natural History Magazine*, Vol. XV (1875), pp. 140–207

James, Susan E., *Kathryn Parr, The Making of a Queen* (Aldershot, 1999)

James, Mervyn, *Society, Politics and Culture, Studies in Early Modern England* (Cambridge, 1986)

Jones, Norman, *The Birth of the Elizabethan Age* (Oxford, 1995)

———'Elizabeth's First Year', in Christopher Haigh (ed.), *The Reign of Elizabeth I* (London, 1984), pp. 28–53

Jones, N., and P. W. White, 'Gorboduc and Royal Marriages', *in English Literary Renaissance*, Vol. 26 (1971), pp. 3–16

Jordan, Constance, 'Women's Rule in Sixteenth-Century British Political Thought', *Renaissance Quarterly*, 40 (1987), pp. 421–51

Jordan, W. K., *Edward VI, The Threshold of Power* (London, 1970)

———(ed.), *The Chronicle and Political Papers of Edward VI* (New York, 1966)

Leahy, William, 'Propaganda or a Record of Events? Richard Mulcaster's *The Passage of Our Most Drad Souveraigne Queen* . . .', *Early Modern Literary Studies*, 9.1, May 2003; www.shu.ac.uk/emls/09-1/leahmulc.html

Lettenhove, M. Le Baron Kervyn de, *Relations Politiques Des Pays-Bas et de L'Angleterre* . . . , Vol. II (Brussels, 1883)

Levin, Carole, 'Lady Jane Grey, Protestant Queen and Martyr', in Margaret Patterson Hannay (ed.), *Silent but for the Word, Tudor Women as Patrons, Translators, and Writers of Religious Works* (Kent OH, 1985)

Levine, Mortimer, *Tudor Dynastic Problems 1460–1571* (London and New York, 1973)

————The Early Elizabethan Succession Question (Stanford CA, 1966)

Loach, Jennifer, 'A Close League with the King of France', Huguenot Society Proceedings, 25 (1989–93), pp. 134–44

————'The Function of Ceremonial in the Reign of Henry VIII', Past and Present, 142 (1994), pp. 43–68

————Edward VI, edited by George Bernard and Penry Williams (New Haven and London, 1999)

Loades, David, Politics, Censorship and the English Reformation (London and New York, 1991)

————John Dudley, Duke of Northumberland 1504–1553 (Oxford, 1996)

————Intrigue and Treason, The Tudor Court 1547–1558 (London, 2004)

————Mary Tudor, A Life (Oxford, 1992)

————The Dudley Conspiracy (Oxford, 2001)

————'Philip II and the Government of England', in C. Cross, D. Loades and J. J. Scarisbrick (eds), Law and Government under the Tudors (Cambridge, 1988), pp. 177–94

————(ed.), John Foxe and the English Reformation (Aldershot, 1997)

Loades, D. M., Two Tudor Conspiracies (Cambridge, 1965)

Loades, John (ed.), John Foxe, An Historical Perspective (Aldershot, 1999)

Lodge, Edmund, Illustrations of British History, Vol. I (London, 1838)

Lovejoy, Arthur O., The Great Chain of Being (London, 1964)

Lovell, Mary S., Bess of Hardwick (London, 2005)

MacCaffrey, Wallace, The Shaping of the Elizabethan Regime 1558–72 (London, 1969)

MacCulloch, D., Suffolk and the Tudors, Politics and Religion in an Elizabethan County, 1500–1600 (Oxford, 1986)

————Reformation, Europe's House Divided 1490–1700 (London, 2003)

————(ed.), The Reign of Henry VIII, Politics, Policy and Piety (New York, 1995)

MacCulloch, Diarmaid, Thomas Cranmer, A Life (New Haven and London, 1996)

————Tudor Church Militant, Edward VI and the Protestant Reformation (London, 1999)

McConica, James Kelsey, English Humanists and Reformation Politics under Henry VIII and Edward VI (Oxford, 1965)

McLaren, Anne, 'Gender, Religion and Early Modern Nationalism', American Historical Review, Vol. 107, no. 3 (June 2002); in www.historycooperative.org/journals

————Political Culture and the Reign of Elizabeth I (Cambridge, 1999)

Madden, Frederick, Privy Purse Expenses of the Princess Mary (London, 1831)

Major, Norma, Chequers (London, 1996)

Malfatti, C. V. (trans.), The Accession, Coronation and Marriage of Mary Tudor as Related in Four Manuscripts of the Escorial (Barcelona, 1956)

Malkiewicz, A. J. A., 'An Eye Witness Account of the Coup d'Etat of October 1549', English Historical Review, LXX (1955), pp. 600–9

Marshall, Peter (ed), *The Impact of the English Reformation 1500–1640* (London, 1997)

Martin, J. W., *Religious Radicals in Tudor England*, preface by A. G. Dickens (London, 1989)

Matthew, David, *Lady Jane Grey, The Setting of the Reign* (Plymouth, 1972)

Mears, Natalie, 'Courts, Courtiers, and Culture in Tudor England', *Historical Journal*, 46, 3 (2003), pp. 703–22

Miller, Helen, 'Henry VIII's Unwritten Will, Grants of Lands and Honours 1547', in E. W. Ives, R. J. Knecht and J. J. Scarisbrick (eds), *Wealth and Power in Tudor England* (London, 1978)

Miscellanea Genealogica et Heraldica, 4th Series, Vol. 2 (London, 1908)

Moorehouse, Geoffrey, *The Pilgrimage of Grace* (London, 2002)

Mosley, Charlotte (ed.), *The Letters of Nancy Mitford* (London, 1993)

Murphy, J., 'The Illusion of Decline, The Privy Chamber, 1547–1558', in David Starkey (ed.), *The English Court* (London, 1987)

Naunton, Sir Robert, *Fragmenta Regalia*, edited by Edward Arber (London, 1870)

Neale, J. E., 'Parliament and the Succession Question in 1562/3 and 1566', *English Historical Review*, Jan–Oct 1921, pp. 497–519

Nicholls, Mark, *A History of the Modern British Isles 1529–1603* (Oxford, 1999)

Nichols, J. G. (ed.), *Narratives of the Days of the Reformation*, Camden Society 77 (1859)

Nichols, John, *The Progresses and Public Processions of Queen Elizabeth*, Vols I and II (London, 1828)

——*The History and Antiquities of the County of Leicester*, Vol. III, pt 2 (Wakefield, 2002)

Nichols, John Gough, *The Chronicle of Queen Jane and Two Years of Queen Mary* (London, 1850)

——(ed.), *Chronicle of the Grey Friars of London* (London, 1852)

——(ed.), *The Literary Remains of Edward VI*, Vols I and II (London, 1857)

——(ed.), *The Diary of Henry Machyn* (London, 1848)

Nicolas, Nicholas Harris, *The Literary Remains of Lady Jane Grey* (London, 1825)

North, Jonathan (ed.), *England's Boy King, the Diary of Edward VI 1547–53* (Welwyn Garden City, 2005)

Notes and Queries, 5th series, Vol. VIII (London, 1877); 8th series, Vols VII and VIII (London, Feb–Aug 1895); 11th series, Vol. V, Jan–Jun (London, 1912); Vol. 145 (London, March 2000), Vol. 240 (London, June 1995)

Ong, Walter J., 'Tudor Writings on Rhetoric', *Studies in the Renaissance*, Vol. 15 (1968), pp. 39–69

Parker, Matthew, *Correspondence* (Cambridge, 1871)

Partridge, Robert, '*O Horrable Murder*', The Trial, Execution and Burial of King Charles I (London, 1998)

Perlin, Estienne, *Description des Royaulmes d'Angleterre et d'Escosse 1558* (London, 1775)

Pettegree, Andrew, *Foreign Protestant Communities in Sixteenth-Century London* (Oxford, 1986)

Picard, Liza, *Elizabeth's London* (London, 2003)

Planche, J. R., *Regal Records, or a Chronicle of the Coronations of the Queen Regnants of England* (London, 1838)

Plato, *Phaedo*, edited by C. J. Rowe (Cambridge, 1993)

Plowden, Alison, *Lady Jane Grey* (Stroud, 2003)

Pollen, John Hungerford (ed. and trans.), 'Lethington's Account of Negotiations with Elizabeth Edinburgh in September and October 1561', *Scottish History Society*, Vol. XLIII (Jan 1904), pp. 38–45

Ponet, John, *A Shorte Treatise of Politike Pouuer 1556*, in Winthrop Still Hudson, *John Ponet* (Chicago, 1942)

Prochaska, Frank, 'The Many Faces of Lady Jane Grey', *History Today*, Vol. 35, 10 (Oct 1985), pp. 34–40

Raab, Felix, *The English Face of Machiavelli* (London, 1964)

Read, Conyers, *Mr Secretary Cecil and Queen Elizabeth* (London, 1955)

Read, Evelyn, *Catherine, Duchess of Suffolk* (London, 1962)

Redworth, Glyn, *In Defence of the Church Catholic, The Life of Stephen Gardiner* (Oxford, 1990)

Richards, Judith M., 'Mary Tudor as "Sole Queen"? Gendering Tudor Monarchy', *Historical Journal*, 40 (1997), pp. 895–924

Ridley, Jasper, *Bloody Mary's Martyrs* (New York, 2001)

Robinson, Hastings, *Original Letters Relative to the English Reformation*, Vol. I (Cambridge, 1846–47)

Rogers Forbes, Thomas, *Chronicle from Aldgate, Life and Death in Shakespeare's London* (London, 1971)

Rosso, Giulio Raviglio, edited by Luca Contile, *Historia delle cose occorse nel regno d'Inghilterra, in materia del duca di Notomberlan dopo la morte di Odoardo VI* (Venice, 1558)

Russell, Elizabeth, 'Mary Tudor and Mr Jorkins', *Historical Research*, 63 (1990), pp. 263–76

Rutton, W. L., 'Lady Katherine Grey and Edward Seymour, Earl of Hertford', *EHR*, Vol. 13 (April 1898), pp. 302–7

Sanders, Nicholas, *The Rise and Growth of the Anglican Schism* (London, 1877)

Schutte, W. M., 'Thomas Churchyard's "Doleful Discourse" and the Death of Lady Katherine Grey', *Sixteenth-Century Journal*, 15 (1984), pp. 471–87

Scott-Warren, Jason, *Sir John Harington and the Book as Gift* (Oxford, 2001)

Sil, N. A., *William, Lord Herbert of Pembroke* (New York, 1992)

———*Tudor Placemen and Statesmen* (London, 2001)

Skidmore, Chris, *Edward VI, The Lost King of England* (London, 2007)

Slack, Paul, *The Impact of Plague in Tudor and Stuart England* (London, 1985)

Smith, Richard S., *Sir Francis Willoughby of Wollaton Hall* (Notts, 1988)

Spottiswoode, John, *History of the Church of Scotland* (Edinburgh, 1848–51)

Starkey, David, 'The Court, Castiglione's Ideal and Tudor Reality', *Journal of the Warburg and Courtauld Institutes*, Vol. 45, 1982
———*Six Wives, The Queens of Henry VIII* (London, 2003)
———*The Reign of Henry VIII, Personalities and Politics* (London, 1985)
———*Elizabeth* (London, 2001)
Starkey, David, Bendor Grosvenor et al. (eds), *Lost Faces: Identity and Discovery in Tudor Royal Portraiture* (London, 2007)
Stevenson, Joan and Anthony Squires, *Bradgate Park, Childhood Home of Lady Jane Grey* (Leicestershire, 1994)
Stopes, C. C., *Shakespeare's Environment* (London, 1918)
Strickland, Agnes, *Lives of the Tudor Princesses* (London, 1868)
Strong, R., *Artists of the Tudor Court, The Portrait Miniature Rediscovered, 1520–1620* (London, 1983)
Strong, Roy, *And When Did You Last See Your Father? The Victorian Painter and British History* (London, 1978)
Strype, John, *Ecclesiastical Memorials Relating Chiefly to Religion*, Vol. II, pts 1 and 2 (Oxford, 1822)
———*The Life of the Learned Sir Thomas Smith* (Oxford, 1820)
Throckmorton, Sir Thomas, *The Legend of Sir Nicholas Throckmorton* (London, 1740)
Thurley, Simon, *The Royal Palaces of Tudor England* (New Haven and London, 1993)
———*Hampton Court, A Social and Architectural History* (London, 2003)
Tighe, W. J., 'The Gentlemen Pensioners: the Duke of Northumberland and the attempted coup of 1553', *Albion*, 19 (1987), pp. 1–11
Tillyard, E. M. W., *The Elizabethan World Picture* (London, 1976)
Tudor, Philippa, 'Protestant Books in London in Mary Tudor's Reign', *London Journal*, 15, 1 (1990), pp. 19–28
Tytler, Patrick Fraser (ed.), *England under the Reigns of Edward VI and Mary*, Vols I–II (London, 1839)
Wagner, J. A., *The Devon Gentleman, The Life of Peter Carew* (Hull, 1998)
Walker, Greg, *The Politics of Renaissance Drama* (Cambridge, 1998)
Weir, Alison, *Children of England, The Heirs of King Henry VIII* (London, 1996)
Wertheimer, Molly Meijer (ed.), *Listening to Their Voices, The Rhetorical Activities of Historical Women* (Columbia SC, 1997)
Whitelock, Anna and Diarmaid MacCulloch, 'Princess Mary's Household and the Succession Crises, July 1553', *Historical Journal*, 50, 2 (2007), pp. 265–87
Williams, Penry, *The Later Tudors, 1547–1603* (Oxford, 1995)
Wilson, Derek, *Sweet Robin, A Biography of Robert Dudley Earl of Leicester* (Bodmin, 1981)
———*The Uncrowned Kings of England, The Black Legend of the Dudleys* (London, 2005)
Wingfield, R., 'Vita Mariae Reginae', translated by D. MacCulloch, Camden Miscellany XXVIII, 4th series, 29 (London, 1984), pp. 182–301

Wood, Andy, *Riot, Rebellion and Popular Politics in Early Modern England* (Ebbw Vale, 2002)

Woodall, Joanna, 'An Exemplary Consort, Antonis Mor's Portrait of Mary Tudor', *Art History*, XIV (1991), pp. 194–224

Woolley, Benjamin, *The Queen's Conjurer, The Science and Magic of Dr Dee* (London, 2001)

Wriothesley, Charles and William Douglas Hamilton (eds), *A Chronicle of England during the Reign of the Tudors, 1485–1559*, Vols I and II (London, 1875)

Wyatt, Michael, *The Italian Encounter with Tudor England* (Cambridge, 2005)

Yorke, James, 'A Chest from Cockfield Hall', *Burlington Magazine*, Vol. 128, no. 995 (Feb 1986), pp. 84, 86–91

Young, Alan, *Tudor and Jacobean Tournaments* (London, 1987)

索 引

（索引页码为原著页码，即本书边码）

图书在版编目（CIP）数据

本该成为女王的姐妹：都铎王朝的一段悲剧 /（英）
琳达·德·莱尔（Leanda de Lisle）著；黄欣译 . --
北京：社会科学文献出版社，2024.1
（思想会）
书名原文：The Sisters Who Would Be Queen：Mary,
Katherine, and Lady Jane Grey：A Tudor Tragedy
ISBN 978-7-5228-1318-9

Ⅰ.①本…　Ⅱ.①琳…②黄…　Ⅲ.①都铎王朝-历
史　Ⅳ.①K561.33

中国版本图书馆 CIP 数据核字（2022）第 254051 号

·思想会·

本该成为女王的姐妹
　　——都铎王朝的一段悲剧

著　　者／〔英〕琳达·德·莱尔（Leanda de Lisle）
译　　者／黄　欣

出 版 人／冀祥德
组稿编辑／吕　剑
责任编辑／聂　瑶
责任印制／王京美

出　　版／社会科学文献出版社·当代世界出版分社（010）59367004
　　　　　地址：北京市北三环中路甲 29 号院华龙大厦　邮编：100029
　　　　　网址：www. ssap. com. cn
发　　行／社会科学文献出版社（010）59367028
印　　装／北京盛通印刷股份有限公司

规　　格／开　本：889mm×1194mm　1/32
　　　　　印　张：14.25　字　数：371 千字
版　　次／2024 年 1 月第 1 版　2024 年 1 月第 1 次印刷
书　　号／ISBN 978-7-5228-1318-9
著作权合同
登 记 号／图字 01-2021-0651 号
定　　价／98.00 元

读者服务电话：4008918866